KB083313

귀신과 괴물
조선 유교사회의
그림자

글쓴이

강상순 姜祥淳, Kang, Sang-soon_고려대학교 민족문화연구원 HK교수 고려대학교 국어국문학과를 졸업하고 동 대학원 국어국문학과에서 박사학위를 받았다. 현재 고려대학교 민족문화연구원 HK교수로 있다. 지은 책으로는 『한국 고전소설과 정신분석학』, 『19세기 조선의 문화구조와 동역학』(편저), 『귀신·요괴·이물의 비교문화론』(공저) 등이 있으며, 「한국 고전문학 연구에 수용된 탈근대·탈민족 담론에 대한 고찰」, 「고전소설의 근대적 재인식과 정전화 과정」 등의 논문을 썼다. 『민족문화연구』의 편집위원을 맡고 있다.

문화동역학라이브러리 24

귀신과 괴물—조선 유교사회의 그림자

초판1쇄발행 2017년 3월 15일
초판2쇄발행 2021년 3월 15일
엮은이 강상순 **펴낸이** 박성모 **펴낸곳** 소명출판 **출판등록** 제13-522호
주소 서울시 서초구 서초중앙로6길 15, 1층
전화 02-585-7840 **팩스** 02-585-7848
전자우편 somyungbooks@daum.net **홈페이지** www.somyong.co.kr

값 23,000원 ⓒ강상순, 2017

ISBN 979-11-5905-152-4 94380
ISBN 978-89-5626-851-4 (세트)

이 책은 2007년 정부(교육과학기술부)의 재원으로 한국연구재단의 지원을 받아 수행된 연구임(NRF-2007-361-AL0013).

고려대학교 민족문화연구원
문화동역학 라이브러리 24

귀신과 괴물
조선 유교사회의 그림자

Ghosts and Monsters : Shadow of the Confucian Society of Korea

강상순

문화동역학 라이브러리 문화는 복합적이고 역동적인 구성물이다. 한국 문화는 안팎의 다양한 갈래와 요소가 상호작용하는 과정을 통해 끊임 없이 변화해왔고, 변화해 갈 것이다. 고려대학교 민족문화연구원이 주관 하는 이 총서는 한국과 그 주변 문화의 복합적이고 역동적인 양상을 추적하 고, 이를 통해 한국 문화는 물론 인류 문화에 대한 새로운 통찰과 그 다양성 의 증진에 기여하고자 한다. 문화동역학(Cultural Dynamics)이란 이 러한 도정을 이끌어 가는 우리의 방법론적인 표어이다.

책머리에

이 책은 최근 저자가 관심을 두고 연구를 집중해왔던 귀신과 괴물에 관한 아홉 편의 글을 묶은 것이다. 원고의 내용을 크게 수정하거나 보충하고 싶었지만 그러질 못했다. 그럴 역량이 부족한 탓도 있지만, 원래의 생각을 크게 수정할 만한 사유의 전회나 방법론의 변화가 없었기 때문이기도 하다. 그래도 차마 그대로 낼 수 없어서 원래 학술지 등에 투고되었던 글을 조금씩 다듬고 보강하여 이 책을 엮었다.

엮다가 보니 중언부언하면서 비슷한 내용을 반복한 부분이 눈에 띄었고, 단정적으로 말하기 어려운, 아직 충분히 해명되지 못한 의혹들도 있었다. 하지만 그걸 다 걷어내고 의혹을 해소한 후 책을 완결하려 하면 각각의 글은 완결되지 못한 채 계속 미완으로 남을 것 같았다. 그리고 이 책에서 필요한 부분만 읽고 싶은 독자를 위해 군더더기이고 중언부언일지라도 그냥 남겨두었다. 이 책을 통독하는 독자들은 유사한 논리를 전개하는 비슷한 표현들을 자주 접하게 될 것이다. 이용할 수 있는 자료는 적은데 거듭 언급하다보니 불가피해진 부분도 있고, 매너리즘에 빠져 새로운 자료를 발굴하지 못해 동어반복에 그친 부분도 있다. 부끄럽지만 독자 여러분의 날카로운 질책뿐만 아니라 너그러운 이해도 함께 부탁드리고 싶다.

이 책에서 저자가 제시하고자 한 주장은 대체로 이러하다. 우선 제1부에서는 귀신의 종류와 유형 문제를 다룬 두 편의 글을 실었다. 첫 번째 글은 그 기원과 성격에 따라 전통사회에서 말하는 귀신을 네 개의 범주로 나누어 그 역사적 변천을 살펴본 것이고, 두 번째 글은 조선시대의 문화적 상징체계 속에 귀신이 차지하는 위상과 의미를 세 개의 유형으로 구분한 것이다. 각기 다른 구분법이지만 완전히 상충되는 것은 아니라고 생각하며, 나아가 상호 보충적으로 볼 수도 있는 구분법이라고 생각했다. 첫 번째 제시한 귀신의 네 가지 범주 가운데 자연신만 그 실체성을 잃어버리면, 그래서 자연신自然神과 인신人神을 하나의 유형으로 묶으면 두 번째 글에서 제시한 유형구분과 흡사해지는 것은 아닌가? 아무튼 저자는 이 두 글들을 통해 전통사회에서 말하는 귀신이란 무엇인지, 어떤 역할을 했는지, 어떻게 받아들여졌으며 변화해갔는지를 제시해보려 했다.

다음으로 제2부에서는 조선시대의 귀신관과 귀신론에 대해 검토해본 글 네 편을 묶었다. 저자는 조선 전기가 고려 이래로 지속되어오던 불교적·무속적 귀신관이 강하게 남아있으면서도 한편으로는 성리학적 귀신론이 이념적으로 이와 완강하게 맞서던 시대라고 판단했다. 민중과 사대부 부녀자층에게 만연해있던 실체론적이고 주술적인 귀신관에 맞서 유자들은 이론적으로나 실천적으로 맞섰다. 이 책에서는 이를 '유교적 계몽'이라는, 다소 과도한 용어로 표현해 보았는데, 그렇다면 그렇게 무속과 불교를 음사와 미신으로 몰아붙였던 성리학적 사유에 어떤 틈새가 있었기에 귀신이 돌아올 수 있었는지, 그것이 조선사회의 유교화 바람 속에서도 생존할 뿐 아니라 번성하기도 한 이유가 무엇인지를 저자는 밝혀보고 싶었다.

그리고 조선 후기의 필기·야담에서는 조선 전기의 필기나 소설, 논설 등에서 보이던 이론적 긴장감이 약화되고 무속이나 불교의 귀신관·사후관이 유교적 도덕과 질서를 보강하고 확산하는 데 도움이 되고 있다고 보았다. 즉 유교적 도덕과 무속·불교의 귀신관·사후관이 습합되기 시작한 것인데, 이는 유자들이 무속이나 불교의 귀신관·사후관을 경쟁하고 타파해야 할 미신이라고 보기보다 조선사회의 유교화에 도움이 되는, 활용 가능한 자원으로 인식하게 되었음을 의미한다. 물론 저자가 보기에 그것은 통속화와 기복화祈福化라는 값을 치러야 하는, 성리학의 이론적 퇴행이기도 했다. 특히 조선 유교사회의 뼈대를 이루는 것이 가부장적·종법적 가족주의이고 이를 주기적이고 의례적으로 반복하기 위해 필요한 것이 제사인데, 조선 후기 필기·야담에 다수 수록된 조상귀신 이야기는 이를 보증하고 강화하기 위해 다소 의도적으로 조장·유포된 것이라는 것이 저자의 기본적인 인식이다.

다음으로 제3부는 이러한 지배적인 흐름으로 보면 포착되지 않는 귀신 이야기의 다른 측면, 즉 사회적 적대나 불안 등이 귀신 형상 속에 투사·응축되고 있는 측면을 분석해보았다. 귀신 이야기는 계급적·성적 갈등을 상상적 형상으로 표상한 것일 수 있고, 역병과 같은 무차별적이고 비가시적非可視的 존재를 가시화可視化·인간화시켜 그것에 순응하거나 저항할 수 있는 여지를 만들어주는 것일 수 있고, 사회적 타자를 괴물화시켜 배제하는 것일 수 있다. 괴물이 모두 귀신은 아니라는 점에서 이 마지막 장은 귀신에 관한 이 책에서 다소 겉도는 측면이 있는 글이지만, 사회나 주체 개인이 소화할 수 없는 이물감異物感이 외부로 투사된 것이 괴물이라는 점에서 괴물은 저자가 앞에서 제3유형의 귀신이라고 묶은 것과 가까이 있는 것이다.

아무튼 저자는 3부를 통하여 사회나 개인이 그 타자, 즉 내부의 어떤 이질적 요소를 어떻게 투사하고 처리했는지를 살피려 했다. 저자가 책의 제목에 '그림자'를 넣은 것은 그것의 어두움과 함께 그 불가피한 부수성附隨性을 지적하려 했기 때문이다. 빛에 그림자가 따르듯 유교적 문명화에도 그만큼의 그림자가 부수되었다는 것이 저자의 생각이고, 저자는 이 책을 통해 그것을 포착하고 싶었다. 지금도 이런 측면을 고려하는 것이 조선사회와 그 속에 살았던 역사적 주체들을 더 잘 이해할 수 있는 길이라고 저자는 믿고 있다.

이 책이 제목에 값할 만큼 풍부한 내용을 갖추지 못해 아쉽고 미안한 마음뿐이다. 선학의 훌륭한 연구들이 있음에도 이를 충분히 이어받지 못하고 채 소화하지 못한 점, 그리고 동학의 쟁쟁한 연구들이 있음에도 이에 충분히 공명하지 못한 점도 마음의 짐으로 남아 있다. 그리고 독자들에게는 각주가 많은 논문투의 글 또한 이 책의 단점으로 남을 것이다. 책을 출간하려다 보니 오히려 단점들이 자꾸 들추어지고 그만큼 부끄러움이 커진다. 이 부끄러움을 씻는 방법은 더 좋은 연구와 글로 보답하는 길뿐일 것이다. 부끄러움을 무릅쓰고 앞으로의 정진을 다짐하며 이 책의 서문을 맺는다.

안암동에서

저자

3부 귀신은 무엇을 표상하는가

—1부—
총론
귀신의 종류와 유형

귀신, 두려움과 매혹을 불러일으키는 존재

조선시대 필기·야담류에 나타난
귀신의 세 가지 유형

귀신, 두려움과 매혹을 불러일으키는 존재

1. 귀신이란 무엇인가

귀신이란 무엇이고 어디에서 유래할까. 귀신이란 말은 여러 가지 뜻을 지닌 말이지만, 일반적으로는 사람들에게 신이하거나 기괴하게 여겨지는 초자연적 존재를 이르는 단어로 쓰였고 지금도 그렇게 쓰고 있다. 옛사람들은 죽은 사람의 혼령뿐 아니라 자연물에 깃든 정령까지도 귀신이라고 불렀다. 물론 후자만을 지칭하는 용어로는 요물이나 물괴物怪, 귀매鬼魅나 도깨비 같은 단어들이 있다. 하지만 이런 초자연적 존재들을 함께 묶어서 귀신이라고 부르는 것이 더 일반적인 용법인 것 같다.

아마도 귀신이라는 관념의 기원을 거슬러 올라가면 모든 사물에 영적 속성과 능력이 있다고 믿었던 애니미즘적 사유에까지 이르게 될 것이다. 어린아이들이 곧잘 주변의 사물이나 동식물을 의인화해서 인식하듯이, 문명의 원초적인 단계에서 인간은 자신을 둘러싼 자연환경을 인격화해서 인식하는 경우가 많았다. 여기에서 더 나아가면 자연만물에 영이 깃들어 있다는 믿음이 형성되는데, 이런 사유를 인류학자 타일러는 애니미즘animism이라고 불렀다.

그렇다면 원시상태나 유아기 때의 인간에게 그들을 둘러싼 자연환경은 어떻게 인식되었을까? 아마도 자연은 때로는 생명을 보듬고 먹여 살리는 신성한 품으로 인식되었겠지만, 때로는 생명을 위협하는 적대적인 힘으로 가득 찬 불안한 공간으로 인식되기도 했을 것이다. 자연이 품고 있는 무궁한 생산력, 재생의 능력과 풍요로움, 그렇지만 그속에 도사리고 있는 불가항력적이고 치명적인 위험 등은 귀신에 대한다양한 상상의 원천이 된다.

이와 함께 옛사람들은 사람도 죽으면 신비한 힘을 지닌 초자연적 존재가 된다고 믿었다. 죽은 사람은 죽음으로 인해 성격이 변하고 사후세계와 연결된 초자연적인 힘을 지니게 된다. 그래서 죽은 사람의 영혼은 후손이나 지인들에게 복을 내릴 수 있는 신성한 존재로 여겨지기도 했고, 소홀한 대접이나 생전의 원한 때문에 누군가에게 재앙을 내릴 수 있는 공포의 대상으로 여겨지기도 했다. 이처럼 자연물에 깃든 정령이나 죽은 사람의 영혼 같이 초월적인 힘을 지닌 초자연적 존재들을 통칭하여 동아시아 전통사회에서는 귀신이라고 불렀다.

2. 귀신이라는 한자어의 뜻

귀신은 한자 귀鬼와 신神을 합쳐 만든 한자어이다. 그래서 귀신이라는 관념의 기원을 탐색하고자 할 때는 한자 귀와 신을 각각 떼서 그 뜻을 풀이하기도 하고, 합쳐서 한 단어로 묶어 그 뜻을 풀이하기도 한다.

우선 귀와 신을 나누어 그 각각의 뜻을 살펴보자. 그런데 귀와 신이 애초 무엇을 지시하는 한자였는지에 대해서는 논의가 분분하다. 그 가운데 가장 유력한 설명에 따르면 신神 자는 자연에서 유래한 초월적 존재나 기운을 지시하는 한자였고, 귀鬼 자는 사람이 죽어서 된 사후적 존재를 지시하는 한자였다는 것이다. 중국 한나라 때의 학자 허신許愼이 지은 『설문해자說文解字』에는 귀鬼 자를 '사람이 (죽어서) 되돌아간 것을 귀라 한다人所歸爲鬼'고 풀이하고 있다. 이를 보면 귀란 사람이 죽어서 된 귀신을 지칭한 것이다. 그런데 귀鬼 자는 귀歸 자와 동음이어여서, 귀鬼의 뜻을 '귀歸(돌아가다)'와 연관 지어 풀이하는 경우가 많다. 지금도 우리는 사람이 죽으면 '돌아가셨다'는 표현을 흔히 사용한다. 이에 비해 보다 후대에 만들어진 신神 자는 인간을 초월하는 자연의 신비한 힘이나 의지를 표시하는 용어로 곧잘 쓰였다. 神(신) 자를 구성하고 있는 示(보일 시)나 申(펼 신)은 모두 하늘의 기운이나 뜻이 땅을 향해 펼쳐지는 모양을 형상화한 한자들이다.

하지만 이와 다른 용법도 있다. 인간에게 선의를 가지고 있어 숭배받아야 할 초자연적 존재를 신神이라 부르고, 인간에게 해롭거나 위험해서 회피해야 할 초자연적 존재를 귀鬼라고 부르는 용례가 그것이다. 예컨대 고려의 문인 이규보는 「동명왕편」 서문에서 당시 민간에서 전승되던 동명왕신화에 대해 그것은 '환이 아니고 성이며 귀가 아니고 신이다非幻也乃聖也, 非鬼也乃神也'라고 높이 평가했다. 여기서 신이란 성스럽고 숭배할 만한 존재를 지칭한다면 귀란 잡스럽고 괴이한 존재를 지칭하는 것이라고 볼 수 있을 것이다.

이 두 가지 의미는 대개 뒤섞여 사용되지만, 그 가운데 전자가 보다 오래된 의미층위를 이루고 있는 반면 더 일반적으로 사용된 것은 후자인 것 같다. 옛사람들은 사람이 죽어서 된 귀신이라고 해도 죽은 조상이나 위인의 혼령을 신 혹은 신령神靈이라고 불렀지 귀라고 부르지는 않았다. 이에 비해 귀는 요妖·매魅·정精·괴怪 같은 부정적 속성을 지닌 한자들과 결합하여 인간에게 해를 끼치는 각종 초자연적 존재들을 지칭하는 경우가 많았다. 귀매鬼魅·요괴妖怪·요귀妖鬼·정괴精怪 같은 한자어들이 그러한데, 이렇게 불리는 귀신들은 대개 오래된 자연물이나 동식물이 변화하여 생성된 것으로 인간을 유혹하고 인간에게 기괴한 장난을 벌이며 때로 재앙을 일으키는 위험한 존재로 여겨진 것들이다.

이처럼 귀와 신은 따로 써도 각각의 의미를 지닌 글자들이다. 하지만 이 두 글자를 합쳐서 귀신이라는 하나의 단어로 사용하는 경우가 이보다는 더 많았던 것 같다. 그리고 이렇게 만들어진 한자어 귀신은 신이하거나 괴이한 속성과 힘을 지닌 초자연적 존재를 폭넓게 지칭하는 용어로 널리 쓰였다.

한편 동아시아의 유가철학자들은 공자의 모범을 쫓아 귀신이라는 초자연적 존재에 대해서 기본적으로 '존중하면서도 멀리하는 태도敬而遠之'를 취했다. 유자들은 귀신이라는 존재를 부정하거나 이 용어를 폐기하지 않았으며, 오히려 이를 그들의 자연철학을 정립하는 데 활용했다. 특히 북송대의 장재나 정이, 남송대의 주희 같은 인물들은 이 용어를 자신의 철학체계를 정립하는 데 긴요히 활용했다. 그들은 이를 새롭게 철학적으로 개념화했는데, 그들에 따르면 귀신이란 자연만물의 생성과 소멸 운동 그 자체를 지칭하는 것이었다. 자연만물의 근원이 되는 역동적 실체를 기氣라고 부른다면, 기는 음과 양의 두 속성을 가지며 부단히 생성과 소멸, 뭉침과 흩어짐의 운동을 거듭한다. 귀신이란 바로 이 두 기의 생성·소멸·취산 운동을 지시하는, 한편으로는 자연 철학적이고 한편으로는 범신론적인 성격을 지닌, 매우 추상화된 철학적 개념이 되었다.

예컨대 이러한 성리학적 귀신론을 집대성한 주희에 따르면 기가 응축되어 생명으로 발현되는 것이 신이고, 흩어져 소멸하는 것이 귀이다. 양의 기陽氣를 신神이라 하고 그것이 생명체에 깃든 것을 혼魂이라 한다면, 음의 기陰氣를 귀鬼라 하고 그것이 생명체에 깃든 것을 백魄이라 한다. 사람이 죽으면 혼과 백은 분리되어 음양의 속성에 따라 각각 하늘과 땅으로 되돌아간다.

이런 방식으로 이해하면 자연만물 가운데 귀신이라는 용어로 포괄하지 못할 것이 없다. 그래서 북송대의 성리학자 장재는 귀신이란 천지만물을 생성하는 '음양 두 기의 타고난 역량二氣之良能'이라고 했다. 이런 귀신론을 남송대의 성리학자 주희가 체계화했고, 조선에서는 김시습, 남효온, 서경덕, 이황, 이이 등의 대학자들이 더욱 발전시켰다.

그렇지만 이와 같은 성리학적 귀신론을 수용한 이후에도 전통적인 귀신 관념은 사라지지 않고 존속하였다. 신이하거나 괴이한 힘과 속성을 지닌 초자연적 존재들이 실제로 있다는 믿음은 여전히 뿌리 깊게 이어졌고, 이런 존재들을 지칭하는 용어로 귀신이라는 말이 널리 쓰였다. 그러므로 성리학 수용 이후 유자들의 글 속에 등장하는 귀신이라는 단어는 중층적인 의미를 지니고 있어서 문맥에 따라 그 의미를 살펴보아야 한다.

3. 한국과 일본의 귀신 관념

지금까지 '귀신'이라는 한자어의 의미를 살펴보았는데, 그렇다면 귀신을 지칭하는 고유한 우리말은 없었을까. 아마도 고대에는 다양한 종류의 귀신들을 지칭하는 고유한 우리말이 있었을 것이다. 예컨대 『동국여지승람』에는 '두두리豆豆里'이라는 도깨비 이름을 소개하면서 경주지방 사람들이 이를 지극히 숭배하고 있다고 했다. 그리고 오늘날까지 전승되는 무속이나 설화를 보아도 '귓것'이나 '도깨비' 같은, 초자연적 존재를 지칭하는 우리 고유어들이 여전히 남아 있다. 하지만 아쉽게도 이러한 어휘들은 그 역사적 유래나 어원이 분명치 않거나 혹은 귀신이라는 한자어만큼 폭넓은 대표성을 확보하지 못한 것 같다. 그래서 우리 조상들도 초자연적 존재들을 통칭하는 말로 귀신이라는 한자어를 일반적으로 사용했다.

한편 일본에서는 귀신이라는 낱말보다 요괴妖怪라는 낱말이 더 일반적으로 쓰이는 것 같다. 일본에서 말하는 요괴는 우리가 귀신이라고 부르는 것과 거의 비슷한 뜻을 지니고 있는데, 살아있는 사람과 구별되는 초자연적 존재들을 통칭해서 요괴라고 부르는 것이 일반적이다. 하지만 요괴 이외에도 신, 유령, 바케모노 등 초자연적인 존재들을 지칭하는 다른 이름들도 있다. 이에 대해 일본의 유명한 요괴학자 고마츠 가즈히코는 제사를 받지 못하는 모든 초자연적 존재를 요괴라고 부르고, 제사의 대상이 되는 초자연적 존재를 신이라고 분류하고 있다. 그렇다면 같은 유령도 제사로 모셔지면 신이 되고, 제사의 대상이 되지 못하면 요괴가 되는 셈이다.

신과 요괴의 개념을 이렇게 분류한다면 그것은 앞에서 구분한 두 번째 용법의 신과 귀의 개념과 유사해진다. 즉 귀鬼나 요괴는 사람들에게 두려움과 불안을 불러일으키는 위험한 존재, 정체가 불분명하거나 후사가 없어서 아직 제사를 받지 못하는 불행한 존재라는 점에서 유사하다. 물론 정체가 분명해지고 제사로 모셔지면 요괴와 귀는 신으로 바뀔 수 있다. 그리고 뒤에서 보겠지만 한 집단에게 귀나 요괴로 여겨지는 것이 다른 집단에게는 신으로 여겨질 수도 있다. 요컨대 귀와 신의 변별, 요괴와 신의 변별은 그것을 대하는 사람들의 해석과 대응의 차이에 따른 것일 수 있다는 것이다.

4. 귀신의 네 가지 범주와 역사적 변천

이상으로 귀신이라는 한자어의 의미와 용례에 대해서 간단히 살펴보았다. 그런데 이러한 기존의 의미와 용례들을 참조하면서 이 글에서는 전통사회에서 초자연적 존재를 지칭하는 귀신을 그 기원과 성격에 따라 다음과 같은 네 가지 범주로 유형화해서 살펴보고자 한다. 이 네 가지 범주는 다음 두 가지 축을 기준으로 나눈 것이다. 하나는 귀신의 기원에 따라, 즉 그것이 자연에서 유래했는지 아니면 사람에서 유래했는지에 따라 나누어지는 축이다. 다른 하나는 귀신의 성격에 따라, 즉 그것이 성스럽게 여겨져 숭배되었던 것인지 아니면 위험하게 여겨져 배척되었던 것인지에 따라 나누어지는 축이다. 이 두 축을 조합하면 다음과 같은 네 가지 범주를 도출할 수 있다.

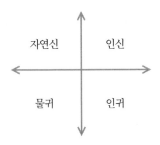

이 네 범주는 옛 사람들의 귀신관을 쉽게 분류하고 파악할 수 있게 해주는 유용한 틀이기는 하지만, 그렇다고 그것이 절대적이거나 고정적이지는 않다. 앞서도 말했듯이 범주 간의 변별은 인식 주체나 시대에 따라 유동적일 수 있기 때문이다.

1) 자연신과 물귀

우선 여기서 말하는 자연신이란 무엇인가? 그것은 천신天神이나 산신山神, 수신水神, 해신海神, 지신地神처럼 사람의 힘으로는 어찌할 수 없는 압도적인 자연의 위력을 표상하는 신격들을 뭉뚱그려 말한 것이다. 옛사람들은 이런 신들이 기후나 풍토, 인간의 운명이나 농사의 풍흉 등을 좌우할 힘을 지니고 있다고 믿었기에 이들에게 제사를 드리고 숭배하였다.

이러한 자연신에 대한 신앙과 숭배는 고대 사회에서부터 보편적으로 존재했었고, 개인 차원보다는 국가나 공동체 차원에서 유지되었던 것 같다. 예컨대 고대국가 부여에는 해마다 정월에 하늘에 제사를 지내며 함께 먹고 마셨다는 영고迎鼓라는 제의가 있었다고 하는데, 이런 제의가 바로 전형적인 자연신 숭배 제의라고 할 수 있다.

민간의 귀신 숭배를 탄압했던 조선에서도 자연신에게 드리는 제사를 폐하지는 않았다. 그것은 오히려 길례吉禮로 분류되어 국가 차원에서 주기적으로 거행되었다. 지리산이나 삼각산, 동해나 서해, 남해, 한강 등 주요한 산천의 신격들에 대해서 해마다 정기적으로 제사를 드렸다. 이러한 산천제는 고대부터 이어져 내려오는 자연신 숭배를 이어받은 것이면서, 이를 유교적 사전祀典의 원칙을 따라 재편한 것이다.

유교에서는 제사지내는 사람의 신분에 따라 제사지낼 수 있는 자연신의 위격位格도 달라진다고 본다. 예컨대 천지에 제사지낼 수 있는 사람은 천자뿐이고, 산천에 제사지낼 수 있는 사람은 제후뿐이다. 이렇게 신분마다 차등이 있어서 일반 백성은 자기의 부모에게만 제사를 드릴 수 있다는 것이 『예기』에서부터 천명된 유교적 사전의 원칙이었다. 자신의 신분에 허용되지 않는 대상에게 드리는 제사는 음사淫祀로 규정되어 배척되었는데, 무당들이 드리는 산천제 같은 것이 그렇게 여겨져 탄압받았다.

하지만 성리학을 받아들인 조선시대의 유교적 지식인들이 자연신을 인격적으로 살아 있는 실체처럼 여겼을 것 같지는 않다. 유자들에게 자연신에 대한 제사란 민중의 신앙을 흡수하면서 유교 경전에 근거한 전통과 명분을 존중하는 것으로 받아들여졌을 것이다. 하지만 자연의 불가항력적인 힘에 대한 주술적이고 신비주의적인 신앙이 사라진 것은 아니었다. 불가항력적인 재난을 당할 때 자연신 신앙은 강력한 위력을 발휘했다. 그래서 왕실이나 사대부가에서도 자연재해나 질병 등을 당하면 자연신 신앙에 의지하지 않을 수 없었다. 왕가나 사대부가조차 그러했으니 일반 민중의 신앙 상황에 대해서는 더 말할 나위 없을 것이다.

다음으로 물귀物鬼란 자연 사물이 변화하여 생성된 초자연적인 존재를 말한다. 옛사람들은 오래된 나무나 돌, 우물, 숲, 여우나 뱀, 그리고 사람이 만든 기물 등에는 자연의 정령이나 음기가 깃들 수 있다고 생각했다. 한자어로는 이렇게 해서 생성되는 존재들을 물귀物鬼・귀물鬼物・귀매鬼魅・요괴妖怪・물괴物怪・요물妖物 등으로 부르는데, 이러한 한자어들이 강조하는 것은 그러한 존재들의 기괴함 혹은 비인간성이라고 할 수 있다. 즉 이러한 범주의 귀신들은 기괴한 형상을 하고 있을 뿐 아니라 인륜도덕에도 어긋나는 짓을 많이 하는 특징을 지니고 있다.

그런데 사실 물귀 중 어떤 것은 원래 자연신적인 성격을 지녔던 것도 있다. 예컨대 여우귀신이나 도깨비 등이 그러하다. 원래는 산신이나 수목신처럼 신령한 힘을 지닌 초자연적 존재로 숭배되었던 것이었으나, 나중에는 인간에게 해로운 성격과 기괴한 사물성을 지닌 물귀로

격하된 것들이다.

그래서 일본의 민속학자 야나기타 구니오는 요괴란 신이 영락한 존재라고 주장했다. 그럴 듯한 주장이지만, 과연 모든 물귀를 자연신 신앙이 퇴락해서 생성된 것으로 보아야 할지는 의문이다. 아마도 인간을 둘러싼 자연이란 반드시 인간에게 우호적인 것만은 아니었을 것이다. 그 중에는 해롭거나 위험한 것들도 있다. 물귀는 이러한 자연의 불길하고 위험한 측면을 표상하는 존재가 아니었을까? 그것은 삶에서 우발적으로 만나는, 이유를 알 수 없는 재앙이나 회피하고 싶은 저주 등을 표상하는 존재가 아니었을까? 아무튼 물귀는 근대 이전 사회에서 그 종류가 가장 다양했고 또 자주 회자되었던 귀신의 일종이라고 할 수 있다.

2) 인신과 인귀

그런데 우리는 귀신이라 하면 사람이 죽어서 된 사후적 존재를 먼저 떠올린다. 자연신이나 물귀가 실제로 존재한다고 믿는 현대인들은 거의 없지만, 사람이 죽어서 된 귀신은 실제로 존재한다고 믿는 사람들은 아직도 많다.

그런데 이렇게 사람이 죽어서 된 귀신 또한 두 범주로 나누어 볼 수 있다. 인신人神과 인귀人鬼가 그것이다. 그 가운데 우선 인신은 사람이 죽어서 된 귀신 가운데 신령한 성격을 지니고 있어서 제사로 받들어 섬겨야 할 귀신을 말한다. 죽은 조상의 귀신이나 위인의 귀신 등이 여기에 속하는데, 이러한 귀신들은 살아 있는 후손들에게 선의를 가지고 있으며 재앙을 피하게 해주고 복을 내려줄 수 있는 존재로 가정되었다. 그러므로 국가 차원에서나 마을 공동체 차원, 혹은 문중이나 가족 차원에서는 이에 대한 제사가 정기적으로 거행되었다.

이처럼 인신을 숭배하는 전통은 그 유래가 깊다. 고대국가에서부터 지배층은 자신의 죽은 조상을 신격화하여 숭배함으로써 지배의 정당성을 확보하고자 했다. 고구려에서는 건국시조인 주몽을 신격화하여 고등신高登神으로 숭배했다고 하며, 백제나 신라에서도 건국시조를 비롯하여 큰 업적을 남긴 역대 왕들을 신격화하여 숭배했다.

조선시대에는 성리학의 수용과 함께 『주자가례』에 근거한 유교적 상제례가 널리 보급되었다. 그런데 조선시대 유자들에게 큰 영향을 끼친 주희는 귀신과 제사에 대해 모호한 주장을 폈다. 즉 한편으로는 조상의 귀신이 후손의 제사에 감응한다고 주장하면서 다른 한편으로는 인격적 실체를 지닌 귀신이란 존재하지 않는다고 주장하였던 것이다. 귀신이 인격적 실체를 가지고 있다고 인정하면 귀신들이 거주하는 사후세계도 있다고 인정해야 하는데, 이렇게 되면 자연을 음양 두 기氣의 운동만으로 설명하고자 했던 성리학적 이기론과 어긋나게 된다. 그렇다고 귀신이 없다고 주장하면 유교적 상제례란 다만 죽은 부모의 은덕을 기리기 위한 상징적 의례로 여겨지게 될 것이고, 조상의 상제례를 극진히 지내야 할 내적 동기가 약해질 것이다. 미신을 배격하고 합리성을 추구했던 철학적 입장과, 유교적 상제례에 실천적 근거를 제공하고자 했던 실천윤리적 요구 사이에서 주희는 모호한 답변을 제시했던 것이다. 조선 전기를 대표하는 유교적 지식인들, 예컨대 김시습, 남효온, 서경덕, 이황, 이이 같은 이들도 저마다 귀신론을 저술해서 이 문제에 대한 나름의 답을 제시하고자 했지만, 주희가 마주쳤던 아포리아aporia에서 벗어나기는 어려웠다.

그런데 조선 전기에 사대부를 포함하여 대다수의 민중에게 여전히 더 친숙한 것은 무속이나 불교에서 연원하는 실체론적이고 주술적인 귀신관·사후관이었던 것 같다. 『조선왕조실록』이나 사대부들의 일기 등을 보면 16세기까지도 야제野祭나 위호衛護 같은 무속식 제의나, 천도재 같은 불교식 제의 등이 많이 설행되었음을 알 수 있다. 귀신에 대한 대접이 소홀하면 빌미를 살 수 있다는 두려움 때문에 이런 제의를 지냈는데, 유자들 중 일부는 이런 관념이 합리적이지 않을뿐더러 반인륜적인 것이라고 여겼다. 예컨대 조선 전기의 유명한 성리학자이자 관료였던 허조는 부모의 귀신을 잘 섬기지 못하면 자손이 빌미를 받는다는 무속적 믿음에 대해 다음과 같이 비판했다. '삶과 죽음幽明은 다르더라도 이치는 같을 터인데, 부모의 귀신이 어떻게 자녀를 병들게 할 수 있겠느냐?' 이러한 허조의 비판은 조선 후기에 본격적으로 전개될 귀신관의 유교적 변화를 예견케 하는데, 조선 후기에는 귀신의 세계조차 유교적 가치와 인륜도덕의식에 의해 물들어 가는 것이다. 조선 후기의 귀신관은 삶과 죽음, 저승과 이승 간의 단절성을 강조하던 재래의 무속적·불교적 관념이 양자 간의 인륜도덕적 연속성을 강조하는 유교적 관념으로 변화되어갔다.

그런 점에서 조선 전기는 여전히 무속적·불교적 귀신관이나 사후관이 만연한 가운데 유교적 지식인들이 이와 이론적으로, 또 실천적으로 투쟁하는 시기였다면, 조선 후기는 무속이나 불교에 뿌리 두고 있는 실체론적이고 주술적인 귀신관·사후관이 널리 수용되면서도 그 속에 유교적 가치관이 삼투하는 시기였다고 평가할 수 있다. 그런데 조선 후기에 점차 확산된 이러한 유교적 귀신관은 남송대의 주희나 조선 전기의 김시습·남효온·서경덕·이황·이이 등이 추구했던 성리학적 귀신론 ─ 귀신을 음양이라는 두 기氣의 역학적易學的 운동으로 설명하는 일원론적 이론 ─ 의 기획과는 다소 멀어진, 주로 무속에서 유래하는 귀신관을 상당부분 수용한 통속적이고 기복적인 귀신관이라고 할 수 있다.

이를 잘 보여주는 것이 조선 후기 야담 속에 등장하는 귀신 이야기들이다. 조선 후기에 저술된 야담에는 죽은 조상이 귀신으로 되돌아와 후손들을 가르치거나 혹은 후손이 바치는 제사를 흠향했다는 이야기들이 많이 실려 있는데, 이런 유형의 귀신 이야기들은 조선 전기의 필기에는 거의 보이지 않던 것들이다. 물론 조선 전기의 필기에도 꿈에 죽은 조상이나 위인의 신령이 나타났다는 이야기는 있지만, 실체를 지닌 채 생시와 같은 모습으로 출현하는 조상귀신 이야기는 거의 없었다. 그렇게 현실에 출몰한다면 그 귀신은 분명 제대로 죽은 귀신일리 없다. 죽었지만 죽지 않는 산 죽음undead 상태의 귀신이란 오래된 자연물이 변화되어서 만들어진 요물이거나, 억울하게 죽어서 기氣가 흩어지지 않는 원귀 혹은 여귀일 수밖에 없다. 조선 전기의 필기에 주로 등장하는 귀신들은 이런 종류의 것들이었다.

조선 후기 야담에서 흔히 나오는, 조상귀신이 후손에게 나타나 훈계를 하거나 죽을 당시의 복식을 그대로 한 채 제사에 나타나 제수를 흠향하였다는 이야기들은 귀신과 사후세계의 실체성을 인정한 바탕 위에서 나올 수 있는 것이었다. 그런데 조선 후기 들어 조상귀신과 같은 신령한 귀신人神에 대한 이야기들이 급증하는 것은 유교적 상제례의 실천이 강조되고 또 널리 시행되는 것과 그 맥을 같이하는 것 같다. 조선 후기 사대부들은 『주자가례』에 제시되어 있는 종법적 가족원리를 보다 적극적으로 실천함으로써 유교적 가족질서나 국가질서를 구현하려고 노력했다. 그런데 이러한 종법적 가족원리나 질서를 유지하고 재생산하는 데 큰 역할을 하는 것이 유교적 상제례다. 그것은 조상과 후손 간의 인륜적 연속성을 끊임없이 재확인하고 친족 구성원들 간의 연대를 주기적으로 재확립하는 중요한 수단이었기 때문이다.

바로 이러한 유교적 상제례의 가치와 실효성을 강조하기 위해 조선 후기의 사대부들은 무속의 실체론적 귀신관을 일정부분 수용하였던 것이 아닌가 여겨진다. 조상귀신이 실체로 존재하고 후손들의 내면까지 살필 수 있다면 상제례를 소홀히 할 수 없을 것이고 종법적 가족질서에 어긋나는 처신을 함부로 할 수 없을 것이다. 물론 그밖에도 무속의 실체론적 귀신관이 유교적 상제례와 쉽게 결합할 수 있었던 것은 문화 저변에 깔린 무속적 귀신관이 여전히 강한 생명력을 유지하고 있었다는 점, 무속이나 불교와 경쟁해야 했던 조선 전기와 달리 조선 후기에는 사족지배체제와 성리학적 이념의 지배가 확고해졌다는 점 등도 아울러 영향을 미쳤을 것이다.

그런데 사람이 죽어서 이처럼 모두 선의를 지니고 후손을 돌보는 신령한 귀신이 되는 것은 아니다. 비명非命에 죽어 원한을 품고 있으며 살아 있는 사람에게 재앙을 끼치고자 하는 무서운 귀신 또한 있을 수밖에 없다. 여기서는 이를 인신人神과 구별하여 인귀人鬼라고 범주화해

볼 터인데, 원귀寃鬼나 여귀厲鬼로 불리는 귀신 등이 이러한 범주에 속하는 대표적인 귀신들이다.

원귀와 여귀는 모두 억울한 죽음을 당해서 이를 받아들이지 못하고 분노하는 귀신들이라는 점에서 유사하다. 그럼에도 양자를 굳이 개념적으로 구분해 보자면, 원귀가 억울한 죽음 때문에 원한을 품고 있는 귀신을 말한다면, 여귀는 전란이나 전염병 등으로 후손이 멸절하여 제사를 받지 못하는 무사無祀 귀신을 말한다. 즉 원귀가 개인적이고 의도적인 폭력의 희생자라면, 여귀는 집단적이고 우발적인 재난의 희생자로 구분해볼 수 있다는 것이다. 하지만 현실적으로는 양자 사이를 구별하는 것이 어렵거나 별 의미 없을 때가 많다. 원귀나 여귀 모두 제대로 된 죽음을 맞지 못해 사후세계에 안착하지 못하고 현세를 떠돌면서 그 분노를 표출하는 귀신이라는 점에서 유사하다. 그래서 많은 경우 원귀가 여귀이고 여귀가 원귀일 수 있다.

하지만 개념상으로 원귀와 여귀가 다르듯이 그 분노를 달래는 방법에도 다소 차이가 있다. 원귀는 그 원한의 원인을 해결해주어야 그 재앙을 멈추게 할 수 있다. 가해자의 폭력이나 억울한 누명 때문에 혹은 그 밖의 이유로 주어진 삶을 다 누리지 못하고 죽은 사람이 원귀가 되는데, 그러므로 가해자를 징벌하거나 명예를 회복해줌으로써 혹은 그 못다 이룬 원망을 충족시켜줌으로써 그 재앙을 멈추게 할 수 있다. 이에 비해 여귀는 제대로 제사를 받지 못하는 것에 그 발생 원인이 있다고 여겨졌기 때문에 제사를 차려 이를 위무해주는 것이 필요했다. 그래서 조선왕조는 건국 초부터 여제단厲祭壇을 만들어 여귀를 위무하는 여제厲祭를 시행했는데, 이는 19세기 말까지도 지속적으로 거행되었다.

그런데 다른 범주의 귀신에 비해 원귀나 여귀 같은 인귀가 지니고 있는 중요한 특성이 있다면 그것은 이들이 모두 사회적 모순과 갈등 때문에 발생한 귀신이라는 점이다. 원귀와 여귀는 사회 공동체에서 억압과 폭력, 희생이 빈번히 발생하는 지점, 그리하여 원한과 분노가 응축되어 있을 것이라고 상상되는 지점에서 출현한다. 즉 원귀나 여귀는 근대 이전의 사람들이 충분히 예상할 만하고 공감할 만한 지점들, 예컨대 무수한 피해자를 양산하는 전란이나 전염병, 권력의 냉혹함과 잔인함을 보여주는 사화나 당쟁, 억압과 폭력으로 얽혀 있는 남녀관계 등에서 발생했다. 한마디로 사회 공동체의 결함과 무능력이 드러나는 지점에서 원귀나 여귀들이 발생하는 것이다. 원귀나 여귀가 귀신 가운데 가장 무서운 성격을 지닌 귀신일 수밖에 없는 것은 이 때문이다. 자연의 불가항력적이고 불가측不可測한 측면보다 더 무서운 것은 인간 사회 내면에 잠재되어 있는 폭력성이나 잔혹성 아니겠는가?

그래서 원귀나 여귀에 관한 이야기들은 대체로 그 사회의 주요한 모순과 갈등을 반영하고 있다. 예컨대 명예나 정절을 지키기 위해 자살한 여성들이 원귀가 되어 출현하는 이야기들은 18세기 이후 저술된 필기·야담집에 집중적으로 등장한다. 이는 가문의 명예를 지키기 위해 실절한 여성의 자살을 암암리에 방조했던 조선 후기 사회의 어두운 이면을 반영한다고 볼 수 있을 것이다. 같은 여성 원귀라도 조선 전기의 필기나 소설에 등장하는 원귀는 전란이나 전염병 때문에 죽음을 당해 시신을 수습할 길 없어 남성을 유인하는 여성 원귀들이었다. 이 이야기들은 전란이 빈발하고 전염병이 창궐했던 여말선초의 혼란스런 상황이 그 속에 반영되어 있다고 말할 수 있다. 천연두나 홍역 등의 전염병이 창궐했던 17세기를 지나면서 저술된 필기·야담집에는 여귀 이야기가 크게 늘어난다. 여귀는 특히 전염병을 퍼뜨리는 매개자로 여겨졌는데, 이에 관한 이야기가 크게 늘어난 것은 원인과 정체를 몰라서 더욱 불안감을 증폭시켰던 전염병에 대해 그것을 인간화하고 구체화함으로써 심리적으로나마 대처할 수 있도록 하기 위해서였을 것이다. 여귀를 잘 대접하지 못해서 전염병이 발생한다는 주술적인 설명은 전염병을 인간화하고 구체화함으로써 나름대로 그것의 원인을 설명하고 그것에 대한 대처 방법을 제시하는 것이었다고 할 수 있다. 물론 이런 설명들은 비합리적이고 여귀의 변덕스러움에 대한 공포를 초래할 수 있는 것이지만, 혼란스런 현실을 나름의 원리로 설명함으로써 그것에 대처하는 주체의 마음을 가다듬게 하는 심리적 처방으로서의 효과는 있었을 것이다.

이상으로 사람이 죽어서 된 귀신을 인신과 인귀로 나누어 살펴보았다. 하지만 앞서도 말했듯이 양자 간의 차이란 그리 분명치 않은 경우가 많다. 예컨대 『어우야담』에 등장하는 홍귀달의 혼령 이야기를 보자. 그는 손녀를 궁중에 들이라는 연산군의 명령을 거부하다 장형을 받고 유배를 가다가 교살된 비운의 인물로, 중종반정 이후 곧바로 신원되었다. 그러므로 홍귀달의 귀신이 있다면 그것은 억울한 정치적 희생자라는 점에서 원귀라고도 볼 수 있고, 곧 복권되어 서원에 배향되었다는 점에서 인신이라고도 볼 수 있다.

그런데 『어우야담』에 실린 이야기를 보면 홍귀달의 귀신은 자신이 죽은 용천역을 떠나지 못하고 그곳을 지나가는 옛 지인들을 찾아다니는 객귀客鬼로 묘사된다. 옛사람들은 자기 집에서 평안한 죽음을 맞지 못하고 객지에서 죽은 사람은 객귀가 된다고 생각했는데, 객귀라는 것 자체가 제대로 죽지 못한 귀신, 곧 원귀를 뜻한다고 할 수 있다. 홍귀 달의 귀신 또한 원귀이기에 그것이 나타나 말만 걸어도 놀라서 죽은 사람이 여러 명 생겼다.

하지만 홍귀달의 귀신은 다른 객귀와 달리 의도적으로 사람을 해치 려고 한 것이 아니었다. 그래서 친구 송일에게 나타난 홍귀달의 귀신 은 자신이 고의로 사람을 죽게 한 것이 아니라고 말하면서 귀신의 신통 력을 발휘해 친구의 미래까지 예언해준다. 이러한 홍귀달의 귀신을 앞 의 범주에 따라 분류해야 한다면 인신에 가깝다고 해야 할까, 아니면 인귀에 가깝다고 해야 할까? 누군가에게는 무서운 인귀이지만, 누군가 에게는 선의와 고귀한 품성을 지닌 인신일 수 있지 않을까? 이 점에서 보면 귀신이라는 용어는 초월적이고 초자연적인 존재가 동시에 지니고 있는 무섭고도—죽은 존재이기에—신령한—죽어서 인간 이상이 된 존재이기에—양 측면을 포괄하는 유연한 명칭이라는 생각이 든다.

5. 귀신의 존재의의와 사회심리적 효용

지금까지 전근대 동아시아 한자문명권에서 귀신이라고 불리어왔던 초월적이고 초자연적인 존재를 네 개의 범주 혹은 유형으로 나누어 그 성격과 역사적 변천에 대해 간략히 살펴보았다. 물론 이러한 범주는 방법론적인 것이며, 귀신의 다양한 기원과 성격을 역사적으로 파악하 기 위해 규범적으로 구분한 것이다. 이 책의 다른 글에서 저자는 이 범주가 어떻게 사회적으로 유동하며 역사적으로 재편될 수 있는지 살필 것이다. 예컨대 조선시대의 유자들에게 자연신과 같은 범주는 거의 비실체화·형식화되어 국가의례 속에서 의전적儀典的인 요소로만 존재하게 될 터이지만, 민중에게 숭배 받던 많은 자연신들은 인간세계를 어지럽히는 요물로 격하되게 될 터이다.

이제 마지막으로 가장 본질적이라고도 할 수 있는 질문, 즉 오늘날 우리에게 귀신이란 어떤 의미가 있는가, 그리고 귀신이란 존재는 개인이나 사회에 어떤 역할을 하고 어떤 쓰임이 있는가 하는 질문에 대해 생각해보자. 즉 귀신담론의 의미와 효용성에 대해 생각해보자는 것이다.

귀신이라고 하면 우리는 어떤 기괴함이나 부조리함, 비합리성 같은 성격들을 먼저 떠올리게 된다. 과학적 이성을 강조하는 근대인의 관점에서 보면 귀신은 정신적 미숙함이나 착란, 이데올로기적 조작, 혹은 자연의 물리현상에 대한 비합리적인 설명의 산물쯤으로 치부될 수도 있다. 물론 오늘날도 귀신을 목격했다는 진술들은 계속 이어지고 있고 또 학교괴담 같은 귀신 이야기들이 여전히 흥미롭게 떠돌고 있긴 하지만, 귀신이 차지했던 역할의 많은 부분은 이제 외계인이나 사이코패스, 혹은 인공지능이나 바이러스 같은 과학 혹은 유사과학의 외장을 걸친 존재들이 떠맡게 된 것 같다.

그런데 이러한 대체물들의 성격이 암시하듯이, 귀신이라는 존재는 주로 자연의 재난이나 사회적 갈등, 그리고 이로 인한 주체의 불안과 깊은 관련을 지니고 있다. 불가항력적인 재난이나 전염병, 예측할 수 없는 사회적 변화와 개인의 불행한 운명, 일상적인 도덕감각으로는 쉽게 받아들이기 어려운 사건 등을 마주쳤을 때 주체는 지금까지 자신을 지탱해주던 상징적인 의미체계·도덕체계의 균열을 감지한다. 이러한 균열은 주체에게 불안을 불러일으키는데, 바로 이 지점에서 세계를 나름대로 조리 있게 설명하고 상징체계를 재구축하기 위해 요청되는 것이 귀신이라고 할 수 있다. 즉 귀신은 자신을 둘러싼 자연과 사회를 나름의 논리로 이해하고 그 변화에 대처하기 위해 주체가 고안하거나 받아들인 나름의 설명 원리라고 할 수 있다는 것이다.

예컨대 원인을 알 수 없는 전염병이 돌아 많은 사람들이 죽어나가는, 근대 이전의 사회에서라면 흔히 발생했을 법한 상황을 가정해보자. 근대의 과학 덕분에 우리는 이를 병균이 사람들 사이에서 전염되다가 면역력이 약한 사람의 몸을 침범한 탓이라고 설명할 수 있을 것이다. 하지만 근대 이전의 사람들이라면 이를 어떻게 설명하고 받아들였을까? 금기를 위반한 탓이거나 귀신을 잘못 대접한 탓이거나, 혹은 도덕적 과오가 쌓여 벌을 받은 탓이거나 그도 아니면 하늘이 정해놓은 어쩔 수 없는 운명 탓이라고 해야 그 현상을 설명할 수 있을 것이다. 어떻게든 그것은 설명되어야 한다. 원인과 정체가 파악되어야 그 의미를 이해할 수 있고, 그 의미를 이해하여야 그것에 대한 대응이 가능해질 것이기 때문이다. 위와 같은 여러 설명들 가운데 옛사람들이 가장 쉽게 공감하고 신뢰했던 것은 귀신의 작용으로 그런 현상을 설명하는 것이었다.

그런데 특히 이러한 초자연적 설명을 더 쉽게 받아들이고 더 민감하게 반응했던 사람들은 피지배층, 예컨대 조선시대의 경우 유교적 이념의 세례를 덜 받았던 하층 민중이나 사대부 여성들이었던 듯하다. 사대부 남성들은 이러한 귀신 신앙을 미신이라 부정하고 귀신을 철학적 담론의 차원에서 다뤘다. 하지만 이들 피지배층은 이야기라는 서사적 담론의 형태로 귀신에 관한 갖가지 믿음과 의혹들을 활발히 생산·유포했다. 그리고 그 속에는 지배층인 사대부 남성들이 견지했던 유교적 대의명분과는 다른, 새로운 현실 이해와 설명틀이 잠재되어 있다.

『용재총화』에 실려 있는 '기유의 집에 나타나 장난을 벌인 유계량의 원귀 이야기'를 예로 들어 보자. 기유라는 사대부 관료의 집에 정체를 알 수 없는 귀신이 나타나 집안에 변괴와 재앙이 끊이지 않았다. 결국 자신의 힘으로 귀신을 물리치고자 한 기유조차 병이 들어 죽고 마는데, 사람들은 이것이 기유의 표제表弟 유계량의 원귀 때문이라고 수군댔다고 『용재총화』는 전하고 있다. 유계량이 누구인가? 유계량은 남이의 역모사건에 연루되어 참수된 인물로, 이 때문에 그의 부친은 관노로 귀속되었고 그의 가산 또한 적몰되었다. 그런 유계량이 귀신으로 나타났다면 이는 원귀일 것이 분명하다. 그런데 『용재총화』의 저자 성현은 민간에 떠도는 이 이야기를 소개하면서 기유의 집에 나타난 귀신의 정체에 대해서 자세히 말하지 않는다. 다만 이 이야기의 끝에 기유의 집에 나타난 재앙이 유계량의 귀신 때문이라는 시중의 소문만을 짧게 언급하고 있을 뿐이다.

성현 같은 유자들이 견지했던 유교적 명분론에 따르면 대역죄로 죽은 유계량은 원귀로 되돌아올 수 없다. 원귀란 희생자의 억울함과 분노를 전제하고 있기 때문이다. 그래서 성현은 기유의 집에서 장난을 벌인 귀신의 정체에 대해서 자세히 말하려 하지 않았던 것이다. 그런데 그것을 유계량의 원귀라고 지목했던 것은 귀신 이야기의 열렬한 생산자이자 수용자, 유포자였던 민중이었을 것이다. 그들은 정치적 승자인 훈구관료가 내세운 대의명분을 그대로 받아들이지 않고 다른 방식으로 남이의 역모사건을 이해했을 법하다. 즉 그것을 충역忠逆의 문제가 아니라 권력투쟁의 문제로 보면 어떨까? 그러면 아마도 정치적 패자의 원한과 울분에 나름 정당성을 부여할 수 있을 것이다. 그렇게 보면 당시에 민간에서 회자되었던 유계량의 원귀 이야기는 기유의 집안에 닥친 연이은 불행을 나름대로 조리 있게 설명하려는 인식론적 노력의 산물이면서, 동시에 정치적 승자들이 내세운 대의명분과는 다른 방식으로 남이의 역모사건을 이해하고자 했던 민중이 생산·유포한 일종의 마이너리티 리포트이기도 했던 셈이다.

귀신이라는 존재, 혹은 그러한 귀신에 관한 이야기들은 여러 층위에서 해석될 수 있다. 그것은 자연과 사회를 나름대로 조리 있게 이해하고 설명하려는 인식론적 노력의 산물이라고도 볼 수 있고, 현실의 모순과 갈등을 기괴한 형태로 드러내는 증상 같은 것으로도 볼 수 있으며, 그러한 모순과 갈등을 나름의 원리로 설명함으로써 주체의 상징적인 도덕체계·가치체계를 재구축하고자 하는 치유의 시도라고도 볼 수 있을 것이다. 이러한 귀신 혹은 귀신 이야기의 다층성은 그것은 사회적 효용에서도 나타난다. 그것은 때로 지배적인 이념과 질서를 유지하는 데 봉사하기도 하고, 때로는 지배담론과 다른 방식으로 세계를 인식하고 설명하는 대항 담론을 생산하기도 하는 것이다. 어쩌면 바로 이러한 다층성·모호함이 그토록 오랫동안 귀신이 인간을 매혹시켜왔던 이유일지도 모르겠다. 저자는 이런 지점들에서 귀신과 귀신이야기의 사회 심리적 효용을 찾을 수 있지 않을까 생각한다.

조선시대 필기·야담을 통해 본 귀신의 존재양상과 그 의미

1. 귀신 연구의 의의

조선은 성리학을 지배이념으로 내세우며 건국된 왕조국가였다. 바로 이 성리학을 내세우며 역성혁명을 주도했던 신진사대부들은 고려 쇠망의 필연성과 조선 건국의 정당성을 주장하기 위해 고려 사회에서 극성했던 불교와 무속의 폐해를 자주 언급했다. 그들이 보기에 윤회나 사후세계를 중심으로 구축된 기복적 불교신앙이나 다양한 신격들을 숭배하는 무속적 민간신앙은 승려나 무격들이 지어내거나 조장한 혹세무민惑世誣民의 교설이자 미신에 불과했다. 그래서 그들은 조선 건국 초기부터 불교와 무속을 배격하는 담론을 지속적으로 생산·유포했으며, 개인적으로 불교를 신봉했던 몇몇 국왕들의 반대에도 불구하고 불교와 무속에 기반한 제의나 습속을 탄압하고 유교식으로 개량하는 조치들을 차근차근 시행해나갔다. 그 결과 일견 조선 사회는 성리학적 이념이 일원적으로 지배하는, 전근대의 세계사에서 보기 드물 정도로 현세주의적 가치와 도덕이 내면화된 성리학적 예치 사회로 탈바꿈되어간 듯 보인다.

하지만, 과연 그러한가? 예컨대 불교나 무속의 제의를 통해 그 표현의 통로를 얻곤 했던 불가항력적이고 불가측적인 자연과 운명에 대한 불안과 공포, 결여된 현실에서 벗어나고자 하는 초/탈현실적 욕망과 환상, 도덕규범에 순응하지 못하는 충동 등은 성리학적 이념과 질서 속에서 다 해소되거나 포획될 수 있었을까? 저자가 보기에 그 답은 '아니다'이다. 조선 건국의 주도세력이 꿈꿨던 유교화는 유례없는 일대 성공을 거두었지만, 그 속에서도 성리학적 이념에 완전히 포획되지 않은 두렵고도 흥미로우며 낯설고도 친숙한 또 하나의 문화 혹은 심성세계가 여전히 사라지지 않고 병존하고 있었다. 온갖 귀신鬼神과 귀물鬼物, 신선神仙과 이인異人들이 출몰하고 저승과 이계가 현실과 나란히 공존하는 세계, 신이神異하고 기괴奇怪한 것들이 세계내적 현실로 적극 받아들여지는 신비주의적인 문화 말이다. 그것은 아직 교화를 덜 받은 무지한 민중들의 심성세계이자 하위문화로만 존재했던 것은 아니었다. 사대부 여성층은 말할 나위없고 상층의 사대부 남성들조차 그와 같은 세계와 문화에 자주 관심을 기울였다. 그것은 때로 성리학적 이념과 갈등하고 때로는 보충하면서 공적 지식체계의 바깥에, 지배문화의 주변부에 폭넓게 포진해 있었다.

이러한 신이하고 기괴한 것들 가운데 대표적인 존재는 역시 '귀신鬼神'이라고 할 수 있을 것이다.[1] 조선시대 사람들에게 귀신이란 죽음과 질병, 액이나 동티를 연상시키는 공포와 불안의 대상이었지만 동시에 다른 한편으로는 어디서나 출몰할 수 있고 때로 음우陰佑를 베풀기도 하는 친숙한 외경의 대상이기도 했다. 조선의 성리학적 지식인들은 이러한 귀신들 가운데 어떤 것은 철학적으로나 도덕적으로 긍정하고 어떤 것은 부정했으며 또 어떤 것은 경원시하는 방식으로 그것들을 분류·대응했다. 하지만 신이하고 기괴한 것이라는 핵심적인 본성을 잃지 않은 채 귀신은 민중과 사대부들 사이에서 떠돌아다녔다. 이익은 『성호사설』에서 성황신을 숭배하는 민간의 습속을 소개하면서 "우리나라 풍속은 귀신 섬기기를 좋아한다"[2]고 개탄한바 있는데, 어떤 의미에서 조상의 혼령이 생전과 같은 인격적 개체성을 지닌 채 제사 때마다 내격來格하여 제수를 흠향하고 후손을 음우한다고 믿으며 봉제사奉祭祀에 온 정성을 쏟았던 사대부층 또한 귀신 섬기기를 좋아한다는 평가를 피해갈 수 없을 것이다.

이 글은 조선시대의 필기·야담 속 귀신 이야기를 중심으로 성리학적 이념이 지배 이데올로기로 기능했던 조선시대의 문화적 풍토 속에서 귀신이라는 신이하고 기괴한 존재가 어떻게 출몰하는지, 곧 귀신의 존재양상과 의미를 검토하고 이를 통해 그것에 투사된 역사적 주체들의 불안이나 욕망·충동 등을 분석하는 것을 그 목표로 삼는다.

사실 귀신이라는 존재는 다양한 문화사적 연구 주제들이 연결되어

---

1   '귀신(鬼神)'이란 폭넓은 용례를 지닌 다의적인 용어이다. 이 글에서는 귀신이라는 용어를 조선시대 사람들이 신이하고 기괴한 것으로 여긴 초자연적인 존재를 지칭하는 용어로 사용할 것이다. 여기에는 위인의 신령이나 조상의 혼령, 원귀나 여귀, 도깨비 등이 포함되지만, 이인(異人)이나 도사(道士), 신승(神僧) 같이 초월적인 능력을 지닌 인간은 포함되지 않는다.
2   이익, 『성호사설』 제4권 「만물문(萬物門)」 성황묘(城隍廟).

있는 접점에 위치해 있다고 할 수 있다. 그것은 조선시대 사람들의 귀신관이나 죽음관을 엿볼 수 있게 해주는 통로일 수 있고, 민간신앙을 파악할 수 있게 하는 민속학적 자료일 수도 있으며, 사회적 갈등과 하위주체들의 억압된 욕망을 상상적으로 재현하고 있는 문학적 / 문화적 텍스트일 수도 있다. 이처럼 다양한 문화사적 주제들과 연결되어 있고 풍부한 해석의 가능성을 품고 있다는 것이 귀신 혹은 귀신 이야기의 매력이라고 할 수 있을 터인데, 이 글에서 저자는 귀신을 무엇보다 조선시대를 살아간 역사적 주체들의 억압된 무의식이 증상으로 귀환한 것 혹은 상징화 / 의미화 될 수 없는 실재가 상상적 이미지의 형태로 되돌아온 것으로 파악하는 관점에서 출발해보고자 한다.[3] 그리고 이를 통해 성리학적 이념에 완전히 포획될 수 없었던, 때로는 그것과 충돌하고 때로는 그것을 보완하면서 병존했던 지배층과 민중층의 신비주의적인 심성세계의 일면을 드러내보고자 한다.

이를 위해 이 글에서 분석 텍스트로 선정한 것은 15세기에서 19세기 후반까지 저술된 몇몇 필기·야담류 저작들이다. 일상에서 경험했거나 전해들은 흥미로운 견문과 잡다한 지식을 자유롭고 담박하게 기술하는 조선 전기의 필기 창작 전통은 17세기 초 『어우야담』을 변곡점으로 하여 서사성이 훨씬 농후해진 야담의 창작으로 이어진다. 비록 서사성의 정도에 있어 차이가 있긴 하지만 신변견문을 바탕으로 한 사실

---

3 귀신이나 도깨비를 상징화되지 못한 실재의 귀환이나 억압된 욕망의 증상적 재현으로 본 정신분석학적 연구로는 다음 글들을 참조할 수 있다. 김종주, 「귀신의 정신분석－라깡 정신분석학적 입장」, 『한국학논집』 30, 계명대 한국학연구원, 2003; 김열규, 「도깨비와 귀신－한국의 남과 여」, 앞의 책; 조현설, 「원귀의 해원 형식과 구조의 안팎」, 『한국고전여성문학연구』 7, 한국고전여성문학회, 2003.

성을 추구한다는 점, 복합적이고 완결된 플롯구성 대신 단편적이고 개방적인 플롯구성을 즐겨 취한다는 점에서 필기와 야담은 양식적 동질성을 지니고 있다. 이 글에서 필기·야담류 저작들을 텍스트로 선정한 것은 귀신에 관한 이야기를 풍부하게 담고 있는 그 제재적 특성에 주목했기 때문이기도 하지만, 조선시대 전 시기를 통해 귀신의 존재양상과 그것에 대한 역사적 주체들의 인식이 어떻게 변화해나가는지를 일관된 맥락에서 파악할 수 있게 해주는 양자의 양식적 동질성에 주목했기 때문이기도 하다.

물론 필기·야담의 저자들은 거의 지배층 남성 지식인들이었으며 여기에 실린 귀신이야기의 다수는 사대부가를 중심으로 회자되던 것이었음을 유념할 필요가 있다. 성리학적 이념과 가치를 받아들이고 이를 실천하고자 노력했던 사대부 남성 지식인들의 귀신 체험이나 인식이 그것에 완전히 포섭되지는 않았던 여성이나 민중들의 귀신 체험이나 인식을 온전히 대변할 수는 없을 것이다. 그런 점에서 이 글에서 분석하고자 하는 역사적 주체의 심성세계란 결국 조선시대 사대부 남성 지식인들의 의식적·무의식적 사유와 관념들에 불과할 수도 있다. 저자로서는 이 글이 그와 같은 해석의 한계 혹은 편향을 안고 있을 것임을 미리 자인하면서, 그럼에도 귀신이라는 제재의 속성상 그리고 구비전승이라는 매체의 속성상 귀신 이야기 속에는 성리학적 지배이념 밑에서 은밀히 증식하고 있었던 지배층과 민중들의 신비주의적인 사유들이 중층적이고 복합적으로 반영될 수밖에 없었을 것이라는 점 또한 함께 지적해두고 싶다.

이 글은 필기·야담의 귀신 이야기를 중심으로 성리학적 가치와 도덕이 지배했던 조선시대의 문화적 풍토 속에서 귀신이 출몰하는 양상과 그것에 매혹되었던 역사적 주체들의 정신세계 혹은 심성세계의 일단을 분석해 보는 것을 최종의 목표로 삼고 있다. 이를 위해 저자는 조선시대 필기·야담에 등장하는 귀신을 세 유형으로 나눠 그 역사적 변모 양상을 분석해보고자 한다.[4] 이 유형 분류의 기준은 당대의 지배적인 성리학적 상징체계(대타자)와 맺고 있는 관계이다. 그런데 이러한 저자의 분석을 제시하기 전에 우선 다음 절에서는 조선 전기의 사대부 관료 성현成俔이 제시한 귀신의 분류를 소개하면서 논의를 시작해 보도록 하겠다.

2. 성현成俔의 귀신 분류에 나타난 조선 전기 사대부의 귀신 인식

오늘날도 그렇지만, 한국의 전통사회에서도 '귀신'이란 용어는 초월적인 능력과 덕성을 지닌 신gods으로부터 사람이 죽어서 된 인귀ghost, 동식물이나 자연에서 유래하는 각종 귀물들(sprite, monster 등)까지를 포괄하는 범칭으로 널리 사용되었다. 물론 그 속에는 다양한 개별 종들이 있으며, 이는 다양한 방식으로 유형화될 수 있을 것이다.[5]

---

4 앞의 글에 비추어보자면 이 글에서 제시한 유형은 신(神), 원귀·여귀, 물귀(物鬼)의 3유형론이라고 할 수 있겠다. 조선시대 유자들은 자연신을 국가사전체계 속에서 명목상 제사지내되 실존적으로는 그리 의식하지 않았다고 여겨진다. 물론 강산천택(江山川澤)의 자연신이나 집안을 수호하는 가신(家神), 온갖 무신(巫神)들은 여전히 숭배되었지만, 주로 민중이나 여성층에 의해 그 신앙이 유지되었다. 그리고 민중이 숭배하던 많은 자연신들은 물귀(物鬼)로 전락하여 혹세무민의 원흉으로 배척되었다.

그런데 조선 전기의 대표적인 사대부 관료로서『용재총화』의 저자이기도 한 성현은 그의 저작『부휴자담론』에서 다음과 같은 방식으로 귀신의 종류를 분류한 바 있다.[6]

　① 사람처럼 말을 하면서도 그 모습을 드러내지 않는 귀신

　② 기괴한 형상을 드러냄으로써 사람들로 하여금 근심하게 하는 귀신

　③ 깊은 밤중에 횃불을 들고 나타나는 귀신

　④ 사람의 형상으로 그려놓은 것으로 그 앞에 지전(紙錢)을 걸어 놓으며
　　 천한 시골 사람의 집에 붙어 있는 귀신

　⑤ 인간 형상으로 그림이나 소상을 만들어 놓은 귀신

　⑥ 천자나 제후, 대부 등 각각의 위격에 맞게 제사지내야 하는 자연신들

　⑦ 조상신

마치 보르헤스의「존 윌킨스의 분석 언어」에 열거된 어떤 중국 백과사전 속의 동물 분류[7]를 연상케 하는 이 귀신 분류의 체계적 정합성을 따지지는 말기로 하자. 우리가 이 분류에서 확인할 수 있는 것은 당대

5　임동권은 귀신을 자연신, 동물신, 인신, 가택신, 질병신, 도깨비 등 여섯 종류로 나눈 바 있고(임동권,「귀신론」,『어문논집』10, 중앙대 국어국문학회, 1975), 김태곤은 악귀와 선신으로, 혹은 거소에 따라 가신(家神), 동신(洞神), 무신(巫神), 기타 잡귀·잡신 등으로 나누기도 하였으며(김태곤,「민간의 귀신」,『한국사상의 원천』, 박영사, 1976), 윤주 필은 신령, 귓것, 도깨비, 신선, 이인 등으로 나누기도 하였다.(윤주필,「귀신론과 귀신 이야기의 관계 고찰을 위한 시론」,『국문학론집』15, 단국대 국어국문학과, 1997) 이밖에도 다양한 방식의 분류들이 제출되었고, 또 가능할 것이다.

6　성현, 이래종 역주,『부휴자담론』, 소명출판, 2004, 66~8면.

7　보르헤스의 텍스트에 인용된 "어떤 중국 백관사전"에는 "동물이 ⓐ황제에게 속하는 것 ⓑ향기로운 것 ⓒ길들여진 것 ⓓ식용 젖먹이 돼지 ⓔ인어 ⓕ신화에 나오는 것 ⓖ풀려나 싸대는 개 (…중략…) ⓝ멀리 파리처럼 보이는 것"으로 분류되어 있다(미셸푸코, 이규현 역,『말과 사물』, 민음사, 2012, 7면 재인용).

인들이 숭배하거나 두려워했던 귀신의 종류들과 이러한 귀신들에 대한 성현의 인식과 태도이기 때문이다.

체계적이지는 않지만, 성현의 분류법을 존중하며 보다 자세히 이를 살펴보기로 하자. 우선 ①에서 ③까지는 성현도 실재한다고 믿은, 당대인들에게 공포와 불안을 불러일으켰던 귀신들이다. ①은 무당이나 다른 사람에게 지피어 자신의 존재를 드러내는 귀신인데, 무속이 성했던 전통사회에서 가장 빈번히 출몰했던 귀신이었다.[8] ②는 비명횡사하여 그 원한이 해소되지 않은 귀신, 곧 원귀寃鬼·여귀厲鬼들로, 풀리지 않은 노여움을 발하며 재앙을 끼치려 한다는 점에서 사람들이 가장 두려워하는 귀신이라고 할 수 있다. ③은 도깨비와 같이 자연물이 변신한 귀신이다.[9] 성현이 보기에 이 세 종류의 귀신은 실재하는 것이고 또 사람들이 두려워하는 것이지만, 정도正道를 따르고 덕德이 있는 유자라면 두려워할 필요가 없는 것들이기도 하다. 이러한 귀신은 인륜질서 바깥에 있어야 할 귀물들이거나 유교적 덕치德治로 해소해야 할 것들이기 때문이다.

다음으로 ④와 ⑤의 귀신은 그가 혹세무민의 미신으로 생각한 무속이나 불교에서 숭배하는 신격들이다. 그가 보기에 이러한 귀신은 백성을 속여 재물을 빼앗기 위해 만든 허상에 불과하다. 그는 앞의 ①~③과 ④~⑤를 묶어 세상에 이로움을 주지 않고 해만 끼치는 것이라고 부정하면서, 이 귀신들에 대한 제사를 받들지 말고 폐지해야 한다고

---

8 이에 대해 성현은 무당에게 지핀 존재는 죽은 사람의 혼령이 아니라 괴물일 것이라 추정한다.

9 성현은 이런 귀신이 의지할 데가 없어 장난치는 산과 들의 요물로서, 사람에게 요구하는 것도 없고 해를 끼치지도 않는다고 주장한다.

주장하였다. 물론 이 말은 역설적으로 이러한 귀신들에 대한 민간의 신앙과 의례가 뿌리 깊고 널리 퍼져있었음을 보여주는 것이기도 하다.

이처럼 ①에서 ⑤까지가 배격되어야 하는 귀신들이라면, ⑥과 ⑦은 제사의 대상이 되어야 마땅한 귀신들이다. 다만 여기서 성현은 각자의 신분적 위상에 맞게 제사지내야 하는 대상의 격과 폭이 달라진다는 유교적 사전祀典의 원칙을 강조할 뿐,[10] 그러한 귀신이 실재하기 때문에 어떤 영험을 바라고 제사를 지내야 한다고 주장하지는 않는다. 이는 이러한 귀신 분류에 뒤이어 그가 한 말에서 확인할 수 있다. 즉 그는 '사람이 죽으면 인간의 몸에 깃들어 그것을 움직이던 정기精氣는 흩어지며 육신은 빈껍데기가 되어 초목과 함께 썩어갈 뿐'이라고 말함으로써 사후까지 소멸되지 않고 개체로서의 인격성을 지닌 채 존속하는 '귀신'의 존재 가능성을 부정하고 있는 것이다. 그런 점에서 성현 또한 이념적으로는 성리학적 귀신론에 충실한 유자였다고 말할 수 있겠다.[11]

---

10 예컨대 성현은 천지는 천자만 제사 지낼 수 있고 제후는 산천까지 제사를 지낼 수 있고 대부는 오사(五祀)까지 제사를 지낼 수 있으며, 천자가 7대의 조상까지 제사를 지낼 수 있다면 제후는 5대까지, 대부는 3대, 사는 부모의 제사까지만 받들어야 한다고 주장한다. 이는 『예기』 등에 규정된 유교적 의례(儀禮)의 원칙을 따르는 것으로, 아직 조상제사에 있어서는 『주자가례』를 따르지 않고 있다는 점이 눈에 띈다.

11 그런데 조동일은 『부휴자담론』과 「신당퇴우설」에서 피력된 성현의 귀신론은 기본적으로 신유학(성리학)의 이념에서 적지 않게 벗어나 있다고 보았다. 즉 성현은 귀신의 세계와 사람의 세계가 각기 독립해서 존재한다고 생각한 이원론자로서, 성리학적 귀신론의 일원론적 사고에 이르지 못했다는 것이다. 특히 그의 이러한 사유는 그가 기록한 귀신담에 두드러지게 나타난다. 『용재총화』의 귀신 이야기에는 재래의 민간신앙과 유교의 이념, 하층의 전승과 상층의 규범 양쪽을 다 인정하면서 조화를 찾으려고 하는 성현의 절충적 입장이 잘 드러나 있는데, 조동일은 이것이 훈구파 문인으로서 그의 입장과 연관되어 있을 것이라고 간략히 추론하고 있다(조동일, 「15세기 귀신론과 귀신 이야기의 변모」, 『문학사와 철학사의 관련양상』, 한샘, 1992). 성현이 『용재총화』 같은 필기집에 수록한 귀신담에서 귀신에 관한 모호한 태도를 보인다는 점은 저자도 동의한다. 하지만 『부휴자

그런데 여기서 우리가 주목해보아야 할 것은 그의 비체계적인 귀신 분류 속에서 작동하는 어떤 분류 기준 내지 관점일 것이다. 우선 성현은 귀신을 크게 두 범주로 분류한다. 앞서 보았듯이 제사를 지내지 말아야 할 귀신과 제사로 섬겨야 할 귀신이 그것이다. 이 두 범주를 구획하는 기준은 『논어』나 『예기』에서 제시된 유교적 사전의 명분론적 원리이었다. 특히 조선의 건국 주도세력인 사대부들은 유교적 사전체계를 엄격하게 정비한 명조明朝로부터 제도나 법률 면에서 큰 영향을 받았다.

그런데, 유교적 이념에 기반한 이러한 분류가 차라리 표면적인 것이라면, 더 심층적인 구분선은 ①~③의 귀신과 나머지 귀신 사이에 있지 않을까? ①에서 ③까지의 귀신은 실재하면서 그 기괴한 존재성을 발휘하는 것이지만, 나머지 것은 성현이 보기에 미신이거나 이념적·명분론적 의례의 대상일 뿐이기 때문이다. 그렇다면 위에서 열거한 귀신들은 실질적으로 세 범주로 구분될 수 있겠다. 실재하는 것(①~③)과 허구적인 것(④~⑤), 그리고 명분론적 것(⑥~⑦).

비록 세 종류로 묶이기는 했지만, ①에서 ③까지의 귀신들은 잡다하게 많은 이름과 형상을 지니고 있는 것들이다. 자연신들의 알 수 없는 종류와 힘만큼, 원한을 품고 죽은 사람들의 수나 원한의 깊이만큼 그러한 귀신들의 종류는 다양하고 그 힘은 예측불가능하다. 물론 성현은 유자로서 ①~③의 귀신을 유교적 도덕과 이념으로 제어될 수 있는 변

담론』 등에 드러난 그의 철학적 귀신론이 성리학적 귀신론에서 적지 않게 벗어나 있다는 진단에는 의문이 든다. 주희도 세상의 도덕적 부조리 때문에 발생하는 원귀나 여귀, 오래된 자연에서 생성되는 귀물 등의 존재 자체를 부정하지는 않았으며, 김시습이나 남효온 같은 이들도 이를 부정하지 않았다.

이變異로 보았지만, 그것의 기괴한 존재성은 이념이나 도덕으로 쉽게 해소할 수 없는, 불안한 호기심을 불러일으키는 것이었다. 그의 이러한 불안한 호기심의 태도를 잘 보여주는 것이 『용재총화』 속의 귀신 이야기인데, 여기에 수록된 약 9편의 귀신 이야기에는 ①에서 ③까지에 속하는 귀신들이 출몰한다. 이에 대해 성현은 미신을 타파하고 허구성을 폭로하는 계몽적인 태도를 앞세우기보다 그것의 기괴한 존재성을 인정하면서 이에 대해 불안한 호기심을 드러내고 있는 것이다.

3. 조선시대 필기·야담에 나타나는 귀신의 세 유형

앞서 조선 전기의 사대부 성현이 『부휴자담론』에서 분류한 귀신의 종류와 그 기저에 깔려 있는 귀신들의 범주에 대해 간략히 살펴보았다. 요약하자면 성현에게 귀신은 실재하는 것과 허구적인 것, 명분론적인 것 세 범주로 구분될 수 있었다는 것이다.

그런데 범위를 넓혀 조선시대 필기·야담 전반을 살펴보면 매우 다양한 종류와 형상을 한 귀신들이 등장한다는 것을 알 수 있다. 꿈에 나타나 사당과 능묘의 수축을 부탁하는 정몽주와 현덕왕후의 신령神靈(『용천담적기』)이나 흐느끼는 소리로 임진왜란을 예고하는 태조의 신령(『국당배어』) 같은 위인들의 신령한 귀신에서부터, 딸의 혼사를 위해 반함飯含하였던 구슬을 되돌려주는 재상의 혼령(『어우야담』)이나 생일에 나타나 제삿밥을 요구한 박내현의 아버지 혼령(『천예록』) 같은 조상귀신祖靈, 표형表兄(내외종의 사촌형) 기유의 집에 나타나 온갖 기괴한 일을 벌이는 유계량의 원귀冤鬼(『용재총화』)나 마마귀신이 되어 수백 명의 어린아이를 저승으로 데려가는 김생 같은 여귀厲鬼(『천예록』), 남소문동 우물가에서 사람을 홀리며 싸움을 거는 귀매鬼魅(『국당배어』)나 정백창이 산사에서 만난 무시무시한 형상의 산도깨비(『어우야담』)에 이르기까지 매우 다양한 형상과 종류의 귀신들이 등장하고 있는 것이다.

물론 이런 다양한 종류와 형상의 귀신들에 관한 이야기를 기록했다고 해서 필기·야담의 저자들이 그것들을 모두 실제로 존재하는 것이라고 믿었다고 볼 수는 없다. 하지만 이와 같은 다양한 종류의 귀신들이 사람들의 입에서 입으로 떠돌아다니며 사대부들과 민중의 상상세계의 일부를 차지하고 있었다는 점, 그리고 그러한 신이하고 기괴한 존재는 성리학적 이념이 제시하는 것과는 다른 현실 이해의 논리를 제공하고 있었다는 점은 주목할 필요가 있겠다.

그런데 저자는 조선시대 필기·야담에 등장하는 이러한 다양한 종류와 형상의 귀신들을 성리학적 상징질서와 어떤 관계를 맺고 있느냐에 따라 크게 다음 세 가지 유형으로 범주화해서 그 성격과 역사적 변모 양상을 분석해 볼 수 있다고 생각한다.

① 유형 : 역사적 위인의 신령이나 조상의 혼령, 친척이나 친구의 혼령처럼 살아 있는 사람과 같은 이념과 도덕을 공유하는 신령한 귀신들
② 유형 : 여귀나 원귀처럼 제대로 죽지 못한 원혼들로서 파괴적인 힘으로 자신의 분노를 표출하거나 신원(伸冤)을 호소하는 귀신들
③ 유형 : 귀매(鬼魅)나 요물(妖物), 귀물(鬼物), 물괴(物怪) 등으로 불리는, 주로 비인간적인 형태나 비인격적인 속성을 지니며 목적이나

의미를 파악할 수 없는 재난과 장난을 일으키는 기괴한 사물로서
의 귀신들

　물론 모든 귀납적 분류가 그러하듯이 이러한 범주화에 꼭 들어맞지
않거나 쉽게 분류하기 어려운 중간적인 존재들 혹은 혼합적인 존재들
이 있다. 예컨대『용재총화』에 등장하는 '이두 집안에 나타난 고모 귀
신'이나『어우야담』에 등장하는 '조카 집을 탕진한 안씨 귀신'은 조카
의 집안에 나타나 가사家事를 주도하고 온갖 대접을 받으면서도 결국
조카를 병들어 죽게 만들거나 더 많은 귀신들을 데려와 가산을 탕진하
게 만든다. 그러므로 이런 귀신을 조상귀신으로 보아야 할지 혹은 조
상귀신을 가장하여 장난을 벌이는 귀물鬼物로 보아야 할지는 모호하
다. 또한『용재총화』에 실려 있는 '표형 기유의 집안에 나타나 온갖 괴
이한 일을 벌이는 유계량의 귀신'의 경우 그가 역모로 인해 사형당했
다는 점에서 보면 원귀로 볼 수 있지만, 이야기의 문면에 장난을 벌이
는 이유도 목적도 전혀 제시되지 않는다는 점 ― 즉 어떤 상징화 / 의
미화도 요구하지 않는다는 점 ― 에서 보면 귀물처럼 보이기도 한다.
　이와 같은 모호함에도 불구하고 저자가 성리학적 상징질서와 어떤
관계를 맺고 있느냐를 기준으로 귀신을 위의 세 가지 유형으로 분류한
것은 이와 같은 분류가 조선시대 필기·야담에 출몰하는 다양한 귀신
들의 성격을 크게 변별하고 그러한 귀신들에 투사된 역사적 주체들의
무의식을 분석하는 데 효과적이라고 판단했기 때문이다.[12] 성리학은

12　조현설은 15~6세기의 귀신 이야기를 혹귀담(惑鬼譚)과 축귀담(逐鬼譚)으로 분류한 바
　　있으며(조현설,「조선 전기 귀신 이야기에 나타난 신이 인식의 의미」,『고전문학연구』

조선 사회에서 통치원리이자 지배이념으로 군림했다. 물론 그것이 조선시대를 살아간 역사적 주체들의 정신세계를 완전히 장악하고 지배한 것은 아니지만, 다양한 존재들을 분류하고 배치하는 준거틀을 제공한 것은 사실이다. ― 특히 필기·야담의 저자들에게는 더욱 그러하다. ― 그런 점에서 필기·야담에 등장하는 귀신이 성리학적 가치와 도덕, 언어로 구축된 지배적인 상징질서와 어떤 관계를 맺고 있는지, 그리고 그 속에서 어떠한 위상과 성격을 지니고 있는지를 검토해볼 필요가 있다. 무엇보다 귀신은 그러한 지배적 상징질서의 균열 속에서 산생되고 그것과 길항하며 그 틈새에 기거하는 것이기 때문이다.

그렇다면 이러한 세 유형의 귀신들의 전반적인 존재 양상과 역사적 변모를 살펴보고, 그러한 귀신의 존재가 지니는 의미에 대해 검토해보기로 하겠다.

1) 1유형
―종법적 가족질서를 보충하고 지탱하는 초자아로서의 귀신들

우선 1유형에 속한 귀신들의 경우 기본적으로 성리학적 상징질서를 공유하는 존재들이라고 할 수 있다. 현세의 인간들과 같은 이념과 도

32, 한국고전문학회, 2002), 윤혜신은 『어우야담』을 중심으로 귀신 이야기를 교류방식과 출현목적에 따라 각각 몇 유형들로 분류한 바 있다(윤혜신, 「어우야담 소재 귀신담의 귀신과 인간의 교류방식과 특징」, 『민족문학사연구』 34, 민족문학사학회, 2007). 그런데 여기서 저자는 귀신 이야기가 아니라 귀신 그 자체의 성격을 분류하고 그것이 동시대 역사적 주체들의 정신세계에서 어떤 의미를 지니고 있었는지를 분석하는 데 관심이 있다.

덕·가치·언어를 공유하고 있기에 이들의 출현은 이야기 속 인물들이나 독자들에게 경이로움을 느끼게는 해도 이해할 수 없는 불안이나 공포를 유발하지는 않는다. 이들이 가족이나 후손, 지인들에게 나타나는 이유는 다양하다. 어려움에 빠진 후손을 돕기 위해, 부모나 가족에 대한 애틋함을 풀기 위해, 제사나 묘지의 중요성을 일깨우기 위해, 자손의 잘못을 훈계하기 위해, 후손을 도운 사람에게 감사를 표하기 위해 이들은 인간 세상에 출몰한다. 이 점에서 이들은 성리학적 가치와 도덕을 지지하고 종법적 가족제도를 수호하는 신령한 귀신들로서, 제사로 받들어 모시기에 마땅한 귀신에 속한다고 볼 수 있다.

그런데 이러한 유형의 귀신들은 조선 전기의 필기에는 별로 나타나지 않는다. 다만 『용천담적기』에 정몽주와 신덕왕후의 신령이 등장하기는 하지만, 모두 꿈속에 잠시 나타날 뿐 아니라 서술자도 그와 같은 신령이 하나의 실체로 존재할 수 있는지에 대해 의문을 표하고 있는 것이다.[13]

이는 우선 제대로 된 죽음이란 천지자연으로 되돌아가는 것이라고 생각하는 성리학적 귀신론의 논리에서 큰 영향을 받았다고 할 수 있다. 아직 훈구화하기 이전 사림세력의 명망가로 활약했던 김안로의 귀신관은 말할 나위없고, "사람이 죽으면 천지의 정기가 흩어지고 육신

---

13 『용천담적기』의 저자 김안로는 관찰사 손순효의 꿈에 나타나 사당을 중수해달라고 한 정몽주 신령 이야기를 간략히 기록하고서 다음과 같은 평을 덧붙인다. "나는 의아스럽게 생각한다. 충성스런 혼과 굳센 넋은 천지 사이에 있어서 넓게 조화의 원기와 함께 흘러가는 것이니, 어찌 구구하게 사당의 성패로써 남에게 힘을 빌리는가. 아마도 이 노인(손순효)의 마음이 넉넉하고 아름다워 평생을 두고 충성과 관용으로써 마음을 삼았으므로 그 정신과 기맥이 혹 황홀한 사이에 감동된 것인가 보다." 김안로는 충신의 넋이라면 천지조화의 원기로 되돌아갔으리라는 성리학적 귀신론의 입장을 새삼 확인하면서 손순효의 꿈을 기가 감응하여 나타난 환상 체험으로 파악하고 있다.

은 빈껍데기가 되어 초목과 함께 썩어갈 뿐"[14]이라고 보았던 성현의 귀신관도 성리학적 귀신론의 자장 안에 있기는 마찬가지다.

이와 함께 죽은 자가 귀신이 되어 인간 세상에 되돌아오는 것을 불길하고 위험한 것으로 인식하는 원초적이고 주술적인 귀신관의 영향도 생각해볼 수 있다. 곧 인간 세상으로 되돌아온 귀신은 사자死者들의 세계에 안식하지 못하고 떠돌아다니는 악령이며 자신과 접하는 산 사람에게 해를 끼치는 위험한 존재라고 보는 애니미즘적인 귀신관은 무속과 불교 속에서도 뿌리 깊게 존속해왔던바, 『용재총화』의 「안생」과 같은 작품에서 우리는 그와 같은 귀신에 대한 원초적인 두려움과 금기의 관념을 확인할 수 있다.[15]

이처럼 조선 전기의 필기에는 귀신을 자연원리화하는 성리학적 귀신론이라는 의식적 논리와 죽은 자의 귀환을 불길한 것으로 보는 주술적 사유가 모순적으로 공존하고 있는데, 1유형의 귀신들이 조선 전기의 필기에 그리 두드러지게 나타나지 않는 것은 이와 같은 요인들이 복합적으로 작용했기 때문이라 여겨진다.

1유형의 귀신, 특히 이 유형을 대표하는 조령이 대거 출현하는 것은 『어우야담』에서부터라고 할 수 있다. 『어우야담』에는 특히 귀신이 실

---

14 精氣一散, 則身爲委蛻, 而與草木同腐(성현, 이래종 역, 『부휴자담론』, 소명출판, 2004, 69, 72면).
15 「안생」의 서사는 전기소설의 애정서사와 매우 닮아 있다. 금지를 뛰어넘는 사랑, 절사(節死), 귀신으로의 귀환 등 기본 줄거리는 「이생규장전」의 그것과 흡사하다. 하지만 귀신으로 되돌아온 여비(女婢)를 본 안생의 태도는 이생의 그것과 판이하게 다르다. 이생은 최랑이 이미 죽은 사람이라는 것을 알면서도 애써 그것을 인정하지 않고 만남을 지속하려 한다. 반면 안생은 여비의 귀신을 보고 계속 두려워하며 달아나려 한다. 여비의 원혼은 사랑과 소통의 욕망 때문에 되돌아온 것이겠지만, 안생에게 귀신은 죽음을 전염시키는 불길한 기운으로 여겨졌던 것이다. ― 원혼에 시달린 안생은 심신이 흐리멍덩해져서 미치광이 같이 되었다가 얼마 지나지 않아 죽고 만다.

제로 제수를 흠향하며 현세에서 마련해준 복식을 저승에서도 그대로 입고 있다는 것을 강조하는 이야기들이 여럿 실려 있는데,[16] 유몽인이 이러한 이야기들을 『어우야담』에 대거 수록한 것은 유교적 제사가 형식적 제의가 아니라 인격적 실체성을 지닌 조령과 직접 소통하는 제의라는 것을 보여줌으로써 제사의 효과와 의의를 강조하려 했기 때문이라고 여겨진다.[17]

그런데 이처럼 『어우야담』에 조령이 대거 등장하는 것은 임란을 전후로 한 다음과 같은 두 가지 상충되는 문화적 추이와 밀접히 관련되어 있는 것 같다. 하나의 추이는 16세기 이래 예학에 대한 관심이 고조되면서 사대부가를 중심으로 제사에 대한 이론적 관심과 실천적 열의가 갈수록 높아지고, 사족층이 제사를 이족층 이하의 계층과 자신을 구별 짓기 위한 사회적 표지로 받아들였다는 점이다. 이와 함께 주목해야 할 또 하나의 상황은 앞서의 추이와는 전혀 판이한, 오히려 그것과의 격렬한 단절이라고 부를 수 있을 임란 직후의 무규범anomie 상황이다. 『어우야담』에 조령 이야기가 대거 수록된 것은 이와 같은 두 역

---

16 예컨대 「이씨의 꿈에 나타난 유사종」, 「저승의 복식」, 「저승에 다녀온 고경명」, 「되살아난 명원군의 당부」, 「민기문에게 나타난 친구의 혼령」, 「황대임 집안에 나타난 조상의 혼령」 등의 이야기에서 그와 같은 관념을 엿볼 수 있다.

17 「되살아난 명원군의 당부」는 이런 이야기들이 목적하는 바가 어디에 있는지를 잘 보여준다. 이 이야기에서 명원군은 역병으로 잠시 죽어 유혼(遊魂) 상태에서 여러 귀신들이 무당의 굿에 늘어서 음식을 먹는 것을 본 후 되살아나 자제들에게 혼령들도 먹을 수 있으니 제사를 폐하지 말라고 당부한다. 이 일이 서산 사람들에게 아직도 회자되고 있다고 유몽인은 첨언하고 있는데, 이에 따른다면 이 이야기는 민간에까지 퍼져 유교적 제사의 효과에 대한 믿음을 확산시키는 기능을 수행했던 것 같다. 그런데 흥미로운 것은 유교적 제사의 의의를 강조하는 과정에서 무당의 굿도 혹세무민의 미신이 아니라 실체적인 근거가 있는 제의임을 인정받고 있다는 점이다. 조상귀신이 실체로 존재하고 제수를 직접 흠향한다는 관념을 받아들이자 유교의 제사와 무속의 굿은 대체 가능한 차원에 놓이게 되는 것이다.

사적 추이의 마주침 속에서, 즉 한편으로 16세기 이래 사족층을 중심으로 나타난 성리학적 예학의 발전과 상·제례에 대한 이론적·실천적 관심의 고조, 사회적 구별 짓기의 수단으로서의 제사의 과시적 준행, 그 결과 나타난 종법적인 가족제도 및 가문의식의 확산이라는 추이와, 다른 한편으로 임란 이후 민중층을 중심으로 나타난 사회적 혼돈과 도덕적 무규범 상황, 이에 대한 지배층의 위기의식과 대응이라는 추이의 마주침 속에서 산생되고 기록된 것이라 할 수 있을 것이다.

이처럼 『어우야담』에서부터 두드러지게 그 존재를 드러내기 시작한 조령은 조선 후기 야담에서 가장 빈도 높게 출현하는 귀신이 되었다.[18] 그런데 『어우야담』에서는 조령이 실체로서 존재하고 제수를 흠향한다는 것을 강조하는 이야기가 많았던 데 비해, 『천예록』·『기문총화』·『청구야담』에 이르면 조령의 존재는 훨씬 친숙해지고 일상화되어 있다. 조령은 보다 다양하고 구체적인 이유로 출몰하는데, 조상의 묘지를 찾아주거나 지인에게 나타나 집안일을 부탁하기 위해 혹은 가족 간의 갈등을 해결하거나 후손을 도운 사람에게 보은하기 위해 혼령들은 출현한다. 출현 목적은 다양하지만 한마디로 요약하자면, 이들은 바로 종법적 가족질서를 수호하기 위해 현세에 수시로 출몰하고 있는 것이다.

이 점에서 『기문총화』에 실려 있는 「혼령이 되어 돌아온 윤안국」은 항상 가족(가문)과 함께 살면서 그것을 보호하는 조령에 대한 신앙이

---

18 저자의 추산에 따르면 『천예록』에서는 총 34편의 귀신 이야기 중 16편이, 『기문총화』에서는 40편 중 24편이, 『청구야담』에서는 19편 중 10편이 1유형의 귀신들(조상이나 가족, 지인의 혼령)로 분류될 수 있다. 물론 1유형의 귀신 가운데서 가장 흔한 것은 조령이다.

일상화·습속화된 조선 후기 역사적 주체들의 상상계를 잘 보여주는 흥미로운 이야기다. 이 이야기에서 사신을 갔다 오다가 익사한 윤안국의 혼령은 집으로 돌아와 스스로 사당 안으로 걸어 들어간다. 그리고는 평소처럼 말하고 아들을 가르치기도 했다는 것이다. 여기서 윤안국의 혼령은 죽었지만 여전히 죽지 않은 존재, 아니 어쩌면 스스로 죽었다는 사실조차 잊어버린 존재라고 할 수 있다. 종법적 가족질서라는 소우주 속에서 현세와 저승, 인간과 귀신은 연속된 하나의 세계를 이루며 동거하고 있었던 셈이다.

조선 후기의 야담이 보여주는 이와 같은 양상은 성리학적 가치와 도덕이 보편화·일상화되면서 귀신이나 저승 같은 초월적 존재와 공간에까지 침투된 결과라고 볼 수 있을 것이다.[19] 성리학적 가치와 도덕, 그리고 종법적 가족질서는 현세뿐 아니라 사후세계에까지 침투하여 그곳을 영토화시켰다. 이처럼 삶과 죽음이 큰 단절 없이 연속되어 있는 상상적 세계상은 주체의 심층에 자리 잡고 있는 죽음에 대한 불안을 해소하는 데는 큰 도움이 되었을 것이다.

하지만 그렇다고 해서 귀신이 지닌 두렵고 낯선 성격이 조령에게 완전히 사라진 것은 아니라는 점을 주목할 필요가 있다. 사실 조령의 대부분은 남성이다.[20] 자손에 대한 정서적 애착에 있어서는 '어머니귀신'이 훨씬 더 강렬할 법한 데도 왜 '아버지귀신'만 자손을 위해 출몰하는

---

19 조선 후기 단편서사에서 저승이 현세와 특별히 다를 바 없는 연속된 공간이라는 인식, 나아가 인간이 이용할 수 있는 대안적인 공간으로 여기는 인식이 나타난다는 점은 정환국도 지적한 바 있다(정환국, 앞의 글, 120면).
20 『어우야담』의 「저승의 복식」에서 홍성중의 아들이 꿈에서 만난 어머니의 혼령을 제외하고, 저자가 검토한 조선 중·후기 몇몇 야담에 등장하는 조령은 모두 남성이었다.

것일까? 자녀에게 금지와 명령을 발하는 아버지의 권력을 빼놓고는 이를 제대로 설명할 수 없을 것이다. 종법적 가족질서의 수호자로서 금지와 명령을 내리는 힘이 아버지에게 있기에 아버지가 귀신으로 출몰한다. 혹은 다르게 말하면 아버지의 권력은 현실의 아버지 자체가 아니라 아버지의 이름으로부터 발원하는 것이라고 말할 수 있다. 즉 아버지의 신성한 권위는 '아버지귀신'으로부터, 죽어서 개인성을 넘어선 아버지의 신령으로부터 유래하는 것이다.

그런데 우리는 조령이 오로지 자손에 대한 끊을 수 없는 애착 때문에 혹은 자손의 간절한 사랑과 효심 때문에 되돌아오는 것만은 아니라는 사실을 알 수 있다. 조령은 자손에게 여전히 두렵고 경외감을 불러일으키는 존재이다. 유모의 손에서 자란 어린 아들을 껴안고 "불쌍하고 불쌍하구나"라고 외치는 모성적 귀신과 달리,[21] 이 부성적 귀신은 아들에게 명령하고 훈계하는 권위적인 귀신이기 때문이다. 그런 점에서 그것은 가부장적 / 종법적 가족질서의 강화 속에서 더욱 권위화된 아버지(의 이름)에 대한 자손들의 심리적 애착과 증오, 이에 대한 두려움과 죄책감 등이 투사된 형상이라고 할 수 있다.

이처럼 무의식적인 오이디푸스적 애증과 죄책감이 투사된 존재, 죽었지만 되살아나 주체의 정신세계에 자리 잡은 존재를 정신분석학적 용어로 표현하자면 '초자아'라 부를 수 있을 것이다. 사실 성리학적 귀신론에 따르면 조상의 귀신 또한 우주적 자연원리에 동화되어 소멸되어야 한다. 이처럼 살아서 자신에게 주어진 역할을 완수하고 죽어서

---

21 『어우야담』 속 「저승의 복식」에서 홍성중의 아들의 꿈에 나타난 어머니 혼령이 내뱉는 탄식이다.

이름으로 기념되는 아버지, 곧 상징질서 속에 완전히 육화된 아버지를 '상징적 아버지'라고 부른다면, '초자아'는 죽었지만 여전히 개별적인 욕망과 감정·의지를 지닌 채 자손들에게 출몰하는 아버지라고 할 수 있다.[22] 초자아로서의 조령은 자손의 정성을 감찰하며 잘못을 꾸짖기도 하고 집안의 대소사를 명령하기도 하며 심지어 볼기를 치기도 한다.

그러므로 조선 후기 야담에서 이와 같은 조령이 빈번히 출몰한다는 것은 두 가지 측면에서 해석될 수 있을 것이다. 한편으로 그것은 성리학적 가치와 도덕이 귀신과 사후세계에 대한 신비주의적인 사유에까지 침투하여 그것을 영토화 했음을 보여준다. 즉 성리학적 상징질서가 귀신과 사후세계까지 확장된 것이다. 하지만 다른 한편으로 그것은 종법적 가족제도의 강화 과정에서 더욱 권위적이고 억압적이게 된 아버지(의 이름)에 대한 애착과 증오, 두려움과 죄책감이 무의식 속에서 증식하고 있었음을 보여준다. 그런 점에서 살아 있는 자손의 일상사와 내면까지 감찰하는 (즉 초자아의 역할을 수행하는) 조령은 친숙하고 고마운 존재이면서 동시에 두렵고 낯선 대상이기도 했던 것이다.

---

22 이 점에서 '상징적 아버지'와 '초자아'는 아버지의 권위가 지닌 두 얼굴이라고 할 수 있다 (프로이트와 라깡의 정신분석학에서 아버지가 지닌 이러한 두 측면에 대해서는 슬라보예 지젝, 이성민 역, 『까다로운 주체』, 도서출판b, 2005, 501~518면 참조).

2) 2유형

─사회적 억압과 갈등의 뒤틀린 메시지(증상)로서의 귀신들

다음으로 2유형의 귀신들은 성리학적 상징질서에서 소외되어 불화를 일으키는 존재들이라고 할 수 있다. 그들은 여귀厲鬼와 같이 무차별적이고 참혹한 전란이나 전염병, 우발적인 재난의 희생자이기도 하고, 원귀寃鬼와 같이 정치적 갈등이나 범죄, 공동체 내부의 질투나 모함의 희생자이기도 하다. 이 글에서 여귀와 원귀를 하나의 유형으로 묶은 공통의 원리를 들자면 그것은 바로 그들이 제대로 죽지 못한 희생자들이라는 것, 그래서 계속 같은 자리로 강박적으로 되돌아오는 존재들이라는 것이다. 그래서 그들의 귀환은 살아 있는 사람들에게 불안과 공포를 불러일으킨다.

그런데 여귀를 집단적이고 비의도적인 재난의 희생자로, 원귀를 개인적이고 의도적인 폭력의 희생자로 구분한다면, 여귀와 원귀 사이에는 성리학적 상징질서에 대한 태도 혹은 거리에 있어 일정한 차이가 있는 것 같다. 우선 원귀는 여귀에 비해 대체로 성리학적 상징질서 내부에 위치해 있는 존재들이라고 할 수 있다. 비록 현실에서 억울한 죽음을 당했지만 그들 또한 성리학적 가치와 도덕의 정당성을 근본적으로 부정하지는 않고 있기 때문이다. 오히려 대개의 경우 원귀는 그것을 바로 세워달라고 호소하는 존재에 가까우며, 신원이나 인정을 받으면 더 이상 원한을 표출하지 않는 경우가 대부분이다.

이에 반해 여귀는 그 성격이 훨씬 모호한 존재이다. 많은 경우 여귀는 신원이나 인정을 요구하지 않는다. 그리고 그들을 죽음으로 몰아넣은 재난이 그러했듯이 그들이 퍼뜨리는 재앙 또한 남녀와 노소·선악을 가리지 않는다. 죽음과 질병 같은 불가항력적인 재난을 가져다주는 존재라는 점에서 여귀는 오히려 하늘의 뜻을 전달하는 신령한 1유형의 귀신이나 어떤 의미나 목적도 알 수 없는 3유형의 귀신에 가까워 보이는 측면이 있다.[23] 하지만 심층적으로 분석해 보면 여귀에 대한 만연한 공포 이면에는 무의식적인 죄책감이, 혹은 달리 표현하면 상징적 부채가 숨어 있는 경우가 많다. 예컨대 건국 초기부터 국가가 거행하였던 여제에서 그 대상이 되는 무사귀신無祀鬼神 15위位 가운데는 전란이나 질병 혹은 굶주림이나 사고 등으로 죽은 자들뿐 아니라 재물이나 처첩을 빼앗기고 죽거나 형벌을 당해 죽은 자들도 포함되어 있는데, 이는 잦은 정변 과정에서 희생된 원혼들에 대해 승자인 지배층이 지니고 있었던 무의식적 부채의식이 반영된 것이라고 볼 수 있을 것이다. 그리고 비록 전란이나 전염병 같은 집단적이고 무차별적인 재난에 의한 죽음이라 할지라도 살아남은 사람들은 희생자들에게 일정한 죄책감을 느낄 수밖에 없다. 공동체 성원 누구에게 떨어질지 모르는 우발적인 재앙을 그들이 감당했기 때문이다.

---

23 예컨대 『천예록』에 등장하는 한 마마귀신(痘神)은 한 선비에게 자신은 생전에 영남 어느 고을 사람이었으며 지금 바빠서 대상(大祥)에 참석할 수 없으니 며칠 뒤 제사를 지내달라는 말을 가족에게 전해달라고 부탁한다(「찬을 내오게 하여 먹고 어린아이를 살리다」). 현세와 동일한 이념과 가치를 공유하는 이 여귀는 저승세계에서 주어진 임무를 수행하는 관리처럼 묘사되고 있다는 점에서 오히려 첫 번째 유형의 귀신에 가깝다. 반면 벼슬아치의 잔치에 나타나 자신을 박대한 참석자 모두를 염병에 걸려 죽게 만든 기괴한 형상의 사내아이 여귀는 인간에 대한 적의를 지니고 있다는 점에서 두 번째 유형의 귀신에 가깝다(「집안 잔치에서 못된 아이가 염병을 퍼뜨리다」). 그리고 『청구야담』에서 이유가 만난 외다리 여귀는 비인간적 형상을 지니고 비상징적 행위를 한다는 점에서 세 번째 유형의 귀신에 가깝다. 죽음과 질병을 가져오는 여귀에 대한 이와 같은 다양한 형상화 양상은 죽음과 질병을 받아들이고 의미화하는 다음과 같은 세 가지 방식이 있었음을 보여준다. 하늘의 뜻 / 인간적 은원(恩怨) / 이유 없는 귀신장난 혹은 동티.

이처럼 죽음에 이르게 된 원인이나 그에 따른 원한이나 분노의 해소 방식 등에 있어 차이가 있긴 하지만, 여귀와 원귀는 대체로 국가나 사회·가족 공동체가 지니고 있는 결함이나 무능으로 인해 희생당한 자들이며 이 때문에 살아남은 사람들에게 그 부채를 요구하는 귀신이라는 점에서 공통된다. 그들은 현실에 무언가 문제가 있음을 드러낸다. 그렇지만 그들은 성리학적 상징질서 자체를 근본적으로 부정하는 존재들은 아니다. 오히려 어떤 의미에서 그들은 제대로 된 죽음을 — 정신분석학의 용어를 빌려 말하자면 '상징적 죽음' — 을 원한다. 그리고 무엇보다 그들은 아직 언어로 소통할 수 있고 인정의 욕망을 지닌 존재들인 것이다.

이와 같은 2유형의 귀신들은 조선 전기 필기에서부터 그 모습을 드러내고 있다. 특히 『용재총화』에는 원귀로 해석될 수 있는 귀신들이 여럿 출몰하는데, 현달하기 전 홍재상과 정을 통한 후 약속을 믿고 기다리다 상사병으로 죽어 뱀으로 되돌아온 여승의 원혼이나 표제 기유의 집에 출몰한 유계량의 원혼, 안생에게 나타난 여비의 혼령 등을 원귀로 분류해볼 수 있을 것이다. 그들은 남성 중심적이고 신분 차별적인 현실에서 소외되고 억압된 희생자들이거나 정치적 갈등의 희생자이다. 이 가운데 남성 원귀인 유계량의 원혼은 폭력적인 방식으로 자신의 분노를 표출하는 데 비해, 여승이나 여비의 원혼은 자신의 존재를 지속적으로 드러내는 소극적인 방식으로 원한을 표현한다.

그런데 흥미로운 것은 『용재총화』의 원귀들은 적극적으로 신원이나 인정을 요구하지 않는다는 점이다.[24] 그들은 각각 남성의 배신, 역모, 주인의 강압 때문에 비명에 죽었지만 그 죽음을 상징적으로 정당화해달라고 요구하지 않는다. 뱀이라는 비인간적이고 무정형한 형태로 돌아온 여승의 원혼, 이유와 목적이 불분명한 귀신장난으로 분노를 표현하는 유계량의 원혼, 정인情人에게 나타나 아무 말도 건네지 않고 불안만 일으키는 여비의 원혼 모두 소통이나 인정에 대한 욕망을 잘 드러내지 않는다. 그런 점에서 『용재총화』의 이 원귀들은 오히려 3유형의 귀신들에 가까운 측면이 있다.

아마도 이와 같은 양상은 다음과 같은 두 가지 요인이 중층적으로 반영된 것이라 여겨진다. 우선 이는 성적·신분적 특권을 여유롭게 향유했던 훈구관료 성현의 입장이 반영된 것일 수 있다. 정치적 투쟁에서 명분을 장악한 승자로서, 그리고 성적 쾌락을 자유롭게 향유했던 지배층 남성으로서 이 이야기들을 채록한 저자 성현은 이러한 원귀들의 소리 없는 항변에서 적절한 상징적 의미를 인정하기도, 해독해내기도 어려웠을 것이다.[25] 다음으로 앞서도 언급했듯이 인간 세상으로 되돌아온 귀신을 불길한 존재로 보는 원초적이고 주술적인 귀신관이 반영된 것일 수 있다. 특히 이 점에서 유계량의 원혼에 관한 이야기가 주목되는데, 마치 「설공찬전」에서 설공찬이 사촌 설공침에게 내려 그 집안을 괴롭혔듯이 유계량의 원혼도 외사촌 기유의 집안에 들어와 집안 사람들을 괴롭힌다. 원한에 찬 귀신이 가까운 친척이나 지인에게 나타나 괴롭힌다는 것은 유교적 인륜관·종법적 가족주의가 정착된 조선

---

24 다만 죽여도 강박적으로 되돌아오는 뱀을 보고 홍재상이 "비로소 전에 약속했던 여승의 빌미인가 의심하였다"는 구절을 보면 여승의 원혼은 원사(寃死)의 원인 제공자에게 책임의 인정을 요구하고 있다고 볼 여지가 있다.

25 이 점은 「이생규장전」이나 「만복사저포기」에서 잔혹한 폭력의 희생자로 원귀가 되어 되돌아온 여성에 대해 깊은 공감과 연민을 보내고 그 목소리를 대변하는 김시습의 경우와 잘 대비된다.

후기에는 보기 어려운 관념이다. 이는 죽음의 악한 기운이 인접한 대상으로 옮겨갈 수 있다고 믿는, 그래서 사자의 주검이나 애장품을 금기시하는 유감주술적인 사고가 뿌리 깊게 남아 있었던 조선 전기 역사적 주체들의 무의식적 귀신관이 반영된 것이라고 볼 수 있을 것이다.

이처럼 조선 전기의 필기에서는 원귀가 등장하기는 하되 그 원한이나 분노의 정체가 모호하게 그려져 있다면, 조선 중기의 필기·야담에서는 여귀나 원귀가 보다 구체적으로 그려지기 시작한다. 먼저 『어우야담』에서는 전란이나 전염병으로 집단적인 죽음을 당해 시신을 수습하지 못하는 상황에서 자신과 가족을 묻어줄 사람을 찾아 유혹하는 여귀 / 원귀들이 등장한다. 「귀신과 정을 나눈 박엽」·「종랑의 시신을 묻어준 무사」, 그리고 전란 중에 자신을 죽인 왜적의 정체를 일러주거나(「죽은 아들의 복수를 한 이순신」) 자신을 죽인 종을 지목하며 원한을 갚아달라는(「진기경과 원혼의 복수」) 원혼이 등장하기도 한다. 전란과 전염병, 주노主奴 간의 갈등 등 — 이는 동시대 역사적 주체들이 사회적 갈등이 응축되는 지점이 어디라고 상상했는지를 잘 보여준다. — 죽음의 원인이 보다 분명해지면서 여귀·원귀의 출현 목적도 보다 뚜렷해지고 있다는 점이 주목된다.

그런데 이와 같이 억울하게 죽었거나 제대로 매장되지 못한 사람이 모두 여귀나 원귀가 된다면, 전란과 전염병, 사화 등으로 인해 집단적이고 억울한 죽음이 많았던 16세기 말~17세기 전반의 세계는 무수한 여귀·원귀들로 차고 넘칠 것이다. 『어우야담』에 그려진 세계상이 바로 이와 같다. 여제의 판관이 되어 제사에 참여했던 정원경의 꿈에 나타난 그 수를 헤아릴 수 없이 많은 주인 없는 혼령들(「북교의 제사」), 술사 황철의 눈에 보이는 종루 거리를 다니는 행인만큼 많은 귀신들(「술사 황철」)은 『어우야담』이 그려내고자 했던 세계상이 얼마나 우울하고 혼돈스런 것이었는지를 알게 해주는 사례다.

이처럼 현실이 여귀와 원귀, 온갖 귀물들이 빈번히 출몰하는 혼란스런 세계라는 인식은 『국당배어』에서도 나타난다. 『국당배어』에는 사간원 관리처럼 붉은 옷을 입은 두 여귀가 백주에 나타나 오늘은 어느 집 내일은 어느 집에 질병을 퍼뜨리겠다고 말하는 것을 보았다는 이야기가 실려 있는데, 그 말미에 정태제는 "말세에는 이처럼 괴이한 일이 많이 일어난다未世多怪事如此"라는 평을 덧붙이고 있는 것이다. 이밖에도 『국당배어』에는 사대부가에서 애정갈등으로 인해 벌어진 비극과 이로 인한 원귀의 발생을 다룬 세 편의 이야기가 실려 있는데, 사대부 가문 내부에 잠복되어 있던 남성의 축첩과 호색, 이로 인한 여성들 간의 질투와 증오라는 문제가 원귀 이야기로 표출된 초기적 형태라는 점에 그 의의가 있다.

그런데 17세기 중후반 사대부들과 민중 사이를 떠돌던 귀신 이야기를 풍부하게 수록하고 있는 『천예록』에서는 원귀가 등장하지 않는다. 대신 질병과 죽음을 몰고 다니는 여귀에 관한 이야기들이 다수 등장하는데, 여기에는 대기근이 발생하고 천연두 같은 새로운 전염병이 창궐했던 17세기 중후반의 역사적 경험이 반영되어 있다. 그런데 흥미로운 것은 이 이야기들에서 여귀가 대체로 저승의 관리나 병졸처럼 주어진 임무를 수행하는 존재로 묘사되고 있다는 점이다.[26] 여귀가 재난의 희

---

26 「서평의 친척이 만 명의 귀신을 점검하다」나 「임실의 선비가 두 귀졸을 거느리다」에 등장하는 여귀들은 사람에게 부림을 받는 낮은 신분의 귀졸(鬼卒)이다. 반면 「찬을 내오게

생자로서 재앙을 퍼뜨리는 원한과 분노의 귀신이 아니라 자신에게 맡겨진 소임을 수행하는 귀신처럼 그려진다는 것은 죽음과 질병의 불가항력적인 힘을 인간화하여 순치시키는 한 방식이라고 할 수 있을 것이다. 죽음이나 질병이 어떤 원한이나 분노를 품고 있는 귀신이 인간에게 해를 입혀 발생하는 것이 아니라 저승의 관리가 소임을 수행하는 데 따른 결과일 뿐이라면, 그리고 그 관리가 현세의 인간과 같은 성정性情을 지닌 존재라면, 그것이 불러일으키는 불안과 공포는 훨씬 완화될 것이다. 그런 점에서 우리는 『천예록』의 여귀 이야기를 통해 죽음과 질병이라는 무섭고 낯선 타자를 인간화시킴으로써 존재론적 불안과 공포를 극복하고자 했던 동시대 역사적 주체들의 심성세계의 일단을 엿볼 수 있다.

마지막으로 조선 후기 야담을 결산하고 있는 『기문총화』와 『청구야담』은 기존의 필기·야담에 수록된 귀신 이야기들을 재수록하는 경우가 많아 새로운 면모를 찾기 어렵다. 하지만 18세기 이후의 야담에서 두드러지게 출현하는 새로운 유형의 원귀를 든다면 계모나 이복형제에게 살해당했거나 음행의 누명을 쓰고 살해당한 여성 원귀들을 들 수 있을 것이다. 『기문총화』에 등장하는, 가산을 노린 계모와 숙부에게 살해당한 여성 원귀(「살인사건을 해결한 조현명」)나 남편에게 살해당하고 음행녀라는 누명까지 뒤집어쓴 여성 원귀(「원통하게 죽은 여인의 한을 풀어 준 김상

하여 먹고 어린아이를 살리다」와 「제문을 지어 하늘에 고하여 마을을 구하다」에 등장하는 여귀는 생전에 선비였다가 죽어 저승의 관리가 된 높은 신분의 귀신이다. 「집안 잔치에서 못된 아이가 염병을 퍼뜨리다」에 등장하는 어린아이 귀신은 헐벗고 굶주린 걸인의 형상을 한 여귀이다. 이처럼 신분과 행색이 다른 여귀에게는 각기 다른 방식의 대응이 필요하다. 귀졸은 힘으로 굴복시켜 통제할 수 있지만 저승의 관리는 잘 대접하고 명분으로 호소해야 하며 걸인 여귀는 "공경하는 척하면서 멀리"해야 한다.

공」),『청구야담』에 등장하는, 재산을 노린 계모에게 살해당한 여성 원귀(「설신원완산윤검옥雪神寃完山尹檢獄」)나 겁탈의 위협에 맞서다 비명횡사한 여성 원귀(「설유원부인식주기雪幽寃婦人識朱旗」) 등은 모두 18세기 이후의 야담에서부터 두드러지게 등장하기 시작하는 새로운 유형의 원귀들로서, 여성의 억압과 희생을 바탕으로 가부장적·종법적 가족제도가 확산·고착되어가던 조선 후기 사회를 그 배경으로 삼고 있다.[27] 가부장적 가족질서가 강화되면서 나타난 자궁가족 간의 갈등, 입양자 풍속과 딸에 대한 애착 간의 갈등, 여성의 성이나 재산을 겨냥한 폭력 등이 여성 원귀를 낳은 요인인데, 그럼에도 이 원귀들은 모두 수령에게 원한을 풀어달라고 호소하고 있다는 공통점이 있다. 원귀가 자신의 원한을 직접 해소하지 못하고 (결국 가부장적 국가-가족질서에서 '상징적 아버지'의 역할을 대행하고 있는) 관원에게 신원을 호소한다는 것은 다시 남성지배 체제에 포획되는 것일 수 있다.[28] 조선 후기 사회는 가부장적 가족(가문) 단위의 결집이라는 미시적이고 원심적인 움직임과 함께 수령이향지배체제의 강화라는 거시적이고 구심적인 움직임이 동시에 진행되고 있었는데, 가부장적 가족 내부에서 발생한 갈등을 수령에게 해결해달라고 호소하는 것은 국가官의 직접 지배체제가 더욱 강화된 18세기 후반~19세기 전반의 정치문화가 반영된 것일 수 있다.

---

27 여성 원귀의 출현을 이처럼 가부장적 가족제도가 강화된 조선 후기 사회에서 여성 같은 하위주체들에게 가해진 억압과 폭력, 그에 대한 저항의 관점으로 읽어낸 글로는 최기숙, 「여성 원귀의 환상적 서사화 방식을 통해 본 하위 주체의 타자화 과정과 문화적 위치」, 『고소설연구』 22, 한국고소설학회, 2006 참조.
28 조현설은 이처럼 수령을 통해 간접적으로 해원을 추구하는 여성 원귀들을 '아버지의 이름'에 편집증적으로 매달리는, 그리하여 '열녀'라는 이름으로 재영토화되는 오이디푸스적 주체일 뿐이라고 해석한 바 있다(조현설, 앞의 글, 2003, 72면).

그런데 우리는, 폭력적이고 어리석은 아버지 대신 자비롭고 현명한 아버지에게 신원을 요청하는 것이 결국 가부장적 지배체제에 다시 포획되는 것임에도 불구하고, 그와 같은 신원에의 요구가 없는 원귀의 원한과 분노는 조선 후기 사회에서 제대로 상징화/의미화되지 못할 가능성이 높다는 점을 또한 유념할 필요가 있다. 상징화/의미화되지 못한 저항과 분노는 지배적 상징질서를 공유하는 역사적 주체들에게 이해할 수 없는 낯선 것으로 여겨질 것이다. 곧이어 다루게 될 3유형의 귀신들이 이와 같은 존재들이다.

이상에서 보듯 원귀나 여귀는 사회 공동체에서 억압과 폭력, 희생이 빈발하는 지점, 그리하여 원한과 분노가 응결되어 있을 것이라고 상상되는 지점에서 출몰한다. 그것은 사회 공동체의 결함과 무능 때문에 의도적으로 혹은 비의도적으로 발생하는 재난의 희생자들에게 살아남은 주체들이 지니고 있는 죄책감·부채의식 속에서 생성된다. 하지만 그렇기 때문에 그것은 제대로 해독解讀, 解冤하기만 하면 사라질 수 있는 것이기도 하다. 이처럼 억압되고 희생당한 주체들이 발신하는 뒤틀린 메시지, 하지만 제대로 해독하고 상징계 속에 통합하면 사라질 수 있는 메시지라는 점에서 우리는 이 두 번째 유형의 귀신을 일종의 사회적 증상이라고 부를 수 있을 것이다.

3) 3유형
　　― 성리학적 상징질서에 포획 불가능한 낯선 실재로서의 귀신들

　　마지막으로 3유형의 귀신들은 앞의 두 유형의 귀신들과는 달리 어떤 이유나 목적을 드러내지 않는, 즉 근본적으로 비언어적이고 비상징적인 존재라는 점을 그 특징으로 한다.[29] 그것은 왜 그 시점에 그곳에 출몰해야 하는지 어떤 욕망을 지니고 있는지 불분명한 존재들이다.[30] 종잡을 수 없는 돌발적인 행태를 보이는 이 유형의 귀신은 매우 오랜 역사를 지닌 원초적인 귀신이기도 하고, 또한 상징화 / 의미화를 요구하지 않는다는 점에서 그 의미를 해독하기도 어려운 귀신이기도 하다.

　　이와 같이 기괴하고 무목적적인 귀신들, 곧 귀매나 귀물, 요물, 물괴 등으로 불리는 이 기괴한 귀신들이 존재할 수 있다는 것은 주회나 남효온 같은 성리학적 귀신론자들 또한 인정한 바 있다. 하지만 사실 유교적인 인륜세계, 성리학의 합목적적인 우주 속에서 그와 같은 기괴한 귀신들이 존재해야할 이유와 근거를 찾기는 어렵다. 원귀나 여귀는 경험적 현실과 이상적 현실 사이의 간극 때문에 불가피하게 발생할 수 있다는 점을 인정할 수 있지만, 이 기괴한 사물로서의 귀신은 성리학적 상징질서에서 볼 때 전적인 잉여이기 때문이다. 그래서 유가적 지

29　물론 때로는 3유형의 귀신인 사물로서의 귀신(鬼物)도 사람의 모습으로 나타나 말을 걸수 있다. 하지만 세 번째 유형의 귀신들이 사람의 모습으로 변신하는 것은 사람에게 접근하여 장난을 벌이거나 동티를 주기 위한 것이지 의미의 소통을 목적으로 한 것이 아니다. 적어도 이와 같은 귀신들에 대해 이야기하는 사람들의 인식 속에서는 말이다.
30　'동티'는 이러한 귀신이 일으키는 불명확하고 우연적인 재앙을 총칭하는 고유어라고 할수 있다. 그것은 어떤 금기를 위반한 결과 발생하는 재앙이지만, 그 금기가 금기여야 할필연적 · 합리적 이유는 없다. 즉 '금기가 금기인 이유는 그것이 바로 금기이기 때문이다'는 식의 맹목적인 순환논리가 거기에 작동하고 있는 것이다.

식인들은 대체로 그와 같은 귀신들에 대해서는 언급하지 않거나 경원시하는 방식으로 대응했다. 즉 그것의 존재 자체를 부정하지는 않되 인륜의 세계와 아무 관계가 없는 것으로 배척하고 회피해버림으로써 현실을 방어하는 방식을 택한 셈이다.

하지만 그럼에도 문제는 그것이 때때로 이유 없이 인간의 삶 한가운데 출몰하며 죽음이나 질병, 가난이나 귀신들림 같은 재앙을 가져오기도 하고 짓궂은 장난을 벌이기도 한다는 것이다. 그것의 출현에 어떤 합리적 이유가 없기에 그것이 초래하는 동티나 빌미鬼祟를 해결하는 방법도 다만 멀리하고 조심하는 길 이외에는 다른 길이 없다. 그런 점에서 앞서 두 번째 유형의 귀신이 상징질서의 균열을 드러내면서 동시에 그 봉합을 호소하고 있다면, 이 세 번째 유형의 귀신은 애초 그러한 봉합의 시도조차 불가능한 것이라고 할 수 있다.

3유형으로 분류될 수 있는 귀신들은 조선 전기 필기에서부터 다양한 형상과 방식으로 출몰하고 있다. 『용재총화』와 『용천담적기』에 등장하는 귀신들 가운데 다수는 3유형으로 분류될 수 있는데, 『용재총화』의 이두의 집에 나타나 심술을 부리는 고모 귀신, 안원에게 쫓겨난 정체를 알 수 없는 많은 귀신들, 계집종에게 붙었다가 정구에게 쫓겨난 귀신, 죽어서 뱀으로 변해 아내와 계속 동침하는 중의 귀신, 『용천담적기』의 채생을 홀린 요귀, 채수의 동생을 죽게 만든 흰 기운, 성변중의 집에 들어와 장난을 벌이고 여종을 임신시킨 귀신, 송원의 선비 아내를 죽인 벌레들의 정령 등이 그것들이다. 귀鬼'신神'이라기보다 귀鬼'물物'이라고 불러야 더 적당할 이 귀신들은 그 정체나 성격, 출현의 이유나 목적이 불분명한 기괴한 귀신들이라고 할 수 있다. 그것들은 인간이 죽어서 된 귀신人鬼이라기보다 인간과 애초 속성이 다른 사물로서의 귀신鬼物이라고 할 수 있다.[31] 이처럼 인간과 유類가 다르기에 이 귀신들과 인간은 뒤섞여 살 수 없다. 조선 전기 필기류의 귀신 이야기가 대개 축귀담逐鬼譚인 것은 성리학적 귀신론이나 사자의 귀환을 불길하게 보는 속신과도 관련이 있지만 이러한 귀신들의 성격과도 관련이 있다.

그런데 비록 그 성격과 의미를 명확히 파악하기 어렵지만, 이 귀신들 가운데 대체로 다음과 같은 두 가지 측면들과 관련된 귀신들이 많다는 점은 주목된다. 우선 성적 충동이나 쾌락과 관련된 귀신들이 있다. 죽어서 뱀이 되어 아내의 곁을 떠나지 않는 중의 귀신은 강박적으로 회귀하는 성적 충동을 상상적 이미지의 형태로 그려내고 있다. 밤마다 나와 아내의 허리를 감고 가슴을 파고드는 뱀은 팔루스의 상상적 이미지로서,[32] 죽음이나 불교의 계율도 그 반복충동을 막지 못한다. 또한 채생을 홀린 요귀는 성적 쾌락의 불가항력적인 힘과 여성의 성욕에 대한 남성들의 매혹과 불안이라는 양가적 감정과 태도를 상상적 형태로 그려내고 있다. 다음으로 죽음이나 질병과 관련된 귀신들이 있다. 채수의 동생을 죽음으로 이르게 한 흰 기운이나 땅속 벌레들의 정령은 모두 죽음과 질병을 가져오는 귀물들로서, 이처럼 죽음이나 질병을 귀물의

---

31 물론 이두의 집에 나타난 고모 귀신이나 죽은 중이 변신한 뱀은 인귀라고 볼 수도 있다. 하지만 이 귀신들에게는 생전의 인간적 요소가 사라지고 없다. 그래서 성현은 고모 귀신을 애초 귀물이라고 부르고 있다.("家中忽有鬼物來作惡")

32 성현의 묘사 속에 이미 그러한 측면이 잘 드러나 있다. "어느 날 그 중이 죽어서 뱀으로 변해 아내의 방에 들어와서, 낮에는 항아리 속에 들어 있고 밤이면 아내의 품에 들어가 그녀의 허리를 감고 머리는 가슴에 기대었는데, 꼬리 사이에 음경과 같은 혹이 있어서 그 곡진하고 정다움이 마치 전날과 같았다." 그 자체로 팔루스의 형상이라고 할 수 있는 뱀에게 음경과 같은 혹이 달려 있음을 주목하라.

동티로 설명하는 것은 존재론적 불안을 야기하는 운명의 우연성을 해소하고자 하는 오랜 전통의 주술적 설명방식들이라고 할 수 있다.

조선 중기의 필기·야담에서는 3유형의 귀신들이 크게 늘어나고 그 종류나 형상이 다채롭고 구체적이 된다는 점이 특징이다. 『어우야담』에 등장하는 성수침이나 정백창이 만난 무시무시한 형상의 산도깨비들이나, 이경희의 집을 비롯하여 소공주동·신막정·안사장의 집에 출몰하여 온갖 장난을 벌이는 귀신들, 『국당배어』에 등장하는 우물가에서 지나가는 사람과 씨름내기를 하는 귀매나 사족 처녀와 교통한 후 신방에 계속 출몰하는 귀매, 『천예록』에 등장하는 대접을 소홀히 하는 선비의 집 안사람들을 모두 병들어 죽게 만드는 늙은 할미 요괴, 흉가에 출몰하는 도깨비, 변방의 관장에게 나타나 목숨을 빼앗아가는 귀물들 등 매우 다양한 종류와 형상의 귀신들이 출몰하고 있는 것이다.

여기서 우선 주목되는 것은 이 시기의 야담에는 흉가에 거주하거나 한 집안 사람들을 몰살시키는 귀신들이 많이 출몰한다는 것이다. 이는 전란과 전염병, 당쟁 등으로 인해 가족이 몰살되거나 이산하여 그 집이 흉가로 방치되는 경우가 많았던 17세기의 불안하고 흉흉한 상상계가 반영된 것일 터인데, 이런 이야기들 속에는 죽음과 전염병, 전란과 폐허 등으로 인한 가족 해체에 대한 두려움이 짙게 배여 있다.

다음으로 역시 성적 충동과 관련된 귀신들이 등장한다. 특히 『국당배어』에는 지나가는 사람에게 씨름내기를 하며 힘을 과시하거나 여성에게 붙어 성적 쾌락을 향유하는 도깨비鬼魅의 초기적 형상이 등장한다는 점이 흥미로운데, 이는 (사회적 관계를 재생산하는 것을 위반하지 않는 범위 내에서 쾌락을 허용하는) 쾌락원칙의 한계를 넘어서는 강박적이고 사

물화된 성적 충동을 상상적 이미지의 형태로 체현하고 있다.[33]

다음으로 신분과 계층 간을 가로지르며 사회를 균열시키는 사회적 적대를 상상적 이미지의 형태로 체현하고 있는 귀신들이 있다. 『천예록』의 「선비의 집에서 늙은 할미가 요괴로 변하다」에 등장하는 늙은 할미 모습의 요괴는 구걸하다가 길쌈을 하면 먹을 것을 주겠다는 선비 아내의 약속을 믿고 민첩하게 일을 해낸다. 하지만 대접이 점차 소홀해지자 행패를 부리며 선비의 가족 모두를 몰살시키기에 이르는데, 우리는 요괴와 인간 사이의 이 갈등에서 조선 중기 이후 점차 증가하고 있었던 고공雇工관계와 이를 둘러싼 사회적 적대를 읽어낼 수 있을 것이다. 역시 『천예록』의 「별해진에서 주먹으로 세 귀신을 쫓아내다」에서는 관장을 계속 죽음으로 몰아넣은 세 귀물이 등장하는데, 신임 첨사 이만지가 무엇을 원하느냐고 묻자 이 귀물들은 '배가 고파요'라고 답한다. 여기서 관(국가)에 대한 궁핍한 민중들의 분노와 저항이라는 사회적 적대를 읽어내는 것이 그리 과도한 해석은 아닐 것이다.

조선 후기의 야담에 이르면 3유형의 귀신들은 그 수나 비중이 줄어들 뿐 아니라 무섭고 낯선 성격도 약화된다. 이와 관련하여 『기문총화』와 『청구야담』에서 특히 주목되는 것은 『어우야담』이나 『국당배어』에서 그 기괴한 모습을 드러낸 바 있는 도깨비가 다수 출몰하고 있다는 것이다. 밤마다 여인을 찾아와 성교를 맺는 도깨비가 절구공이 귀신이었다는, 오늘날까지 널리 회자되는 이야기들이 여기에 채록되어 있는데, 그

---

33 우리는 남근에 대해 사물화된 표현을 즐겨 쓴다. 그것은 주체의 일부이지만 주체가 통제할 수 없는 사물, 즉 '물건'인 것이다. 이와 관련하여 도깨비를 한국 사내의 상상적 팔루스로 해석한 김열규의 연구를 참조하라. 김열규, 「도깨비와 귀신―한국의 남과 여」, 앞의 책, 2003.

성적인 이미지가 더욱 적나라해지는 동시에 한편으로는 희화화되고 있다. 한편 『청구야담』에 실린 「가난한 선비 집에 붙은 귀신」에는 집안에 손님처럼 들어와 재물을 축내고 결국 가산을 탕진하게 하는 귀신이 등장한다. 『용재총화』에서 이두의 집에 나타난 고모 귀신이나 『어우야담』에서 조카 집에 나타난 안씨 귀신과 유사하지만, 더욱 비속화되고 희화화되어 있다. 가난한 선비 집에서 손님 대접 받으며 가산을 탕진케 한 이 귀신은 고향으로 돌아간다고 노잣돈을 얻고 떠나는데, 곧이어 그 아내 귀신이 다시 찾아온다. 친척들 간의 호혜적인 증여에 크게 의존했고 접빈객을 양반의 의무로 여겼던 조선 후기 사회에서 가난한 선비에게 빌붙는 친척이나 손님은 사실상 이런 귀신이나 다를 바 없었을 것이다. 이처럼 조선 후기 야담에 등장하는 3유형의 귀신들은 대체로 두려움을 불러일으키는 기괴한 사물이라기보다 성가심을 불러일으키는 비속한 사물로 출몰한다는 특징을 보인다.

이상 간략히 살펴보았듯이 3유형의 귀신들은 자신이 출현해야 할 이유나 목적을 제시하지도 않고 제대로 된 죽음을 요구하지도 않는다. 그것은 성적 충동이나 쾌락, 사회적 적대나 죽음 같이 동시대의 지배적인 도덕·가치·언어 속에 쉽게 포섭되기 어려운 이질성을 기괴하고 사물화된 형상과 행태를 통해 드러내는데, 그런 점에서 우리는 이런 기괴한 사물로서의 귀신을 성리학적 상징질서에 근본적으로 포획 불가능한 것, 즉 성리학적 가치와 도덕, 언어로는 포착 불가능한 실재réel의 차원을 상상적 이미지의 형태로 드러내는 존재들이라고 해석해 볼 수 있겠다.

4. 글을 맺으며

이상으로 조선시대 필기·야담류에 나타나는 귀신들을 크게 세 가지의 유형으로 범주화보고 그 성격과 역사적 변모 양상에 대해 개괄적으로 검토해 보았다. 이제 짧은 요약과 췌언 한 마디를 덧붙이는 것으로 맺음말을 대신할까 한다.

조선왕조의 건국 주도세력은 신이하고 기괴한 것을 성리학적 합리성을 바탕으로 설명하고 그러한 존재를 숭배하는 제의를 음사로 규정하여 배격함으로써 민중들의 신비주의적인 심성세계와 문화를 계몽하려고 했다. 유교적 예치사회를 구현하고자 했던 그들의 시도는 유교적 제의가 확산되고 종법적 가족제도가 강고하게 뿌리내린 조선 중·후기 사회를 보면 일견 성공한 듯 보인다. 하지만 변화는 일방향적인 것만이 아니었다. 유교화의 진전과 함께 귀신들이 점차 성리학적 가치규범에 순응해가고 포획되어 가는 동안, 유교적 제의는 역으로 신비주의화되어 갔다. 우리는 1유형의 귀신에 관한 논의를 통해 이 점을 확인해 보았다. 그리고 그러한 유교적 예치사회의 실현이라는 이상과 현실의 간극, 그리고 그 과정에서 발생한 억압과 희생에 대한 공동체의 부채의식은 원귀와 여귀에 관한 불안과 공포로 표현되었다. 저자가 2유형으로 분류한 귀신들이 대체로 이 범주에 든다. 그리고 끝내 성리학적 상징질서에 포획되지 않는 이질적인 영역은 여전히 남아 그 낯설고 기괴한 성격을 드러내고 있었으니, 3유형의 귀신이 그것이다.

이 글은 저자의 안목과 역량의 부족으로 인해 조선시대의 귀신에 관한 거칠고 성긴 개괄에 그친 감이 없지 않다. 다만 이 글은 조선시대 필기·야담에 나타나는 다양한 형상의 귀신들이 동시대의 지배적 상징 질서와 어떤 관계를 맺고 있는지, 그리고 그것이 동시대 역사적 주체들의 정신세계의 어떤 측면을 반영하고 있는지를 두루 검토해보았다. 앞서 첫 번째 글에서 귀신을 총 네 가지 범주로 나눈 바 있는데, 여기서는 조선시대 귀신을 3유형으로 나누어 보았다. 자연신과 인신을 굳이 구분하지 않고 합쳤다고도 볼 수 있다. 물론 그것은 조선시대 유자들이 남긴 필기·야담을 대상으로 귀납적으로 분류한 것으로, 민중과 여성층에게는 온갖 종류의 자연신과 인신들이 여전히 숭배되었을 것이다. 그러므로 저자는 이 글에서의 분류와 설명이 앞의 글의 논지를 부정하지는 않는다고 생각한다. 앞의 글이 귀신의 종류를 현상적으로 구분한 것이라면, 이 글은 귀신의 위상을 당대의 지배적 상징질서와의 관계 속에서 분석하고자 한 것이었다. 이러한 설명의 교직交織 속에서 귀신 연구의 가치와 문화사적 의의가 더 잘 부각될 수 있기를 기대한다.

성리학적 귀신론의 틈새와 귀신의 귀환

조선 전 · 중기 필기 · 야담류의 귀신 이야기를 중심으로

1. 성리학적 사유체계와 귀신

임금이 (…중략…) 말하기를, "석씨가 우협에서 탄생하였다는데, 성인이 어찌하여 쓰지 않았는가? 사람이 죽으면 지옥에 돌아간다는 것도 거짓인가?" 하였다.

하윤이 대답하기를, "이것은 매우 이치가 없는 말입니다. 어찌 사람으로서 옆구리에서 난 자가 있겠습니까? 그러므로 성인이 쓰지 않은 것입니다. 또 사람은 음양오행의 기운을 받아서 태어나고 죽으면 음양이 흩어져서 혼魂은 올라가고 백魄은 내려가는 것이니, 다시 무슨 물건이 있어 지옥으로 돌아가겠습니까? 이것은 불씨가 미래와 보지 못한 것으로 어리석은 백성을 유혹한 것이니, 인주가 믿을 것이 못됩니다" 하니, 임금이 옳게 여겼다.[1]

임금이 말하기를, "일찍이 들으니 유도(儒道)에서는 사람이 음양 두 기운을 받아서 났다고 하는데, 그렇다면 선도(仙道)·노자(老子)·석씨(釋氏)의 말과 유가(儒家)의 말은 어떤 것이 옳은가?" 하니,

이첨이 말하기를, "유가의 도는 묘명(杳冥)하고 혼묵(昏默)한 데에 있지 않고 사물(事物) 위에 있으니, 옛날 성현들이 대개 일찍이 논한 것입니다. 사람이 천지의 음양을 받아서 나는데, 음양이 곧 귀신(鬼神)입니다. 사는 것은 신(神)이고 죽는 것은 귀(鬼)입니다. 사람의 동정(動靜) 호흡(呼吸)하는 것과 일월이 차고 이지러지고 하는 것과 초목이 피고 떨어지고 하는 것은 귀신의 이치가 아닌 것이 없습니다" 하였다.

임금이 말하기를, "그러면 귀신의 이치가 곧 천지의 이치로군! 사람이 죽으면 정신이 있는가? 또 속담에 말하기를, '귀신이 화복을 내리고 책(責)하고 취(取)한다'는 말이 있는데 그러한가?" 하니,

이첨이 말하기를, "사람이 죽어서 정기(精氣)가 흩어지지 않는다면 책하고 취하는 이치가 있겠으나, 이것은 천지 귀신의 정기(正氣)가 아니고 부정(不正)한 기운입니다" 하니, 임금이 그렇게 여겼다.[2]

조선왕조가 건국된 지 8년이 지난 1400년 1월 10일과 10월 3일 경연에서 정종이 하륜·이첨과 각각 문답을 나누는 장면들이다. 신하가 올바른 지식을 판별하고 전수하는 위치에 서서 군주를 깨우치는『조선왕조실록』의 이 초기 장면들은 조선왕조를 이념적으로 통치한 세력이 누구였는지 그리고 그들이 내세운 통치이념이 어떤 성격의 것이었는

---

1 『정종실록』정종 2년 1월 10일(乙亥).
2 『정종실록』정종 2년 10월 3일(甲午).

지를 잘 보여준다. 조선 건국을 주도하거나 새 왕조에 적극 참여한 여말선초의 사대부들이 새로운 국가의 지배이념이자 통치원리로 선택한 것은 성리학이었다. 비록 성리학에 대한 이해 수준이 아직 그리 깊고 철저하지 않았다 할지라도, 삶과 죽음·우주자연을 바라보는 그들의 기본적인 인식틀은 이미 성리학적 사유체계에 충실히 기반한 것이었음을 이 장면들에서 확인할 수 있다.

그런데 조선왕조의 이념적 설계자들이 새 국가의 지배이념으로 받아들였던 성리학은 사람과 초목 같은 유기체의 생멸이나 일월의 주기적 순환 같은 우주자연의 변화를 기氣의 운동으로 설명하는 일원론적인 사유체계를 제시했다. 이 일원론적 사유체계 속에서는 사후세계나 천상계 같은, 현세와 다른 원리가 작동하는 초월적인 시공간이 별개로 존재할 틈새가 없다. 그것은 기의 생멸生滅과 취산聚散, 굴신屈伸과 왕복往復이라는 일원론적 원리가 작동하는 이 우주자연 이외에 또 다른 원리가 작동하는 다른 차원의 세계란 존재하지 않기 때문이다. 자연적 속성을 벗어나는 신이하고 기괴한 존재로서의 귀신 또한 마찬가지다. 성리학적 사유체계 속에서는 신이하고 기괴한 초자연적 사물로서의 '귀신鬼神'이 존재할 논리적 틈새가 없다. 그러므로 재래의 귀신이라는 용어는 폐기되거나 새로운 의미로 전유될 수밖에 없는데, 앞서 정종과 이첨의 문답에서 보듯 성리학적 지식인들은 대체로 귀신을 우주자연의 운행과 만물의 생멸 과정 그 자체—정종의 요약을 빌자면 '천지의 이치天地之理'—를 일컫는 용어로 재의미화해서 받아들이는 방향을 취했다.

물론 성리학의 이러한 측면은 전혀 다르게 기술될 수도 있을 것이다. 즉 성리학을 초자연적인 존재들을 자연화하는 사유라기보다 오히

려 자연 자체를 귀신화 혹은 범신론화하는 사유로 볼 수도 있다는 것
이다.[3] 성리학은 무신론적이고 현세주의적인 자연철학으로 볼 여지도
있지만 범신론적이고 초월적인 신비철학으로 볼 여지도 있다.[4] 하지
만 성리학을 자연철학으로 보든 신비철학으로 보든, 이처럼 세계를 하
나의 동일하고 보편적인 운동원리로 설명하고자 하는 사유체계 속에
서 신이하고 기괴한 것으로서의 귀신이나 그러한 귀신이 거주하는 초
월적 시공간이 별도로 존재할 논리적 틈새를 찾기 어렵다는 점은 분명
하다. 주희는 이 점을 다음과 같이 명확히 지적한 바 있다.

어찌 '한번 기를 받아 형체를 이루면 이 성은 마침내 내 것이 되니 비록 죽
어도 멸하지 않고 뚜렷이 스스로 한 사물이 되어 적연일체(寂然一體) 가운
데 감추어져 있다가 자손이 청하기를 기다리며 때때로 나타나 흠향한다'고
말할 수 있겠는가? 반드시 이 말과 같다면 그(귀신이 거처하는)경계의 넓
고 좁음이나 안돈하는 처소 등에 대해 가리켜 말한 바가 있을 것이다. 또한
천지개벽 이래 지금까지 쌓여 겹겹이 포개졌을 것이니 더 받아들일 여지도
없을 것이다. 어찌 그런 이치가 있겠는가?[5]

---

3 최진덕, 「다산학의 상제귀신론과 그 인간학적 의미―주자학의 음양귀신론과의 한 비교」,
『철학사상』 33, 서울대 철학사상연구소, 2009, 51~2면.
4 사실 성리학에는 이 두 측면이 모두 존재한다고 보아야 할 것 같다. 성리학은 모든 자연
현상을 기(氣)의 운동으로 설명한다는 점에서 무신론적인 자연철학의 면모를 지니고 있
지만, 동시에 그러한 운동의 배후에 초월적이고 보편적인 도덕적 리(理)를 상정한다는
점에서 범신론적인 신비철학의 면모를 지니고 있기도 하다. 또한 지옥·극락 같은 사후
세계나 천상계·선계(仙界) 같은 초월계를 인정하지 않는다는 점에서 현세주의적 성격
을 지니고 있지만, 조상에서 후손으로 이어지는 기의 영속성과 제사를 통한 감응을 믿는
다는 점에서 초월주의적인 성격을 지니고 있기도 하다.
5 豈曰, 一受氣成形, 則此性遂爲吾有. 雖死而猶不滅, 截然自爲一物, 藏乎寂然一體之中, 以
俟夫子孫之求而時出以享之也. 必如此說, 則其界限之廣狹, 安頓之處所, 必有可指言者.
且自開闢以來, 積至於今, 其重倂積疊, 計已無地之可容矣. 是又安有此理耶."(주희, 『朱熹

죽은 조상의 귀신祖靈이 소멸하지 않고 개체로서의 인격성을 유지한 채 후손의 제사에 나타나 흠향할 수 있다고 믿었던 재래의 귀신 관념을 주희는 단호히 거부한다. 그가 보기에 생성과 소멸, 뭉침과 흩어짐이라는 기의 운동을 벗어나는 초월적인 존재란 없다. 그리고 '조령이 소멸하지 않고 사물처럼 실재한다면 천지개벽 이래 생겨난 무수한 귀신들은 도대체 어디에 거처하는가'라는 물음에서 보듯 그의 사유 속에는 현세 이외에 귀신이 거주하는 다른 차원의 세계가 전혀 상정되지 않고 있다. 여기서 우리는 현세를 유일한 차원으로 받아들이고 그 속에서 생멸을 거듭하는 만물을 기의 운동이라는 하나의 보편원리로 설명하고자 하는, 전근대의 사유체계 가운데서 보기 드물게 현세주의적이고 일원론적인 사유체계를 보게 된다.

성리학을 새로운 왕조국가의 지배이념으로 받아들인 조선의 사대부들 또한 대체로 그와 같은 사유체계를 공유하고 있었다. 그들은 저승이나 선계仙界 같은 초월적 세계의 존재 가능성을 인정하지 않았으며 사후에도 소멸되지 않고 인격성을 지닌 채 산 사람들에게 나타나는 신령한 귀신의 존재 가능성도 부정했다. 만약 죽어서도 흩어지지 않는 기氣가 있다면 그것은 제사를 받들 필요가 없는 부정不正하고 요사妖邪한 기氣일 뿐이다. 그러므로 이들 성리학적 지식인의 시각에서는 귀신을 숭배하는 무속신앙이나 지옥과 내세를 믿는 기복적 불교신앙은 혹세무민의 미신에 다름 아니었다. 여말선초의 필기류나 『조선왕조실록』에는 귀신을 섬기고 사후세계에서의 명복을 비는 무속이나 불교의

集』「答廖子晦」; 전성건, 「다산의 예치사상 연구」, 고려대 박사논문, 2010, 79면 재인용. 번역은 저자가 일부 수정했다)

제의들을 음사淫祀로 규정하고 이를 철폐하고자 노력했던 사대부들의 이론적 · 실천적 분투와 관련된 기사들이 많이 수록되어 있다.

  그렇다면 이러한 성리학적 '계몽'의 시도는 어느 정도 성공을 거두었을까? 국가나 지역 단위로 시행되던 대규모의 무속적 · 불교적 제의들이 철폐되거나 유교적 제의로 대체된 것을 보면 일견 그러한 시도는 성공한 듯 보인다. 특히 유교적 상제례喪祭禮는 지배층뿐 아니라 민중층에게도 널리 확산되어 사회 전반의 유교화에 크게 기여했다고 할 수 있다. 하지만 민중층뿐 아니라 지배층까지 사로잡고 있었던 신비주의적이고 주술적인 문화를 성리학적 합리성에 기반하여 탈신비화 · 탈주술화하는 것을 '유교적 계몽'의 목표였다고 보면 그러한 목표가 성공했다고 말하기는 어려울 것 같다. 19세기 말~20세기 초 조선 민중들의 종교문화를 외래자의 시선에서 관찰한 민족지적 보고서들이 증언하고 있는 것처럼 조선왕조의 끝까지 민중들의 삶은 온갖 귀신들에 대한 숭배와 공포로 둘러싸여 있었다. 특히 성리학적 예치의 성공적 증표로 간주되는 유교적 제사는 다른 한편으로 귀신이나 사후세계에 대한 신비주의적인 믿음이 은밀하면서도 공공연하게 증식되는 장소이기도 했다. 조상귀신이 인격적 실체로서 존재하며 후손의 제사에 내격來格하여 제수를 실제로 흠향한다는 믿음, 가족과 종족을 보호하는 수호신으로서 항상 후손과 동거하고 있다는 믿음은 오히려 성리학적 가례家禮의 확산과 더불어 강화되어갔다. 조선왕조의 이념적 헤게모니를 장악한 사대부들은 무속이나 불교의 신비주의적이고 주술적인 저승관이나 귀신관을 이기론理氣論에 바탕을 둔 일원론적이고 역학적인 우주론과 귀신론으로 대체하고자 했지만, 봉제사奉祭祀나 음택풍수陰宅風水 등에 과도한 정성을 쏟으며 조상귀신의 음우陰佑를 빌고 혹여 노여움을 살까 두려워했던 것은 정작 그들 자신이었던 것이다.

이 글은 성리학적 사유체계를 받아들이고 그 속에서 훈육되었던 사대부들의 정신세계에 어떻게 귀신이 귀환하는지 검토해보는 것을 그 목표로 삼는다.[6] 물론 엄밀히 말하면 귀신은 귀환한 것이라기보다 원래부터 그 자리에 존재해왔던 것이다. 하지만 성리학적 귀신론은 신이하고 기괴한 초자연적 존재로서의 귀신을 위한 논리적 공간을 마련해 놓고 있지 않았다.[7] 그리고 이러한 성리학적 귀신론은 담론상의 헤게모니를 놓친 적이 없으며 그에 대한 도전이나 위반은 허용되지 않았다.[8] 이처럼 성리학이 공적 지식체계를 장악하고 있던 사회에서 귀신

---

6 이 글에서는 귀신(鬼神)을 음양의 두 기가 생멸하고 취산하며 굴신하고 왕복하는 과정 그 자체를 의미하는 성리학적 용어로서가 아니라, 일상의 경험을 벗어나는 신이하고 기괴한 초자연적 존재들을 지칭하는 용어로 사용하고자 한다.

7 물론 주희나 남효온, 이이 같은 성리학적 지식인들 또한 죽은 조상과 살아 있는 후손 간의 기(氣)의 감응(感應)을 인정했으며 원귀(冤鬼)나 귀매(鬼魅) 같은 귀신의 존재도 적극 부정하지 않았다. 하지만 그들은 살아 있을 때와 같은 인격성을 지닌 채 현실에 출몰하는 귀신의 존재 가능성을 받아들이지는 않았다. 물론 허목에서 정약용으로 이어지는 근기남인들처럼 육경고학(六經古學)에 근거하여 상제(上帝)나 귀신(鬼神) 같은 초자연적 존재를 인정하는 유귀론(有鬼論)을 편 일군의 학자들도 있었다. 하지만 조선 후기 들어 부활하는 이러한 고대적(古代的) 귀신론은, 귀신에 대한 신비주의적인 믿음에서 비롯된 것이라기보다, 성리학적 사유체계에서 벗어나기 위한 전략적 고려에서 비롯된 것이라고 보아야 할 것이다.

8 이미 태종대나 세종대부터 국가나 민간에서 거행되는 불교나 도교·무속의 제의들을 금지해야 한다는 관료나 유생들의 상소는 빗발쳤다. 특히 성리학적 이상주의가 더욱 고조되었던 성종대와 중종대에 이르면 이러한 공격은 더욱 거세지는데, 중종반정 초기 「설공찬전」을 둘러싸고 벌어진 채수의 필화 사건은 성리학적 예치를 실현하기 위해 사족 내부의 이단적 사유부터 척결하고자 했던 신진사림들의 다소 과장된 정치적 시위라고 할 수 있다(조현설은 이 필화 사건을 중종반정 이후 사림들이 유가적 이념을 강화해가는 과정에서 이에 철저하지 않았던 한 사대부를 공격함으로써 사회적 경종과 사림 내부의 의식화를 노린 정치적 사건으로 해석한 바 있다. 저자 또한 이에 동의한다. 조현설, 「조선 전기 귀신 이야기에 나타난 신이 인식의 의미」, 『고전문학연구』 32, 한국고전문학회, 2002, 165~6면).

은 어떻게 그 틈새를 뚫고 자신의 불가해한 존재성을 드러낼 수 있었을까? 혹은 다르게 질문하자면 성리학적 지식체계 속에서 훈육되고 그 이상을 실현하기 위해 분투했던 역사적 주체들이 귀신이라는 낯설고 두려운 존재에 매혹되었던 것은 무엇 때문일까? 이 글은 이와 같은 물음을 해명하는 데 조금이나마 기여하고자 작성되었다.

이를 위해 이 글에서 주로 검토해보고자 하는 것은 조선 전·중기의 필기·야담류이다.[9] 물론 조선시대 사대부들의 귀신에 대한 관념을 검토하기 위해서 우선 검토해야 할 자료는 철학적 귀신론일 것이다. 그런데 정도전의 「불씨잡변佛氏雜辨」에서 김시습의 「신귀설神鬼說」, 남효온의 「귀신론鬼神論」, 이이의 「사생귀신책死生鬼神策」 등으로 이어지는 조선 전·중기의 철학적 귀신론은 주희가 『중용장구』 16장의 주석이나 『주자어류』 권3 「귀신」에서 천명한 성리학적 귀신론의 기본적인 설명틀에서 거의 벗어나지 않는다.[10] 사실 성리학적 이념으로 훈육되고 그것을 실천하고자 노력했던 지식인들이 성리학적 사유에 충실했다는 것은 당연한 이야기다. 그런 점에서 이러한 철학적 귀신론은, 성

---

9 이 글에서 분석 대상으로 삼은 필기·야담류 저작들의 목록은 다음과 같다. 『용재총화』(15세기 말), 『용천담적기』(16세기 전반), 『어우야담』(17세기 초), 『국당배어』(17세기 중반), 『천예록』(18세기 초반).

10 조선 전·중기의 성리학적 지식인 가운데 주희의 귀신론과 다소 차이나는 귀신론을 개진한 이를 들자면 서경덕을 들 수 있을 것이다. 그는 「귀신사생론(鬼神死生論)」에서 장재와 유사하게 근원적인 하나의 기(氣)는 불생불멸(不生不滅)하며 부증불감(不增不減)한다고 주장한다. 이는 주희나 김시습, 이황, 이이 등이 기를 생생지리(生生之理)에 따라 무한히 생성되고 소멸되는 것이라고 보는 관점과 다르다. 이 때문에 주희가 장재를 비판했던 것과 동일한 논리로, 이황은 서경덕의 관점을 불교의 윤회설과 구별하기 어렵다고 비판한 바 있다. 하지만 서경덕이 불생불멸한다고 본 기(氣)란 음양의 동정에 따라 취산하는 후천(後天)의 기(氣)가 아니라 그러한 음양의 운동을 낳는 선천(先天)의 담일청허(湛一淸虛)로서의 기라고 할 수 있다(서경덕의 귀신론에 대해서는 이창일, 「기의 불멸과 귀신─화담 서경덕의 귀신 해석」, 『정신문화연구』 31권 1호, 한국학중앙연구원, 2008 참조).

리학적 지식인들의 공적 입장이나 의식적 사유를 잘 드러내주는 자료이기는 하지만, 귀신에 관한 그들의 개인적 체험이나 무의식적 관념까지 드러내주는 자료라고 보기는 어렵다.

철학적 귀신론과는 다른 층위의 귀신관을 보여주는 또 다른 자료로는 조선 전기의 전기소설, 특히 『금오신화』의 「이생규장전」이나 「만복사저포기」, 「남염부주지」 같은 작품들을 들 수 있을 것이다. 김시습의 환상 속에서 창조된 이 유명서사幽冥敍事가 그의 철학적 귀신론과 어떤 관계를 맺고 있는가에 대해서는 이미 다양한 해석들이 제시된 바 있다.[11] 그런데 이 전기소설들은 부조리한 현실을 전면 거부할 수도 그렇다고 받아들일 수도 없었던 조선 전기의 한 예민한 지성의 상상세계를 잘 보여주는 작품이기는 해도, 동시대인들의 귀신관을 잘 보여주는 자료라고 보기는 어려운 점이 있다. 전기소설에 등장하는 귀신이나 저승은 은유화된 혹은 알레고리화된 존재나 공간으로서, 작가가 의식적으로 고안한 문학적 장치에 속하기 때문이다.

이에 비해 필기·야담류는 사대부층과 민중층을 떠돌아다니는 신변견문을 모은 것으로, 작가가 경험적 사실이라고 여긴 것들을 그 바

---

11 조동일은 성현, 남효온, 김시습 등이 남긴 귀신론과 귀신 이야기의 관계를 상동적인 것으로 파악한 바 있다. 아직 성리학적 사유에 철저하지 않았던 성현, 이기이원론적 입장에서 리(理)의 능동적 작용을 인정한 남효온, 기일원론의 입장에서 일체의 목적론과 당위론을 거부한 김시습의 이론적 입장은 그들이 남긴 귀신 이야기에 정확히 반영되어 있다는 것이다. ─그러므로 이 관점에 따르면 『금오신화』의 귀신 이야기는 현실의 문제를 제기하기 위한 의도적인 역설로 파악될 수 있다. ─(조동일, 「15세기 귀신론과 귀신 이야기의 변모」, 『문학사와 철학사의 관련 양상』, 한샘, 1992). 이에 반해 박일용과 정출헌은 김시습의 유명서사(幽冥敍事)가 초월적 귀신의 존재를 인정하지 않으려는 철학적 입장과 그러한 존재로나마 보충되지 않으면 받아들이기 어려운 부조리한 현실 사이의 틈새에서 생성되는 것이라고 보았다(박일용, 「남염부주지의 이념과 역설」, 『고소설연구』 22, 한국고소설학회, 2006; 정출헌, 「15세기 귀신담론과 유명서사의 관련양상」, 『동양한문학연구』 26, 동양한문학회, 2008).

탕으로 하고 있다. 전기소설처럼 복합적이고 완결적인 플롯을 구성하고 있지도 않고 문학적 윤색도 별로 가해지지 않았지만, 바로 그 점이 사대부들의 일상 관념을 더 잘 드러내주는 장점이 된다고 볼 수 있다. 그리고 무엇보다 귀신에 관한 이야기를 가장 풍부하게 담고 있는 것도 필기·야담류라고 할 수 있다.

이 글은 15세기에서 17세기까지 나온 몇몇 필기·야담류를 중심으로 성리학으로 훈육된 사대부들의 정신세계에 귀신이 귀환할 수 있게 만든 틈새를 검토하는 것을 그 목표로 한다. 이를 위해 우선 다음 절에서는 재래의 주술적 귀신 숭배 관념을 근절하고자 했던 사대부들의 노력과 그들이 받아들인 성리학적 귀신론을 간략히 검토하고, 그것이 지배적인 담론으로 군림하는 속에서 귀신이 귀환할 수 있었던 세 가지 차원의 틈새, 곧 이론적·윤리적·실재적 틈새에 대해 검토해 보기로 하겠다. 이어 3절에서는 특히 17세기를 전후로 하여 조상귀신祖靈에 관한 이야기가 크게 늘어나는 현상에 주목하면서 유교화의 진전과 함께 나타난 귀신관의 변화를 검토해 보기로 하겠다.

2. 성리학적 귀신론의 틈새와 귀신의 존재논리

우리 고대 사회가 산천이나 동식물에 깃든 다양한 신격들과 정령들을 숭배하는 무속신앙이 지배하던 사회였음은 익히 알려져 있다. 『삼국사기』는 신라의 제 2대 왕 남해차차웅을 언급하면서 차차웅은 "방언으로서 무巫를 이르는데, 세상 사람들은 무가 귀신을 섬기고 제사를 숭상하였기 때문에 그를 외경하였다"는 김대문의 전언을 기록하고 있다.[12] 왕 혹은 군장이 곧 무격巫覡으로서 산천의 귀신과 조상의 신령을 숭배하였던 것은 신라뿐 아니라 삼한의 고대 사회가 거의 동일했다. 하지만 이처럼 고대 사회를 지배하던 무속신앙은 불교의 유입과 공인 이후 불교와 갈등하면서 점차 그것에 종속·습합되어갔다.[13] 물론 '습합'이라는 용어가 적절하게 지적하고 있듯이 그 과정은 일방향적인 것은 아니었다. 무속은 불교의 하위신앙으로 재편되어갔지만 동시에 그 과정에서 불교 또한 무속적 성향을 강하게 띠게 되었던 것이다. 그리고 고려 말처럼 내우외환의 혼란기에는 특정한 무속신앙이 민중과 지배층에게 큰 호소력을 발휘하며 부각되기도 하였으니, 이의민이나 최우가 숭배했다는 두두을豆豆乙 혹은 두두리豆豆里는 신라시대부터 고려 말까지 폭넓은 지지를 받고 있었던 무속신앙의 신격 중 하나라고 할 수 있겠다.[14]

조선 건국의 주도세력은 이처럼 민중뿐 아니라 지배층에게까지 널

---

12 "次次雄或云慈充. 金大問云 方言謂巫也. 世人以巫事鬼神 尚祭祀 故畏敬之."(『삼국사기』 권1 「남해차차웅」 조)

13 강영경은 고대의 무속이 불교와 갈등하면서 그 속에 습합되어가는 과정을 『삼국유사』, 『수이전』 등의 기록을 통해 흥미롭게 분석한바 있다(강영경, 「고대 한국 무속의 역사적 전개」, 『한국무속학』 10, 한국무속학회, 2005).

14 『고려사』 열전 「이의민」조는 이의민이 자신의 집에 당을 세워 두두을(豆豆乙)이라는 목매(木魅)를 섬기며 매일 복을 빌었다는 사실을 전하고 있으며, 『동국여지승람』 경주고적 조는 경주지역 사람들이 비형랑 이후 두두리(豆豆里) 섬기기를 심히 성히 했다는 사실을 전하고 있다(강은해, 「두두리 재고」, 『한국학논집』 16, 계명대 한국학연구원, 1989, 재인용). 박은용은 목매(木魅) 혹은 목랑(木郎)으로 한역(漢譯)되기도 한 두두을(豆豆乙) 또는 두두리(豆豆里)를 곡식을 두드리는 데 쓰는 나무 농기구의 정령을 지칭하는 것으로 해석하면서 이 절구공이의 정령이 곧 도깨비의 어원이라고 추측한 바 있다(박은용, 「목랑고-도깨비의 어원고」, 『한국전통문화연구』 2, 효성여대 한국전통문화연구소, 1986). 이 두 연구를 통해 우리는 비형랑을 시조로 숭배하는 도깨비 신앙이 경주지역을 중심으로 신라시대부터 여말선초까지 널리 퍼져 있었음을 확인할 수 있다.

리 퍼져있었던 무속적 혹은 무속화된 불교적 귀신 숭배를 음사淫祀로 규정하여 타파하거나 유교식으로 개편함으로써 그 주술적이고 신비주의적인 귀신관이나 사후관을 성리학적 이념에 입각하여 탈주술화·합리화하고자 하였다. 『조선왕조실록』에 빈번히 등장하는 음사 철폐를 주장하는 관원이나 유생들의 상소, 조선 전기 필기류에 흔히 보이는 지방관으로 부임한 사대부가 그 지역의 음사를 철폐하고 무격을 퇴치하는 일화 등은 습속화되어 있던 민간의 귀신 숭배를 근절하려했던 성리학적 지식인들의 노력을 잘 보여주는 사례이다.[15] 이와 함께 전란이나 전염병 등으로 인해 비명횡사한 무사귀신無祀鬼神들을 위무하고 천도하기 위해 베풀었던 불교식의 수륙재水陸齋를 유교식의 여제厲祭로 바꾸어 시행하거나 물괴物怪나 재이災異 현상이 나타날 때마다 해괴제解怪祭를 지내는 것 등은 불교나 무속의 제의가 수행하던 역할을 유교적 제의가 떠맡은 사례라고 할 수 있다.

하지만 습속화된 주술적 귀신 숭배나 신비주의적 사후관을 발본적으로 근절하는 길은 역시 귀신의 존재와 현상 자체를 합리적으로 설명함으로써 그 주술적 신앙의 논리적 근거를 해체해버리는 것이라고 할 수 있을 것이다. 조선 전기 성리학적 지식인들이 잇달아 제출했던 귀신론은 이러한 문제의식의 소산이라고 볼 수 있다. 정도전의 『불씨잡변佛氏雜辨』에서 이이의 「사생귀신책死生鬼神策」에 이르기까지 조선 전

---

15 물론 이런 노력에도 불구하고 무속신앙이나 무당의 영험함에 대한 믿음은 사라지지 않았다. 오히려 『어우야담』의 「신 내린 무당의 영험함」 같은 이야기가 보여주듯 사대부들도 무당의 영험함을 경험하고 경이로움을 느꼈으며 이 때문에 무속신앙을 쉽게 부정하지 못했다(『어우야담』의 편명과 인용은 다음을 따른다. 유몽인, 신익철·이형대·조융희·노영미 역, 『어우야담』, 돌베개, 2006).

기 성리학적 지식인들이 제출한 귀신에 대한 논변은 부분적인 차이가 있긴 하지만 대체로 주희가 『주자어류』에서 제시한 것과 거의 동일한 논리를 반복하고 있다. 즉 귀신이란 음양이라는 두 기의 굴신屈伸・소장消長 운동과 조화 그 자체, 곧 뭉치고聚 펼쳐졌던伸 기가 다시 흩어지고散 되돌아가는歸 과정 그 자체를 지칭한다는 것이다. 그리고 양의 기인 혼魂과 음의 기인 백魄으로 이루어진 사람은 이러한 기의 운동과 조화의 산물이니, 죽음이란 혼은 하늘로 돌아가고 백은 땅으로 되돌아가 소멸하는 것이라고 할 수 있다.

물론 주희뿐 아니라 조선의 성리학자들도 여귀厲鬼나 원귀冤鬼, 요매妖魅・물괴物怪 등의 존재는 인정했다. 강사强死로 인해 원한이 풀리지 않은 기가 귀歸・소消하지 못한 채 일시적으로 남아 있거나 혹은 오래된 사물이나 동물에 정기精氣가 뭉치면 여귀나 물괴가 나타날 수 있다는 것이다. 하지만 그것은 인격적 속성을 지니지 못한 변칙의 기일 뿐이며 시간이 지나면 그것조차 소멸하고 만다. '정正'과 '상常'에 대응되는 '변變'과 '괴怪'의 존재 여지는 남겨놓았지만, 그러한 변칙과 기괴에 어떤 불멸성도 신이성도 인격적 실체성도 부여하지 않음으로써 귀신이나 사후세계에 대한 주술적이고 신비주의적인 신앙의 근거를 제거해버린 셈이다.

하지만 이러한 성리학적 귀신론은 그 체계성과 논리성에도 불구하고 다음과 같은 세 가지 차원의 틈새, 곧 각각 이론적・윤리적・실재적 틈새라고 부를 수 있을 만한 균열들을 안고 있었다고 여겨진다. 그리고 바로 그 틈새로 귀신은 귀환한다.

우선 성리학적 귀신론은 유교를 떠받치는 핵심 제의祭儀라고 할 수 있을 조상에 대한 제사를 왜 지내야 하는가와 관련된 이론적 아포리아aporia 를 대면할 수밖에 없었다. 귀신이 음양의 운동을 지칭하는 다른 이름에 불과하고 인간의 혼백(귀신)이 흩어져 소멸하는 것이라면 조상에 대한 제사는 왜 지내야 하는가? 그것은 단지 자신을 낳고 길러준 조상의 은혜를 잊지 않도록 하기 위해 성인이 창안한 교훈적 목적의 의례에 불과한가? 그런데 남효온의 「귀신론」을 보면 당대에도 성리학적 사유를 철저하게 밀고나간 사대부들 중에 일부가 그와 같은 관점을 공공연히 표명하고 있었음을 보여주는 대목이 있다.

경서에 실려 있는 질종(秩宗)·종백(宗伯)의 벼슬과 교사(郊祀)·가제 (家祭)의 예문(禮文)은 다만 사람들에게 근본에 보답하는 도리를 가르치 려는 것일 뿐이니, 참으로 귀신이 있다는 것이 아님은 분명하다.

만약 귀신이 실제 없는데 성인이 사람에게 보본(報本)을 가르치려고 말 을 만든 것이라면 이는 속임수일 뿐이다. 일찍이 성인이 속임수를 행했다 고 하겠는가.[16]

남효온은 혹자或者의 입을 빌려 당시 성리학자로 명성이 높았던 이관 의李寬義의 주장을 소개하고 있는데, 여기서 이관의는 『서경』 같은 유가 의 고대 경전에 실린 제의를 담당하는 벼슬이나 제의에 사용된 예문이 다만 근본에 보답하는 도리를 가르치기 위한 것일 뿐이라고 주장한다.

---

16 經書所載秩宗宗伯之官, 郊祀家祭之文, 但爲人教以報本之道云耳, 非眞有鬼神也明矣. 若鬼 神實無, 而爲聖人教人報本之設語, 則是誣而已. 曾謂聖人爲誣乎.『추강집』권5 「귀신론」.

기의 취산·굴신·생멸 운동을 벗어날 수 있는 존재가 없다면 당연히 제사로 섬겨야 할 귀신도 있을 수 없다. 제사는 귀신이 있어서가 아니라 보본지도報本之道를 가르치기 위해 존재한다는 게 이관의의 입장인 셈이다. 이에 대해 남효온은 성인이 교훈적 목적을 위해 속임수를 행했을 리 없다는 논리로 반박한다. 성리학적 사유를 일관되게 밀고나가는 이관의의 주장은 명료하고 일관성 있다. 하지만 성리학적 귀신론을 따르면서도 제사의 이론적 근거와 실천적 효과 또한 중시했던 남효온의 주장은 귀신을 적극 긍정할 수도 완전히 부정할 수도 없는 논리적 곡예를 하지 않으면 안 되었던 것이다.[17]

사실 제사가 단지 보본지도報本之道를 가르치고 기념하는 의례에 불과하다면, 『국조오례의』나 『주자가례』 등을 통해 국가와 가문의 사전祀典을 정비하고 유교적 예치 사회를 구현하고자 했던 왕조나 사대부층으로서는 그것을 강력하게 추진할 초월적 명분을 확보하기 어려웠을 것이다. 그리고 무엇보다 그러한 의식적이고 교훈적인 목적성을 앞세우는 유교식의 제의(제사)로는 불교나 무속의 제의를 통해 죽음이나 사자死者에 대한 무의식적 공포나 불안을 해소해왔던 사람들에게 그리 큰 심리적 호소력을 발휘하기도 어려웠을 것이다.

귀신을 음양의 운동으로 자연화하는 성리학의 역학적 우주론과 제사를 실제로 흠향하는 조상 신령을 요청하는 실천적 윤리학 사이에 존

---

17 남효온의 「귀신론」에 나타나는 논리적 착종이나 모호함은 사실 성리학적 귀신론을 집대성하고 있다고 할 수 있는 주희의 『주자어류』 3장 「귀신」에도 어느 정도 나타난다. 제자들과 나눈 문답을 후대에 기록하는 과정에서 나타난 현상일 수도 있겠으나, 『주자어류』 「귀신」장은 유귀론(有鬼論)으로도 무귀론(無鬼論)으로도 해석될 소지를 안고 있는, 생각보다 모호한 텍스트다.

재하는 이와 같은 균열 혹은 난제에 대해 이이는 '오직 사람이 죽어서 된 귀신에 대해서는 있다고도 말할 수 없고 없다고도 말할 수 없다'는 모호하고도 유보적인 답변을 제시한 바 있다. 귀신이 있고 없고는 제사를 지내는 사람의 정성에 달려 있다는 것이다.[18] 이와 함께 이이는 죽은 지 오래지 않아 아직 기가 흩어지지 않은 경우 조상의 기가 후손의 제사에 감응하고 죽은 지 오래되어 기가 흩어졌을 경우 그 기를 이루었던 리理가 감응한다는 다소 군색한 논리를 제시하기도 했는데,[19] 이는 귀신의 불멸성과 인격적 실체성을 인정하지 않으면서도 조상 제사에 어떤 초월적 근거를 마련하지 않으면 안 되었던 성리학적 지식인들이 처한 이론적 궁지를 잘 드러내준다.

그런데 이러한 틈새는 역설적이게도 성리학적 예치의 근간이 되는 『주자가례』와 종법적 가족질서가 보급되면 될수록 더욱 커질 수밖에 없다. 『주자가례』의 첫 장은 사당을 세우고 조상의 신위를 모시는 방식을 그린 도표로 시작한다. 사당은 종법적 가족질서를 유지하는 중심으로서 조상들의 신령이 깃드는 곳이기도 하다. 사실 가문을 보호하고 그 연속성을 보증하는 조령의 존재에 대한 믿음은 종법적 가족질서를 확산시키고 정착시키는 데 필수적인 요소라고 할 수 있다. 조령이 존

---

18 惟人死之鬼, 則不可謂之有, 不可謂之無. 其故何哉. 有其誠, 則有其神, 而可謂有矣. 無其誠, 則無其神, 而可謂無矣. 有無之機, 豈不在人乎. 『율곡전서습유』 권4 「사생귀신책」. 이 말은 언뜻 『논어』 「선진」편에서 귀신 섬기는 법을 물은 계로에 대한 공자의 답변을 연상시킨다. 하지만 우리는 이이의 이러한 유보적인 발언이 성리학적 귀신론이 충분히 성숙한 이후에 표명된 것임을 유념할 필요가 있다. 귀신의 유무를 철학적으로 논증하는 것이 아니라 주체의 심리적 태도에 맡기는 것은 성리학의 역학적 우주론과 실천적 윤리학 사이에서 조선의 성리학자가 취한 절충적이고 모호한 입장이 반영된 것으로 보인다.

19 이이의 귀신론과 제사관에 대해서는 김우형, 「조선 후기 귀신론의 양상」, 『양명학』 19, 한국양명학회, 2007 참조.

재하지 않는다면 혹은 생전의 기억과 인격을 지닌 혼백은 흩어지고 다만 기로써만 남아 감응하는 존재에 불과하다면, 종법적 가족질서를 떠받치는 유교적 상제례의 정교하고 복잡한 절차와 그 실행에 투여된 과도한 정성은 허례허식에 불과한 것 아닌가 하는 비판이나 의문을 피할 수 없을 것이기 때문이다. 그런 점에서, 성리학적 귀신론은 사후에도 인격성을 지닌 채 소멸되지 않고 남아 후손과 동거하는 조령의 존재를 인정하지 않지만, 『주자가례』의 보급과 함께 사대부가에 의무적으로 설치가 강제되었던 사당이나 점차 확산되었던 종법적 가족질서는 그와 같은 인격적인 조령의 존재와 보증을 필요로 하였던 것이다.

성리학적 귀신론이 맞닥뜨린 또 다른 균열은 이처럼 일원론적이면서도 도덕주의적인 세계관으로는 쉽게 설명하기 어려운 부조리와 모순이 현실에 존재한다는 것이다. 도덕주의와 결별한 근대의 자연과학적 세계관과 달리 성리학이 제시한 일원론적 세계관·역학적 우주론은 또한 강한 도덕주의적 지향을 내포하고 있다. 그렇다면 현세가 유일한 삶의 차원이고 죽음이 기의 소멸이자 흩어짐이라고 보는 일원론적이고도 도덕주의적인 세계관에서는 현실에 만연한 부조리나 모순을 어떻게 설명할 수 있을까? 물론 역사의 포폄褒貶이라는 유가적 정의관正義觀·보응관報應觀이 그에 대한 하나의 답을 제시하고 있긴 하지만, 사후세계도 인격적 영속성을 지닌 귀신도 인정하지 않았던 성리학적 지식인들에게 현실에 존재하는 부조리나 모순은 성리학적 언어와 도덕으로 짜여진 그들의 상징계에 심각한 균열을 가져왔을 것이다.

우리는 그러한 부조리와 모순을 발생시키는 가장 일반적인 경험으로 전란이나 전염병, 정변이나 사화 등을 들 수 있을 것이다. 관조할 거리를 주지 않고 삶에 육박해오는 전란이나 전염병 같은 재난은 무차별적이고 무의미하며 부조리하게 여겨질 수 있다는 점에서 한 주체의 상징계에 깊은 충격을 가할 수 있다. 기존의 도덕원칙이나 인과원칙이 제대로 작동되지 않아 보이는 재난, 설령 사후적으로 어떤 도덕적·인과적 설명이 가능할지라도 그런 설명으로는 그것이 초래한 깊은 정신적 외상trauma을 치유할 수 없어 보이는 재난 — 물론 정신적 외상을 초래하는 재난이 반드시 전란이나 전염병 같은 집단적인 참화일 필요는 없다. 개인이 맞닥뜨린 불행이나 유자라면 흔히 보고 겪었을 사화나 당쟁 등도 그와 같은 재난의 범주 속에 넣을 수 있을 것이다. — 은 성리학적 이념과 도덕의 언어로 짜여진 상징계에 균열을 초래하는 것이다.

조선왕조가 명明의 제도를 본받아 시행했던 여제厲祭는 불교의 수륙재나 무속의 해원제를 대신하는 유교적 제의로, 전란이나 전염병 등으로 인해 목숨을 잃은 무주고혼을 위로하기 위해 국가가 시행한 일종의 진혼의식이었다.[20] 전란이나 전염병은 무차별적인 재난으로서 희생자 개개인에게 죽음의 도덕적 책임이나 의미, 목적을 묻기 힘들다. 그러한 재난의 희생자들에 대해 공동체가 느끼는 두려움과 부채의식은 질병과 죽음을 전염시키는 여귀厲鬼라는 공포스런 존재를 상상하게 만든다. 그리고 여제에 배설되는 15위의 신위 가운데는 '남에게 재물을 빼앗기고 핍박당해 죽은 자被人取財物逼死者' '남에게 처첩을 강탈당하고 죽은 자被人强奪妻妾死者' '형화를 만나 억울하게 죽은 자遭刑禍負屈死者' 같

---

20 매년 3차례씩 북교의 여단에서 설행되던 여제는 19세기 말까지 시행되었으며 1908년에서야 공식적으로 폐지되었다. 그리고 비상조처가 필요한 상황이 발생할 때마다 시행되던 특별 여제는 17세기에 가장 빈번히 시행되었다(B. 왈라번, 「조선시대 여제의 기능과 의의」, 『동양학』 31, 단국대 동양학연구소, 2001).

은 목록들이 등장하는데, 우리는 여기서 조선 전·중기의 잦은 정변과 사화 속에서 목숨과 재물·처첩을 빼앗겼던 패자들의 원귀寃鬼를 떠올리지 않을 수 없다.[21] 패자의 정의로움을 믿는 사람은 말할 것도 없고 자신의 정당성을 믿는 승자에게도 원귀의 존재 자체는 쉽게 부정되기 어려웠을 것이다.[22] 그런 점에서 특히 여귀나 원귀 같은 귀신은 성리학적 상징질서가 제대로 작동하지 않을 때, 성리학의 현세주의적인 역학적 우주론과 도덕주의적인 정의관이 충돌할 때 그 틈새에서 탄생하는 귀신들이라고 할 수 있을 것이다.[23]

다음으로 성리학적 귀신론이 맞닥뜨린 또 다른 균열, 어떤 점에서 더 근본적이고 심층적인 균열이라고 할 수 있을 실재적 균열은 어떤 합리적 설명과 논리로도 쉽게 해소될 수 없는 비논리적인 존재감과 주체를 매혹하는 무의식적인 힘이 귀신에게 있다는 것이다. 대개의 경우 귀신 체험은 주체에게 합리적으로 설명하기 어려운 부조리한 체험에 속한다고 할 수 있다. 그런데 귀신은 바로 그런 부조리함 때문에 오히

---

21 사실 명의 홍무제가『예기』의 태려의 법을 참조하여 여제를 복원／재창조했던 핵심적인 이유도 왕조교체 과정에서 전몰한 수많은 원혼들의 재앙을 일으킬까 두려워했기 때문이었다.

22 『용재총화』에 등장하는 유계량의 혼령을 그 예로 들 수 있겠다. 표형(表兄) 기유의 집에 나타나 심술궂은 장난을 벌이고 결국 기유를 죽음에 이르게 하는 유계량의 혼령에 대해 당시 사람들은 모두 "유의 표제 유계량이 난리를 음모하다가 사형당하더니 그 귀신이 집에 의지하여 빌미를 일으킨다"고 믿었다. 정치투쟁에서 승자의 입장에 서 있었던 성현으로서는 패자의 항변을 제대로 해독할 수 없었지만 — 유계량의 원귀는 자신의 원한과 분노를 표출하기만 할 뿐 어떤 신원도 요구하지 않는다. — 원한과 분노를 표출하는 원귀의 존재 자체를 인정하지 않을 수는 없었던 것이다.

23 기일원론적 사유를 강하게 견지했던 김시습 같은 지식인이 저승이나 염왕 같은 초월적 공간이나 존재를 부정하면서도 그것을 불러내어 부조리한 현실을 고발해야 했던 이유, 인격체로서의 귀신의 귀환을 인정하지 않으면서도 부조리한 폭력에 희생된 순결한 원혼을 불러내어 그 원망을 풀어주고 진혼의식을 거행해야 했던 이유도 이런 균열을 예민하게 감지했기 때문일 것이다.

려 더 존재감이 실감되는 그런 존재이다. 귀신은 낯설고 이질적이다. 그것은 귀신이라는 존재에 투사되어 있는 무의식적인 불안과 공포, 욕망, 충동 등이 성리학적 이념으로 훈육된 주체들에게는 합리적으로 설명되거나 인정되기 어려운 낯설고 이질적인 것들이기 때문이다. 하지만 주체는 그와 같은 '외밀한'[24] 존재에게서 두려운 낯설음과 함께 어떤 원초적 호기심을 느낀다. 억압되거나 배척된 욕망과 충동들을 환기시키는 그와 같은 존재들에게 주체의 무의식이 공명하는 것이다.[25] 성리학적 귀신론 같은 철학적 담론에서는 부정되거나 경원시되었던 귀

---

24 외밀성(外密性, extimité)이란 라깡이 '사물(Das Ding)'이 지닌 위상학적 특성인 내밀한 외재성, 즉 내부에 있는 이질적인 것을 가리키기 위해 만든 신조어이다(맹정현, 『리비돌로지』, 문학과지성사, 2009, 19면). 그런데 이러한 외밀한 존재에 대한 주체의 반응은, 프로이트가 「두려운 낯설음」이라는 글에서 분석한 바 있는, 억압된 무의식을 환기시키는 대상이 주체에게 불러일으키는 기괴한 느낌과 흡사하다. 프로이트가 보기에 두려운 낯설음(Unheimlich)을 불러일으키는 대상은 한때 친숙(heimlich)했지만 억압·부정(Un)되어 낯설어진 존재, 억압된 욕망과 충동을 환기시키면서 동시에 그와 연결된 불안과 공포를 불러일으키는 존재이다. 그런데 프로이트도 언급했듯이 "대부분의 사람들에게 가장 강렬하게 두려운 낯설음의 감정을 불러일으키는 것은 죽음, 시체, 죽은 자의 생환이나 귀신과 유령 등에 관련된 것이다."(프로이트, 정장진 역, 「두려운 낯설음」, 『창조적인 작가와 몽상』, 열린책들, 1996, 133면)

25 이를 보여주는 한 흥미로운 예화로 『용천담적기』의 「채생」을 들 수 있겠다. 채생은 어둑어둑한 밤길에 옅은 화장(淡粧)을 한 미녀를 보고 "솟아나는 정을 주체할 수 없어" 치근대며 수작을 건다. 여인도 허락하며 그를 이끌고 그녀의 집으로 가는데, 둘은 밤새 성적 쾌락을 탐닉한다. 그런데 갑자기 지나가는 수레 소리에 놀라 깨어 보니 채생은 돌다리 아래 거적을 덮고 누워 있었다. 인귀교환 모티프를 취한 전기소설의 창작문법을 따르는 듯하다가 돌연 훈계투의 혹귀담(惑鬼譚)으로 마감하는 이 이야기를 채록한 김안로는 다음과 같은 평을 덧붙이고 있다. "요귀는 사람을 묘하게 홀리느니라…… 기개가 지극히 크고 강직한 사람이 아니라면 누군들 유혹되지 않겠는가. 채생이 계집과 만나게 된 것을 스스로 기뻐하고 있을 때 만약 옆에서 누구 귀에다 대고 요귀임을 알려 주더라도 깨닫지 못할 것"이다. 그런데 우리는 성적 충동을 억제하지 못하면 요귀에게 홀리고 말 것이라는 작가의 경고 메시지 이전에, 이처럼 농밀한 성애의 환상이 담겨 있는 이야기가 사람들의 호기심을 불러일으키고 인구에 회자되다가 김안로에 의해 기록되기에 이르렀다는 사실 자체를 더 주목할 필요가 있다. 그리고 김안로가 경계하라고 한 요귀란 남성의 성적 환상 속에 투사되어 있는 여성의 성에 대한 불안과 매혹의 상상적 이미지에 다름 아니란 것을 굳이 부언할 필요는 없을 것이다.

신들이 성리학적 지식인들이 저작한 필기·야담류의 귀신 이야기 속에는 다양한 형상을 지닌 채 흥미롭게 출몰하는 이유, 그리고 사회적 격변으로 인해 주체들을 접속·매개해주는 사회적 상징질서가 교란되는 시기일수록 더욱 더 귀신 이야기가 활발하게 생산되고 매혹적으로 회자되는 이유의 많은 부분은 여기에 있다.

귀신은 바로 이와 같이 성리학적 귀신론으로는 완전히 설명·봉합될 수 없는 틈새들을 통해 귀환한다. 그런데 한 주체가 귀신이라는 외밀한 존재와 조우하게 되는 것은 구체적으로 어떤 시점에서일까? 라깡 정신분석학의 용어를 빌려 말하자면, 그것은 타자(의 욕망)와의 관계 속에서 타자의 언어를 빌려 구축한 한 주체의 상징계가 균열될 때, 그 틈새로 상징화/의미화될 수 없는 실재가 환각적인 이미지의 형태로 되돌아올 때,[26] 그리고 주체가 그처럼 상상적 이미지의 형태로 되돌아온 실재의 조각을 통해 상징계의 균열을 봉합하고 재구축하고자 시도할 때 출현한다.

그런 점에서 귀신은 한 주체의 상징계가 파열되는 지점을 드러내주는 실재[27]의 조각이자 그러한 상징계의 균열을 봉합해주는 상상적인 보충물이라고 할 수 있다. 우선 귀신은 성리학적 이념과 도덕의 언어

---

26 성리학적 귀신론의 언어를 비틀어 말하자면 자연으로 혹은 원기(元氣)로 혹은 무(無)로 되돌아가야 할 것이 경험적 현실로 되돌아온 것이 귀신이라고 할 수 있다. 그런데 귀신은 여러 형태의 환각적 이미지로 되돌아온다. 대개는 시각적 이미지의 형태로 출현하지만 때로는 공중에서 들리는 소리나 환청 같은 청각적 이미지로만 등장하기도 하고 때로는 참을 수 없는 냄새 같은 후각적 이미지를 동반하기도 한다. 이는 라깡의 정신분석학 이론에서 상징계에서 배제된 실재가 환시(幻視)나 환청(幻聽) 같은 환각적 이미지로 되돌아오는 것과 유사하다.

27 라깡 정신분석학 이론에서 말하는 '실재(réel)'란, 어떤 구체적인 대상이나 현상의 실제를 말하는 것이 아니라, 무엇보다 언어(기표)로 짜여진 상징계에 포획·동화될 수 없는 것을 말한다.

로는 충분히 설명할 수 없는 것을 환각적인 이미지의 형태로 드러냄으로써 현실에 뭔가 문제가 있음을 알려준다. 하지만 동시에 그것은 상징화될 수 없었던 것을 설명 / 보충해줌으로써 주체를 무無—그것은 의미의 교환을 가능하게 하는 상징계의 궁극적인 우연성, 완결 불가능성에 다름 아니다—와 같은 실재의 심연에 빠지지 않도록 도와준다. 예를 들어 귀신의 빌미鬼祟는 한 주체에게 들이닥친 불가항력적이고 불가측적인 재난이나 불가해한 경험의 원인을 설명해주는 것이다. 귀신이 지닌 독특한 매력과 호소력은 바로 이처럼 그것이 현실의 모순과 부조리를 그 기괴한 존재성으로 체현하고 있다는 점에서 비롯된다. 즉 그 자체로 부조리하지만 바로 그런 부조리함 때문에 세계를 조리 있게 설명해주고 현실을 견딜만한 것으로 만들어주는 존재가 귀신이라는 것이다.

그런 점에서 귀신은 성리학적 상징질서의 균열을 드러내는 존재이면서 동시에 그러한 균열을 보충하고 봉합하는 존재라고 볼 수 있을 것이다. 이 때문에 귀신은, 부조리하거나 때로 불온한 성격을 지니고 있음에도 불구하고, 많은 경우 오히려 성리학적 상징질서의 균열 / 결여를 신비주의적으로 혹은 망상적으로 보충해줌으로써 지배체제가 효과적으로 작동하는 데 기여한다. 불교와 무속의 사회적 지위가 크게 하락하여 더 이상 성리학의 권위에 도전할 수 없게 된 조선 중기 이후 사대부층이 귀신에 대해 관대한 태도를 취하게 되는 것도 이와 같은 측면을 의식적으로든 무의식적으로든 인지했기 때문이라고 할 수 있을 것이다.

3. 귀신의 귀환과 유교의 신비주의화

— 조령祖靈을 중심으로

앞 절에서는 조선시대 들어 성리학적 귀신론이 지배적 담론이자 공적 지식으로 군림했음에도 불구하고 귀신이 귀환할 수 있었던 몇 가지 틈새들에 대해 살펴보았다. 그런데 여귀나 원귀, 귀물이나 요귀 등은 매우 오랜 연원을 지닌 귀신일 뿐 아니라 성리학적 귀신론에서도 부분적으로 그 존재가 인정되었던 귀신이다. ─물론 성리학적 귀신론은 여귀나 원귀, 귀물이나 요귀 등을 인류의 질서에 포섭할 수 있는 인격적인 존재로서가 아니라 기의 운동과 조화가 일시적으로 어그러져서 발생한 부정不正한 기로 여길 뿐이다. ─이에 반해 조령은 조선 중기 이후의 야담집에 이르러서부터 대거 출몰하기 시작한다는 점에서 우리의 주목을 끈다.

물론 조상의 신령을 숭배하는 관념은 고대 사회에서부터 있어왔다. 국가의 시조를 숭배하는 제사는 고구려·백제·신라에 모두 존재했으며, 특히 위대한 조상의 신령은 신격이 되어 후손을 보살핀다는 믿음도 존재했다. 하지만 죽은 사람이 귀신으로 귀환하는 것을 불길한 조짐으로 여기는 무속신앙이나 극락왕생하는 것을 좋은 죽음이라 여기는 불교적 사후관이 널리 신봉되었던 신라와 고려 사회에서, 신격화될 만한 위대한 조상의 신령을 제외하고, 죽은 조상의 혼령이 인간세계에 출몰하는 것은 상서롭지 못한 일로 여겨졌다. 사자死者의 혼령을 저승으로 인도하는 제의인 불교의 사십구재나 무속의 오구굿 등이 보여주듯 불교나 무속의 사후관에는 사자의 혼령이 현세에 떠도는 것을 불길하고 불행한 것으로 여기는 관념이 잠재되어 있다.

그런데 흥미롭게도 조선 전기의 필기류에는 조령祖靈이 거의 등장하지 않는다. 물론, 아직 일상의 습속에 뿌리 깊게 남아 있는 불교적·무속적 관념들과 투쟁해야 했던 시대였던 만큼, 성리학적 귀신론에 입각하여 인격체로서의 귀신의 귀환을 부정할 수밖에 없었던 사대부 지식인들의 의식적인 귀신 관념이 이러한 양상의 한 이유가 될 수 있을 것이다.[28] 그런데 이와 함께 고려해볼 수 있는 것은 죽은 사람이 귀신이 되어 인간 세상에 되돌아오는 것을 불길한 조짐으로 여기는 원초적이고 무의식적인 귀신관의 영향이다. 귀신들의 세계에 안식하지 못하고 현세를 떠도는 귀신은 산 사람에게 죽음과 질병의 기운을 옮기는 위험한 존재라고 보는 원초적인 귀신 관념은 무속과 불교 속에서도 뿌리 깊게 존속해왔으니, 『용재총화』의 「안생」이나 채수의 「설공찬전」 같은 작품에서 우리는 그와 같은 원초적이고도 무의식적인 두려움과 금기의 관념을 확인할 수 있다.[29]

---

28 『용천담적기』에는 관찰사 손순효의 꿈에 나타나 자신의 사당을 중수해달라고 부탁하는 정몽주의 신령에 관한 이야기가 실려 있다. 그런데 이에 대해 김안로는 다음과 같은 평을 덧붙인다. "나는 의아스럽게 생각한다. 충성스런 혼과 굳센 넋은 천지 사이에 있어서 넓게 조화의 원기와 함께 흘러가는 것이니, 어찌 구구하게 사당의 성패로써 남에게 힘을 빌리는가." 정몽주 같은 충신의 혼백은 천지조화의 원기로 되돌아가는 것이 옳지 원귀처럼 사당에 머물러 있을 리 없다는 김안로의 생각은 성리학적 귀신론의 원론적 입장을 천명한 것이라고 볼 수 있겠다.

29 저자는 「안생」과 「설공찬전」을 전기와 필기의 성격을 복합적으로 지니고 있는 작품이라고 판단한다. 「안생」의 서사는 전기소설의 애정서사와 매우 닮아 있지만, 죽은 여비(女婢)의 원혼을 대하는 안생의 태도는 전기소설의 그것과 판이하게 다르다. 그는 계속 원혼에게서 달아나려 하며 이 때문에 결국 정신을 잃고 죽기에 이른다. 이처럼 죽은 자의 귀환을 두렵고 불길한 것으로 보는 관념은 「설공찬전」에서도 나타난다. 요절한 설공찬과 그 누이의 귀신이 사촌 설공침에게 내리자 숙부 설충수는 갖은 수를 다해 이들을 쫓아내려 한다. 비명에 죽은 원혼이라는 점을 고려하더라도 가족이나 다를 바 없는 사촌과 숙부에게 나타나 해를 끼치는 설공찬과 그 누이 귀신은, 사후세계까지 성리학적 가치와

그런데 조선 전기의 필기류에는 잘 등장하지 않던 조령이 조선 중기 이후의 야담집에서부터 대거 출몰하는 것은 무엇 때문일까?[30] 그리고 그렇게 현실로 귀환한 조령은 성리학적 지식인들이 구현하고자 했던 성리학적 예치사회에 어떤 기능을 수행했으며, 역으로 성리학적 이념이 지향했던 것과는 다른 어떤 변질 혹은 변화를 초래했을까? 이 절에서는 이러한 물음에 간략히 답해보는 것으로 논의를 전개해 보기로 하겠다.

조선 전기의 필기류에까지 거의 등장하지 않았던 조령이 대거 출몰하기 시작하는 것은 『어우야담』에서부터라고 할 수 있다. 『어우야담』에는 특히 조상의 귀신이 실제로 제수를 흠향하며 현세에서 마련해준 복식을 저승에서도 그대로 입고 있다는 것을 강조하는 이야기들이 여럿 실려 있다.[31] 유몽인이 이러한 이야기들을 『어우야담』에 대거 수록한 것은 유교적 상제례가 조상의 은혜를 기억하고 후손을 교육하는 형식적 제의가 아니라 인격적 실체성을 지닌 조령과 직접 소통하는 제의라는 것을 보여줌으로써 유교적 상제례의 실제적 근거와 의의를

도덕이 지배하는 조선 중·후기 야담류의 귀신 이야기에서는 보기 어려운 귀신 형상이라고 할 수 있다.

30 조선 전기의 필기에는 거의 나타나지 않던 조령(祖靈) ― 조선 전기 필기에도 간혹 선조의 혼령이 꿈에 나타나 예조(豫兆)를 전하는 이야기들이 있긴 하지만, 실체를 지닌 귀신으로 되돌아오는 경우는 거의 없다. ―에 관한 이야기가 『어우야담』에서부터 대거 출현하기 시작한다. 김정숙은 『천예록』·『기문총화』·『청구야담』 등 18~9세기 야담류에 조령이 크게 증가하는 현상을 확인하면서 이를 가부장적 가문의식의 확대와 연결지어 해석한 바 있다(김정숙, 「조선시대 필기·야담집 속 귀신·요귀담의 변화양상」, 『한자한문교육』 21, 한국한자한문교육학회, 2008, 569~70면). 저자 또한 이 견해에 동의하면서, 다만 조령은 18~9세기의 야담류뿐 아니라 이미 17세기 초반 『어우야담』에서부터 두드러지게 나타나기 시작한다는 점을 덧붙이고 싶다.

31 「이씨의 꿈에 나타난 유사종」, 「저승의 복식」, 「저승에 다녀온 고경명」, 「되살아난 명원군의 당부」, 「민기문에게 나타난 친구의 혼령」, 「황대임 집안에 나타난 조상의 혼령」 등의 이야기를 그 예로 들 수 있겠다.

강조하려 했기 때문이라고 여겨진다. 그런데 저자가 보기에 이는 임란을 전후로 한 다음과 같은 매우 상반된 두 가지 문화적 추이 혹은 정치적 상황과 밀접히 관련되어 있는 것 같다.

하나의 추이는 16세기 이래 예학에 대한 관심이 고조되면서 사대부가를 중심으로 제사에 대한 이론적 관심과 실천적 열의가 갈수록 높아져갔다는 것이다. 16세기는 사족층이 확고하게 자리잡아가던 시기로서, 그들은 중앙의 훈구관료들과 맞서고 지방의 이족층과 자신들을 변별하기 위해 유교적 의례에 대한 관심을 고조시켜갔다.[32] 특히 주기적으로 시행되는 제사는 유교적 예 관념을 확산시키고 가문의 동질성을 확인하며 종법과 효를 강조하는 데 효과적인 생활의례라고 할 수 있다. 그런데 제사에 대한 이론적 관심이 커져가면서 제사에 과도한 정성과 비용을 들이는 양상이 왕왕 나타났던 듯하다. 이황은 조상의 생일에 전奠을 올리는 것이 예에 합당한지 묻는 제자의 질문에 "(생신제는) 근세에 와서 생긴 풍속인데, 우리 집처럼 가난한 가문에서는 거행할 수가 없네. 다들 지낸다니 내 마음이 쓰리고 아프구나"고 답한 바 있다.[33] 기일忌日뿐 아니라 생일生日에도 제사를 지내는 풍습이 16세기 중반부터 사대부가를 중심으로 유행하기 시작했음을 알 수 있다. 『주자가례』에도 근거가 없는 생신제 같은 제사가 그 시기에 유행한 데는

---

32 16세기 전반 사족층은 『국조오례의』를 강조하는 중앙의 훈구관료들에 맞서 『주자가례』와 고례(古禮)를 강조하며 예설 논쟁을 벌였고, 이족층과 자신들을 변별하기 위해 『주자가례』에 대한 이해를 심화시켜나갔다. 16세기 중반에는 가문의 통합을 위해 종법과 효를 강조하며 제례를 중심으로 한 가례서인 제례서(祭禮書)를 저술하기도 하였다. 이러한 경향은 16세기 후반으로 갈수록 더욱 심화되었다(고영진, 『조선중기 예학사상사』, 한길사, 1995 참조).

33 生忌之設 出於近世 寒門所未擧行 今承垂問 怵然愴然 未敢妄有所對(권오봉, 「변례에 관한 퇴계선생의 예강」, 『퇴계학보』 61, 퇴계학연구원, 1989, 61~62면 재인용).

과시적 의례를 통해 이족층이나 민중층과의 차별성을 확인하고 조상에 대한 효를 강조함으로써 가문의 통합을 꾀하고자 했던 사족층의 의식적인 의도가 작용했을 것이다. 하지만 그 이면에는 제수를 실제로 흠향하고 내면의 정성을 감찰하며 그에 따라 화복을 내리는 귀신과 그러한 귀신이 거처하는 사후세계가 존재한다는 무의식적인 귀신관·사후관이 또한 작용했으리라 여겨진다.[34] 그런 점에서 보면 성리학적 귀신론이 무속이나 불교와 연결된 재래의 다양한 귀신들을 배척하고 추방했지만, 그 빈 공간을 새롭게 채우며 죽음이나 무에 대한 존재론적 불안을 달래준 것은 조상의 귀신들이었다고 할 수 있겠다. 즉 성리학적 귀신론이 지배적인 담론으로 이미 자리잡고 있었음에도 불구하고, 귀신에 대한 신비주의적이고 주술적인 믿음은 완전히 사라지지 않고 잠복되어 있다가 유교적 제사에 대한 이론적·실천적 관심과 맞물리어 은밀히 되돌아와 종법적 가족주의와 결합하고 있었다는 것이다.

이와 함께 주목해야 할 또 하나의 추이는 앞서의 추이와는 전혀 판이한, 오히려 그것과의 격렬한 단절이라고 부를 수 있을 임란 직후의 무규범anomie 상황이다. 전국토를 휩쓴 장기간의 전란은 사족층을 중심으로 확산되어가던 성리학적 예 관념이나 예제禮制를 뒤흔들었다. 일상화된 죽음과 굶주림 속에서 가족의 시신을 유기하거나 심지어 인육을 먹는 사태까지 벌어지곤 했다. 이러한 무규범 상황은 특히 민중

---

[34] 이와 관련된 흥미로운 예화를 우리는『천예록』에서 발견할 수 있다. 「생신날 죽은 아버지가 나타나 젯밥을 요구하다」에서 박내현의 죽은 아버지는 아들이 수령으로 있는 고을 동헌에 들어와 배가 고프니 찬을 마련하라고 요구한다. 술과 음식을 대접하고 송별한 후에야 아들은 아버지가 이미 죽었음을 깨닫는다. 그날은 바로 아버지의 생신날이었으니, 이로부터 그 집안은 생신날에 제사를 지내는 것을 규례로 삼았다는 것이다(『천예록』의 편명과 인용은 다음을 따른다. 임방, 정환국 역,『천예록』, 성균관대 출판부, 2005).

층에게 두드러지게 나타난 현상이지만 사족층 또한 그 충격에서 자유롭지 못했을 것임은 물론이다. 환도 후 선조가 경성의 백성 중에 상복 입은 자가 없는 것을 보고 예법이 무너졌다고 통탄해했다는 실록의 기록이나 전란 이후 예법이 모두 없어지고 상기喪紀가 문란해져 상주된 자들이 천인이나 지식 있는 사람이나 할 것 없이 술 마시고 고기 먹고 떠드는 것이 일상화되었다는 비변사의 보고 등은 임란 직후의 무규범 상황을 짐작하게 해준다. 이러한 혼돈 상황을 타개하고 성리학적 예의 규범과 상징질서를 회복하기 위해 국가는 충신과 효자를 찾아내어 상을 내리고 유교식 상장례를 제대로 지내지 않는 데 영향을 미쳤던 불교를 탄압하는 등의 대책을 시행하였다.[35] 그리고 사족층은 『주자가례』를 중심으로 성리학적 예의 체계를 더욱 정교하게 다듬고 이를 바탕으로 종법적 가족주의를 더욱 철저하게 꾸준하게 실천하고 내면화해나갔다.

『어우야담』에 대거 출몰하는 조령은 바로 이와 같은 두 역사적 추이의 마주침 속에서, 즉 한편으로 16세기 이래 사족층을 중심으로 나타난 성리학적 예학의 발전과 상·제례에 대한 이론적·실천적 관심의 고조, 종법적인 가족제도 및 가문의식의 확산이라는 추이와,[36] 다른

---

35 임란 직후의 혼돈 상황과 그에 대한 대응에 대해서는 이숙인, 「『주자가례』와 조선 중기의 제례문화」, 『정신문화연구』 29권 2호, 한국정신문화연구원, 2006, 44~5면 참조하라.

36 『어우야담』에는 종법적 가족주의의 대두를 보여주는 흥미로운 이야기가 실려 있는데, 「황대임 집안에 나타난 조상의 혼령」이 그것이다. 이 이야기에서 목소리로 자신의 존재를 드러내는 조상의 신령은 종가보다 외가를 우선시하는 후손을 꾸짖으며 저승에서도 예에 맞는 복식이 필요하다고 주장한다. 저승이 존재하고 그 세계 나름의 위계가 존재한다는 관념은 오랜 연원을 지닌 사후관이지만, 조령이 종가의 사당에 깃들어 후손의 제사를 직접 흠향한다는 관념이나 저승에도 현세와 동일한 유가적 예의 질서가 작동한다는 관념은 조선 전기의 필기류에는 나타나지 않던 새로운 귀신관과 사후관이라고 할 수 있다. 그리고 이 이야기에서 사당은 성리학적 가례(家禮)를 상징하는 공간을 넘어 조상 신령이 거

한편으로 임란 이후 민중층을 중심으로 나타난 사회적 혼돈과 도덕적 무규범 상황, 이에 대한 지배층의 위기의식과 대응이라는 추이의 마주침 속에서 산생·유전流傳·기록된 것이라 할 수 있을 것이다.

이처럼 『어우야담』에서부터 두드러지게 그 존재를 드러내기 시작한 조령은 조선 후기 야담류에서 가장 빈도 높게 출현하는 귀신이라고 할 수 있다. 물론 조령은 귀신 가운데서도 가장 친숙하고 성리학적 이념과 도덕에 부합하는 귀신이라고 할 수 있다. 조선 중·후기의 야담류에 등장하는 조령은 현세에서와 같은 가치와 도덕을 공유하고 있으며, 후손들에게 나타나 집안일을 훈계하거나 제사를 정성껏 지낼 것을 요구하기도 하고 음우를 베풀기도 한다. 아마도 이와 같은 이야기를 전승했던 향유층은 조령의 존재를 통해 현세와 사후세계가 같은 질서로 연속되어 있음을 확인하면서, 참혹한 전란이나 만연한 질병·당쟁의 격화·종법적 가족제도의 확산 등과 같은 사회적 변화가 초래한 존재론적 불안을 해소하고 가문의식을 새삼 고취할 수 있었을 것이다. 그런 점에서 조령은 다른 유형의 귀신들과 달리 성리학적 상징질서를 오염시키기는커녕 오히려 그것을 지탱하고 강화하는 이데올로기적 기능을 수행하는 것처럼 보인다.

하지만 임란 이후의 야담류에서부터 대거 등장하기 시작하는 조령은, 성리학적 가치와 도덕을 고무하고 있음에도 불구하고, 그 존재 자체가 이미 일정한 과잉을 내포하고 있을 뿐 아니라 결국 성리학적 귀신론이 해체하고자 했던 주술적이고 신비주의적인 귀신관과 세계상

___

처하는 실질적인 귀신의 처소로 여겨지며 종법적 가족주의를 지탱하는 상상적 보충물로 기능하고 있다는 점도 주목할 만하다.

을 다시금 불러들인다는 점을 주목할 필요가 있다. 사실 생전과 같은 인격적 실체성을 지닌 채 현실에 출몰하는 조상의 귀신은 어떤 의미에서 제대로 죽지 못한 귀신이라고 할 수 있다. 어떤 결여나 미련 때문에 조령은 성리학의 상징적 우주 속에 완전히 동화되지 못하고 감정과 욕망을 지닌 인격적 개체로 현실로 되돌아온다. 이렇게 현실로 되돌아오는 조령은 천지자연으로 되돌아가 기氣로써 후손과 감응하는 보편적 존재라기보다, 개체로서의 욕망과 감정을 지니고 후손의 정성을 감찰하는 신이하고도 기괴한 특수한 존재로 변모되고 있다고 할 수 있다.[37] 이와 함께 그러한 조령을 모시는 제사는 현세와 사후세계를 접속하고 죽은 자를 불러내는 신비적이고 주술적인 제의처럼 여겨지게 된다. 이처럼 사적인 감정과 욕망과 의지를 지닌 조상귀신의 존재와 (그러한 존재와 실제적으로 소통하는)주술적 제의로서의 제사에 대한 관념은, 유교적 외장을 띠고 있다는 점이나 숭배의 대상이 집단 단위에서 가족 단위로 바뀌었다는 점을 제외하고 보면, 성리학적 귀신론이 해체하고자 했던 재래의 주술적이고 신비주의적인 귀신·제사 관념과 그

---

[37] 『천예록』의 저자 임방은 조상의 묘를 남의 묘로 잘못 알려준 후손의 꿈에 나타나 볼기를 치는 조상의 혼령 이야기 「무지한 후손을 때려 잘못을 깨우쳐주다」와 선조의 묘를 찾는 후손에게 나타나 묏자리를 가르쳐준 조상의 혼령 이야기 「후손을 불러 진짜 묘를 가르쳐주다」 두 편을 묶어 기록하면서 다음과 같은 평을 덧붙인다. "사람은 죽어서 영혼으로 남는다는 말은 참으로 맞다. 영혼이 백년 천년토록 흩어지지 않고 자손들과 대대로 서로 만나 볼기를 치기도 하고 가르침을 주기도 하여, 산 사람과 똑 같았으니 정말 기이하지 않은가(人死而有神, 則固也. 其神能千百年不散, 與子孫相接, 至於笞罰教訓, 宛同生人者, 豈不異哉)"(『천예록』, 207, 448면) '사람이 죽으면 신(神)이 있다'는 것은 성리학적 귀신론에도 부합된다. 하지만 그 신이 산 사람과 같은 인격을 지닌 채 '백년 천년 흩어지지 않고 자손과 접속하는 것'은 임방이 보기에도 기이한 일이다. 그런데 조선 중·후기 야담집에는 이와 유사한 조령(祖靈)이야기가 자주 등장한다. 조령에 대한 이러한 신비주의적인 믿음은 사실 성리학적 귀신론이 해체하고자 했던 주술적 귀신 숭배와 원리상 그리 다르지 않다.

리 다를 바가 없다.

이 점에서만 보면 17세기 이후 야담류의 귀신 이야기는 성리학적 귀신론이 지향했던 귀신의 탈신비화 혹은 보편원리화와는 다른 방향, 곧 신비주의적이고 주술적인 귀신 관념을 다시 불러들이는 방향을 지향하고 있는 것처럼 보인다.[38] 그리고 이는 조선 건국 이래 사대부 지식인들이 성리학적 이념을 앞세워 무속이나 불교의 주술적이고 신비주의적인 귀신관이나 사후관을 타파하려고 노력했음에도 불구하고 정작 자신들조차 그러한 이념에 따라 철저히 '계몽'되지는 못했음을 보여준다. 그들 또한 현실의 모순과 부조리를 설명 / 봉합하기 위해, 혹은 억압되거나 배척된 욕망이나 충동을 대리 표상하는 사물들에 매혹되어서, 혹은 존재론적 불안을 해소하고 삶의 지표를 얻기 위해 여귀나 원귀, 귀물이나 요귀, 조령과 같은 상상적 보충물들을 필요로 했던 것이다.

그런데 조선 중기 이후 조령에 관한 이야기가 크게 증가하는 것과 나란히 상제례喪祭禮에 대한 이론적·실천적 관심이 크게 높아진다는 사실은, 17세기 이후 조선 사회에 나타난 주요한 사회적 변화 ─예컨대 상·제례를 중심으로 한 예학의 발전과 종법적 가족질서의 정착 등 ─ 와 귀신 관념의 변모 사이에 밀접한 관련이 있음을 추론케 한다. 물론 귀신관의 변화가 이러한 사회적 변화의 심층적 원인이라거나 동력이라고 단언할 수는 없다. 하지만 최소한 이러한 사회적 변화의 심층

---

38 정환국 또한 17세기를 전후로 하여 성리학적 귀신론의 이념적 긴박에서 점차 자유로워지면서 귀신이 보다 다양한 형태의 서사적 소재로 구축되고 있음을 지적한 바 있다(정환국, 「17세기 이후 귀신 이야기의 변모와 '저승'의 이미지」, 『고전문학연구』 31, 한국고전문학회, 2007, 104~121면).

에서는 일련의 신비주의적·상상적 보충이 필요했음은 여기에서 강조해두고 싶다. 즉 17세기 이후 조선 사회의 변화는 동시대 역사적 주체들의 심성세계의 변화와 조응하고 있으며 귀신은 이러한 심성세계의 변화를 드러내는 중요한 지표 역할을 하고 있음을 주목할 필요가 있다는 것이다.

4. 유교화와 그 반동

이상으로 무속이나 무속화된 불교의 주술적이고 신비주의적인 귀신 숭배를 타파하고 탈신비화하고자 했던 조선 전기 성리학적 지식인들의 노력에도 불구하고 신이하고 기괴한 것으로의 본성을 잃지 않은 귀신이 어떻게 존재할 수 있었는지, 성리학적 이념에 따라 구축된 사회적 상징질서의 균열을 드러내면서도 봉합하는 귀신의 존재는 어떤 지점에서 출현하였으며 어떻게 성리학적 이념을 내부로부터 잠식해 갔는지에 대해 간략히 논의해 보았다.

성리학적 귀신론은 우주자연의 운동 그 자체를 귀신화함으로써 실체로서의 귀신이 존재할 논리적 근거를 제거해버렸다. 원귀나 여귀, 물귀나 요귀 등에 대해서 예외적으로 그 존재 가능성을 인정하기는 했으나, 그것에서 인격적 실체성이나 신이하고 기괴한 초월성은 제거해버렸다. 인륜의 세계에서 추방된 이 귀신들은 정대한 군자라면 범접하지도 관심을 주지도 말아야 할 경원의 대상이었던 것이다.

하지만 성리학의 일원론적 사유체계는 철저하게 관철될 수 없는 내적 한계 혹은 틈새를 지니고 있었다고 보인다. 성리학의 일원론적 사유체계와 목적론적이고 도덕주의적 세계관은 때로 심각한 자기모순에 빠질 수 있다. 그리고 성리학이 강화하고자 했던 종법적 가족질서와 성리학적 귀신론 사이에도 일정한 간극이 존재한다. 무엇보다 성리학적 이념과 도덕에 의해 억압되거나 배척된 것은 두렵고 낯설면서도 매혹적인 실재로 되돌아오는 법이다.

조선 전·중기의 필기·야담류는 이와 같은 틈새를 뚫고 귀환하는 귀신들에 관한 이야기를 많이 수록하고 있다. 물론 이 시기 민중들의 삶은 애초 이러한 지배층의 '계몽'과 '교화'의 바깥에 놓여 있었을 것이다. 그들은 조선왕조 초기부터 말기까지 온갖 주술적인 민간신앙과 무속신앙들에 둘러싸여 있었다. 하지만 조선왕조와 사대부들의 강력한 유교화 정책은 특히 상제례를 통해 민중층에게까지 파급되었으며 종법적 가족질서 또한 그와 함께 확산되어갔다. 조선 후기 야담류는 조령에 관한 이야기가 사대부층을 넘어 민중층에게까지 널리 확산되어 나타났음을 보여준다. 그만큼 유교화가 진전된 것이다. 하지만 그것은 동시에 유교의 신비주의화라는 반대급부를 제공해야 했다. 오늘날까지 이어지는 조상귀신과 제사에 대해 다수의 한국인들이 지니고 있는 경건하면서도 신비주의적인 열정은 이러한 유교화의 역설적 부산물이라고 할 수 있겠다.

귀신과 제사 공동체

1. 조선의 유교적 계몽과 그 이면

현대를 살아가는 한국인들에게 조선시대(1392~1910)는 긍정적으로든 부정적으로든 매우 특별한 의미를 지닌 시기이다. 오늘날 한국인들의 삶에 영향을 미치는 문화전통들, 특히 오래되고 고유한 문화전통이라고 여겨지는 것들 중 대부분이 조선왕조 500여 년을 경과하면서 형성·변형·축적되어온 것들이기 때문이다. 물론 그것은 식민지적 근대화를 겪으면서 또다시 굴절되어 상이한 맥락 속에 삽입되고 각기 다른 주기를 갖게 되었지만 말이다.

조선은 원나라가 구축한 유라시아 세계제국 질서가 해체되면서 소농 중심의 자급자족적인 유교적 이상국가를 꿈꾸었던 사대부 계층이 이성계를 중심으로 한 무장세력과 결합하여 건국한 국가이다. 서로 공명하듯 명나라와 조선이 비슷한 시기에 비슷한 건국이념을 표방하며 건국되었고, 통일신라나 고려까지 유사한 귀족 불교국가의 경로를 걷고 있었던 일본은 원의 제국질서 해체 이후 전혀 다른 경로로 발전해 갔다.

고려 말 일군의 사대부들은 원나라에 유학하여 당시 관학이던 성리학을 배워왔는데, 원의 체제교학이던 성리학은 곧 고려사회를 개혁하는 강력한 이념적 도구로 받아들여졌다. 성리학에 내장되어 있었던 소농 중심적 민본주의는 대농장 경영과 상업을 토대로 한 고려의 귀족사회를 개혁하는 이념적 지표로 받아들여졌고, 성리학에 함유되어 있던 내재주의[1] · 반혼합주의anti-syncretism[2]는 불교나 무속에 젖어 있었던 고려사회의 습속과 종교문화를 개량할 수 있는 이론적 무기로 여겨졌던 것이다. 그래서 저자는 조선 하면, 꼭 그렇게 순정하게 실현된 것은 아니지만, 유교 경전과 그 주해서에 입각하여 문자를 현실로 구현하고자 노력했던 '텍스트의 / 에 의한 / 를 위한 국가'라는 생각이 든다. 그러한 시도가 500여 년간 지속되면서 오늘날 우리가 전통문화라고 여기는 많은 부분이 형성 · 재형성되었다. 물론 그것에는 빛도 있고 어둠도 있다.

그런데 조선을 건국한 지배층의 성리학[3] 수용과 이로 인해 나타난

---

1 여기서 내재주의란 현실 이외에 초월적인 세계 ─ 천상계나 사후세계, 이계 등 ─ 를 인정하지 않는, 모든 것을 현세라는 장(場) 안에서만 설명하고자 하는 일원론적 입장을 말한다.
2 유교의 정통론적 문화론은 반혼합주의(anti-syncretism)를 견지한다(최종성, 「조선 전기의 종교문화와 무속」, 『한국무속학』11, 한국무속학회, 2006, 10면). 이러한 유교의 반혼합주의는 텍스트의 말과 논리적 힘을 중시하는 유교적 이성주의와 결합해 성상파괴주의로 나타날 것이다.
3 조선에서 수용된 신유학은 특히 주희가 체계화한 성리학이었다. 육구연(陸九淵) · 왕양명(王陽明)의 심학(心學) · 양명학(陽明學)은 이단으로 배척되었으며, 성리학 속에 흡수된 형태로만 부분적으로 수용되었을 뿐이다.

광범하고 지속적인 사회 변화를 마르티나 도이힐러는 '한국사회의 유교적 변환The Confucian Transformation of Korea'이라는 개념으로 포착·설명한 바 있다.[4] 이 개념은 기존 연구에서도 산발적으로 밝혀진 바 있는 조선시대의 주요한 사회 변화, 예컨대 부계 적장자를 중시하는 종법적 가족주의의 수용과 확산, 이에 기반한 각종 제도와 의례의 변화 등을 효과적으로 설명할 수 있는 틀을 제공해주었다. 그래서 조선시대를 연구하는 사람들에게 큰 영향을 미쳤는데, 저자 또한 이런 설명틀에 많은 부분 동의한다. 저자가 '유교적 계몽confucian enlightenment'이라는 다소 위험하고 도발적인 용어를 쓴 것도 유사한 맥락에서이다. 조선사회의 유교적 변환이란 다만 제도나 이념의 변화로만 이루어진 것이 아니라, 유자라는 지식인-지주-관료집단의 목적의식적이고 집요한 이론적·실천적 노력 때문에 이루어졌다는 점을 강조하기 위해서 이 용어를 사용해보았다. 물론 이것은 서양의 계몽주의와 전혀 다른 맥락을 지니는 것이지만, 주술적 신앙에 반대하고 합리적 이성을 중시했다는 점에서 양자는 유사한 측면도 있다.

조선시대를 통하여 강력하고 지속적으로 추진되었던 '유교적 (예교 사회로의) 변환'은 현재까지도 한국의 사회문화에 넓고 깊은 흔적을 남겼다. 조선왕조를 건국한 지배층이 수용했던 성리학은 국가를 운영하는 통치원리로서 작동했을 뿐만 아니라, 사회적 관계나 도덕규범, 친족질서, 가족관념 등을 형성하고 규율하는 지배이념으로서 기능하였

---

4   Martina Deuchler, *The Confucian Transformation of Korea : A Study of Society and Ideology*, Harvard Univ Council on East Asian, 1995; Martina Deuchler, 이훈상 역, 『한국 사회의 유교적 변환』, 아카넷, 2003.

다. 물론 조선 이전부터 존재했던 불교나 무속에 기반한 종교문화는 조선사회의 유교적 변환에도 불구하고 민중과 여성층을 중심으로 강인하게 살아남았지만, 이 또한 유교화의 영향을 받지 않을 수 없었다. 그래서 오늘날까지 살아남은 한국의 불교나 무속 속에는 유교적 도덕관·가치관이 짙게 배어 있다.

죽음에 대한 관념 또한 마찬가지다. 고려시대까지만 해도 죽음이나 사후세계 같은 문제는 주로 불교나 무속의 사생관을 통해 설명되었고 불교식·무속식 제의를 통해 처리되었다. 하지만 조선사회의 유교적 변환 이후에는 유교적 사생관과 제의가 점차 그것을 대체해갔다. 여전히 한편에서는 망자의 명복을 기원하는 불교식 천도재나 무속식 굿이 실행되곤 했지만, 조선 후기에 이르면 유교적인 상제례는 상하층을 막론하고 거의 모든 가족들이 준수하는 생활의례로 자리잡아갔던 것이다.

하지만 '조선사회의 유교적 변환'이란 생각처럼 그렇게 일방적이고 매끄러운 과정은 아니었다는 점 또한 분명하다. 조선의 지배층이었던 사대부 남성들은 성리학을 내세우며 재래의 불교적·무속적 사생관과 제의를 미신迷信과 음사淫祀로 규정하고 탄압하였지만, 불교나 무속은 민중이나 여성층을 중심으로 끈질기게 존속하였을 뿐 아니라 유교적 사생관과 제의에까지 침투하여 그 내용과 성격을 일정 정도 바꿔놓았다. 앞서 유교화 이후의 불교나 무속이 유교적 도덕과 가치에 물들었다고 했거니와, 다른 측면에서 보자면 유교화 이후의 유교 또한 불교나 무속의 사생관에 감염되었다고 할 수 있을 것이다.

저자가 유교적 계몽의 '이면'이라는 표현을 통해 지적하고 싶은 것도 이 점이다. 유교적 계몽은 주술적이고 실체론적인 귀신관·사후관

을 배척했지만, 결국 유교적 인륜질서는 그러한 관념의 보강을 통해서
야 비로소 정착·확산될 수 있었다. 저자가 보기에 조선 후기에 이르
러서야 비로소 완성되었다고 하는 조선사회의 유교적 변환이란 무속
이나 불교의 유교화[5]뿐 아니라 유교의 통속화와 기복화祈福化[6]라는 값
을 치르고서야 이루어질 수 있었던 것이다.

본고는 조선사회의 유교적 변환이 어떤 목적의식적인 노력을 통해
이루어졌으며, 유자들은 재래의 불교나 무속에 기반한 사생관이나 귀
신관에 대해 어떤 입장을 취하였는지, 그리고 재래의 종교문화와 유자
들의 유교적 계몽의식이 어떻게 충돌·습합되어 가는지를 간략히 살
펴보려 한다. 물론 이에 관해서는 참조할 만한 기존 연구들이 많다. 일
일이 소개하고 다 검토할 수는 없지만 역사학이나 종교학, 민속학, 문
학, 철학 등 여러 분야에서 많은 연구들이 이루어졌는데, 이런 연구들
을 참조할 때마다 저자는 이것이 어느 한 분야로만 접근하기 어려운,
학제적 연구가 필요한 연구주제라는 생각을 더욱 하게 된다.

아무튼 이 글이 검토하고자 하는 것은 오늘날 한국인들에게 가장 전
통적인 것처럼 여겨지는 죽음관이나 사후관, 귀신관 등이 형성되는 과
정을 되돌아보는 일이다. 저자가 보건대 유교적 변환 과정에서 나타난
이런 관념의 변화는 조선사회의 성격을 심층적으로 규정한 매우 중요
한 문명사적 사건이었다. 그것은 원元 제국질서의 해체 이후 새롭게

---

5 무속이나 불교의 종교문화 속에 유교적 인륜 관념이나 도덕관념이 강하게 침투한 것을
말한다. 물론 전부가 다 그렇게 변했다는 뜻은 아니다. 예컨대 만신에서 신말로 계승되
면서 주로 여성층의 원망을 대변했던 무속의 여성적 종교문화는 유교의 가부장적 종교
문화와 구별되는 독자성을 지니고 있었다. 하지만 그럼에도 가족주의 같은 관념을 적극
옹호함으로써 지배질서를 재생산하는 데 부응했던 것도 조선시대 무속이었다.
6 이를 재주술화·신비주의화라고 불러도 좋을 것이다.

형성된 동아시아 국제질서 속에서 한국·중국·일본·유구 등등의 동아시아 사회들이 각기 다른 색깔을 지니고 발전해가는 데 중요한 역할을 했다.

이를 위해 저자가 참조한 자료는 『조선왕조실록』을 비롯한 역사기록, 조선시대 유교적 지식인들이 죽음과 귀신에 대한 이론적 입장을 피력한 귀신사생론鬼神死生論, 유학적 지식인인 사대부들이 자신이 보고 들은 바를 기록한 필기·야담·일기류 저술들, 그리고 명혼冥婚을 모티브를 삼고 있는 전기소설 등이었다. 이 가운데서도 저자가 가장 주목해서 살펴온 자료는 필기·야담류 저술들이었는데, 사대부들과 민중 사이에서 떠돌던 이야기를 자유로운 산문형식으로 기록한 이 저술들은 성리학적 이념에만 완전히 포섭되지 않았던 조선시대 사람들의 종교문화와 정신세계를 폭넓게 보여주는 텍스트라고 여겨진다. 물론 그 밖의 자료들도 나름의 가치가 있다. 역사기록에는 유교적 예교 사회를 구축하기 위한 지배층의 노력과 그럼에도 쉽게 순치되지 않았던 재래의 종교문화 사이의 갈등이 기록되어 있고, 귀신사생론에는 주희의 성리학적 귀신론을 적극 수용하면서도 이를 조선의 현실에 맞게 적용하려고 했던 유교적 지식인들의 고민이 담겨있으며, 명혼을 소재로 한 전기소설에는 성리학적 귀신사생론만으로 해소될 수 없었던 작가들의 탈현실적 충동과 비판적 현실인식 등이 표현되어 있다. 이러한 자료들을 통해 우리는 죽음이나 사후세계, 귀신 등에 관한 한국인들의 전통적인 관념이 형성되어가는 과정을 살필 수 있다.

2. 유교적 계몽의 이론적·실천적 노력

조선은 성리학이라는 새로운 사상을 기반으로 이상적인 유교 국가를 실현해보고자 했던 사대부들이 주도하여 세운 왕조국가였다. 조선의 왕가는 고려 말 무공을 세워 명성을 얻은 무장武將 이성계와 그의 후손들이 차지했지만, 실질적으로 조선이라는 새 국가의 지배체제를 구축하고 지배이념을 제시한 것은 사대부들이었다. 내우외환과 민생파탄으로 붕괴되어가던 고려왕조를 대신해 조선왕조를 지지했던 사대부들은 새로운 국가의 지배이념으로 성리학을 채택했다. 그리고 이 이념을 바탕으로 송대 성리학자들이 꿈꾸었던, 종법원리를 바탕으로 한 사족 중심의 유교적 예교사회를 구축하고자 했던 것이다.

그런데 이를 위해 사대부들이 특히 힘을 기울였던 것은 재래의 불교적·무속적 신앙과 제의를 타파하는 것이었다. 불교는 신라에서 고려까지 거의 1000년 동안 국가종교로 군림해왔고, 무속은 불교 수용 이전부터 한국인의 무의식 속에 깊이 뿌리를 내려왔다. 특히 불교나 무속은 전근대인들이 가장 두려워했던 죽음이나 질병 등에 대한 주술적 처방과 종교적 위안을 제공해온 오래된 종교문화란 점에서 쉽게 부정되기 어려운 것이었다. 조선 전기 사대부들이 남긴 『묵재일기默齋日記』나 『미암일기眉巖日記』 같은 일기 자료들을 보면, 심지어 사대부가에서조차 누군가 병이 들거나 죽으면 무속식 굿이나 불교식 재를 곧잘 시행하곤 했다는 것을 알 수 있다.

죽은 딸아이를 위해 후원에서 굿을 하였다.[7]

죽은 아들의 49재날이었다. 아랫집 남쪽 뜰에서 야제[8]를 지냈다. 화원에서 온 무녀가 굿을 하였다. 위아래 대청에서 모두들 곡하였다. 나는 당에 있었지만 귀가 조용하지 못하였다.[9]

이처럼 상하층 전반에 넓고 깊게 뿌리내리고 있었던 불교적·무속적 신앙과 제의를 타파하기 위해서 조선 건국 이후 사대부들은 두 가지 방면에서 투쟁을 벌여야 했다. 하나는 실천적인 방면의 투쟁으로, 기존에 행해져오던 무속적·불교적 제의를 음사淫祀[10]로 규정하면서 배척하고 이를 유교적 제의로 대체하는 것이었다. 그리고 다른 하나는 이론적 방면의 투쟁으로, 무속적·불교적 신앙을 미신으로 비판하면서 성리학에 기반한 새로운 사생관·귀신관을 제시하는 것이었다.[11]

먼저 전자부터 살펴보자. 조선 건국 이후 사대부들은 국가나 향촌, 가족 단위에서 행해져오던 재래의 각종 무속적·불교적 제의들을 음사라고 비판하고 이를 유교적 제의로 대체하고자 했다. 조선 전기의 역사기록이나 필기류 저작들은 사대부들이 기존의 불교적·무속적

---

7 爲亡女兒, 作巫事于後家庭(『묵재일기』 1551년 10월 15일).

8 野祭는 사람이 죽은 후 100일째 지내는 무속 의례로, 망자의 귀신을 위무하여 빌미(鬼祟)가 내리지 않도록 잔치를 베풀어 달래는 의례이다. 『묵재일기』에 따르면 이문건의 집안에서는 망자의 극락왕생을 비는 불교식의 49재(七七齋)날에 맞춰 무속의례인 野祭를 지내고 있음을 알 수 있다.

9 亡子七七日, 作野祭于下家南庭. 花園巫女來事, 上下廳皆號哭. 吾雖在堂, 耳不得靜焉. (『묵재일기』 1557년 8월 14일)

10 유교에서 말하는 음사(淫祀)란 부정(不正)한 제사, 즉 정당한 대상이 아닌 귀신에게 드리는 제사나 정당한 자격이 없는 사람이 드리는 제사를 아울러 말한다.

11 최종성은 조선 전기 유자들의 정통론적 문화론이 이론적 차원에서는 벽이단론으로, 제도적 힘의 논리 차원에서는 음사론으로 나타났다고 했다(최종성, 앞의 글, 10면) 저자는 이를 재래의 주술적 신앙과 제의에 대한 이론적 차원의 투쟁과 실천적 차원의 투쟁으로 나눠보았다.

제의를 타파하기 위해 벌였던 실천적 노력들을 많이 기록하고 있는데, 전란이나 전염병 등으로 죽은 무주고혼無主孤魂을 위무하기 위해 국가 차원에서 지냈던 불교식의 수륙재水陸齋를 유교식의 여제厲祭로 대체토록 한 것이나, 민간에서 거행되던 무속식 산천제 등의 각종 제의를 필요하면 유교적인 국가사전祀典체계 속에 편입한 것이나, 향촌 차원에서 거행되던 무속식의 성황제를 탄압하고 성황당을 훼파하거나 무당을 내쫓은 것, 사대부들이 무속식 혹은 불교식 상제례를 지내면 처벌하고 유교적 상제례를 준수하도록 강제한 것 등을 그 대표적인 사례로 들 수 있다. 의례는 반복적인 실천을 통해 특정한 이념과 가치를 체화하도록 만드는 핵심기제라고 할 수 있다. 그러므로 조선을 유교적 예교사회로 전환하기 위해서는 먼저 유교적 의례의 실천을 강제할 필요가 있었던 것이다.

이와 함께 조선을 건국한 사대부들은 당시 민간에 널리 퍼져 있었던 무속적·불교적 사생관이나 귀신관을 이론적으로 극복하고 성리학에 입각한 새로운 관점을 제시하고자 했다. 불교적 사생관에 대한 철학적 비판은 조선 건국 직후인 1398년 정도전鄭道傳이 저술한『불씨잡변佛氏雜辨』에서부터 이미 본격화되었는데, 여기서 정도전은 불교에서 말하는 영혼불멸·윤회전생·지옥·인과응보의 설들이 어떤 논리적 모순을 지니고 있는지를 성리학적 입장에서 논증하고자 하였다. 그리고 15~16세기에는 김시습, 성현, 남효온, 서경덕, 이황, 이이 등 대표적인 유학적 지식인들이 귀신이나 죽음에 관한 철학적 에세이, 곧 '귀신사생론'을 연이어 저술했다.[12] 이들의 귀신사생론은 당시 민간에 널리 퍼져 있었던 주술적이고 신비주의적이며 실체론적인 귀신관·사생관을 부정하

고, 성리학에 입각한 합리적이고 도덕적이며 내재주의적인 귀신관·사
생관을 제시하는 데 그 목표를 두고 있었다.

성리학적 귀신론 혹은 귀신사생론이란 '귀신은 조화의 자취이다鬼神者,
造化之迹也'는 정이程頤의 명제와 '귀신은 두 기의 양능이다鬼神者, 二氣之良
能也'는 장재張載의 명제를 결합하여 주희朱熹가 체계화한 이론이다. 주
희는 귀신을 음양이라는 두 기의 굴신屈伸·왕복往復·생멸生滅·취산聚散
운동을 지시하는 용어로 재개념화함으로써 초월적 실체로서의 귀신이
나 사후세계를 인정하지 않는 일원론적이고 내재주의적인 이론체계를
구축하고자 했다. ― 주희는 이런 초월적 실체로서의 귀신을 '일물一物'
로서의 귀신이라 부르고 극력 배척하였다. ― 물론 이러한 주희의 귀신
론은 '귀신을 자연화'하는 것일 뿐 아니라 '자연을 귀신화'하는 것이기도
해서,[13] 무귀론적인 자연철학으로도 혹은 범신론적인 신비철학으로도
해석될 여지를 남기고 있었다.[14] 하지만 주희가 힘써서 비판하고 극복
하고자 했던 것이 남송대 신안지역의 민중 속에 깊이 뿌리내리고 있었
던 주술적이고 실체론적인 귀신관·사생관이었다는 것은 분명하다.

조선시대 성리학적 지식인들도 이와 같은 맥락에서 주희의 귀신론
을 받아들였다. 그들은 우주만물의 생멸이란 기의 운동으로 일원론적
으로 설명될 수 있다는 생각, 기의 운동이 펼쳐지는 이 세계 이외에 별

---

12 조선 전기뿐 아니라 조선 후기에도 유교적 지식인들은 귀신이나 죽음에 관한 이론적 탐
   구를 계속하였는데, 이는 성리학적 이론체계를 구축하는 데 귀신사생론이 필수적인 구
   성성분이었기 때문이다. 조선시대 귀신사생론의 전개에 대해서는 다음 글을 참조하라.
   금장태, 『귀신과 제사』, 제이앤씨, 2009; 박종천, 「조선시대 유교적 귀신론의 전개」, 신
   이와 이단의 문화사팀 편, 『귀신·요괴·이물의 비교문화론』, 소명출판, 2014.
13 三浦國雄, 『朱子と氣と身體』, 平凡社, 1997, 80면.
14 주희의 귀신론이 남긴 해석 논쟁에 대해서는 다음 논저들을 참조하라. 子安宣邦, 『新版
   鬼神論』, 白澤社, 2002; 박성규, 『주자철학의 귀신론』, 한국학술정보, 2005.

도로 존재하는 다른 차원의 세계 — 예컨대 사후세계 — 란 있을 수 없다는 내재주의를 공유하였다. 김시습金時習, 1435~1493이 쓴 전기소설 「남염부주지南炎浮洲志」에는 이러한 생각들이 잘 제시되어 있는데, 여기서 남염부주라는 지옥을 다스리는 염왕은 유자인 박생을 만나 다음과 같이 말한다.

사물의 처음과 끝은 음양이 어울리고 흩어짐으로써 이루어지지 않는 것이 없소. 또 하늘과 땅에 제사지내는 것은 음양의 조화를 존경하는 것이고, 산천에 제사지내는 것은 기화의 오르내림에 보답하려는 것이오. 조상께 흠향하는 일은 은혜를 보답하기 위함이요, 여섯 신에게 제사지내는 일은 재앙을 면하려 하는 것이오. 모든 사람들로 하여금 공경을 다하게 하는 것이지, 그들에게 형체와 성질이 있어서 함부로 인간에게 재앙과 복을 가하기 때문은 아니오.[15]

어찌 건곤의 바깥에 다시 건곤이 있으며 천지의 바깥에 다시 천지가 있겠소?[16]

김시습은 염왕의 입을 빌려 자연만물이란 음양의 두 기가 모이고 흩어짐에 의해서 생멸할 뿐이며, 제사란 자연의 조화와 조상의 은혜에 보답하고 자신을 경계하기 위해서 지내는 것이지 형체와 성질을 지닌

---

15 然物之終始, 無非陰陽合散之所爲. 且祭天地, 所以謹陰陽之造化也. 祀山川, 所以報氣化之升降也. 享祖考, 所以報本, 祀六神, 所以免禍. 皆使人致其敬也. 非有形質, 以妄加禍福於人間(김시습, 심경호 역, 「남염부주지」, 『매월당 김시습 금오신화』, 홍익출판사, 2000, 166면).

16 豈有乾坤之外, 復有乾坤, 天地之外, 更有天地乎(김시습, 위의 책, 175면).

귀신이 있어서 화복을 내리기 때문에 지내는 것이 아니라고 말한다. 그리고 우리가 살고 있는 이 현실세계乾坤 이외에는 다른 세계가 없다고 천명한다. 염왕의 입을 통해 사후세계의 실재를 부정하는 이 역설적인 철학적 우언을 통해 우리는 조선시대의 유학적 지식인들이 구축하고자 했던 일원론적이고 내재주의적이며 현실주의적인 사생관이 어떠한 것이었는지 그 개요를 짐작할 수 있다.[17]

물론 조선 전기 유자들이 저술한 귀신사생론이 모두 동일한 입장을 표명하고 있는 것은 아니다. 예컨대 15세기에 저술된 귀신사생론이 불교나 무속에 근거한 주술적이고 실체론적인 귀신관과 사생관을 비판하는 데 더 초점을 맞추고 있다면, 16세기에 저술된 귀신사생론은 유교적 제사의 근거와 조령祖靈의 감격感格 여부를 설명하는 데 더 초점을 맞추고 있다. 아마도 15세기의 유자들에게는 불교나 무속과의 이론적 투쟁이 더 긴급한 과제로 여겨졌다면, 16세기의 유자들에게는 유교적 제사의 성격·위상·가치를 정립하는 것이 그보다 더 중요한 문제로 여겨졌기 때문일 것이다.

저자가 보기에 이러한 변곡점을 보여주는 것이 남효온의 「귀신론」인데, 그는 귀신이 기氣의 작용이라는 것을 인정하면서도 그 배후에 불변하는 리理가 있다고 주장한다.[18] 귀신을 리理와 기氣 가운데 어디에

---

17 하지만 김시습이 지은 전기소설집 『금오신화(金鰲新話)』에는 귀신이나 초월적 세계에 관한 이야기가 많이 실려 있다. 김시습은 이론적 차원에서 그것의 실재를 부정했지만, 문학적 환상세계 속에는 그것들을 불러내 현실의 폭력을 비판하고 그 희생자를 위무하는 데 활용하고 있다.

18 예컨대 남효온의 「귀신론」의 다음과 같은 언급들을 보자. "드러난 것은 기(氣)이고, 은미한 것은 리(理)이고, 총괄하여 말하면 귀신이라 한다(其著者氣也, 其微者理也. 總而言之曰鬼神)" "담연한 가운데는 본래 한 물건도 없는 법이니, 애당초 어찌 기(氣)가 있겠는가. 리(理)일 따름이다. 다만 제사 지내는 사람이 정성으로써 남들이 알지 못하는 곳에

중점을 두고 설명할 것인가 하는 문제는 주희의 귀신론에 대한 그의 제자들의 해석에서부터 이미 나타나는 논란이지만, 조선의 유자들에게도 되풀이되어 나타난다. 하지만 이를 어떻게 해석하든 다음 두 가지 논점은 분명하게 말할 수 있을 듯하다. 우선 기氣를 중시하든 리理를 중시하든 성리학적 귀신론에서는 사후에도 인격적 실체를 지닌 채 위력을 발휘하는 주술적이고 실체론적인 귀신 관념을 인정할 수 없다는 점, 그리고 조령과의 감응을 중시하고 유교적 제사의 가치를 옹호하려고 할수록 기氣보다는 리理를 강조하는 입장을 취하기 쉽다는 점.

한편 김시습을 비롯한 조선 전기의 유교적 지식인들도, 주희가 그러했듯이, 여귀厲鬼·원귀冤鬼·요귀妖鬼·물괴物怪 같은 괴이한 존재의 실체성은 인정했다. 주희 또한 "죽으면 기가 흩어져 아주 흔적이 없어지는 것이 정상"[19]이라고 했지만, 동시에 '제 명에 죽지 못하여 그 기가 흩어지지 않은 것은 뭉쳐서 요괴가 된다'[20]고 인정한 바 있었다. 하지만 이런 존재들은 천지자연으로 되돌아가지 못하고 답답하게 맺혀 있는 기鬱結之氣일 뿐, 제사로 받들어야 할 정당한 귀신도 아니요 사후세계가 실재한다는 것을 증명하는 존재도 아니다. 다시 김시습의 말을 들어보자.

정직하게 하고, 강신주(降神酒)를 부어 어둡고 말없는 속에서 찾으면 그 물(物)이 있게 되나니, 이것이 곧 기(氣)인 것이다(淡然之中, 本無一物, 初豈有氣乎? 理而已. 但祭者誠以直之於獨知之地, 灌以求之於冥默之中, 而有其物, 此則便是氣也)" "귀신이란 곧 리(理)다. 그 리(理)가 아닌데도 제사 지내면 필시 흠향할 리가 없다(鬼神是理, 非其理而祭之, 必無得享之理)."(남효온, 「귀신론」, 『추강집』 제5권, 한국고전종합DB, http://db.itkc.or.kr) 남효온은 귀신이 기의 작용이라는 것을 인정하면서도 그 배후에 리(理)가 존재한다는 점을 계속 강조한다.

19 朱熹, 『朱子語類』, 中華書局, 1993, 3 : 41. "死而氣散, 泯然無跡者, 是其常."
20 위의 책, 3 : 45. "若是爲妖孽者, 多是不得其死, 其氣未散, 故鬱結而成妖孽."

귀란 구부러짐이요 신이란 펼이오. 따라서 굽혔다 펼 줄 아는 것이 조화의 신이오. 이에 비해 굽히되 펼 줄 모르는 것은 답답하게 맺힌 요귀들이라오. 신은 조화와 합치되는 까닭에 음양과 더불어 처음과 끝을 같이하여 자취가 없소. 이에 비해 요귀는 답답하게 맺힌 까닭에 사람과 동물과 뒤섞여 원망을 품고서 형체를 지니오.[21]

사람의 마음이 거짓되고 세상에 도가 날로 떨어져서 제사 지내는 일을 모독하니 신이 도와주지 않고 음양이 차례를 잃으며 사나운 기운이 흘러다니는 것이다. 하찮은 저 요물이 총사에 의지하여서 백성들에게 고기와 술을 요구하고 함부로 위엄과 권세를 부리며 세상을 속이고 미혹하여도 아무도 막을 수 없다.[22]

김시습이 보기에 정당한 제사의 대상이 되는 신神이란 자연의 조화와 합치되어 개별적인 자취를 남기지 않는, 궁극적으로는 자연 그 자체의 생명력 혹은 역량conatus 같은 것이다. 반면 당대 민간에서 숭배하던 실체를 지닌 귀신이란 답답하게 맺힌 기로서, 형체를 지닌 채 나타나 사람들을 미혹하는 요귀들일 뿐이다. 특히 김시습은 무격巫覡이란 이러한 요귀들을 섬기면서 사람들에게 재물을 허비하게 하는 자들이라고 맹렬히 비판하는데, 무속에 대한 이러한 부정적 인식은 조선 전기의 사대부들이 남긴 필기에서나 귀신사생론에 거의 공통적으로

---

21 鬼者, 屈也. 神者, 伸也. 屈而伸者, 造化之神也. 屈而不伸者, 乃鬱結之妖也. 合造化, 故與陰陽終始而無跡. 滯鬱結, 故混人物冤懟而有形(김시습, 「남염부주지」, 앞의 책, 173~4면).
22 人情詐僞, 世道日降, 黷于祀事, 神不之祐, 陰陽失序, 厲氣流行. 蕞彼妖物, 依彼叢祠, 邀民牲醴, 擅作威權, 迂惑人世, 莫之可遏(김시습, 「귀신(鬼神)」, 『매월당집』 권 17).

드러난다.

조선 전기의 필기에 자주 등장하는 귀신들의 다수도 이런 요귀 혹은 귀물들이다. 예컨대 『용재총화』에 소개된 성현의 외삼촌 안공은 유독 귀신을 잘 보고 잘 퇴치했다 하는데, 그가 임천군수로 부임했을 때 만난 귀신은 고관대면의 귀신, 대숲의 귀신, 우물의 귀신 등이었다. 사실 이런 귀신들은 그 지역에서 오랫동안 숭배되어오던 귀신들로서, 아마도 마을 사람들에게는 불가항력적인 자연의 힘을 표상하는 신격으로 여겨졌던 것일 것이다. 그래서 안공이 도깨비 숲의 음사淫祠를 불태워 헐어버리고 신성시하던 우물을 메워버리자 마을사람들은 재앙이 닥칠까봐 두려워한다.

하지만 유교적 계몽의식으로 무장한 유자들에게 이런 귀신들이란 오래된 사물이 변이를 일으켜서 생성되었거나 천지자연으로 되돌아가야할 기가 흩어지지 않고 답답하게 엉켜 생성된, 한마디로 자연의 조화로운 질서에서 어그러져버린 요물에 불과한 것으로 여겨졌다. 비록 그것이 어떤 신이한 힘을 지니고 있다 하더라도 인간보다 더 고귀한 덕성을 지닌 존재는 아니므로 정대한 군자라면 그런 존재를 두려워할 필요가 없다는 것을 조선 전기의 필기와 귀신사생론은 거듭 강조하고 있다. 이러한 반복 강조는, 민중과 부녀자층의 주술적 신앙에 대해 부정적 시각을 표출한 것이기도 하겠지만, 이런 요물들에 대한 두려움 때문에 주술적 신앙에 미혹될지도 모르는 자신과 유자 일반을 겨냥한 다짐이기도 했을 것이다.[23]

---

23 물론 『용재총화』의 저자 성현보다 더 유교적 이념을 강하게 내세우고 있는 『용천담적기』의 저자 김안로조차 이런 귀물들을 퇴치해야만 할 존재로 보지 않았다. 『용천담적

이처럼 조선 전기의 사대부들은 성리학적 귀신사생론에 입각해서 당대 민간에 널리 퍼져 있었던, 무속이나 불교에 바탕을 둔 주술적이고 실체론적이며 신비주의적인 귀신관과 사후관을 혹세무민의 미신으로 비판하였다. 그리고 이를 유교적 계몽 관념에 따라 탈주술화하고 유교적 명분론과 도덕관념에 기반하여 재편하고자 하였다.

3. 유교적 계몽의 대상들

그런데 성리학적 지식인들의 이러한 노력에도 불구하고 무속이나 불교에 뿌리를 둔 재래의 사생관과 귀신관은 쉽게 근절되지 않았다. 그것은 무속이나 불교의 종교문화나 제의가 매우 오랫동안 뿌리 깊게 존속해왔을 뿐 아니라, 질병이나 죽음, 가뭄이나 전쟁 같은 한계상황을 설명하고 대처하는 데 여전히 그 나름의 유용성을 지니고 있었기 때문이다. 물론 유교에도 명수론命數論이나 천인감응설天人感應說, 재이론災異論처럼 불가항력적인 한계상황을 설명하고 대처하게 하는 이론들이 있었지만, 아무래도 이러한 역학적易學的이고 도덕주의적인 이론만으로는 삶의 다양하고 구체적인 곤경들을 충분히 설명하고 대처하기에 미흡했다고 볼 수 있겠다.

사실 유교화 이전의 고려사회까지만 하여도 죽음은 주로 불교식 제

기』에는 신령한 뱀이나 벌레 등을 퇴치하려다가 오히려 빌미를 사 죽음을 당하는 유자들의 이야기가 실려 있는데, 이는 질병이나 죽음 같은 한계상황에 맞닥뜨렸을 때 민간의 주술적 신앙과 금기를 완전히 배척할 수 없었던 유자들의 유교적 계몽의식의 한계를 보여준다.

의나 무속식 제의, 혹은 불교와 무속이 습합된 형식의 제의를 통해 처리되었다. 즉 사람이 죽으면 화장火葬을 하고 사찰에 초상을 모셔서 불교식 천도재와 기신제忌晨祭를 지내거나, 사당에 조상의 신령을 모셔서 무격으로 하여금 위무하도록 하는 무속식 제의인 위호衛護를 지내는 것이 유교화 이전까지 지배층 사이에서 널리 행해지던 죽음의례였던 것이다.[24] 그런데 이러한 불교적 제의와 무속적 제의에 전제되어 있는 사생관은 유교적 사생관에 비해 삶과 죽음의 단절성을 강조하고 귀신이 현세에 출몰하는 것을 불길한 것으로 여긴다는 점에 그 특징이 있는 것 같다.

먼저 한국인의 생사관 가운데 가장 원초적인 기층을 이루고 있는 무속의 사생관을 간략히 살펴보자. 장철수가 지적했듯이 죽음을 삶과 연속적인 것으로 보는 유교적 사생관에 비해 무속적 사생관은 죽음을 삶과 단절되는 고통스러운 사건으로 본다.[25] 무속에서 죽음이란 저승으로 먼 길을 떠나는 여행처럼 자주 묘사되며,[26] 망자는 이 고통스러운 상황을 쉽게 받아들이지 못한다. 그래서 망자의 혼령이 죽음을 받아들이고 잘 떠날 수 있도록 야제野祭나 위호衛護 같은 무속적 제의를 베풀

---

24 신라와 통일신라를 거치면서 확대된 화장문화는 고려시대에 이르면 민간에서도 성행하게 된다(박종천, 「상·제례의 한국적 전개와 유교의례의 문화적 영향」, 『국학연구』 17, 한국국학진흥원, 2010, 368면). 고려시대의 묘지명 등을 통해 상례 절차에 대해서는 이상균, 「여말선초 상·제례 변동과 사회적 관계의 재편성」, 『한국민족문화』 44, 부산대 한국민족문화연구소, 2012 참조. 고려시대 기신재 설행에 관한 연구로는 나정숙, 「고려시대 기신재의 설행과 의미」, 『한국사상사학』 47, 한국사상사학회, 2014를 참조하라. 조선시대에까지 이어지는 무속의례 전반에 대해서는 이용범, 「역사에 나타난 무속의례」, 서영대 외, 『무속, 신과 인간을 잇다』, 경인문화사, 2011 참조.
25 장철수, 「한국의 평생의례에 나타난 생사관」, 한림대 인문학연구소 편, 『동아시아 기층문화에 나타난 죽음과 삶』, 민속원, 2001, 28~9면.
26 주명준, 「조선시대의 죽음관」, 『한국사상사학』 14-1, 한국사상사학회, 2000, 143면.

어서 그 혼령을 위무해 줄 필요가 있다. 망자의 혼령을 위무하고 즐겁게 해주지 않으면 이승을 떠나지 못하고 떠돌거나 산 사람에게 빌미鬼祟를 줄지도 모르기 때문이다.

이러한 관념이 극단적으로 표출될 때 『조선왕조실록』에 기록된 '빌미를 이유로 죽은 사람의 시신을 불태운 사건' 같은 것이 발생할 수 있다.[27] 죽은 처남의 빌미 때문에 질병이 일어났다는 무당의 말을 믿고 시신을 파내어 불태운 이 엽기적인 사건 이면에는 죽은 사람의 귀신은 살아 있을 때와 다른 성격을 지닌다는 관념, 죽은 사람의 귀신이나 그 시체를 잘못 다루면 죽음의 기운에 감염될 수 있다는 관념, 귀신을 달래고 기쁘게 해서 보낼 수 없다면 위력으로서라도 쫓아내야 한다는 관념 등이 반영되어 있다. 위호나 야제 같은 무속의 이면에서 우리는 죽은 사람의 귀신을 위무慰撫와 오신娛神의 대상뿐 아니라 금기와 불안의 대상으로 여기는 관념을 엿볼 수 있다.

하지만 이러한 생사관·귀신관은 성리학을 받아들인 유학자들이 보기에 논리적으로도 허점이 많을 뿐 아니라 도덕적으로도 용납되기 어려운 것이었다. 조선 초의 유명한 사대부 관료 허조許稠, 1369~1439는 세종에게 무속식 의례인 위호의 반인륜성을 비판하면서 그것의 금지를 청했다.

이제 사대부가에서 조상의 신을 무격가에 맡기고 신을 호위한다는 이름으로 노비를 4~5명까지 주기도 합니다. 만약 주지 않으면 부모의 신이 자

---

27 『조선왕조실록』에는 다음 두 사례가 보인다. 태종 8년(1408) 4월 1일 기사, 성종 5년(1474) 4월 25일 기사.

손에게 병을 준다고 하오니, 삶과 죽음이 다르다 하더라도 이치는 한 가지인데 어찌 부모의 신(神)이 자손을 병들게 하겠습니까. 의리에 매우 어긋나는 일이오니 사헌부로 하여금 엄하게 금하옵소서.[28]

여기서 성리학적 지식인인 허조가 특히 비판의 초점으로 삼고 있는 것은 위호라는 풍습에 깔려 있는 무속적 귀신관·사생관의 반유교적 인륜의식이었다. 대접이 소홀하다고 부모의 귀신이 자손에게 병을 준다는 것은 생과 사의 단절성을 강조할 때, 산 사람과 죽은 귀신의 이질성을 강조할 때 나올 수 있는 생각이다. 이에 반해 유교적 사생관에서는 사람이 죽는다고 해도 인륜도덕의 질서와 가치가 달라지지 않는다. '삶과 죽음이 달라도 이치는 같다'는 말이 뜻하는 것이 이것이다.

이러한 유교적 사생관으로 보자면 불교의 사생관 또한 무속의 그것과 마찬가지로 반인륜적인 것으로 여겨질 수 있다. 물론 불교, 특히 동아시아 유교문명에 수용된 불교는『부모은중경父母恩重經』이나『우란분경盂蘭盆經』같이 효를 강조하는 위경을 만들어내면서까지 유교적 가치와 타협한 바 있다.[29] 하지만 윤회전생과 같은 불교의 핵심적 교리를 받

---

28 今士大夫家, 以其祖考之神, 委巫覡家, 號爲衛護, 或給奴婢至四五口云. 若不給, 則父母之神病後嗣. 幽明雖殊, 理則一也, 安有父母之神, 而病其子孫哉? 甚爲非義, 請令憲府痛禁.『조선왕조실록』세종 13년(1431) 7월 13일.
29 『부모은중경』은 불효(不孝)를 조장한다는 비판을 받고 탄압을 경험하였던 승려들이 유교의 가치인 효(孝)가 불교의 교리에도 있다는 것을 보여주기 위해 만든 위경이다. 정확한 편찬년대는 알 수 없으나 당대(唐代)에 나온 판본이 있으며 우리나라에는 여말선초 이후 유행하였다. 특히 유교를 국가이념으로 하는 조선사회에 적응하기 위한 방편으로 더욱 강조되었다(김자현,「『부모은중경(父母恩重經)』의 변천과 도상(圖像)의 형성과정 연구」,『불교미술사학』18, 불교미술사학회, 2014, 67~8면).『우란분경』의 경우는 위경인지에 대해 논란이 있다. 하지만 아직 인도 산스크리트어 경전이 발견되지 않았다는 점에서, 그 경전의 많은 부분은 불경에 의거한다 하더라도, 동아시아 유교사회에 적응하는 과정에서 생성된 위경이 가능성이 있다.

아들이면, 현실의 인륜관계는 전생의 인연으로 만들어진 것이긴 하지만 영구할 수 없다는 것을 또한 인정해야 한다.[30] 그리고 불교는 죽은 조상의 영혼이 극락왕생하기를 기원하는 천도재를 시행했는데, 그럼에도 조상의 귀신이 현세에 출몰한다면 그 귀신은 극락왕생하지 못하고 구천을 떠도는 불행한 영혼으로 볼 수밖에 없다. 그러므로 이러한 불교적 사생관과 귀신관은 성리학적 귀신사생론의 일원론적 이론체계와도 맞지 않을 뿐 아니라, 죽은 조상과 산 후손 사이의 기의 연속성과 제사를 통한 감응感格을 주장하는 유교적 사생관·인륜의식과도 맞지 않은 것이다.

이러한 유교적 사생관과 그 밑에 깔려 있는 인륜 감각이 불교적인 그것과 충돌하는 흥미로운 사례로 1511년 「설공찬전薛公瓚傳」을 두고 벌어진 필화 사건을 들 수 있다. 「설공찬전」은 채수蔡壽라는 사대부 관료가 지은 전기소설로, 죽은 설공찬의 혼령이 사촌동생 설공침에게 빙의하자 숙부 설공수가 술사를 불러 이를 퇴치하려다 실패하고 설공찬의 혼령이 염왕이 다스리는 사후세계의 일을 말하는 것이 주된 내용이다. 이 소설이 유행하자 사헌부 관료들은 윤회화복輪廻禍福을 서술했다는 이유로 작가 채수를 교수형에 처하라고 탄핵했다. 중종의 비호로 파직에 그치기는 했지만, 사헌부의 신진 관료들이 불교의 교설에 입각하여 소설을 창작했다는 이유로 중진 관료를 탄핵한 이 사건은 성리학으로 무장한 신진 관료들이 유교적 예교사회를 실현하기 위해 얼마나

---

30 심지어 김시습의 「만복사저포기」에서 귀녀는 양생에게 자신이 이미 다른 나라에서 남자로 전생했다고 알린다. 그러므로 부모와 자녀 간의 천륜뿐 아니라 남녀의 성별조차 임의적인 것일 수 있다.

내부 단속을 철저히 했으며[31] 불교적 사생관에 대해 비판적인 태도를 지니고 있었는지를 보여주는 사례라고 할 수 있을 것이다. 그리고 덧붙이자면, 아마도 유학적 지식인들에게는 염왕이 다스리는 사후세계가 존재한다는 작품의 배경 설정도 이론적으로 용납하기 어려운 것이었겠지만, 죽은 사촌형의 귀신이 사촌동생에게 빙의되어 그를 괴롭히고 숙부가 술사를 불러 그 귀신을 쫓아내려 한다는 작품의 사건 설정도 받아들이기 어려운 반인륜적인 것으로 여겨졌을 것이다.

물론 이 사건은 불교의 외피를 빈 서사적 허구에 대해 젊은 유자들이 과민반응을 보인 것으로 볼 수도 있다. 하지만 『용천담적기』에 기록된 「박생」 같은 이야기를 보면 유교화의 바람이 거셌던 16세기에도 사후세계가 존재하고 그곳에서 생전에 행한 일의 보응을 받는다는 관념이 상하층을 막론하고 널리 퍼져 있었던 듯하다. 이러한 관념은 더 나아가 조선 후기 야담집에 이르면 '죽어서 염왕이 된 선비 이야기' 계열로 이어진다. 예컨대 『천예록』에 등장하는 '박우'나 '홍내범' 같은 인물들이 그 한 예인데, 이 이야기를 전하면서 저자 임방은 "홍내범이 말한 일은 비록 세상을 어지럽히는 일에 가깝지만 또한 세상에 경종이 될 만도 하다"고 평하고 있다.[32] 아마도 유자인 임방이 보기에 불교의 지옥설은 허황되게 보였을 것이다. 하지만 그는 이런 이야기들의 도덕적 효과에 대해서는 긍정적인데, 여기서 지옥의 형벌을 받는 사람은

---

31 조현설은 「설공찬전」 필화 사건이 "밖으로는 「설공찬전」을 유통시키고 있는 불미한 사회의 풍조에 경종을 울리고, 안으로는 사림 내부의 의식화를 고양시키려 했던"데서 발생한 것으로 보고, 결국 이 사건은 "유가적 주체를 구성해가는 과정에서의 정치적 진통을 상징적으로 보여"준다고 해석한 바 있다(조현설, 「조선 전기 귀신 이야기에 나타난 신이 인식의 의미」, 『고전문학연구』 32, 한국고전문학회, 2002, 165~6면).
32 임방, 정환국 역, 『천예록』, 성균관대 출판부, 2005, 91면.

천륜을 어겨 화목하지 못하는 사람이나 친한 사람들을 말로 이간질하는 사람, 또는 청요직에 있으면서도 뇌물을 받는 사람들이다. 한마디로 이런 사람들에 대한 징치는 유교적 도덕률에도 부합하는 것이다. 즉 『태상감응편』이나 『명심보감』 같은 도교적 권선서가 유교적 도덕질서를 옹호하는 데 활용되었듯이 불교적인 지옥설도 유교적 도덕률을 지탱하는 데 기여하였다. 성리학적 귀신사생론에 의해 이론적으로 배척되었던 실체론적 사후 관념이 오히려 유교적 질서와 가치를 지지하고 보증하는 데 기여하게 되는 것은 역설적이라 할 수 있겠다.

4. 유교적 계몽의 이면
─ 제사공동체, 유교의 통속화와 기복화

그런데 전 사회의 유교화가 추진된 16세기와, 두 차례의 국제전쟁을 치른 후 유교사회의 재건을 강력히 추진했던 17세기를 경과하면서 유교적 사생관에도 심층적인 변화가 나타난 듯하다. 이러한 변화를 잘 보여주는 것이 17세기 초반 창작된 『어우야담』이라는 야담집이다. 현전하는 『어우야담』에는 약 50여 편의 귀신담이 실려 있는데, 그 가운데 10여 편은 죽은 조상의 귀신, 즉 조령祖靈에 관한 이야기이다. 종잡을 수 없는 장난을 벌이는 귀물들에 대한 이야기는 조선 전기의 필기에도 많이 나오지만, 조령이 꿈이 아니라 현실 속에 이렇게 뚜렷한 인격적 실체를 지닌 채 출현하는 것은 『어우야담』에서부터라고 할 수 있다. 이 이야기들에서 조령은 염습할 때 입었던 복식을 그대로 한 채 후손이나 지인에게 출현하거나, 사람들이 차린 제수를 직접 흠향하는 것으로 나타난다.

성리학적 귀신사생론에 따른다면 사람이 죽으면 혼백이 분리되어 결국 천지자연 속으로 흩어지는 것이 정상이라고 해야 할 것이다. 그렇다면 천지자연 속으로 흩어진 조상의 기는 후손이 드리는 제사를 어떻게 알고 이에 감응하는가? 조상의 귀신은 실체로 존재하는가, 아닌가? 이것은 16세기 이후 조선의 성리학자들이 저술한 귀신사생론에서 가장 중요하고 빈번하게 논의되었던 주제였다.

이에 대해서 조선 성리학을 대표하는 이황李滉이나 이이李珥 같은 16세기 성리학자들은 '귀신은 있다고도 말할 수 없고 없다고도 말할 수 없다. 귀신이 있고 없고는 제사를 지내는 사람의 정성에 달려 있다'[33]는 다소 모호하고 절충적인 주장을 폈다. 여기에는 귀신의 실체성이나 불멸성을 인정하지 않으면서도 조상 제사에 초월적 근거를 마련하고자 했던 성리학적 지식인들의 고심이 담겨 있다. 즉 귀신을 음양이라는 두 기의 운동으로 자연화했던 성리학의 내재주의적이고 역학적易學的인 우주론과, 제사를 통해 종법적 가족질서의 연속성을 확인하고자 했던 실천윤리적 요구 사이의 긴장과 간극에서 이런 절충적이고 모호한 답변이 제출되었던 것이다.

그런데『어우야담』속의 조령은 죽을 때의 복식을 그대로 한 채 나타나기도 하며 심지어 무당이 차린 제수조차 먹기도 한다. 『어우야

---

33 惟人死之鬼, 則不可謂之有, 不可謂之無. 其故何哉? 有其誠, 則有其神, 而可謂有矣. 無其誠, 則無其神, 而可謂無矣. 有無之機, 豈不在人乎?(李珥,「死生鬼神策」,『栗谷全書拾遺』卷4,『韓國文集叢刊』45, 民族文化推進會, 1988, 542면)

담』에서부터 뚜렷이 나타나기 시작하는 이러한 조령 이야기들은 다른 귀신 이야기들과 달리 어떤 목적의식적인 메시지를 담고 있는 것 같다. 즉 이러한 이야기들이 전하고자 하는 메시지는 '조령은 실제로 존재하며, 제사는 단지 조상의 은혜를 기억하는 상징적 의례가 아니라 귀신이 흠향하는 실질적이고 실효적인 의례이다'는 것이다.

사실 이런 실체론적인 귀신관은 성리학적 귀신론이 지향하는 일원론적이고 내재주의적인 사유와는 거리가 있다.[34] 아마도 성리학적 귀신론에 논리적으로 일관하고자 했다면, 앞서 김시습의 예에서 보듯, 귀신은 능동적인 자연의 생산력 그 자체로, 제사란 조상의 은덕을 기념하는 추원보본追遠報本의 상징적 의례로 파악될 수 있을 것이다. 설령 제사를 통한 조령과 후손 간의 감격感格을 강조하더라도 이런 인격적 실체로서의 귀신 관념을 정당화하기는 어렵다. 그런데 『어우야담』과 그 이후 조선 후기 야담 속에 등장하는 조상의 귀신은 너무나 실체적이다. 그렇다면, 무속의 실체론적 귀신관에 위험스럽게 근접함에도 불구하고, 이런 귀신 이야기를 굳이 전승하고 유포하고 기록한 목적은 무엇이었을까? 이를 『어우야담』과 『천예록』을 통해 살펴보자.

왕실의 종친 명원군(明原君, 1491~1563)이 역질에 걸려 거의 죽다가 살아났다. 그는 유혼(遊魂) 상태에서 무당의 굿에 참예하였다가 귀신들이 제

---

34 박성지는 이런 조상신의 형성화가 애초 성리학의 기획과는 상관이 없으며 오히려 무속, 곧 하층의 이데올로기적 상상체계를 차용한 것이라 했다(박성지, 「조선 전·중기 조상신담론을 통해 본 사대부 주체 형성」, 『구비문학연구』 35, 한국구비문학회, 2012, 314면). 저자도 이에 동의하지만, 무속의 실체론적 귀신관을 받아들이되 거기에 유교적 가치관을 배어들게 했다는 것이 보다 적절한 상황 묘사라고 생각한다.

물을 먹는 것을 보았다. 그래서 다시 살아난 후 후손들을 모아놓고 제사를 폐지하지 말라고 당부하였다.

부호군(副護軍) 황대임(黃大任, ?~?)의 딸이 순회세자(順懷世子, 1551~1563)의 빈(嬪)으로 간택되었다. 집안에 큰 경사가 있자 황대임은 도성 안에 있는 외가의 사당에 이를 먼저 고하고 도성 밖에 있는 종가에는 나중에 고하였다. 그러자 갑자기 종가의 사당에서 조상의 혼령이 나타나 성난 목소리로 황대임을 잡아오라고 명한다. 이에 황대임이 무릎을 꿇자, 조상의 혼령은 왜 외가를 먼저하고 종가를 나중에 하느냐고 꾸짖는다. 황대임이 진수성찬을 차려 제사를 드리자, 혼령은 저승에서의 복식이 예에 맞지 않으니 새로 지어서 불태워 보내라고 명한다. 하지만 이후 세자와 세자빈은 모두 요절하고 황대임도 유배되어 집안이 몰락하고 말았다.[35]

제사의 예는 지극한 것이다. 성인이 예를 제정할 때 어찌 그냥 만들었겠는가? 누구는 '사람이 죽어도 신은 없기에 제사 지낸들 흠향하지 않겠지만은, 다만 차마 그 부모의 뜻을 잊지 않으려 할 뿐이다'고 한다. 신리(神理)에 어두움이 이런 지경에 이르렀단 말인가? 생일날에 먹을 것을 찾는 것은 당연하지만 대낮에 찾아온 것은 조금 괴이하다. 그리고 기일에 흠향하는 것은 기필코 그래야 하는 일이지만, 벗들이 모두 참석한 일은 별난 일이다. 그리고 해진 의관을 입은 것이나 제사에 참석하면서 부끄러워함은 그 중 별나고도 별난 일이다. 죽은 이를 영송하는 예에는 산 자에게 서운함이 없

---

35 유몽인, 신익철 외 3인, 『어우야담』, 돌베개, 2006. 이 두 편은 저자가 그 줄거리를 요약한 것이다.

고서야 죽은 자도 편안할 수 있는 법이다. 그러니 어찌 신중하지 않을 수 있겠는가? 당연히 삼갈 수밖에!**36**

무속적 제의인 굿에 차려진 제물을 귀신이 실제로 먹는 것을 보았다는 첫 번째 이야기는 무속적 제의인 굿의 위상을 높이는 데 그 목적이 있지 않다. 오히려 '귀신은 실제로 존재하며 귀신이 먹는 제수는 정성껏 차려야 한다'는 무속적 신앙을 인정함으로써 후손들에게 유교적 제사의 실효성을 강조하는 데 이 이야기의 핵심이 있다고 보아야 할 것이다. 이 이야기가 강조하는 메시지는 다음과 같은 것이다. '굿에 차린 음식조차 귀신이 다투어 먹는데, 하물며 후손이 정성껏 차린 제사의 음식이야 말해 무엇하겠는가!' 하지만 이렇게 귀신이 실재하고 귀신에게 드리는 제사가 중요하다는 것을 강조하다보니 무속적 제의인 굿을 음사淫祀이자 미신이라고 부정했던 기존의 유교적 관점은 많이 후퇴할 수밖에 없었다.

두 번째 이야기에서 황대임의 조령은 가문의 사당에 거처하면서 후손들의 행위를 감찰하고 있는 것처럼 묘사된다. 재래의 종교문화에서는 무덤이 망자의 거처로 자주 인식되었는데,**37** 이 이야기에서 조령은 사당에 거처한다. 종법적 의례와 원칙을 준수하는 이 조령은 자손이

---

36 임방, 정환국 역, 『천예록』, 성균관대출판부, 2005, 217면.
37 이 점에 대해서는 박성지의 논의에서 잘 지적된 바 있다(박성지, 앞의 글, 305~8면). 무덤과 시체(魄)를 중시하는 관념은 오래된 것이고 또 오래 지속되었다. 나말여초에 전래되었다는 풍수지리설도 무덤의 중요성을 강조한다. 『주자가례』를 어기면서까지도 여묘살이를 고집했던 것은 무덤을 중시하는 전통적 사유 때문이었다. 그리고 유교화가 더욱 진전된 18세기 초 저술된 신돈복의 『학산한언』에는 아예 사당의 신(神)은 3~4백년이 지나면 사라지지만 무덤의 백(魄)은 천여 년을 넘게 남는다는 주장까지 나온다.

종법적 규범을 위반했을 때 성난 목소리로 출현하여 후손을 꾸짖는다. 저자가 보건대 이 이야기는 조선 건국 이후 강력하게 추진해왔던 '유교적 계몽'이 이론적 차원에서는 실패했지만 실천적 차원에서는 성공했음을 암시하는 것 같다. 우선 이 이야기의 한 측면은 조선 전기의 사대부들이 지향했던 일원론적이고 내재주의적이며 계몽적인 사유는 유자 자신에게조차 관철되기 어려운 것이 아니었나 하는 생각을 갖게 한다. 조령이 실재할 뿐 아니라 후손과 동거하면서 그 행위를 감찰하고 있다는 생각은 성리학적 귀신사생론에서 축출하고자 했던 실체론적이고 신비주의적인 귀신관을 다시 불러들인 것이기 때문이다. 하지만 다른 한편으로 이 이야기는 유교적 도덕과 가치가 귀신관과 사생관에까지 깊이 뿌리내리기 시작했음을 보여준다. 이 이야기에서 조령과 후손은 생과 사의 차이에도 불구하고 동일한 도덕적 가치를 공유하고 있으며 공간적으로도 연속되어 있다. 그래서 조령은 비록 죽었지만 소멸되지 않고 후손과 동거하다가 때때로 종법적인 가족주의를 수호하기 위해 현실에 출현하는 것이다.

마지막 인용문에서 송시열의 제자 임방은 죽은 아버지가 자신의 생신날 나타나 젯밥을 요구한 이야기와 제사에 함께 참석한 죽은 아버지의 친구가 옷이 낡아 부끄러워했다는 이야기를 소개하면서 이 이야기가 유별나긴 하지만 그 나름대로 의미가 있다고 주장한다. 임방은 먼저 죽은 조상의 귀신이 생일과 기일에 먹을 것을 찾는 것은 당연하다고 했다. 『주자가례』에도 그 근거가 없는 생신제를 지내는 것도 그렇고 조상의 귀신이 형체를 지닌 채 나타나 제수를 흠향했다는 것도 성리학적 귀신론에서 벗어난다. 하지만 임방은 귀신이 없다는 주장을 신리神理에 어두운 주장이라고 배격하면서 귀신은 실체로서 존재한다고 천명한다. 비록 대낮에 출몰하거나 해진 의관을 부끄러워하는 것은 괴이한 일이지만, 산 자가 제사에 정성을 다해야 죽은 자도 편안할 것이란 논지로 이를 합리화한다. 결국 임방에게 중요한 것은 귀신의 존재 유무보다는 제사 지내는 자의 정성 여부라고 할 수 있겠다. 이 기이한 이야기가 제사 지내는 자의 정성을 감발할 수 있다면 그 나름의 효용이 있다는 것이다.

그렇다면 17세기 초반 저술된 『어우야담』부터 제사가 이토록 유자들에게 강조된 이유는 무엇이며, 귀신 이야기는 이런 목적을 달성하는 데 어떤 효과를 발휘했을까? 저자가 보건대 제사는 유교가 지향했던 예교사회, 종법적 가족주의를 정착시키고 재생산하는 데 매우 중요한 기능을 수행하는 의례였다. 평생의례 가운데 주기적으로 반복되는 이 의례는 유교의 근간이 되는 부모와 자녀 간의 혈연적 유대를 재확인하고 종법적 가족주의를 재생산하게 만든다. 그래서 조선시대 사람들이 의례의 지침서로 삼았던 『주자가례朱子家禮』에도 제례에 관한 논의가 가장 많은 비중을 차지하고, 또 조선시대에 저술된 예학서禮學書 가운데서도 제례에 관한 저술이 가장 많았던 것이다. 조금 단순화해서 말하자면, 유교적 예교사회를 떠받치는 힘은 종법적 가족주의에서 나오고 종법적 가족주의를 지탱하는 힘은 제사공동체[38]에서 나온다고까지 말할 수 있다.

그런데 이렇게 유자들이 지향하는 예교사회를 그 근저에서 지탱하고

---

[38] 제사공동체란 같은 조상을 모시고 함께 제사를 지내는 친족집단을 말한다. 조선시대의 제사공동체는 종법원리에 따라 분기(分岐)하기도 하고 통합하기도 하였다.

있는 제사의 가치와 중요성을 강조하기 위해서는 조령이 실재한다는 믿음이 필요하다. 즉 유교적 제사의 복잡한 격식과 그것에 투여되는 과도한 정성을 정당화하고 격려하기 위해서는 인격적 실체를 지닌 조령이 존재하고 후손이 마련한 복식이나 제수를 흠향한다는 믿음이 필요하다는 것이다. 남효온의 「귀신론」이나 앞서 소개한 『천예록』의 평에는 이관의李寬義나 혹자或者 같은 유무명有無名 유자들의 주장이 언급되어 있는데, 이들은 귀신은 실재하지 않으며 제사는 보본報本을 잊지 않기 위한 상징적 의례라고 주장한다. 이에 대해 남효온이나 임방은 이런 주장이 리理 혹은 신리神理를 잘 모르는 것이라고 강력히 비판한다. 하지만 저자로서는 남효온이나 임방의 변설辯說이 실은 귀신이란 없고 제수를 흠향하지도 않는다고 생각해서 후손들이 제사를 폐할까봐 두려워하는 명원군의 당부와도 비슷하다는 생각이 든다.

이 점은 이 이야기들에서 출현하는 귀신이 모두 부계父系의 조령이라는 점에서도 잘 드러난다.[39] 아마도 여성적 원리가 강하게 살아있는 무속 신앙에서라면 무당의 신내림을 통해 발화하는 주체 가운데에는 모계의 조상신이 더 많았을 것이다. 어머니야말로 자녀와의 애착심도 더 강하고 억울하게 맺힌 한도 더 많지 않았겠는가? 죽어서도 후손들의 잘잘못을 감찰하는 부계의 조상신은 살아 있을 때의 아버지보다 더 엄격한 존재일 수밖에 없다. 이제 조령은 후손의 행동거지만 아니라 내면까지도 살필 수 있기 때문이다. 그런 점에서 저자는 앞의 글에서 내면을 감찰하는 이런 부성적 귀신을 초자아의 역할을 하는 귀신이라

---

39 『어우야담』의 10여 편의 조령 이야기 가운데 어머니 귀신이 나오는 경우는 단 한 편뿐이다. 나머지는 아버지 혹은 부계 조상의 귀신이 출현한다.

고 규정한 바 있다.

이 이야기가 널리 회자되고 또 기록된 시기는 한국 가족제도사에서 거대한 전환기였다고 알려져 있다. 이러한 가족제도의 전환은 성리학의 수용과 동반되어 나타났는데, 사실 성리학의 수용과 심화 과정은 성리학적 종법원리의 이해와 구현 과정이기도 했다. 사대부들이 지향했던 유교적 예교사회란『주자가례』등에서 제시되었던 종법원리가 실현된 사회였기 때문이다. 고려시대와 조선 전기까지 한국은 부계와 모계를 모두 중시하는 양계적 가족제도를 유지하고 있었다. 하지만 조선 건국 이후 사대부들은 주희가 저술했다고 알려졌던『주자가례』를 원리대로 실천하고자 노력했다. 그것이야말로 이전 왕조인 고려왕조가 겪었던, 적장자승계원리의 부재로 인한 왕위계승 투쟁이나 이에 따른 사회적 갈등을 근원적으로 해결할 수 있는 길이라 여겼다. 실력實力과 무력武力이 아니라 예의禮義와 명분名分으로 통치되는 사회를 구축하려면 무엇보다 전 사회를 규율할 수 있는 준칙이 확립될 필요가 있었다. 조선의 지배층인 사대부들은 주희의 가례家禮에서 이러한 준칙을 발견할 수 있다고 믿었다. 이에 따라 부계 적장자 중심의 종법적 가족주의가 확산되기 시작했으니, 도이힐러가 말한 '유교적 변환'의 핵심이 바로 이것이다.

그런데『어우야담』이후의 조선 후기 야담집에는 후대로 갈수록 부계의 조령에 관한 이야기들이 많이 수록된다. 조선 후기의 야담집에 수록된 귀신 이야기의 거의 절반 이상이 조령에 관한 이야기인데, 이런 이야기들이 발신하는 메시지는 대체로 거의 동일하다. 즉 그것은 조상의 귀신, 즉 조령神靈은 실재하므로 조상을 위한 제사는 정성껏 지내야 한다는 것이다. 그리고 종법적 가족질서는 신성한 것이며, 조상의 신령을 두려워하면서 이를 잘 유지하고 계승해야 한다는 것이다.

조선 후기의 야담집에 대거 등장하는 이러한 이야기들은 죽음과 귀신, 사후세계에 대한 사대부들의 관념이 변화되고 있었다는 것을 보여준다. 저자는 이러한 이야기들에서 두 가지 측면에 주목할 필요가 있다고 본다. 우선 이 이야기들에 등장하는, 인격적 실체성을 지닌 채 현실에 출현하는 조령은 조선시대 유자들이 이론적으로 받아들였던 성리학적 귀신사생론으로서는 좀처럼 합리적인 것으로 받아들이기 어려운 것이었다는 점이다. 오히려 그러한 이야기들 밑바탕에 깔려 있는 귀신관·사생관은 조선 전기의 성리학적 지식인들이 미신이라고 비판하면서 축출하고자 했던 무속이나 불교의 실체론적이고 신비주의적이며 주술적인 귀신관·사생관에서 그리 멀지 않은 것이기 때문이다. 다만 무속이나 불교에서 숭배되던 초자연적 귀신들이 축출된 자리를 조상의 귀신들이 차지했을 뿐이라고까지 말할 수 있다.

하지만 이 못지않게 주목해야 할 또 하나의 측면은 이러한 귀신관·사생관이 유교적 가치와 충돌하기보다 오히려 유교적 가치와 종법적 가족주의를 지지하고 보강하는 데 동원되고 있다는 점이다. 민간에 널리 유포된 이러한 이야기들은 유교적 제사를 형식적이고 상징적인 의례가 아니라 귀신과 소통하는 신비하고 실질적인 의례처럼 여겨지게 만든다. 그리고 이러한 이야기들은 아버지에서 아들로, 다시 손자로 이어지는 종법적 인륜관계란 생사 간에도 단절되지 않고 장구히 이어진다는 관념을 조장하고 확산시킨다.

이러한 측면들을 고려하면 조선사회의 유교적 변환이란 그렇게 일방향적으로 전개된 것만은 아니었다는 생각이 든다. 즉 조선사회의 유교적 변환이란 무속이나 불교의 귀신관·사생관을 타파하여 완전히 근절하는 데서 완성되는 것이 아니라, 오히려 그것을 전유專有, appropriation 하여 그 속에 유교적 가치를 내장하는 데서 완성되는 것이 아니었나 하는 것이다. 조선 전기에는 무속이나 불교가 유교화를 가로막는 장애물로 인식되어 계몽의 대상으로 여겨졌지만, 사족지배질서가 확립되자마자 그것은 얼마든지 활용 가능한 자원으로 인식된다. 유교적 도덕과 가치를 강화하는 데 기여한다면, 실체론적이고 주술적인 귀신관으로의 퇴행도 무방했다는 것이다.

하지만 끝으로 주목할 것은 이러한 이론적 퇴행·실천적 확산이 성리학적 귀신사생론이 지향했던 합리주의, 내재주의, 일원론을 희생시키는 길이기도 했다는 것이다. 정도전과 김시습, 심지어 이황과 이이 때까지도 확인되는 팽팽한 지적 긴장감이 느슨해지자, 우리는 지배이데올로기를 옹호하는 통속화되고 기복화된 유교, 부계 중심으로 종족화된 조상숭배신앙을 만나게 되는 것이다.

5. 맺음과 전망

이상으로 조선사회가 유교적 예교사회로 전환되어 가는 과정과, 그 과정에서 사생관이 변화해가는 양상을 간략히 검토해보았다. 이를 간단히 요약하면 다음과 같다.

조선을 건국한 사대부들은 성리학을 지배이념으로 삼고 이상적인 유교적 예교사회를 건설하고자 노력했다. 이를 위해서는 특히 불교와 무속에 기반한 재래의 사생관과 제의를 이론적·실천적으로 극복하고 이를 유교적 사생관과 제의로 대체할 필요가 있었다. 여기서는 이러한 이론적·실천적 노력을 아울러 '유교적 계몽'이라고 불렀다.

이런 계몽의식이 열렬했던 조선 전기의 필기나 역사기록에는 민간의 주술적이고 신비주의적이며 실체론적인 귀신관·사생관을 타파하기 위한 사대부들의 실천적 노력들이 기록되어 있다. 그리고 성리학적 지식인들은 저마다 귀신사생론을 저술하여 재래의 귀신관·사생관의 허구성과 미신성을 폭로하고 비판했다.

하지만 17세기 전반의 『어유야담』을 분수령으로 해서 조선 후기의 야담집에는 오히려 유교적 가치에 부응하는, 그렇지만 재래의 실체론적 귀신관에 더 부합하는 조상귀신 이야기들이 많이 수록되기 시작한다. 이 이야기들이 한결같이 강조하는 것은 귀신은 실재하며 제사는 귀신이 흠향하는 실질적인 의례라는 점이다. 이러한 귀신관·사생관은 철저히 유교적 가치관을 반영한 것이지만, 동시에 성리학적 귀신사생론에서 배격하고자 했던 실체론적이고 주술적인 귀신관·사생관을 수용한 것이기도 했다. 왜 이런 이야기가 빈번히 전승·유포·기록되었을까? 왜 모성적 귀신은 등장하지 않고 부성적 귀신만 출현하여 발화할까?

저자는 이 글에서 그 이유를 제사의 실효성과 중요성을 강조하기 위해서라고 보았다. 제사를 통해서 종법적 가족주의가 재생산될 수 있고, 이를 통해서 유교적 예교사회가 구현될 수 있다고 조선 후기 유자들은 생각했던 것 같다. 그런 점에서 조선사회의 유교적 변환이란 일방향적인 것만은 아니었다. 그것은 귀신이나 사후세계가 실재로 존재한다는 재래의 귀신관·사생관을 수용하면서 이를 유교적 가치관에 따라 전유하는 것을 통해 이루어졌다고 할 수 있다. 즉 조선사회의 유교적 변환이란 무속이나 불교가 유교화됨과 동시에 유교가 무속화되는 쌍방향의 운동을 통해 전개된 것이다. 하지만 이러한 전유 과정에서 유교는 통속화와 기복화라는 값을 치러야 했다.

그런데 이러한 저자의 주장에 대해서는 몇 가지 반론이 가능할 것이다. 먼저 저자가 텍스트들 간의 장르 차이를 별로 염두에 두지 않았다는 비판이 가능하다. 저자의 문화인류학적 관심이 텍스트들의 차이를 사상시켜버렸다는 비판은 타당하다. 하지만 굳이 변명하자면 저자는 텍스트들보다 텍스트 이면의 인간, 특히 관념의 역사에 보다 관심을 두었다.

다음으로 조선 후기 야담집의 조령 이야기만으로 과연 유교적 사생관의 변화를 설명할 수 있느냐 하는 것이다. 이 비판도 저자가 곱씹어봐야 할 타당한 질문이지만, 저자는 귀신 이야기에 나타나는 변화는 철학적 담론에서의 변화 못지않게 중요하다고 생각한다. 특히 사생관을 형성하는 데는 철학적 담론보다 서사적 담론의 힘이 크다. 조선 전기의 귀신담에는 보이지 않던 조령이 조선 후기의 귀신담에 대거 출현하는 것, 살아 있는 후손과 죽은 조상 사이에 연속성이 강조되는 것, 특히 종법적 인륜질서와 가치를 강조하는 것 등은 조선 전기와 후기 사이에 유교적 사생관에 중대한 변화가 있었음을 암시하는 것이라고 생각한다.

그렇다면 마지막으로 이러한 변화가 가능했던 조건 혹은 요인은 무엇이었을까를 생각해보자. 이에 대해 저자는 다음과 같은 세 가지 요인들을 제시하고 싶다. 첫째, 조선시대 사대부들이 타파하고자 했던 무속적 혹은 불교적 사생관·귀신관이 문화 저변에까지 깊게 뿌리를 내리고 있어서 질긴 생명력을 유지하고 있었다는 점이다. 그것은 유교적 계몽만으로 쉽게 부정될 수 있는 것이 아니었으며, 질병이나 죽음 같은 실존적 한계상황에 다다르면 사대부들도 이러한 신앙에 부분적으로 의지할 수밖에 없었다. 다음으로 조선 전기에는 유교가 무속이나 불교와 경쟁해야 했지만, 조선 후기에는 유교의 지배가 확고해져서 이에 대해 관대해질 수 있었다는 점이다. 유교적 지배가 확고해진 상태에서 무속이나 불교는 부분적으로 활용 가능한 자원으로 인식되었을 것이라고 생각해볼 수 있다. 마지막으로 두 차례의 큰 국제전쟁을 치르고 나서 조선사회의 사족지배체제는 동요하기 시작하는데, 사족들은 이에 맞서 종법적 가족주의를 거의 종교적인 열정을 가지고 강조하기 시작했다는 점이다. 사족지배체제의 동요에 맞서 사대부들은 의례의 과시적 실천을 사회적 구별 짓기distinction의 수단으로 활용하였는데, 조령에 대한 신앙은 그러한 의례의 실천과 종법적 가족주의를 보증하고 재생산하는 구심점의 역할을 수행했다고 말할 수 있을 것이다.

김시습과 성현의 귀신 담론과 원귀 인식

1. 성현과 김시습의 귀신담과 귀신론의 관계

조선은 내우외환을 겪으며 분열과 혼란에서 벗어나지 못하던 고려 왕조를 뒤이어 건국된 왕조국가이다. 널리 알려져 있듯이 조선을 건국한 주도세력은 여말의 혼란기 속에서 실력을 키워갔던 일부 무장세력과, 성리학이라는 새로운 사상을 바탕으로 이상적인 유교 국가를 실현해보고자 했던 사대부집단이었다.[1] 이 가운데 조선이라는 왕조국가의

---

[1] 조선 건국을 주도한 신진사대부는 고려의 문벌귀족과 성향을 달리하는 지방의 중소지주층 출신이었다는 것이 기존의 연구사적 통념이었다. 그런데 이에 대해서 최근 강력한 반론이 제기되었다. 즉 던컨은 조선 전기의 유력한 양반 가문 대부분이 이미 고려 이래로 중앙의 명문귀족가문이었음을 논증하면서 고려와 조선의 지배세력의 '연속성'을 주장하였던 것이다(존 B. 던컨, 김범 역, 『조선 왕조의 기원』, 너머북스, 2013). 저자는 이러한 주장이 매우 설득력 있으며 경청해야 한다고 생각하지만, 그럼에도 이러한 지배층의 (인적) '연속성'만 강조해서는 여말선초에 일어난 거대한 사상적 전환을 설명하기 어렵다고 생각한다. 여말선초에 나타난 거대한 사상적 '전환'은 설령 고려와 조선의 지배

이념적 헤게모니를 장악하고 제도적 틀을 구축한 것은 후자였다. 이후 500여 년간 지속된 조선의 역사는 국왕과 사대부 간의 갈등과 타협으로 점철되었는데, 특히 후자의 역량과 역할이 컸던 것이 동아시아의 왕조국가들 가운데서 조선이 가진 특이성이라고 말할 수도 있겠다. 그들은 경연이나 간쟁 등을 통해 국왕(혹은 왕가王家)의 사적인 신앙을 규제하기도 했고, 과거나 교육제도 등을 통해 유교적 지식과 도덕을 지배층 전반의 필수 교양과 덕목으로 정착·확산시켜 나가기도 했다.

그런데 조선 건국의 이념적 기초를 마련한 여말선초의 사대부들이 특히 힘을 기울인 것은 불교나 무속의 제의와 신앙을 배척하는 것이었다. 여말선초의 사대부들은 '유교적 계몽'이라고 부를 수 있을 만한 음사淫祀와 미신迷信 타파 운동을 활발하게 전개하였는데, 여기서 음사淫祀란 유교적 명분에 맞지 않은 모든 형태의 제의를 지칭하며 미신迷信이란 성리학적 이기론理氣論·귀신론鬼神論·성리론性理論과 다른 방식으로 세계를 설명하는 신비주의적 신앙을 지칭한다고 할 수 있다. 이러한 음사와 미신의 원천으로 지목된 것은 특히 삼국시대부터 고려 말까지 천년 가까이 국가종교로 군림해온 불교와, 그것과 습합하면서 뿌리 깊게 존속해온 무속적 민간신앙이었다. 민간뿐 아니라 왕가와 사대부가에까지 깊숙이 침투해있었던 불교나 무속의 제의와 신앙을 그대로 방치한다면 유교적 의례와 (그러한 의례의 반복적 실천을 통해 체화 가능한) 예禮 관념을 확산시키기 어려울 것이다. 그러므로 예교禮敎에 의한 통치를 꿈꿨던 사대부로서는 유교적 예치사회를 실현하기 위해 먼저 사대부

층 사이에 혈연적 연속성이 존재한다 할지라도 그 내부에 상당한 단절을 내포한 새로운 세대가 단층적으로 형성되었음을 암시한다.

가와 민간에 뿌리박혀 있는 불교적·무속적 습속을 타파해야 했고 또 이를 이론적으로도 논파해야 했었다.

여말선초 유교적 지식인들이 저술한 귀신론은 크게 보아 이와 같은 시대적 배경과 요구 속에서 산생된 것이라고 할 수 있다. 정도전의 「불씨잡변佛氏雜辨」, 김시습의 「신귀설神鬼說」, 「귀신鬼神」, 「미재弭災」, 「생사설生死說」, 성현의 「신당퇴우설神堂退牛說」과 「귀신鬼神」,[2] 남효온의 「귀신론鬼神論」 등 특히 14~15세기에 족출한 귀신론에는 당대에 널리 성행하던 불교나 무속의 제의와 신앙을 비판하면서 이에 대항하여 성리학에 기초한 귀신관과 사후관을 제시하고자 했던 유교적 지식인들의 문제의식이 강하게 반영되어 있었다.

물론 귀신론은 16세기에도 서경덕, 이황, 이이 등에 의해 제출되었고 17세기 이후에도 많은 유학자들에 의해 거듭 제출되었다. 성리학적 귀신론의 주요한 이론적 근거가 되는 『주자어류朱子語類』가 이기理氣-귀신鬼神-성리性理로 이어지는 논리체계를 갖추고 있듯이, 성리학적 지식체계에서 귀신론은 우주자연의 원리에 대한 논의理氣論와 인간의 본성에 대한 논의性理論를 연결하는 중요한 이론적 결절 역할을 했다고 볼 수 있다. 그래서 성리학적 지식체계를 총체적으로 구축하고자 했던 유학자들은 귀신론을 빠뜨릴 수 없는 이론적 구성 요소로 받아들였던 것이다.

---

2 성현의 『부휴자담론』 권2 「아언(雅言)」에는, 별도의 제목이 붙어 있지 않지만, 「신당퇴우설」보다 오히려 귀신론의 핵심에 접근하는 글 한 편이 실려 있다. 『부휴자담론』을 번역한 이래종은 이 글에 '귀신의 종류'라는 제목을 붙였는데(성현, 이래종 역, 『부휴자담론』, 소명출판, 2004, 65~72면), 내용을 보면 이 글은 귀신의 종류뿐 아니라 귀신의 소재(所在)나 화복의 주재(主宰) 여부 등에 대해서도 논의하고 있다. 이 점을 고려해서 본고에서는 이 글을 편의상 성현의 「귀신」이라고 명명하기로 하겠다.

하지만 귀신론이 성리학적 지식체계 속에서 필수적인 구성요소로 자리 잡고 있었다 할지라도, 그것이 제출되었던 역사적 배경이나 감당해야 했던 역사적 과제는 각기 달랐다고 보아야 할 것이다. 예컨대 성리학에 대한 이해가 심화되고 『주자가례』의 시행이 확산되었던 16세기에 저술된 귀신론에서는 자연으로 되돌아가 흩어졌어야 할 조상의 신령이 어떻게 후손의 제사에 감격感格할 수 있는지, 후손은 어떤 자세로 제사를 지내야 하는지 등의 문제가 핵심적인 주제로 자리 잡았다.[3] 그리고 불교나 무속이 더 이상 유교의 경쟁상대로 인식되지 않았던 조선 후기의 귀신론에서는 이론적 입장이 다양하게 분화하면서 실체론적 귀신관에 대해 보다 융통성 있는 귀신론이 곧잘 제출되었다.[4] 이러한 이론적 전회와 함께 조선 후기에는 인격적 실체를 지닌 채 출몰하는 조상귀신이나 사후세계에 관한 이야기들도 활발하게 저술·유포되는데, 이는 불교나 무속과의 이론적 투쟁이 큰 의미를 지니지 못하게 된 상황에서 가문을 결집시키는 제사의 기능이 중요해지자 이를 뒷받침할 만한 실체론적 귀신관·사후관이 자연스럽게 요청되었던 조선 후기 사회의 문화적·종교적 심성의 변화와 직간접적으로 연관되어 있다고 여겨진다.[5]

---

3 물론 사후에 조상귀신은 어떻게 존재하며 제사에 감격(感格)하는지 하는 문제는 15세기의 귀신론에서도 어느 정도 논의되기 시작했던 주제였다. 특히 남효온의 「귀신론」에서는 이 문제가 두드러지게 부각되는데, 그 점에서 그의 「귀신론」은 '불교나 무속에 근거한 주술적 귀신관과 사후관의 타파'라는 15세기적 문제의식에 충실하면서도, '유교식 제사의 이론적·실천적 근거 확보'라는 16세기적 문제의식 또한 강하게 드러내는 과도기적 텍스트라고 할 수 있다. 그렇기는 하지만, 제사감격설(祭祀感格説)을 둘러싼 심화된 논의는 아무래도 이황, 이이 같은 16세기 성리학자들에게서부터 본격화된다고 할 수 있다.
4 조선 후기 귀신론의 다양한 분화와 낙론 계열의 실체론적 귀신론에 대해서는 다음 논의를 참조하라. 박종천, 「조선시대 유교적 귀신론의 전개」, 신이와 이단의 문화사팀 편, 『귀신·요괴·이물의 비교문화론』, 소명출판, 2014.

이 글은 15세기 중후반이라는 동시대를 살다간 김시습(1435~1493)과 성현(1439~1504)이 남긴 귀신에 관한 몇몇 담론들을 중심으로 그들이 귀신을 어떻게 인식했고 어떤 측면에 주목했으며 그것을 통해 무엇을 말하고자 했는지 비교 검토해보고자 하는 목적 아래 작성되었다. 그리고 이를 위해 본고는 다음과 같은 몇 가지 측면들에 더욱 주목해서 검토해보고자 한다.

앞서도 언급했듯이 김시습과 성현이 귀신론을 저술했던 15세기 중후반은 불교적·무속적 제의와 신앙의 위력이 여전히 막강했고 이에 대응하여 유교적 지식인들이 성리학에 입각한 귀신관이나 사후관을 정립하고자 고심했던 때였다. 이러한 문화적·종교적 환경 속에서 산출된 김시습과 성현의 귀신론은 무엇을 당대의 문제로 인식하였으며 그에 대해 어떠한 이론적·실천적 입장을 제시하고자 했는가. 김시습과 성현의 귀신론을 비교 검토하면서 양자를 관류하고 있는 공통의 시대적 문제의식을 찾고 그 차이를 살피는 것이 이 글의 첫 번째 관심사이다.

그런데 흥미롭게도 김시습과 성현은 귀신론이라고 부를 수 있는 이론적 담론뿐 아니라 귀신담이라고 부를 수 있을 서사적 담론도 남기고 있다.[6] 물론 김시습은 소설小說이라는 허구적 서사를 택해 귀신 이야기를 서술했고, 성현은 필기筆記라는 사실적 서사를 택해 귀신 이야기를

---

5   저자는 이러한 관점에서 조선 후기 귀신관과 사후관의 변화를 논해본 바 있다. 졸고, 「필기·야담을 통해 본 조선 후기의 귀신관과 사후관」, 『종교문화연구』 22, 한신대 종교와 문화연구소, 2014.

6   이 글에서 귀신 담론이란 귀신에 관한 이론적 담론(귀신론)과 서사적 담론(귀신담)을 포괄적으로 지칭하는 용어로 사용된다.

기록했다. 그들의 귀신담에 주요하게 등장하는 귀신은 원귀인데, 이러한 귀신담에 서술된 원귀에 대한 인식은 귀신론의 그것과 상당한 차이를 보여준다. 귀신담에는 귀신론이라는 이론적 담론만으로 충분히 해소될 없는 실존적 고민과 사회적 불안 등이 담겨 있는데, 이 글에서는 김시습과 성현의 귀신담을 특히 원귀寃鬼나 여귀厲鬼를 바라보는 시선을 중심으로 상호 비교하면서 독해해보고자 한다.

마지막으로 이 글에서 함께 검토해보고자 하는 것은 김시습과 성현이 남긴 귀신론과 귀신담 간의 내재적 관계에 대해서이다. 이에 대해서는 기존 연구에서도 몇 차례 검토된 바 있지만,[7] 저자가 보기에 아직도 충분히 해명되지 못한 부분이 남아 있는 듯하다. 귀신에 대한 이론적 글쓰기와 서사적 글쓰기는 서로 다른 역할과 의미를 지녔을 것이라고 추측해볼 수 있을 것인데, 이 글에서는 이 점을 해명해보고자 한다.

이 글은 이상과 같은 질문들을 중심으로 서술될 것이다. 이제 김시습과 성현이 남긴 귀신에 관한 다양한 담론들을 비교 검토해보면서 이를 통해 조선 전기, 특히 15세기 중후반의 지성사와 문화사의 저층을 탐색해보기로 하자.

7　대표적으로 조동일은 성현, 김시습 등이 남긴 귀신론과 귀신담의 관계를 기본적으로 동질적인 것으로 파악하였다. 예를 들어 아직 성리학적 사유에 철저하지 않았던 훈구파 사대부 성현이나 기일원론에 충실하고자 하였던 김시습의 귀신론은 그들이 남긴 귀신담 속에 정확히 반영되어 있다는 것이다(조동일, 「15세기 귀신론과 귀신 이야기의 변모」, 『문학사와 철학사의 관련 양상』, 한샘, 1992). 이에 반해 박일용과 정출헌은 김시습의 경우 귀신에 대한 이론적 입장과 서사적 담론 사이에 간극이 존재한다고 보며, 「남염부주지」를 그러한 간극에서 발생하는 긴장을 잘 보여주는 텍스트로 해석한바 있다(박일용, 「남염부주지의 이념과 역설」, 『고소설연구』 22, 한국고소설학회, 2006; 정출헌, 「15세기 귀신담론과 유명서사의 관련양상」, 『동양한문학연구』 26, 동양한문학회, 2008).

2. 김시습과 성현의 귀신론, 그 시대적 문제의식과 개별적 특징

성리학적 귀신론은 일명 '귀신장鬼神章'이라고 불리는 『중용』 16장에 대한 장재와 정이의 해석을 이어받아 주희朱熹가 정립한 이론체계를 말한다. 주희는 『중용장구』와 『주자어류』 등에서 귀신에 관한 자신의 철학적 입장을 풍부하게 개진한 바 있는데, 여기서 그는 귀신이라는 개념을 기氣의 생멸生滅·취산聚散·왕래往來·굴신屈伸 운동을 지칭하는 개념으로 비실체화시키고 있다. 즉 자연의 운행과 만물의 생멸 과정 자체를 '귀신鬼神'이라고 부름으로써 기존의 실체론적이고 주술적인 귀신 개념을 그 내부로부터 해체하고자 한 것이 그의 귀신론의 전략이라고 할 수 있다.[8] 그가 그와 같은 귀신론을 구상하게 된 것은, 성리학적 이기론에 입각한 역학적易學的 우주론을 구축하는 과정에서 필연적으로 요청된 것이기도 하지만, 무엇보다 당시 사회 전반에 널리 퍼져 있었던 주술적인 귀신 신앙과 제의에 대항하여 성리학적 이념과 도덕에 맞는 귀신관·사후관을 제시하기 위해서였다. 그가 지향했던 사대부 중심의 예교질서를 구축하기 위해서는 유교적 의례들이 보급되고 실천되어야 했는데, 이를 위해서는 불교나 도교에 뿌리를 둔 당대의 주술적인 귀신관·사후관을 극복할 필요가 있었던 것이다.

그런데 조선 전기, 특히 15세기의 유가적 지식인들도 이와 유사한 시대인식과 문제의식을 지니고 있었다고 여겨진다. 여말선초부터 사

---

8 전통적으로 이어져오던 귀신 개념, 즉 죽어서도 인격성을 지닌 실체로서 존재하는 귀신을 주희는 '일물(一物)로서의 귀신'이라 부르고 이를 극력 비판하였다. 주희의 귀신론에 대해서는 박성규, 『주자철학의 귀신론』, 한국학술정보, 2005 참조.

대부들은 집단적으로 불교나 무속에 근거한 재래의 제의와 신앙을 음사와 미신이라 규정하고 극력 배척하기 시작하는데, 그것은 그와 같은 제의와 신앙이 여전히 강력하고 널리 퍼져있어서 그들이 지향했던 유교 사회로의 전환에 큰 장애가 되었기 때문이다. "고려는 본래 귀신을 두려워하여 믿고 음양에 얽매여 있다"[9]는 송나라 사신 서긍의 민족지적 보고처럼 고려 사회부터 주술적인 제의와 귀신신앙은 만연해 있었다. 그런데 이러한 상황은 조선 건국 이후에도 크게 달라지지 않았던 것 같다. 조선 전기의 『실록』에는 위호衛護나 야제野祭, 천도재 같은 무속적·불교적 제의가 근절되기는커녕 사대부가에서조차 종종 실행되고 있음을 증거하는 기사들이 빈번히 등장하는데, 이는 특히 상·제례나 치병 같은 비일상적인 영역에서는 유교적 이념이 그리 깊숙이 침투하지 못했음을 보여준다.

김시습과 성현 또한 당대에 만연해있던 주술적인 귀신신앙에 대해 매우 비판적인 태도를 견지하고 있었으며 그 폐해에 대해 개탄했다.

> 사람의 마음이 거짓되고 세상에 도가 날로 떨어져서 제사 지내는 일을 모독하니 신이 도와주지 않고 음양이 차례를 잃으며 사나운 기운이 흘러 다니는 것이다. 하찮은 저 요물이 총사(叢祠)에 의지하여서 백성들에게 고기와 술을 요구하고 함부로 위엄과 권세를 부리며 세상을 속이고 미혹하여도 아무도 막을 수 없다.[10]

---

9 서긍, 「祠宇」, 『고려도경』 권17.

10 "人情詐僞, 世道日降, 黷于祀事, 神不之祐, 陰陽失序, 厲氣流行, 蕞彼妖物, 依彼叢祠, 邀民牲醴, 擅作威權, 迂惑人世, 莫之可遏"(김시습, 「귀신」, 『매월당집』 권17).

여자 무당과 남자 박수가 어지럽게 재주를 부리면서, 지전紙錢을 걸어 놓고 신위神位라 하며, 나무가 빽빽한 숲을 가리켜 신수神藪라 한다. 심한 경우에는 부모의 혼을 집안에서 받들지 않았으므로 다른 사람에게 가서 붙어 있는 것이라 말하기도 한다. 그리고 사람에게 병이 날 것 같으면 귀신의 조화라는 구실을 붙여 의복 등속을 모두 가져다가 귀신에게 바치게 한다. (…중략…) 서로 다투어 기이하고 사치스럽게 꾸미면서 재물을 없애고 곡식을 낭비한다. 그 폐해가 이루 말할 수 없을 정도이다.[11]

김시습이나 성현의 귀신론은 이와 같은 15세기적 신앙 상황에 대응하여 유교적 이념에 합당한 새로운 귀신관이나 사후관을 제시하고자 제출된 것이었다. 그래서 그들의 귀신론은 (주희의 『주자어류』처럼) 문답의 형식을 취하는 경우가 많다.[12] 그것은 무지와 미신에 빠져 있는 상대를 '깨우쳐서 바른 길로 인도하겠다'는 의도를 드러내기에 적합한 계몽의 형식이었기 때문이다. 그런데 이때 논자인 김시습과 성현이 취하고 있는 기본적인 입장은 주희에 의해 체계화된 성리학적 귀신론에 그 이론적 기초를 두고 있는 것이었다고 여겨진다.

천지 사이에 오직 하나의 기(氣)가 풀무질할 뿐이다. 그 리(理)는 굽히기도 하고 펴기도 하며, 찼다가는 비게 된다. 굽히고 폄은 묘(妙)요, 차고 빔은 도(道)이다. 펴면 가득 차고 굽히면 텅 비며, 가득 차면 나오고 텅 비면

---

11 성현, 앞의 책, 67~8면.
12 김시습의 「귀신」, 「미재」, 성현의 『부휴자담론』의 「귀신」 등이 그러한 형식으로 구성되어 있다. 이러한 문답의 형식은 김시습의 「남염부주지」에 염라왕과 박생의 문답으로 변형되어 나타나며, 남효온의 「귀신론」으로도 이어진다.

도로 들어간다. 나오는 것을 신(神)이라 하고, 돌아가는 것을 귀(鬼)라 한다. 그 참된 리는 하나이되, 그것이 나뉘면 각기 일 만 가지로 다르게 된다. 순환하고 왕복하며 꽃이 피고 시들어 떨어지는 것은 조화의 자취이니, 음과 양 두 기가 소멸하고 성장하는 양능(良能)에 의하여 일어나지 않는 것이 없다.[13]

산인이 물었다. "그런데 사람이 죽으면 어디로 가는 것입니까?"

부휴자가 대답하였다. "모든 사람은 태어날 때 허령불매(虛靈不昧)한 지각을 가지고 태어난다. 이는 천지의 정기(精氣)가 그 몸속으로 들어가 운동하는 현상이다. 그런데 사람이 죽음으로써 그 정기가 한 번 흩어지고 나면 육신은 빈껍데기가 되어 초목과 더불어 썩어 갈 뿐이다. 그 때 영기(英氣)의 소재(所在)를 찾으려 하기 때문에 예(禮)에서는 혼령을 귀하게 여기면서 신(神)을 섬기는 도리로 그것을 섬긴다. 땅 속에서 썩어가는 빈껍데기를 다시 찾을 필요가 없는 것이다. 그렇지만 마음이 그다지 편안할 수는 없는 노릇이므로, 옛날에도 오히려 무덤가에 움막을 지어놓고 머무른 자가 있었으며, 무덤 옆으로 지나가면서 물건을 걸어놓은 자도 있었다."[14]

김시습과 성현은 우주만물의 생멸현상을 기氣의 운동으로 본다는 점, 그리고 기의 운동이 펼쳐지는 현실 너머에 존재하는 다른 차원의 사후세계를 인정하지 않는다는 점에서 동일한 입장을 지니고 있었다.[15] 이

---

13 "天地之間, 惟一氣橐籥耳. 此理有屈有伸, 有盈有虛, 屈伸者, 妙也, 盈虛者, 道也. 伸則盈而屈則虛, 盈則出而虛則歸, 出則曰神而歸則曰鬼, 其實理則一, 而其分則殊. 其循環往復, 榮華枯落, 造化之迹莫非二氣消長之良能也."(김시습, 「신귀설」, 『매월당집』 권20).
14 성현, 앞의 책, 69면.

와 같은 관점은 불교나 무속의 실체론적이고 주술적인 귀신관·사후관과 가장 확연히 구별되는, 주희 이후 정식화된 성리학적 귀신관·사후관의 요체라고 할 수 있다. 김시습이나 성현은 모두 당대 최고의 성리학자들에게서 배웠고 과거 준비와 독서 등을 통해 성리학적 경전들을 충실히 학습했던 유교적 지식인들이었다.[16] 위의 인용문은 귀신이나 사후세계에 대한 김시습과 성현의 기본적인 관점이 성리학적 원리에 입각해 있음을 보여준다. 그런 점에서 그들의 귀신론은 당대에 널리 퍼져 있었던 불교적·무속적 귀신신앙과 제의를 비판적으로 인식하고 이에 대항하여 성리학적 귀신론에 입각한 귀신관·사후관을 제시하고자 하는 공통된 문제의식을 지니고 있다고 말할 수 있겠다.

그런데 양자의 귀신론은 당대에 만연한 주술적인 귀신신앙을 주된 비판의 표적으로 삼고 성리학적 귀신론에 입각하여 새로운 귀신관·사후관을 제시하고자 했다는 점에서 유사한 시대적 문제의식을 담고 있긴 하지만, 그럼에도 간과할 수 없는 차이점 또한 지니고 있다. 그 가운데 가장 핵심적인 차이점을 꼽는다면 김시습의 귀신론이 미신의 타파와 유교적 계몽 같은 이론적인 논쟁에 보다 초점을 맞추고 있다면, 성현의 귀신론은 현상을 분류·기술記述하고 이를 국가의 사전祀典

---

15 「남염부주지」에서 김시습은 박생과 염라왕의 입을 빌어 성리학의 일원론적인 사유를 다음과 같이 요약적으로 진술하고 있다. "하늘과 땅은 하나의 음양일 뿐입니다. 그렇거늘 어찌 이 하늘과 땅밖에 또 다른 하늘과 땅이 있겠습니까?" "어찌 건곤의 바깥에 다시 건곤이 있으며, 천지의 바깥에 다시 천지가 있겠소?"(김시습, 심경호 역, 「남염부주지」, 『매월당 김시습 금오신화』, 홍익출판사, 2000, 166면, 175면).
16 김시습의 경우 불교에 해박한 학승의 면모도 지니고 있었기에 유불에 대한 그의 입장에 대해서는 논란이 많았다. 하지만 「신귀설」, 「귀신」, 「미재」, 「생사설」 등의 논설을 보면 귀신이나 사후세계 등에 관한 한 그는 이기론적 사유체계에 충실한 성리학적 지식인의 입장을 조금도 벗어나지 않는다.

체계 속에 포섭 혹은 배제하는 데 주로 관심을 기울이고 있다는 점일 것이다. 이 점을 간략히 살펴보도록 보자.

김시습은 그의 귀신론 곳곳에서 당대의 주술적인 귀신신앙에 분노에 가까운 비판을 곧잘 표출하고 있다. 특히 그는 무격巫覡에 대해 가혹하다 싶을 정도로 엄격한 비판을 가하는데, 이 때문에 객의 입을 빌려 "지금의 무당과 박수라는 것도 전거가 있는 것인데, 그대는 어찌하여 그렇게 심각하게 배척하는가?"[17]라고 스스로 되묻기도 하였다. 이러한 자문自問에 대해 김시습은 다음과 같이 대답한다.

> 옛날에 제사하는 자는 예로써 지냈기 때문에 무당도 또한 신의 말로써이에 응답하여 오직 덕을 닦아 제사 일을 타락하게 하지 않았다. 지금의 제사하는 자는 신(神)을 업신여기고 귀(鬼)를 모독하여 못하는 짓이 없다. 무당도 또한 요사스러운 말로 사람을 놀라게 하고 망령되게 화복을 칭탁하여돈과 곡식을 허비하고 산귀(山鬼)나 요물(妖物)이 넘보도록 조장하니, 끝내는 가산을 탕진하고서야 그친다. 이것이 어찌 참다운 신명(神明)의 도(道)이겠는가?[18]

옛날의 제사는 예에 맞았기에 귀신이 흠향하고 화답했지만, 오늘날 무당이 지내는 제사는 요사스러운 말로써 사람들을 두렵게 하고 산도깨비나 요물을 불러들여 가산만 탕진케 한다는 것이다. 여기서 김시습

---

17 "然則今之巫覡者, 有所典據, 子何排斥之深也?"(김시습, 「귀신」, 앞의 책).
18 "日, 古之祀者, 以禮享之, 故巫亦以神語答之, 使聿修厥德, 而不墮祀事. 今之祀者, 慢神瀆鬼, 無所不至. 而爲巫者亦以妖語駭人, 妄稱禍福, 耗費錢穀, 而山鬼妖物, 覦而助之, 至有破蕩家産而後已, 豈眞神明之道哉."(김시습, 「귀신」, 앞의 책)

이 생각하는 귀신이란 사시四時를 운행하고 인간에게 온갖 혜택을 베푸는 자연의 조화造化와 역능力能 그 자체 혹은 그것을 인격화한 존재天地神明를 말한다.[19] 이러한 귀신에게 제사지내는 것은 예에 합당한 것이다. 하지만 재앙을 멀리하고 복을 구하기 위해 귀신에게 바치는 제사는 음사일 뿐이다. 천지신명에게 원화소복遠禍召福을 요구하는 것은 귀신을 모독하는 것인데, 그러한 기복적인 요구에 응답하는 귀신이란 산도깨비나 요물에 불과할 뿐이기 때문이다. 다음 인용문은 김시습이 생각했던 귀신의 진정한 본질과 제사를 지내는 자의 올바른 태도가 무엇이었는지를 잘 보여준다.

> 귀신이란 것은 바르고 참된 기(氣)이다. 바르고 참된 기가 천지 사이에서 운행하여 아래로는 백성을 돕고 위로는 하늘에 순응하므로 사당을 세우고 기도하는 것이다. 이는 그 위엄과 영험을 두려워해서가 아니고 대개 그 공덕을 갚기 위해서이다.[20]

귀신이란 천지를 운행하는 참된 기일 뿐이다. 제사는 이러한 귀신의 공덕을 감사하고 기리기 위해서 지내는 것이지, 어떤 변덕스런 인격적 실체로서의 귀신을 두려워하고 그에게 영험을 바래서 지내는 것이 아니라는 것이 김시습의 생각이었던 것이다. 김시습은 이와 같은

---

19 물론 성리학에서 말하는 자연의 역능(良能)이란 단순히 물리법칙으로 환원될 수 있는 것이 아니다. 그것은 성실하고 지선(至善)하다는 점에서 도덕적 실체라고 볼 수 있지만, 어떤 형상을 지닌 채 공간을 점유하고 있는 개별적 실체라고 볼 수는 없다. 그것은 법칙적이면서 동시에 법칙창조적인 것이다.

20 "鬼神者, 正眞之氣也. 正眞之氣, 運化兩間, 下祐黎民, 上順覆載, 故立祠而禱之. 非懼威靈也, 蓋賽其功德也."(김시습, 「귀신」, 앞의 책)

관점에 입각하여 「귀신」, 「미재」, 「상장」 등 몇 편의 논설을 통해 당대에 널리 퍼져 있었던 주술적인 귀신 숭배뿐 아니라 각종 술수나 풍수설, 점복 등을 차례차례 비판하였다.

그런데 이처럼 김시습이 당대인들을 사로잡고 있던 각종 주술적 신앙·사유들을 이론적으로 논파하는 데 관심을 기울이고 있는 데 비해, 성현은 당대 사회에 널리 퍼져 있던 귀신신앙을 관찰·분류·기술하면서 그 가운데 유교적 사전체계 속에 포섭될 수 있는 것과 없는 것을 구분하는 데 더 관심을 기울이고 있다. 우선 그는 「귀신」에서 당대인들이 실재한다고 믿었던 귀신들을 다음과 같은 몇 가지 종류로 변별하였다.[21]

> ① 사람처럼 말을 하면서도 그 모습을 드러내지 않는 귀신
>
> ② 기괴한 형상을 드러냄으로써 사람들로 하여금 근심하게 하는 귀신
>
> ③ 깊은 밤중에 횃불을 들고 나타나는 귀신
>
> ④ 사람의 형상으로 그려놓은 것으로 그 앞에 지전(紙錢)을 걸어 놓으며
>   천한 시골 사람의 집에 붙어 있는 귀신
>
> ⑤ 인간 형상으로 그림이나 소상(塑像)을 만들어 놓은 귀신
>
> ⑥ 천자나 제후, 대부 등 각각의 위격에 맞게 제사지내야 하는 자연신들
>
> ⑦ 조상신

마치 보르헤스의 「존 윌킨스의 분석 언어」에 열거된 어떤 중국 백과

---

21 성현, 앞의 책, 66~8면.

사전 속의 동물 분류[22]를 연상케 하는 이 귀신 분류에서 어떤 체계적인 정합성을 기대하기는 어려울 것이다. 우리가 이 분류에서 확인할 수 있는 것은 15세기의 역사적 주체들이 실재한다고 믿고 숭배하거나 두려워했던 귀신들의 종류와 그것을 바라보는 성현의 인식 태도이다.

이를 보다 자세히 살펴보자. 우선 ①에서 ③까지는 성현도 실재한다고 믿은, 당대인들에게 공포와 불안을 불러일으켰던 귀신들을 열거하고 있다. ①은 무당이나 다른 사람에게 지피어 자신의 존재를 드러내는 귀신인데, 무속이 성했던 전통사회에서 가장 빈번히 출몰했던 귀신이었다.[23] ②는 비명횡사하여 그 원한이 해소되지 않은 귀신, 곧 원귀·여귀들로, 풀리지 않은 노여움을 발하며 재앙을 끼친다는 점에서 사람들이 가장 두려워하는 귀신이라고 할 수 있다. ③은 도깨비와 같이 자연물이 변화하여 발생한 귀신이다.[24] 성현이 보기에 이 세 종류의 귀신은 실재하는 것이지만, 정도正道를 따르고 덕德이 있는 유자라면 두려워할 필요가 없는 것들이기도 하다. 이러한 귀신은 인륜질서 바깥에 있어야 할 귀물들이거나 유교적 덕화德化로 해소해야 할 원귀들이기 때문이다.

다음으로 ④와 ⑤의 귀신은 그가 혹세무민의 미신으로 생각한 무속이나 불교에서 숭배하는 신격들이다. 그가 보기에 이러한 귀신은 백성

---

22 보르헤스의 텍스트에 인용된 "어떤 중국 백관사전"에는 "동물이 ⓐ황제에게 속하는 것 ⓑ향기로운 것 ⓒ길들여진 것 ⓓ식용 젖먹이 돼지 ⓔ인어 ⓕ신화에 나오는 것 ⓖ풀려나 싸대는 개 (…중략…) ⓝ멀리 파리처럼 보이는 것" 등으로 분류되어 있다.(미셸푸코, 이규현 역, 『말과 사물』, 민음사, 2012, 7면 재인용).

23 이에 대해 성현은 무당에게 지핀 존재는 죽은 사람의 혼령이 아니라 괴물일 것이라 추정했다.

24 성현에 따르면 이런 귀신은 의지할 데가 없어 장난치는 산과 들의 요물로서, 사람에게 요구하는 것도 없고 해를 끼치지도 않는다.

을 속여 재물을 빼앗기 위해 만든 허상에 불과하다. 그는 이상의 귀신들을 묶어 세상에 이로움을 주지 않고 해만 끼치는 것들이라고 부정하면서 이를 제사로 받들지 말아야 한다고 주장하였다.

이상 ①에서 ⑤까지가 배격되어야 하는 귀신들이라면, ⑥과 ⑦은 유교적 제사의 대상이 되기에 합당한 귀신들이다. 다만 여기서 주의할 점은 성현이 각자 신분적 위상에 맞게 제사의 격을 달리해야 한다는 유교적 사전祀典의 원칙을 강조할 뿐,[25] 그러한 귀신이 실체로서 존재하기 때문에 제사를 지내야 한다고 주장하지는 않는다는 점이다. 바로 이러한 분류에 뒤이어 그는 '사람이 죽으면 인간의 몸에 깃들어 그것을 움직이던 정기精氣는 흩어지며 육신은 빈껍데기가 되어 초목과 함께 썩어갈 뿐'이라고 주장하는데, 이는 그가 사후까지 소멸되지 않고 개체로서의 인격성을 지닌 채 존속하는 귀신의 존재를 인정하지 않았음을 보여준다. 앞서도 언급했듯이 성현 또한 기본적으로는 성리학적 귀신론에 충실한 유자였다는 말이다.[26]

---

25 예컨대 성현은 천지는 천자만 제사 지낼 수 있고 제후는 산천까지 제사를 지낼 수 있고 대부는 오사(五祀)까지 제사를 지낼 수 있으며, 천자가 7대의 조상까지 제사를 지낼 수 있다면 제후는 5대까지, 대부는 3대, 사는 부모의 제사까지만 받들어야 한다고 주장한다. 이는 『예기』 등에 규정된 유교적 의례(儀禮)의 원칙을 따르는 것으로, 아직 조상제사에 있어서 『주자가례』를 따르지 않고 있다는 점이 눈에 띈다.

26 조동일은 『부휴자담론』의 「귀신」과 『허백당문집』의 「신당퇴우설」에 피력된 성현의 귀신론이 성리학의 이념에서 적지 않게 벗어나 있다고 보았다. 즉 성현은 귀신의 세계와 사람의 세계가 각기 독립해서 존재한다고 생각한 이원론자로서, 성리학적 귀신론의 일원론적 사고에 이르지 못했다는 것이다. 그리고 이러한 그의 귀신관은 훈구파 문인으로서의 그의 입장과 연관되어 있을 것이라고 간략히 추론하고 있다(조동일, 「15세기 귀신론과 귀신 이야기의 변모」, 『문학사와 철학사의 관련양상』, 한샘, 1992). 하지만 성현의 귀신론이 성리학적 귀신론에서 적지 않게 벗어나 있다는 조동일의 평가에 대해서는 의문이 든다. 앞서 간략히 살폈듯이 성현 또한 기본적으로는 성리학적 귀신론에 입각해 있다고 여겨지기 때문이다. 저자는 재래의 신앙·습속에 대해 다소 관용적으로 보이는 성현의 태도를 그의 특별한 지적 성향으로 설명하고 싶다. 즉 성현은 시비변증을 중시하는

이처럼 성현의 귀신론은 당대인들이 실재한다고 믿고 숭배했던 다양한 귀신들을 몇 개의 범주로 나누고 그 각각의 성격과 그에 따른 적절한 대응방법을 제시하고 있다는 점에서 독특하다. 여기서 그가 표면적으로 강조하는 것은 다음과 같은 두 범주의 구분이다. 즉 제사를 지내지 말아야 할 귀신과 제사로 섬겨야 할 귀신, 혹은 명분에 맞지 않은 음사淫祀와 예에 맞는 제사. 이 두 범주를 구획하는 기준은 『예기』 등에서 제시된 유교적 의례의 명분론이었다.

하지만 심층적으로 보면 그의 분류에서 의미 있는 구획은 차라리 ①~③의 귀신과 나머지 귀신 사이를 가로지고 있는 것은 아닐까 하는 생각이 들기도 한다. ①에서 ③까지의 귀신은 실재하면서 그 기괴한 존재성을 발휘하는 것들이지만, 나머지 귀신은 허상이거나 명분론적 의례의 대상일 뿐이기 때문이다. 그렇다면 위에서 성현이 열거한 귀신들은 실질적으로 세 범주로 구분될 수 있겠다. 실재하는 귀신(①~③)과 허구적인 귀신(④~⑤), 그리고 명분론적 귀신(⑥~⑦).

아무튼 당대인들이 실재한다고 믿었던 귀신의 종류들을 다소 장황히 열거한 뒤에 성현은 "제사를 받들어야 할 경우에 제사를 받들지 않는 것은 잘못이고, 제사를 받들지 말아야 할 경우에 제사를 받드는 것 또한 잘못이다"[27]는 유교적 사전의 원칙을 다시금 천명하지만, 공자의 권위적 언술을 비는 것 이외에 왜 그러한 원칙을 따라야 하는지에 대해 별다른 논리적 근거를 제시하지 않는다. 이처럼 스스로는 성리학적

이론가형의 지식인이라기보다 현상을 기술하고 분류하는 데 관심을 두는 기술가형의 지식인이었다는 것이다.

27 성현, 앞의 책, 68~9면.

귀신론을 견지하되 구체적 현상에 대해서는 묘사적으로 기술하는 글쓰기 스타일은, 이론적인 변증을 통해 혹세무민의 미신들을 논박하는 김시습과는 다른, 성현의 관찰자적이고 기술가記述家적인 성향 혹은 태도를 보여주는 것이라 여겨진다.

그의 이러한 태도는 태백산 주변 백성들의 산신 신앙과 제의를 묘사하는 「신당퇴우설」에서도 잘 드러나는데, 여기서 그는 민간에서 전승되어오던 오랜 습속에 대해 유교적 이념에 따라 비판을 가하기는 하지만, 그보다는 그 의례 과정을 구체적으로 묘사하고 기술하는 데 오히려 더 관심을 기울이고 있는 것이다.

이와 같은 성현의 글쓰기 태도가 가장 잘 드러나는 저작은 아무래도 『용재총화』일 것이다. 『용재총화』에는 현실의 모순에 대해 비판하거나 시비곡절을 따져 변증하겠다는 태도보다는 일상의 소소한 사건을 듣고 본 그대로 기술하겠다는 관찰자적 태도가 두드러지게 드러나는데, 이는 필기 양식의 기본적인 특징이기도 하다. 그런 점에서 보면 인격적 실체를 지닌 채 사후에도 존재하는 귀신을 부정하면서도 원귀의 해소되지 못한 원망에 주목했던 김시습이 소설小說이라는 허구적 서사양식을 택한 것과, 유교적 명분론에 입각해 있긴 하지만 다양한 형태의 귀신신앙과 이야기에 관심을 가졌던 성현이 필기라는 사실적 서사양식을 택한 것은 그 나름의 절실하고 필연적인 선택이었다는 생각이 든다.

3. 김시습과 성현의 귀신 담론 속 원귀 인식

주지하듯이 김시습은 이른바 방외인으로서 방랑과 방황의 삶을 살았고, 성현은 관각을 주도한 문인으로서 공명과 영달의 삶을 살았다. 이처럼 그들이 선택한 삶의 경로의 차이, 이로 인한 경험과 처지의 차이가 그들의 현실인식이나 세계관을 갈라놓은 중요한 변수가 되었을 것임은 부정하기 어렵다. 귀신에 대한 인식에서도 마찬가지이다. 아래에서 살펴보겠지만 귀신, 특히 원귀를 바라보는 시선에서도 두 사람은 정치적 입장에 따라 뚜렷한 차이를 보여준다.

하지만 그렇다고 양자의 귀신 인식의 차이를 아무런 매개 없이 곧장 계급적 차이나 정치적 입장의 차이로만 환원해서 설명하고 말 수는 없다. 최종 심급의 해석에서는 그와 같은 차원이 당연히 고려되어야 하겠지만, 그 전에 가급적 구체적인 차이부터 주목해서 살펴볼 필요가 있다. 어떤 점에서 근본적인 세계 인식의 차이는 구체적인 대상에 대한 인식이나 글쓰기 같은 미시적인 차원에서 구현되는 것일 수 있기 때문이다. 이 점을 염두에 두면서 이 절에서는 김시습과 성현이 저술한 귀신론과 귀신담 속에서 원귀 혹은 여귀[28]가 어떻게 인식되고 있는지를 비교 검토해보기로 하겠다. 이런 비교 검토 과정을 통해 귀신론

---

28 원귀(冤鬼)와 여귀(厲鬼)의 개념과 범주를 명확히 구별하기는 쉽지 않다. 양자는 모두 제대로 죽지 못했고, 그래서 자연으로 되돌아가지 못한 채 유혼(游魂)이 되어 떠도는 상태의 귀신이라는 점에서 동일하다. 다만 양자 사이에 개념적 차이가 전혀 없는 것은 아니다. 원귀는 '원한'이라는 개체적 동기에 초점이 맞춰져 있다면, 여귀는 불가항력적인 재난의 희생자이자 가해자로서 무사귀신(無祀鬼神)이라는 점에 초점이 맞춰져 있다. 그러므로 원귀는 '원한'이 해결되어야 해소되는 존재이지만, 여귀는 (여제와 같은) 제사를 통해 위무해주어야 해소되는 존재로 여겨진다.

과 귀신담의 관계 문제도 어느 정도 해명될 수 있을 것이다.

그런데 앞 절에서 김시습은 귀신론을 통해 당대의 주술적이고 기복적인 귀신신앙을 이론적 변증을 통해 논파하는 데 초점을 두고 있다고 했다. 그가 제사의 합당한 대상으로 인정했던 귀신은 천지·산천 같이 자연의 조화와 공덕을 표상하는 귀신들과 조상신 정도라고 할 수 있는데, 이들에게 제사지내는 것은 '공경을 다하기 위해서이지 이들이 형체와 성질을 가지고 있어서 함부로 인간에게 재앙과 복을 가하'[29]기 때문은 아니다. 이처럼 김시습은 귀신에 대한 제사는 긍정하면서도, 구체적인 형상과 인격을 지닌 채 인간에게 화복을 내리는 개별적 실체로서의 귀신의 존재와 역능에 대해서는 한사코 부정했다.

하지만 그렇다고 김시습이 당대인들이 두려워하고 숭배했던 초자연적 존재들을 실체가 아닌 허상이라고 부정했던 것은 아니었다. 오히려 구체적인 형상과 이름을 지닌 그러한 초자연적 존재들은 실체적이고 그 종류 또한 무척 많다.

　　왕이 말하였다.

　　"귀(鬼)란 구부러짐이요, 신(神)이란 폄이오. 따라서 굽혔다 펼 줄 아는 것이 조화의 신(神)이오. 이에 비해 굽히되 펼 줄 모르는 것은 답답하게 맺힌 요귀들이라오. 신은 조화와 합치되는 까닭에 음양과 더불어 처음과 끝을 같이하여 자취가 없소. 이에 비해 요괴는 답답하게 맺힌 까닭에 사람과 동물에 뒤섞여 원망을 품고서 형체를 지니오. 산에 있는 요물을 소(魈)라

---

29 김시습, 「남염부주지」, 앞의 책, 173면.

하고, 물에 있는 요물을 역(魊)이라 하며, 수석에 있는 괴물을 용망상(龍罔象)이라 하고, 목석에 있는 괴물은 기망량(夔魍魎)이라 하오. 만물을 해치는 요물은 여(厲)라 하고, 만물을 괴롭히는 요물은 마(魔)라 하며, 만물에 붙어 있는 요물은 요(妖)라 하고, 만물을 현혹시키는 요물은 매(魅)라 하오. 이것들이 모두 요귀(妖鬼)라오."**30**

여기서는 초자연적 존재들을 몇 가지 유형으로 분류하여 이름을 부여하고 있지만, 사실 이렇게 만물에 깃들어 있는 초자연적 존재들마다 이름을 부여한다면 아마도 그 수는 만물의 종류만큼 많아질 것이다. 김시습은 이렇게 기氣가 조화롭게 순행하지 못하고 답답하게 맺혀鬱結 생성된 귀신을 총괄하여 '요귀妖鬼'라고 부르며, 이를 음양의 조화에 합치하여 완전히 자연 속에 내재화된 '신神'과 대비시켰다. 그러므로 구체적인 형상과 성격을 지닌 채 사람에게 공포를 불러일으키는 개체로서의 귀신은 모두 '요귀'의 범주에 포함된다고 할 수 있다. 제사의 대상이 되기에 합당한 '신'이란 자연과 완전히 조화되어 개체성을 띠지 않을 것이기 때문에, 자연의 질서 속에 합치되지 못한 채 기괴한 개체성을 드러내는 것은 모두 요귀라고 판별할 수 있다는 것이다.

그런데 이처럼 자연의 질서에 완전히 조화·합치되지 못한 존재라는 점에서는 원귀 또한 마찬가지이다. 김시습은 「신귀설」에서 원귀의 발생에 대해 다음과 같이 설명한바 있다.

---

30 김시습, 「남염부주지」, 앞의 책, 173~4면. 그런데 그의 글 「귀신」에도 이와 유사한 구절이 등장한다. 여기서 김시습은 사람들이 산악신(山嶽神), 수신(水神), 천지신(天地神), 장군신(將軍神) 등으로 숭배하는 귀신들이란 실제로 지네와 뱀, 자라와 물고기, 고양이나 이리, 곰이나 호랑이 따위일 뿐이라는 「현중기(玄中記)」의 구절을 인용하면서, 민간신앙에서 숭배하는 귀신이란 실상 하찮은 요물들일 뿐이라는 점을 강조하고 있다.

돌이 진나라에서 말한 것, 신(神)이 신(莘) 땅에 내린 것, 대들보에서 휘파람 분 것, 방 안을 들여다보아도 보이지 않는 것, 화와 복을 알려준 것, 빽빽한 숲에 의지한 것, 이런 것들은 사악하고 패려궂은 기(邪戾之氣)이다. 그러한 기는 혹은 사람의 마음이 미혹되어 감응하여 부른 것이 그렇게 하도록 시키는 경우가 있다. 혹은 기가 아직 미진하여, 강사(强死)하고도 오히려 무형(無形)한 속에 체재하여, 마치 거울에 입김을 불면 안개가 끼고 추위가 심하면 얼음이 되는 것과 같은 경우가 있다. 후자의 경우에도 아주 오래 되면 자연히 사라지게 마련이니, 결코 돌아갈 곳이 있는데도 돌아가지 않은 것은 아직까지 없었다. 그러므로 『주역』에서 말하길 "정기(精氣)는 사물을 이루고 유혼(游魂)은 변이를 일으킨다. 그러므로 『역』은 귀신의 정상을 남김없이 파악하여 두었다"라고 하였다. 지극히 잘 다스려지는 세상과 지극한 경지에 이른 사람의 분수에는 이런 일이 없었다.[31]

이 인용문이 보여주듯 김시습은 각종 물괴物怪나 원귀가 실체성을 지닌다는 것에 대해 인정하고 있었다. 앞서 「남염부주지」의 논설에서는 기氣가 자연스럽게 운행하지 못하고 답답하게 맺힌 것이 요괴가 된다고 했는데, 여기서는 물괴나 원귀의 발생에 대해 조금 다른 방식의 설명을 제시하고 있다. 우선 물괴를 발생시키는 것은 사악하고 패려궂은 기邪戾之氣이다. 이 '사려지기邪戾之氣'는 음양의 질서에 합치되지 못한 채 어딘가에 고착되어버린 사기邪氣라는 점에서 '울결지기鬱結之氣'와 동일하다. 그런데 앞에서는 그런 '울결지기'가 요귀가 된다고 함으

---

31 김시습, 「신귀설」, 앞의 책, 290~291면.

로써 요귀의 발생에 대해 이기론적인 설명을 제시하고 있다면, 여기서는 물괴가 일으키는 각종 변괴란 그 스스로의 역능 때문이 아니라 사람들의 미혹 때문에 발생하는 것이라고 함으로써 그것을 심리적인 방식으로 설명하고 있는 것이다.[32]

그렇다면 원귀(혹은 여귀)는 어떻게 발생하는가? 그에 따르면 그것은 억지로 죽임을 당했지만 아직 그 기가 소멸하지 않은 경우에 발생한다. 물론 그렇게 생성된 원귀마다 그 나름의 억울한 이유가 있을 수 있겠지만, 그럼에도 불구하고 천지자연으로 되돌아가지 못한 채 울결鬱結한 기氣라는 점에서 원귀도 정당한 귀'신'鬼神이 아닌 요'귀'妖鬼의 범주에 들 수밖에 없다. 자연으로 되돌아간 정기精氣는 다시 기의 운동에 따라 사물을 이루지만 답답하게 맺혀 발생한 유혼游魂은 변이를 일으킨다는 『주역』의 논리를 인용하면서, 김시습은 마지막으로 지극히 잘 다스려지는 세상과 지극한 경지에 이른 사람의 분수에는 이런 변괴가 없었다고 단언하는 것으로 이 논설을 끝맺고 있다.

이처럼 김시습의 귀신론 속에서 원귀는 자연의 조화로운 질서를 순응하지 못하는 사려지기邪戾之氣 혹은 울결지기鬱結之氣의 하나로서, 해소되거나 극복되어야 할 부정적 존재로 파악된다. 물론 「신귀설」의 마지막 구절은 원귀의 발생을 사회적 모순과 연관 지어 파악할 가능성을 제공하는 것이 사실이다. 원귀는 정당한 통치가 행해지지 않은 사회의 모순과 한계 때문에 생성되는 것이라고 해석될 수 있기 때문이다.[33]

---

32 귀신의 변이 현상을 인간의 미혹된 마음이 만들어낸 착각이라는 보는, 귀신에 대한 심리적 해석은 이후 남효온의 「귀신론」으로 계승된다.
33 정출헌은 이 대목에서 김시습의 귀신담론(귀신론)과 유명서사(귀신담)와의 내밀한 관계가 드러난다고 보았다. 즉 귀신론의 이와 같은 논리 — '세상이 혼란하거나 마음에 미

하지만 그럼에도 이 구절이 의도하는 바가 원귀를 발생시키는 당대 사회를 비판하고 원귀에게 그 나름의 불가피한 존재론적 근거를 제공해 주려는 것이었다고 보기는 어려울 것 같다. 「신귀설」을 포함하여 김시습의 귀신론 전반을 관통하고 있는 주된 논조는 자연으로 돌아가지 못한 채 사람들에게 공포심을 불러일으키는 다양한 귀신들을 요귀로 규정하여 배격하고 그것을 초래하는 사람들의 미혹된 마음을 계몽하는 것이었다고 여겨지기 때문이다.

그런데 김시습은 귀신론에서 원귀를 '답답하게 맺혀' '사악하고 패려궂게 되어버린' 요귀의 하나로 부정적으로 인식하고 있지만, 『금오신화』에서는 원귀에 대해 매우 동정적인 시선을 보내고 있을 뿐 아니라 나아가 그것에게 세상의 부정의不正義를 교정하는 역할까지 부여하고 있다. 『금오신화』에는 원귀 혹은 여귀로 해석될 만한 존재들이 여럿 등장하는데, 「이생규장전」의 최랑, 「만복사저포기」의 귀녀, 「남염부주지」의 염라왕 같은 존재들이 그러하다. 여기에 더해 원귀로서의 성격도 부분적으로 가지고 있는 「취유부벽정기」의 기씨녀까지 포함한다면, 『금오신화』는 원귀에 관한 서사가 주류를 차지하고 있다고 보아도 무방할 정도이다. 그렇다면, 귀신론에서는 거의 그 존재론적 정당성을 인정받지 못했던 원귀가 『금오신화』에서는 그토록 중심적인 위상을 지니게 된 것은 무엇 때문일까. 이를 그의 귀신에 관한 이론적 담론(귀신론)과 서사적 담론(귀신담) 사이의 균열, 혹은 이론적·철학적 입장과 현실인식 사이의 균열이라고 볼 수 있을까. 그런데 이에 답하기

혹이 생기면 유명세계와의 침범·접촉이 가능할 수 있다'는 논리 ─ 는 『금오신화』와 같은 유명세계를 서사화할 수 있는 근거를 제공했다는 것이다(정출헌, 앞의 글, 433면).

위해서는 『금오신화』에서 원귀가 어떻게 인식되고 묘사되고 있는지 좀 더 살펴볼 필요가 있겠다.

우선 「이생규장전」의 최랑이나 「만복사저포기」의 귀녀는 모두 생명의 가치를 온전히 실현해보지 못한 채 억울한 죽음을 맞이한 순결무구한 여성 원귀들이다. 아마도 이 작품들을 읽은 후 여기에 등장하는 여성 원귀들인 (사후의) 최랑이나 귀녀를 자연의 조화로운 질서에 순응하지 못하고 기가 울결하여 생성된 요귀, 그래서 정도正道로써 해소되어야 할 존재라고 파악하기는 어려울 것이다. 그리고 그녀들과 이생·양생의 교감을 요귀에 미혹된 것이라고 평가하기도 어려울 것이다. 그렇게 보기에는 이 여성 원귀들 각자가 품고 있는 사연들과 원망들이 절실하고 충분히 공감이 가도록 서술되어 있기 때문이다.

그런데 김시습은 「미재彌災」라는 논설에서 최랑이나 귀녀의 원사冤死처럼 전란에서 많은 사람들이 한꺼번에 목숨을 잃는 것을 명命과 수數의 논리로 풀이한 바 있다.

어떤 사람이 또 물었다.

"사람이 태어나면 팔진(八辰)이 각각 다르고 수요(壽夭)와 길흉(吉凶)에도 차이가 있는데, 어찌하여 한 배에 탄 사람이 동시에 물에 빠져 모두 고기의 배에 장사지내며, 한 진(陣)의 병졸이 동시에 패전하면 간뇌(肝腦)가 땅바닥에 흩뿌려지는가? 또 온갖 풀이 가을이 되면 다 말라죽고, 못의 고기가 가뭄을 만나면 다 죽으니, 이것이 모두 명(命)이요 수(數)인가?"

내가 말했다.

"이것이 대개 하늘이요, 만물의 운수의 자연스러운 것이다. 운수에는 대기(大期)가 있고 소기(小期)가 있으니, 대기란 음양이 닫히고 열리는 것이다. 소기는 한 시(時)에 다하는 것이 있고, 한 날에 다하는 것이 있으며, 한 달에 다하는 것이 있고, 한 해에 다하는 것이 있으며, 한 대(代)에 다하는 것이 있다. 시(時)에 다하는 것은 기후이고, 날에 다하는 것은 밤낮이며, 달에 다하는 것은 그믐과 초하루이고, 해에 다하는 것은 추위와 더위며, 대에 다하는 것은 인간세상이다. 사람과 만물이 함께 죽는 것은 운이 다하여 피할 수 없는 것이니 수가 극에 이른 것이다."**34**

김시습이 받아들여 구축한 성리학적인 이론체계 속에서는 사람과 만물이 태어나서 죽는 것이 천지자연의 불가항력적이고 불가피한 주기적 과정의 하나로 인식된다. 한 배에 탄 사람이 일시에 죽거나 전쟁에서 많은 병사들이 한꺼번에 죽는 것은 하늘이 부여한 명命과 수數가 다한 것이다. 그래서 그는 귀신론에서 원귀의 실체성은 인정하되 그 존재론적 정당성은 인정할 수 없었다. 개인 차원에서 보면 받아들이기 어려운 억울한 죽음이 있을 수 있겠지만, 천도의 차원에서 보면 그 또한 명과 수가 다한 것이기에 그것을 담담히 받아들이는 것 이외에 다른 도리가 없기 때문이다.

그러나 김시습이 여기서 강조하는 바는 주어진 현실을 운명으로 받

---

34 "或又問曰, 人之生也, 八辰各異, 壽夭吉凶, 亦各有差. 奈何一舟之人, 同時沈溺, 則俱葬魚腹, 一陣之卒, 同時敗績, 則肝腦塗地. 乃至百草逢秋而盡枯, 池魚遇旱而俱斃, 是皆命與數乎? 曰, 是蓋天也. 萬物, 運數之自然也. 夫數有大期焉, 有小期焉. 大期者, 陰陽之闔闢也. 小期者, 有一時而盡者, 有一日而盡者, 有一月而盡者, 有一歲而盡者, 有一代而盡者. 時盡者, 氣候也. 日盡者, 晝夜也. 月盡者, 晦朔也. 歲盡者, 寒暑也. 代盡者, 人世也. 人物之同死者, 蓋運之窮而不可逃, 數之至於極也."(김시습, 「미재」, 『매월당집』 제17권) 김시습은 「미재」에서 점복이나 주술에 의지하였던 당대의 미신적 사유들을 극복할 수 있는 유교적 대안논리로 명수론(命數論)을 제기하였다.

아들이고 아무것도 시도하지 않는 수동적인 삶의 자세가 아니다. 「미재」에서 그가 제시하고자 했던 것은 재앙을 피하고 복을 받기 위해 주술이나 점복에 의지하지 않고 천지자연의 운동을 거시적으로 고찰하면서 자신에게 주어진 명과 수를 담대히 받아들이는, 성리학의 음양이기론적인 우주론을 이해한 유자다운 초연한 태도였다고 할 수 있다.

그런데 이와 같은 김시습의 이론적 입장은 『금오신화』에는 적용되지 않는다. 귀신론에서는 고려되지 않았던 억울한 희생자 개개인의 절실한 사연과 원망이 『금오신화』에서는 충분히 공감할 만하게 서술되고 있으며 또 신원伸寃할 기회가 제공되고 있기 때문이다. 예컨대 원귀가 된 최랑은 인간의 몸을 빌려 이생과 미진한 사랑을 나누고 자신과 가족의 유해를 수습토록 한 후 소멸한다. 귀녀 또한 양생을 통해 처녀로 죽은 한을 풀고 가매장된 자신의 유해를 수습토록 한 후 전생轉生한다. 이처럼 「이생규장전」이나 「만복사저포기」에서 여성 원귀는 원한에 고착되어 울결해 있는 요귀로 묘사되기보다 누구나 공감할 만한 절실한 사연과 인간적 원망을 품은 존재로 묘사되고 있는 것이다.

그렇다면 이와 같은 귀신담에서의 원귀 묘사는 귀신론에서의 원귀 인식과 어떤 관계에 있는 것일까? 일단 귀신론에서의 원귀 인식과 귀신담에서의 원귀 묘사가 동일하지 않다는 것은 분명해 보인다. 굳이 양자의 차이를 도식적으로 표현하자면 '이론적 부정과 서사적 긍정', 혹은 '이론적 배척과 서사적 포용'으로 개념화해볼 수도 있을 것이다. 김시습은 귀신론에서 천지자연과 합치되어 조화를 이룬 귀신만이 진정한 귀신이며, 울결하여 개체성을 유지한 채 위력을 부리는 귀신은 천지자연에서 어긋난 요괴라고 주장한다. 이는 성리학의 이기론적 우주론에 철저하고자 할 때 취할 수밖에 없는 이론적 입장이라고 할 수 있다. 하지만 이러한 이론적 입장은 역사의 고비마다 억울하게 희생당한 사람들, 그리고 그러한 희생자들을 연민하는 사람들의 입장에서 보면 실존적으로 공감하기 어려운 추상적인 논리에 불과할 수도 있다.

그런데 이러한 귀신론에서의 입장과 달리 『금오신화』의 귀신담에서는 순결무구한 여성 원귀들을 등장시켜 역사의 폭력을 고발하며, (작가의 페르소나라고도 볼 수 있는) 무력한 서생을 통해 그 억울한 희생을 위무한다. 그렇다고 이를 성리학적 지식인으로서 김시습이 지니고 있었던 이론적 입장을 후퇴하거나 철회한 것이라고 보기는 어려울 것이다. 그것은 『금오신화』가 바로 전기소설傳奇小說이라는 허구적 서사양식을 취하고 있으며, 김시습 또한 그 점을 충분히 인식하고 십분 활용하고 있다고 여겨지기 때문이다. 김시습은 『전등신화』를 읽고 "사람들이 이 글을 읽으면 마음이 아득해지면서, 환영과 기이한 자취가 눈에 보이는 듯하리라 (…중략…) 내 평생에 뭉친 가슴 속 응어리를 씻어내는구나"[35]라고 술회한바 있다. 즉 그는 소설의 허구성과 그 심리적 효용을 충분히 간파하고 있었던 것이다.[36] 당연한 말이지만, 『금오신화』의 귀신담은 원귀의 존재 근거와 정당성을 둘러싼 이론적 논변의 산물이 아니라 서사적 허구를 활용하여 역사의 희생자들을 애도하는 문학적 상상력의 산물이었다. 그런 측면에서 볼 때 김시습에게 있어 귀신론과

---

35 使人對此心緬邈 幻泡奇踪如在目 (…중략…) 蕩我平生磊塊臆. (김시습, 「題剪燈新話後」, 『매월당집』 권4, 163면).

36 「제전등신화후(題剪燈新話後)」에서 김시습은 『전등신화』를 장자나 굴원, 한유, 유종원의 우언(寓言)·기담(奇談)들과 비교하면서 그것들보다 『전등신화』가 더 뛰어나다고 높게 평가하고, 그 환상적 서사가 불러일으키는 심리적 효과에 대해 서술하고 있다.

귀신담의 관계는 상충적이라기보다 오히려 상호보족적이었다고 평가하는 편이 더 타당하지 않을까 싶다.

그런데 귀신에 대한 이론적 담론과 서사적 담론이 한 작품 속에 중층적으로 결합되어 있는 것이 바로 「남염부주지」이다. 「남염부주지」는 귀신론을 전개하기 위해 문학적 우의를 빌려 쓴 철학적 텍스트라고 볼 수도 있고, 세상의 부정의에 비분강개하던 박생이 저승을 체험하고 염라왕과 문답을 벌이는, 철학적 담론을 포섭하고 있는 서사적 텍스트라고 볼 수도 있다. 그런데 주지하다시피 이 중층적인 성격을 지닌 텍스트에서 중심인물은 박생과 염라왕이다. 지금까지의 연구는 주로 박생이라는 인물성격에 대해 주목해왔는데, 여기서는 남염부주를 다스리는 염라왕이라는 인물에 보다 주목해보기로 하자. 원귀 혹은 여귀에 대한 김시습의 또 다른 인식을 보여주는 것이 염라왕이라는 인물 형상이라고 여겨지기 때문이다.

일단 김시습의 이론적 입장에서 보면 염라왕은 실체로 존재할 수 없는 우의적인 존재일 수밖에 없다. 김시습은 평소 저승이나 윤회전생 같은 불교 교설을 어리석은 인간을 도리로 이끌기 위해 지어낸 허황한 이야기라고 인식하고 있었다.[37] 그러므로 염라왕이 자신의 입으로 저

---

37 「남염부주지」에서 염라왕은 유교와 불교의 도와 그 관계에 대해 다음과 같이 간략하게 설명하였다. "주공과 공자의 가르침은 정도를 써서 사도를 물리친 것이고, 구담의 법은 사도를 써서 사도를 물리친 것이지요. 정도로 사도를 물리치셨으므로 주공과 공자의 말씀은 정직하였고, 사도로 사도를 물리치셨으므로 구담의 말은 황탄하였소. 정직하므로 주공과 공자의 말씀은 군자가 따르기 쉽고, 황탄하므로 구담의 말은 소인이 믿기 쉬운 것이오. 그러나 그 지극한 경지에 이르러서는 모두 군자와 소인들로 하여금 결국 올바른 이치로 돌아가게 하려는 것이었소. 결코 세상 인민을 현혹시키고 속여서 이단의 도리로 잘못되게 하려는 것이 아니오."(김시습, 「남염부주지」, 앞의 책, 172면) 여기서 김시습은 불교의 교설이 비록 황탄하지만 그런 이야기에 쉽게 빠져드는 소인들을 올바른 이치로 이끌기 위한 방편이라고 설명하는데, 이는 불교를 비판하면서도 포용하는 김시습의 전

승의 실재를 부정하는 것[38]도 그리 이상할 것이 없다. 그런데 흥미로운 점은 염라왕이 스스로를 여귀처럼 묘사하고 있다는 점이다.

왕이 말하였다.

"나는 인간 세상에 있을 때 왕에게 충성을 다 바치고, 발분하여 도적을 토벌했소. 그리고 스스로 맹세하기를 '죽어서 마땅히 여귀(厲鬼)가 되어 도적을 죽이리라' 하였소. 그 소원이 아직 다 이루어지지 않았고 충성심이 사라지지 않았기 때문에 이 흉악한 곳에 몸을 붙여 우두머리가 된 것이오. 지금 이 땅에 거처하면서 나를 우러르는 사람들은 모두 전세에서 부모나 임금을 죽이고 간교하고 흉악한 짓을 한 무리들이오."[39]

염라왕은 인간 세상에 있을 때 스스로 죽어서 여귀厲鬼가 되겠다고 맹세한 자이다. 그가 여귀가 되겠다고 맹세한 이유는 죽어서도 반역하는 도적을 죽이겠다는 염원을 품고 있었기 때문이다. 그리고 그 염원이 이루어져서 남염부주에서 전세에 흉악한 짓을 한 자들을 벌하는 염라왕의 역할을 맡았다. 이 점에서 보면 염라왕은 죽어도 안식하지 못하는 여귀와 유사한 면이 있다. 여귀는 죽어서도 천지자연으로 되돌아가지 못하고 분노를 품은 채 울결해 있는 귀신인데, 염라왕 또한 세상의 불의에 대한 분노 때문에 스스로 소멸하지 않은 채 지옥에 머무르고 있는 사후적 존재이기 때문이다. 물론 염라왕을 그의 평소 발원대

형적인 논리였다.
38 주15)의 인용문을 참조하라.
39 김시습, 「남염부주지」, 앞의 책, 178면.

로 여귀가 된 존재라고 볼 수 있다면, 이때의 여귀는 역사의 억울한 희생자로서의 성격보다 오히려 역사의 불의를 사후에서나마 처벌하고 교정하는 징치자로서의 성격이 강하다고 할 수 있을 것이다.

그런데 여기서 또 하나 주목할 점은 염라왕이 품고 있었던 세상의 불의에 대한 맹렬한 분노이다. 살아서뿐만 아니라 죽어서도 도적을 죽이겠다는 맹렬한 분노가 그를 염라왕이 되도록 만들었다. 그러므로 염라왕이 되기 위해서는 다만 정직한 품성만으로는 부족하다고 할 수 있다. 무엇보다 악인을 징벌하겠다는 분노가 없으면 지옥을 통치하는 염라왕이 될 수 없는 것이다. 그렇다면 박생은 어떠한가. 박생은 '태학관에 올랐으나 과거에 한 번도 합격하지 못하여 항상 불만스런 감정을 품고 있었고' 또 '의기가 높고 씩씩하여 위세를 보고도 굴복하지 않는' 선비였다.[40] 이처럼 박생 또한 정직하고 사심 없는 사람이면서 동시에 세상에 울분을 품고 있었던 인물이었기에 다음 차례로 염라왕의 자리를 이어받을 수 있었던 것이다. 그런 점에서 「남염부주지」는 겉으로 보면 박생과 염라왕이 만나 이론적 문답으로 일관하는 무갈등의 서사 혹은 철학적 알레고리처럼 보이지만, 그 이면으로 보면 인간 세상의 불의에 대해 강렬한 분노를 품고 있는 두 인물이 만나 벌이는 격정적인 현실비판의 텍스트라고 할 수 있다.

지금까지 김시습에게 귀신담은 귀신론으로 충족될 수 없는 바를 상상적으로 보충해주는 상이한 효용의 담론으로 인식되었을 것이라고 파악해보았다. 김시습은 『금오신화』의 귀신담, 특히 원귀담을 통해

---

40 김시습, 「남염부주지」, 앞의 책, 165면.

역사의 무고한 희생자들을 위무하고 역사의 폭력을 고발하며 불의한 자들을 징치하는 문학적 환상세계를 구축했다. 물론 김시습은 이론적으로는 그것의 가능성이나 정당성을 인정할 수 없었지만, 문학적 상상 속에서는 그것을 우회적으로나마 실현해 보여줄 수 있었던 것이다.

그런데 김시습이 전기라는 허구적 서사양식을 활용하여 귀신론으로는 채워질 수 없는 결여를 상상적으로 충족하고자 했다면, 성현은 이와는 다른 서사양식을 택해 다른 방식으로 활용했다고 할 수 있다. 이제 성현의 귀신론과 귀신담에서는 원귀가 어떻게 인식되고 형상화되고 있는지 간략하게 살펴보기로 하자.

원귀에 대한 성현의 이론적 입장을 엿볼 수 있게 하는 텍스트는『부휴자담론』속의「귀신」이다. 여기서 성현은 원귀에 대해 다음과 같이 간략하게 언급하고 있다.

> 기괴한 형상을 드러냄으로써 사람들로 하여금 근심하게 하는 귀신은 제나라 팽생이나 정나라 양소와 같은 부류이다. 그 부류는 모두 비명에 횡사한 뒤 그 노여움을 풀 길이 없으므로 기괴하고 포악한 짓을 하여 사람들에게 재앙을 끼치려 한다. 오직 덕이 있는 사람만이 그 재앙을 물리칠 수 있으며 조화로운 기운만이 그 재앙을 그치게 할 수 있다.[41]

성현 또한 원귀를 제 명에 죽지 못하고 그 분노를 미처 풀지 못해 어딘가에 고착·울결해 있는 존재로 파악한다는 점에서 김시습과 유사한 관점을 지니고 있었다. 그런데 아마도 이러한 원귀 관념은 김시습

---

[41] 성현, 앞의 책, 66~67면.

이나 성현의 고유한 사유라기보다 전근대 사회에서 널리 공유하고 있었던 일반적인 관념이었을 것이다. 근대 이전의 사회에서는 관념의 주술적인 힘을 믿는 경향이 강했는데, 특히 그 가운데서도 원한과 같은 강렬한 관념에 대해서는 더욱 그러했다. 원한을 품고 죽은 존재는 산 사람에게 적의를 품고 있으며 자신과 접촉하는 사람에게 그 분노를 표출하려 한다는 생각은 근대 이전의 사회에서 널리 발견되는 일반적인 관념이었다. 그런 점에서 여기서 피력된 성현의 원귀 인식은 굳이 유교적 관점이라고만 한정할 수 없는, 당대에 널리 퍼져 있었던 일반적인 원귀 관념을 표현한 것이라고 볼 수도 있다.

그런데 성현의 유교적 관점이 잘 드러나는 것은 이러한 원귀의 '기괴하고 포악한 짓'을 멈추게 할 수 있는 것이 덕 있는 사람과 조화로운 기운이라고 말하는 대목에서이다. 덕이나 조화는 사대부와 같은 유교적 통치자들에게 요구되는 윤리적 덕목으로서, 결국 이 말은 유교적 이념으로 무장한 치자治者들만이 원귀의 장난을 제어할 수 있다는 뜻이다. 여기서 원귀의 기괴함과 포악함이 치자의 덕과 조화와 대립된다. 앞서 보았듯이 김시습도 귀신론에서 원귀에게 이념적 정당성을 부여하지는 않았었다. 이 점은 성현과 마찬가지이다. 그런데 김시습은 존재론적 차원의 논리로 원귀를 부정했었다. 즉 그의 음양이기론적인 우주 속에서는 원귀 같은 울결지기鬱結之氣에게 허용된 정당한 존재론적 위상이 없었던 것이다. 이에 비해 성현의 경우는 원귀가 벌이는 행위의 기괴함과 포악함이 문제시된다. 그래서 원귀는 마치 유교적 덕치와 교화에 의해 아직 순치되지 못한 일탈성이나 폭력성처럼 묘사·인식되고 있는 것이다.

이처럼 성현의 귀신론은 매우 소략하게 원귀의 발생 원인과 제어 방법에 대해 언급하고 있을 뿐인데, 그렇다면 그의 귀신담은 원귀를 어떻게 인식하고 묘사하고 있을까? 이를 위해 무엇보다 우선 고려해야 할 것은 그가 필기라는 사실적 서사양식을 택해 당대 사대부가를 떠돌던 귀신 이야기들을 기록했다는 점이다. 필기는 신변견문을 사실적으로 기록하는 단형의 서사양식이다. 그것은 문학적 상상력을 적극 활용하여 허구적 서사세계를 펼치는 전기傳奇와는 그 지향을 달리하는 글쓰기 양식이었다. 앞서 성현의 귀신론의 특징으로 귀신에 관한 이론적 변증보다 경험적 사실의 관찰과 기술, 분류에 더 관심을 기울이고 있다는 점을 들었는데, 이는 성현이 저술한 필기집『용재총화』속의 귀신담에도 적용될 수 있는 특징이다. 여기에서 성현은 그의 이론적 입장이나 도덕적 평가를 전면에 강하게 내세우기보다, 자신이 보거나 전해들은 귀신의 괴이한 출몰과 행태를 사실적으로 기록・전술하는 데 초점을 둔다. 이 점에서 성현의 귀신담은 그의 귀신론과 상이한 지향을 지닌 — 그래서 상보적인 역할을 할 수 있는 — 서사적 담론이라기보다, 오히려 그의 귀신론에 호응하면서 그것을 구체적으로 예거하는 역할을 하는 서사적 담론이라고 할 수 있다. 즉 구체적인 사실을 관찰・기술하기를 즐겨하는 그의 글쓰기 스타일은 귀신론뿐 아니라 귀신담에서도 관철되고 있다는 것이다.

이처럼 필기라는 사실적 서사양식을 택해서 성현은 자신이 주변에서 보고 들었던 귀신 이야기 몇 편을 기록으로 남기고 있는데,『용재총화』에 수록된 이 이야기들을 귀신의 성격에 따라 크게 분류하자면 그 가운데 몇 편은 귀물鬼物에 관한 이야기이고 몇 편은 원귀寃鬼에 관한 이야기라고 할 수 있다. 여기서 귀물이란 그 기원이 불분명하고 그 형상이나 성격 또한 인간성과는 거리가 먼 기괴한 사물로서의 귀신들을 말한다. 『용재총화』에 등장하는, 성현의 외숙 안공이 물리쳤다는 우물 속의 귀신이나 고목의 귀신 등이 그러한 존재들이다. 김시습이 「남염부주지」에서 말한 '만물에 붙어' 만물을 해치고 '만물을 괴롭히며' '만물을 현혹시키는 요물'[42]이 바로 이 귀물이며, 성현이 「귀신」에서 열거한 귀신의 종류 가운데서는 '③ 깊은 밤중에 횃불을 들고 나타나는 귀신'이 이 범주에 속한다고 할 수 있다. 자연에 깃들어 있는 불가항력적인 힘과 그것에 대한 불안과 공포, 경외심을 표상하는 이러한 귀물들은 원귀와 달리 어떤 인간적인 원한을 품고 있지 않으며, 그 때문에 자신의 원한을 풀기 위해 누군가에게 호소하거나 위력을 부리지도 않는다. 그리고 그것을 물리칠 수 있는 것도 (그의 외숙 안공이 보여주었던 것처럼) 귀물을 압도할 만한 굳센 기운과 위엄이라고 할 수 있다.

그런데 『용재총화』에는 이런 귀물들 이외에도 원귀로 분류될 수 있을 만한 귀신들이 여럿 등장한다. 대체로 이들은 원래 인간이었다가 원한을 품고 죽은 후 다시 현세에 돌아와 그 기괴한 존재성을 드러내는 귀신들인데, 홍재상에게 버림받아 뱀이 된 여승이나 안생安生과의 신의를 지켜 자결하였다가 되돌아온 여비女婢의 원혼, 기유의 집에 나타나 장난을 벌이는 유계량의 원혼 등이 원귀로 파악될 수 있는 귀신들이다. 우리는 작품 속 전후 맥락을 통해 이들이 왜 소멸하지도 저승으로 가 안식하지도 못한 채 원혼으로 남아 현실에 출몰하는지를 짐작할 수 있다.[43] 『용재총화』에서 원귀는 원한의 당사자나 그의 집에 붙

---

42 각주 30)을 참조하라.

어 떨어지지 않음으로써 그 무서운 존재성을 드러내는데, 이는 그 당사자를 공포와 불안으로 몰아넣으며 결국은 모두 죽음으로 이끌고 간다. 이 점은 이론적으로는 원귀를 부정하였지만 서사 속에서는 그 절실한 사연과 인간적 원망을 적극 청취하였던 김시습의 원귀 서사와 확연히 구별되는, 성현이 남긴 원귀 서사의 주요한 특징으로서, 원귀를 '비명에 횡사한 뒤 그 노여움을 풀 길이 없으므로 기괴하고 포악한 짓'을 하는 존재라고 본 그의 원귀 인식을 잘 반영하고 있다.

바로 이러한 원귀 인식과 연결되어 있는, 성현이 남긴 원귀담의 또 다른 특성 하나는 그의 원귀담에는 원귀의 발생 이유이나 (그러한 동기를 이해함으로써 자연스럽게 도출될 수 있는) 원귀의 신원에 대한 관심이 별로 드러나지 않는다는 점이다. 성현은 『용재총화』에서 그러한 원귀들의 발생 이유나 신원보다 그 기괴한 형상이나 종잡을 수 없는 형태를 기술하는 데만 관심을 두는 것처럼 보인다. 이처럼 어떤 감정이입이나 해석, 도덕적 평가를 유보하고 객관적인 사태만을 기술하는 성현의 태도는 『용재총화』의 원귀담에 일정한 사실성을 부여한다. 예컨대 '귀신으로 되돌아온 여비'에 대한 이야기만 보더라도 『청파극담』이나 『용천담적기』에 실린 이야기보다 『용재총화』에 실린 이야기가 보다 사실적으로 느껴지는데, 이는 도덕적 판단이나 해석을 최대한 개입시키지 않는 저자 성현의 글쓰기 스타일에 힘입은 바 크다.

---

43 그밖에 죽어서 뱀이 되어 아내의 곁을 떠나지 않는 중이나, 조카 이두의 집에 기괴한 형상으로 나타나 가사(家事)를 지휘하는 고모 귀신 등도 원귀로 해석될 여지가 있는 귀신들이다. 다만 『용재총화』에서는 그들이 죽어서도 소멸하지 못하고 현실에 출몰하게 된 이유, 그들의 원한이 구체적으로 서술되어 있지 않아 원귀로서의 성격이 매우 모호하게 묘사되어 있다.

하지만 이런 인간적 해석이나 도덕적 평가의 유보는 전언의 사실성을 부각시키는 데는 유리하겠지만, 원귀담을 서사적으로 공감할 만한 이야기로 구성하는 데에는 취약할 수밖에 없다. 원귀에게서 어떤 절실한 사연과 인간적 원망을 인정하고 그것을 공감할 만하게 서사적으로 구성해야 그 구체적인 원한의 해소 방법 또한 제시될 수 있을 터인데, 성현의 원귀담은 원귀들에게 그들의 절실한 사연과 내밀한 원망을 발화할 기회를 제공할 수 없었던 것이다. 아마도 원귀의 생성 이유나 해원 방법을 서사적으로 구성하다보면 원귀를 생성시키는 사회의 모순이나 폭력이 문제시될 수 있었을 것이다. 하지만 성현은 그의 귀신담에서 기괴한 사건의 객관적 관찰자 내지 보고자의 역할에 머무르고자 할 뿐, 그것을 통해 사회를 문제 삼는 데까지는 이르려 하지 않는다. 바로 이와 같은 점이 서사적 허구를 적극 활용한 김시습의 귀신담과 가장 결정적으로 구별되는, 성현의 귀신담의 핵심적인 특징이라고 할 수 있다.

4. 김시습의 긴장과 성현의 반복

이상으로 김시습과 성현이 남긴 귀신론과 귀신담을 중심으로 그 시대적 문제의식과 개별적 특징, 그리고 원귀에 대한 인식의 차이 등을 두루 살펴보았다. 여기서는 앞의 논의를 간략히 요약 정리하면서 앞으로의 연구방향을 검토하고자 한다.

우선 김시습과 성현의 귀신론은 무속이나 불교에 기반을 둔 재래의 신앙·습속이 여전히 막강한 위력을 발휘하고 있었던 15세기의 신앙 상황에 대한 유교적 지식인들의 이론적 대응의 산물이라는 점을 고려할 필요가 있다. 그래서 그들의 귀신론에는 재래의 습속이나 미신을 어떻게 인식하고 대응할 것인가에 대한 시대적 고민이 담겨 있다.

물론 그럼에도 두 사람의 귀신론에는 간과할 수 없는 차이가 있다. 우선 김시습은 치열한 이론적인 변증을 통해 당대의 온갖 미신적 사유들과 맞서 그것을 논파하고 성리학적 귀신론을 제시하려는 목적의식이 뚜렷했다. 이러한 목적의식에 따라 치열하고 논쟁적인 글쓰기를 전개하는 것이 김시습의 귀신론의 핵심적인 특징이라고 할 수 있다. 반면 성현은 성리학적 귀신론을 정론으로 받아들이면서도 재래의 귀신신앙을 관찰, 기록, 포섭 혹은 배제하는 데 더 관심을 기울인다. 그러므로 김시습의 귀신론을 굳이 이론가형의 글쓰기에 가깝다고 규정할 수 있다면, 성현의 귀신론은 기술가형의 글쓰기에 가깝다고 할 수 있겠다.

다음으로 김시습과 성현의 귀신론과 귀신담에서 원귀가 어떻게 인식·묘사되고 있는지, 그들의 귀신론과 귀신담 사이의 관계는 무엇인지에 대해 논의해보았다. 우선 김시습은 귀신론이라는 이론적 담론에서는 원귀의 존재론적 근거와 정당성을 인정하지 않았지만,『금오신화』와 같은 서사적 담론 속에서는 그들의 내밀한 원망에 충분히 공감하였고 또 그것이 충분히 발화될 수 있도록 기회를 제공하였다. 이 점에서 보면 김시습의 귀신론과 귀신담에서의 원귀 인식은 상이한 것처럼 여겨질 수 있지만, 우리는 이를 모순 내지 갈등관계로 파악하기보다 오히려 담론적 차이로 파악하고 그것의 역할과 효용이 달랐다고 이해할 필요가 있다.

이에 비해 성현의 귀신론과 귀신담은 동일한 사유 패턴과 글쓰기 스타일을 반복하고 있으며, 그런 점에서 상호 연장선상에 놓여 있는 것 같다. 성현은 원귀를 둘러싼 시중의 이야기를 비교적 충실하고 사실적으로 기록하지만, 그러한 존재에 도덕적 정당성이나 내밀한 원망을 부여하지도 묘사하지도 않았다. 그래서 그의 필기집 『용재총화』에서는 원귀가 출몰하기는 해도 그 생성 원인이 그리 명확하게 서술되어 있지 않고, 또 원귀가 기괴한 행위를 벌이는 의도나 목적도 불분명하게 기술된다. 이처럼 그 원인이나 목적이 불분명하게 서술되다보니 원귀에게 그의 내밀한 원망을 표현하고 신원할 기회가 주어지지 않는 것도 물론이다.

이상으로 김시습과 성현이라는, 15세기를 살다간 주요한 두 유가적 지식인이 남긴 귀신 담론의 특징과 원귀 인식을 거칠게 살펴보았다. 그들이 남긴 철학적 귀신론과 서사적 귀신담은 다만 귀신에 관한 이론과 서사라기보다 현실과 비현실, 정상과 비정상, 유교적 질서와 그 바깥의 관계를 어떻게 인식하고 설정할 것인가에 대한 고민의 산물이기도 하다. 특히 원귀의 존재는 그 사회에 모순과 폭력이 존재한다는 것을, 해소될 없는 갈등이 존재한다는 것을 보여주는 증상이라는 점에서 문제적이다. 김시습의 귀신 담론에서는 원귀의 존재론적 정당성을 인정하지 않는 귀신론과, 원귀의 이유 있는 항변에 공감하는 귀신담 사이에 (모순이라고까지 할 수는 없지만) 긴장이 존재한다. 이러한 긴장은 이론처럼 매끄럽지 않은, 세계의 균열과 소음에 공명하는 것이라고 할 수 있을 것이다. 이념과 상상 사이, 철학과 문학 사이에는 항상 이런 긴장과 소음이 존재해왔다. 반면 성현의 귀신론과 귀신담은 비교적 매끄럽고 일관성 있게 연결되어 있다. 하지만 이 매끄러움이나 일관성은 세계의 소음을 배제하거나 애써 거리두기할 때만 얻어질 수 있는 것이다. 아마도 김시습과 성현의 세계관적 차이를 문제 삼을 수 있다면, 그것은 바로 이러한 세계의 소음을 처리하는 방식에서 찾을 수 있을 것이다.

필기·야담을 통해 본 조선 후기의 귀신관과 사후관

1. 연구사 검토

죽음은 인간에게 던져진 가장 오래된 질문 가운데 하나이자 결코 완전히 해소되기 어려운 불안의 원천이라고 할 수 있다. 인간은 왜 죽는 가? 죽음은 어떤 존재 변화를 수반하며 죽은 자는 어디에 거처하는가? 산 자는 죽은 자를 어떻게 대접하고 떠나보내야 하는가? 죽음이 제기하는 이러한 절박한 존재론적 질문들에 답하기 위해, 죽음이 야기하는 깊은 실존적 불안에 대처하기 위해 인간은 다양한 종교나 철학, 의례, 속신, 주술 등을 창안했고 그것에 의지해왔다.

귀신이나 사후세계를 둘러싼 신비롭고 기괴한 이야기들도 그와 같은 시도의 하나로 볼 수 있을 것이다. 그것은 이 이야기들이 죽음 이후 경험하게 될 미지의 사후세계나 그러한 세계에 속하는 초자연적 존재들에 대한 다양한 정보와 전언들을 담고 있기 때문이다. 비록 종교나 철학 같이 조직적이고 논리적인 체계를 갖추지 못했을지라도, 귀신이나 사후세계에 관한 자잘한 이야기들에는 죽음에 대한 인간의 불안한 호기심이 반영되어 있고 미지의 대상을 인지 가능한 대상으로 재현함으로써 불안을 극복하고자 하는 욕망이 담겨 있다.

이 글은 조선 후기(17~19세기)의 필기·야담집에 수록된 귀신이나 사후세계를 소재로 한 이야기들을 대상으로 삼아 조선 후기를 살아갔던 역사적 주체들에게 귀신이나 사후세계는 어떻게 인식되었는지, 그러한 인식은 텍스트에 따라 혹은 시기에 따라 어떤 변화를 보이는지 검토해보고자 작성되었다.

조선 후기의 귀신관과 사후관을 필기·야담의 자료를 중심으로 검토해보려 하는 것은 그것이 지닌 고유한 자료적 성격과 가치 때문이다. 필기·야담은 전근대 동아시아 지식인들, 특히 사대부들에 의해 애용된 한문 산문 양식으로, 기록할 만한 가치가 있다고 여겨진 견문들을 자유로운 산문 형식으로 기술하는 양식적 특징을 지니고 있다. 그 속에는 공식 역사正史에 누락되었거나 실리기에 적합하지 않다고 여겨진 다양한 내용의 전문傳聞들과 경험담들이 수록되어 있으니, 한마디로 필기·야담은 박학博學과 박문博聞을 추구했던 사대부들의 기록정신의 산물이라고 할 수 있다. 그런 점에서 그것은 서사적 허구를 적극 활용하는 소설에 비해 경험적 현실에 더 충실한 편이며, 논리적 일관성과 이념적 당위성을 추구하는 (鬼神死生論과 같은) 철학적 담론에 비해 구체적이고 복합적이며, 근대 이후 본격적으로 수집된 민속학적 자료에 비해 역사성을 지니고 있다.

하지만 그렇다고 필기·야담이 조선 후기 사람들의 귀신이나 사후 세계에 대한 관념을 '있는 그대로' 보여주는 텍스트인 것은 물론 아니다. 조선 후기 필기·야담집의 저자는 사대부들이었다. 그들의 성적·계급적·당파적 입장, 이념적 성향, 개인적 취향 등에 따라 자료는 선별되고 재해석되고 특정하게 배치될 수밖에 없다. 그리고 이 과정에서 타자─예컨대 여성이나 민중 같은 피지배층─의 시각이나 목소리는 억압되거나 배제되기 쉽다. 필기·야담의 텍스트 해석은 이 점을 충분히 고려하면서 이루어져야 한다.

그런데 조선 후기의 사후관과 관련해서는 이미 많은 선행 연구들이 제출된 바 있다. 여기서는 이를 세 갈래로 나눠 간략히 살펴보고자 하는데, 우선 그 가운데 하나로 조선 후기 유가적 지식인들이 제출한 귀신사생론鬼神死生論을 통해 사후세계를 대표하는 존재인 귀신에 대한 인식의 변화를 검토한 철학적·사상사적 연구들이 있다.[1] 이 연구들의 성과를 거칠게나마 요약한다면 다음과 같이 정리될 수 있을 것이다 : 성리학이 아직 깊이 뿌리내리지 못했던 조선 초기에는 무속이나 불교에 근거한 실체론적 귀신관이 강했던 반면, 성리학에 대한 이해가 심화되고『주자가례』를 적극 준행하고자 했던 16세기부터는 성리학적 귀신론에 바탕을 둔 비실체적 귀신관이 확산되기 시작했고,『주자가례』와 성리학적

---

1   대표적으로 다음과 같은 연구들을 들 수 있다. 김현, 「조선 유학에서의 귀신 개념」, 한국 사상사연구회 편,『조선유학의 자연철학』, 예문서원, 1998; 차남희, 「16·7세기 주자학 적 귀신관과『천예록』의 귀신관」,『한국정치학회보』40-2, 한국정치학회, 2006; 김우형, 「조선 후기 귀신론의 양상」,『양명학』19, 한국양명학회, 2007; 금장태,『귀신과 제사─ 유교의 종교적 세계』, 제이앤씨, 2009; 최진덕, 「다산학의 상제귀신론과 그 인간학적 의 미」,『철학사상』33, 서울대 철학사상연구소, 2009; 박종천, 「유교적 귀신사생론과 의례 의 실천」,『한국유학사상사대계』10, 한국국학진흥원, 2010.

종법주의가 정착된 17세기 이후에는 학파에 따라 귀신론이 분화되는 양상을 보인다. 즉 조선 후기에는 성리학적 귀신론에 충실한 입장(노론 호학파와 남인 영남학파)에서부터 귀신을 이기理氣가 혼융된 실체처럼 파악하는 입장(노론 낙학파), 성리학적 귀신론 대신 원시유교의 실체론적 귀신론을 다시 받아들이는 입장(허목·윤휴 등의 고학古學), 서학의 천주설天主說·영혼설靈魂說에 영향을 받으면서 상제上帝와 같은 초월적인 존재와 세계를 긍정하는 입장(정약용)까지 다양한 편차를 보여준다는 것이다.

유가적 지식인들이 남긴 이러한 철학적 귀신론은 조선 후기의 귀신관과 사후관을 파악하는 데 중요한 참조 자료가 된다. 그것은 당대인들의 귀신이나 죽음에 대한 인식을 기반으로 하여 논리적으로 체계화한 것이라고 볼 수 있기 때문이다. 하지만 그럼에도, 논리적 일관성·이념적 당위성·도덕적 효용성을 항상 고려해야만 했던 유가적 지식인들의 논설이라는 바로 그 점 때문에, 철학적 귀신론만으로는 불안과 호기심, 놀라움과 의혹 같은 인지적·정서적 반응을 동반했을 당대인들의 경험적 귀신관과 사후관을 해명하기에 부족함이 있는 것 아닌가 하는 의문이 남는다.

다음으로 필기·야담·소설 등을 통해 조선 후기의 귀신관과 사후관을 분석한 문학적 연구들이 있다.[2] 특히 정환국·김정숙의 연구는 필기·야담을 대상으로 조선 후기 귀신의 성격과 사후세계의 이미지

---

2 대표적으로 다음과 같은 연구들을 들 수 있다. 정환국, 「17세기 이후 귀신 이야기의 변모와 '저승'의 이미지」, 『고전문학연구』 31, 한국고전문학회, 2007; 조재현, 「고전소설에 나타나는 저승계 연구」, 『어문연구』 134, 한국어문교육회, 2007; 김정숙, 「조선시대 필기·야담집 속 귀신·요괴담의 변화양상」, 『한자한문교육』 21, 한국한자한문교육학회, 2008.

가 어떻게 변화해 가는지를 검토하고 있다는 점에서 이 글의 논의에 직접적으로 선행하는 연구라고 할 수 있다. 우선 정환국은 조선 전기의 귀신 이야기가 유가적 귀신론에 종속된 면이 짙다면, 조선 후기의 귀신 이야기는 유가적 귀신론에서 벗어나 귀신의 존재를 믿는 경향이 강해진다고 보았다. 그리고 터부의 대상이자 쫓아내야할 타자였던 귀신이 인간 주변에 더부살이하면서 인간 심리의 심연에 존재하는 타자로 변화해간 것을 조선 후기 귀신관에 나타난 핵심적인 변화로 꼽았다. 이와 함께 사후세계의 이미지도 변화하는데, 조선 후기 단편서사류 속에서 사후세계는 인간세상과 다를 바 없는 일상의 공간으로 묘사되거나 현실을 위해 이용되는 대안적 공간으로 그려진다.[3] 한편 김정숙은 참혹한 전란을 겪은 17세기의 귀신 이야기에는 그로테스크한 형상을 지닌 원귀나 요괴들이 많이 출현하는 데 비해 18~9세기의 귀신 이야기에는 조령祖靈이 많이 등장하고 가부장적 이념이 전경화되고 있다고 조선 후기 귀신 이야기의 변화 양상을 개괄적으로 조망하고 있다.[4]

이들의 연구는 조선 전기와 변별되는 조선 후기 필기 · 야담의 귀신 이야기를 거시적으로 조망하면서 귀신의 성격 변화나 사후세계의 이미지를 검토하고 있다는 점에서 이 글의 논의에 큰 도움을 준다. 하지만 조선 후기의 귀신 이야기를 다소 현상적으로 검토하는 데서 그침으로써 그 속에 잠복되어 있는 귀신이나 사후세계 등에 대한 다층적인 관점들과 그것들의 상호 포섭 · 융합 양상 등에 대한 본격적인 분석에는 아직 이르지 못하고 있는 것 같다.

---

3 정환국, 앞의 글.
4 김정숙, 앞의 글.

다음으로 유교의 상제례喪祭禮나 무속의 굿, 불교나 민간신앙의 각
종 의례 등을 통해 전통사회의 사후관을 탐색하는 민속학적·종교학
적 연구들이 있다.[5] 이에 대한 연구는 워낙 방대해서 여기서 일일이 검
토하기 어렵지만, 특히 조선 후기의 사후관과 관련해서는 무속과 유교
의 죽음 의례와 사후관을 비교 검토한 연구가 주목된다. 무속은 한국
전통문화의 심층을 이루는 것으로, 조선 건국 이후 각종 탄압을 받았
음에도 불구하고 여전히 여성과 민중을 중심으로 꾸준한 지지를 받았
다. 또한 유교, 특히 종법적 가족윤리에 기반한 성리학적 의례家禮는
조선 전기부터 국가 차원에서 적극 권장되다가 17세기 이후에는 가부
장적 가족제도의 확산과 함께 지배적인 의례로 정착되어갔다. 그러므
로 조선 후기의 사후관을 탐색하기 위해서는 무속적 의례와 유교적 의
례를 주목하지 않을 수 없는데, 이에 대해 기존 연구는 무속적 의례와
유교적 의례에 나타나는 죽음에 대한 인식 차이뿐 아니라 양자가 맺고
있는 상호보완적 역할에 대해서도 주목하고 있다. 예컨대 장철수는
삶과 죽음을 연속적인 것으로 보고 조용하게 죽음을 맞는 유교의 죽음
관과, 죽음을 삶과의 단절되는 무서운 경험으로 묘사하는 무속의 죽음
관을 대비하면서 이를 전통사회의 상이한 두 가지 죽음관으로 제시한

5 　이 글에서 저자가 참조한 대표적인 연구 성과들을 들면 다음과 같다. 장철수, 「한국의 평
　생의례에 나타난 생사관」, 한림대 인문학연구소 엮음, 『동아시아 기층문화에 나타난 죽
　음과 삶』, 민속원, 2001; 주명준, 「조선시대의 죽음관」, 이재운 외, 『한국인의 사후세계
　관』, 전주대출판부, 2001; 이욱, 「제사의 종교적 의미에 대한 고찰」, 『유교사상문화연
　구』 16, 한국유교학회, 2002; 이숙인, 「주자가례와 조선중기의 제례 문화」, 『정신문화연
　구』 29-2, 한국학중앙연구원, 2006; 최길성, 『한국인의 조상숭배와 효』, 민속원, 2010; 박
　종천, 「상제례의 한국적 전개와 유교의례의 문화적 영향」, 『국학연구』 17, 한국국학진
　흥원, 2010; 이용범, 「한국무속의 죽음이해 시론」, 『한국학연구』 38, 고려대 한국학연구
　소, 2011; 서영대 외 4인, 『무속, 신과 인간을 잇다』, 한국문화사, 2011.

바 있다.[6] 최길성은 '탈 신앙'을 기반으로 한 무속의 사자숭배와 '효 이념'을 기반으로 한 유교의 조상숭배를 구별하면서 특히 후자의 형성 경로에 주목하였다.[7] 한편 켄달은 이념적 효를 강조하는 유교의 부자 구조와 친부모에 대한 딸의 효를 바탕으로 한 무속의 부녀구조를 대비하면서, 무속신앙이 유교적 이념질서에 대한 여성의 반항과 투쟁을 반영하면서도 동시에 현실에서는 유교와 상호보완적인 면을 지니고 있음을 지적하였다.[8]

의례는 반복적 실행을 통해 종교적 믿음이나 이념을 전수하고 그를 통해 사회질서를 재생산하는 핵심 기제라고 할 수 있다. 그런 점에서 종교적 의례에 대한 민속학적·종교학적 연구는 한국의 문화전통이 구조화되고 재생산되는 원리를 이해하는 데 중요한 기여를 한다. 하지만 근대 이후 살아남은 민속을 통해 근대 이전의 민속을 온전히 재구성하기 어렵다는 점, 구체적인 역사적 변화들을 포착하기에는 다소 환원론적인 방법론이라는 점 등은 이러한 연구들의 난점으로 남아 있다.

이상으로 이 글의 목적, 대상 자료의 성격과 의의, 조선 후기의 귀신관과 사후관에 관한 기존 연구 성과 등에 대해 간략히 논의해보았다. 이제 이를 바탕으로 2절부터는 조선 후기 필기·야담의 귀신 이야기

---

6 장철수, 앞의 글. 그런데 무속의 사후관이 과연 삶과 죽음을 단절적인 것으로 이해하는 지에 대해서는 다른 해석이 있을 수 있다. 죽으면 사자들의 세계로 이동한다는 무속적 사후관은 죽음이 존재의 근본적인 속성을 변화시킨다고 보는 불교나 기독교 등의 사후관과 다르기 때문이다. 하지만 수평적 이동이든 수직적 이동이든 현실세계와 다른 사후세계가 존재하며 사후세계에 제대로 안착하지 못하면 불행을 끼치는 악귀(惡鬼)가 된다는 무속적 사유는 삶과 죽음을 분리하려는 의식의 산물이라고 할 수 있겠다.

7 최길성, 앞의 책.

8 Kendall, "Wood imps, ghosts, and other noxious influences : the ideology of affliction in a Korean village", *The Journal of Korean Studies* Vol 3, 1981.

를 중심으로 그 속에서 귀신이나 사후세계가 재현되는 양상과 그 기저에 깔려 있는 귀신이나 사후세계에 대한 관념을 검토해보기로 할 터인데, 여기서 저자가 검토의 대상으로 삼은 자료는 17세기에서 19세기 사이에 저술된 다음과 같은 필기·야담집들이다.

> 17세기 초반 유몽인(柳夢寅, 1559~1623)이 저술한『어우야담(於于野談)』
> 17세기 중반 정태제(鄭泰齊, 1612~?)이 저술한『국당배어(菊堂排語)』
> 18세기 초반 임방(任埅, 1640~1724)이 저술한『천예록(天倪錄)』
> 18세기 후반 신돈복(辛敦復, 1692~1779)이 저술한『학산한언(鶴山閑言)』
> 19세기 중반 작자 미상의『기문총화(記聞叢話)』

물론 이 텍스트들은 조선 후기에 저술된 필기·야담집 가운데 일부일 뿐이다. 하지만 여타 필기·야담집에 비해 당시 사대부들과 민중 사이에서 떠돌아다니던 귀신이나 사후세계에 관한 이야기들을 풍부하게 수록하고 있다는 점, 저술 시기와 저자를 대략 특정할 수 있다는 점 등은 이 텍스트들이 지닌 공통된 장점이라고 할 수 있다. 우리는 이 텍스트들을 통해 조선 후기 사대부들과 민중의 상상세계의 일면을 엿볼 수 있을 것이다.

그런데 본격적인 논의에 앞서 우선 2절에서는 조선 전기의 귀신관과 사후관을 동시대의 필기나 실록 등의 몇몇 기록들을 통해 간략히 검토해보고자 한다. 비교의 준거로서 조선 전기의 양상을 개략적이라도 파악해두어야 조선 후기의 변화 양상을 제대로 포착·인식할 수 있기 때문이다.

2. 조선 전기의 귀신관과 사후관

－필기와 실록 등의 기록을 중심으로

조선 전기의 필기에는 당대 사대부가와 민간에 떠돌았던 다양한 소
재의 이야기들이 수록되어 있는데, 그 가운데 사후세계를 직접적으로
서술하고 있는 이야기는 매우 드문 편이다. 물론 이것이 조선 전기 사
람들은 사후세계에 대한 관심이 적었다거나 귀신에 관한 신앙이 없었
다는 것을 뜻하지는 않는다. 조선 전기의 필기나 실록에는 무속이나
불교식 의례를 통해 사자死者의 명복을 빌고 온갖 귀신들을 섬겼던 당
대 민간의 습속이 자주 그리고 비판적으로 언급되고 있는데, 이는 역
설적으로 사후세계가 실재하고 귀신이 있다는 신비주의적인 믿음이
널리 퍼져 있었음을 반증한다. 유자들은 이러한 믿음을 미신이라 배격
하였고 무속적·불교적 의례를 음사淫祀라고 지목하며 이를 타파하고
자 노력했지만, 민간뿐 아니라 사대부가에서조차 그것을 전적으로 부
정하기 어려웠음은 『묵재일기』나 『미암일기』 같은 조선 전기 사대부
가의 일상을 기록한 일기문학을 통해서도 확인할 수 있다.[9]

그렇다면 조선 전기의 필기에 사후세계에 관한 이야기가 거의 기록
되지 않았던 것은 무엇 때문일까? 무엇보다 주된 요인으로는 필기의
저자들이 성리학을 지배이념으로 받아들였던 사대부였다는 점을 들
수 있을 것이다. 성리학으로 무장한 조선 전기의 사대부들은 재래의

---

9 이에 대해서는 다음 논의들을 참조할 수 있다. 이복규, 「묵재일기 소재 민속 관련기사」,
『묵재일기에 나타난 조선 전기의 민속』, 민속원, 1999; 조현설, 「16세기 일기문학에 나타
난 사대부들의 신이담론과 소설사의 관계」, 『한국어문학연구』 51, 동악어문학회, 2008.

무속적·불교적 사후관·귀신관이나 의례를 혹세무민의 미신이자 음사라고 비판했었다. 대신 그들이 받아들인 것은 성리학의 이기론적인 역학적 우주론과 귀신사생론인데, 이 이론에 따르면 음양 두 기氣의 운동에 의해 생성과 소멸을 반복하는 이 현실세계 이외에 다른 차원에서 별도로 존재하는 사후세계란 있을 수 없다. 그러므로 불교와 무속 같은 사교邪敎와의 투쟁을 중시했던 조선 전기의 사대부들로서는 사후세계에 관한 신이한 이야기들을 수록하기 어려웠을 것이다.

하지만 그렇다고 조선 전기의 필기 저자들이 성리학적 귀신사생론에 속박되었는가 하면 꼭 그렇지는 않다. 조선 전기의 필기에는 (매우 드물기는 하지만) 불교적·무속적 사유에 기반을 둔 저승체험담이 수록되어 있는가 하면, 사후세계와 연관된 존재라고 할 수 있는 귀신에 관한 기이한 이야기들이 제법 많이 수록되어 있기 때문이다. 우리는 민간과 사대부가에서 회자되다가 필기의 저자들에게까지 주목받기에 이른 이러한 이야기들에서 성리학적 귀신사생론과는 그 결을 달리하는, 보다 오래되고 뿌리 깊은 재래의 귀신관과 사후관을 발견할 수 있다.

우선 그 가운데 하나로 16세기 초반 김안로가 저술한 『용천담적기』에 수록되어 있는 「박생朴生」의 사후체험담부터 살펴보기로 하자. 저자 김안로는 이를 채록하면서도 "불교에서 세상을 속이기 위한 말과 똑같다"고 평하면서 그 전언에 대해 불신의 태도를 드러낸다. 하지만 이 이야기 자체를 보면 그것은 사후세계에 대한 조선 전기 사람들의 통속적 관념의 일단을 흥미롭게 보여준다. 이 이야기에서 주인공 박생 ― 내의원內醫院 의원이었던 박세거朴世擧 ― 은 염병을 앓다가 죽어 저승을 체험하고는 다시 살아 돌아와 이미 정해져 있는 운수運數와 화복禍福

에 대해 주변 사람들에게 말한다. 그런데 그가 묘사하는 사후세계는 불교와 무속의 상상력을 혼합한 것이었다. 죽은 사람을 생전의 업에 따라 심판하고 그 사람을 야차가 끓는 가마에 집어넣기도 하는 것 등은 불교에 말하는 지옥과 흡사한 면모라고 할 수 있다. 그렇지만 삽살개를 따라서 큰 강을 건너면 현세로 돌아올 수 있다는 부분은 오히려 무속의 저승관과 유사한 면이 있다. 이와 함께 그곳은 각기 직분에 따라 업무를 맡은 관료들이 엄정히 일을 처리하는, 마치 유교 관료제 국가 같은 유사類似-현실적인 공간으로 묘사되기도 한다. 이처럼 박생이 체험한 사후세계는 불교나 무속적 관념이 바탕을 이룬 상태에서 유교적 관료제나 가치 등을 혼합하고 있는데, 이는 16세기 초반 채수가 창작한 「설공찬전」에 묘사된 사후세계와도 유사하다. 그런 점에서 우리는 박생 이야기에 묘사된 사후세계란, 조선시대 이전부터 꾸준히 전승되어 오던 불교적·무속적 사후관념을 바탕으로 유교 관료제라는 현실질서를 고려하면서 구축된, 조선 전기에 널리 퍼져 있었던 통속적인 사후세계의 이미지가 아니었을까 추정해 볼 수 있겠다.[10]

그런데 귀신이나 사후세계와 관련하여 무엇보다 조선 전기의 특징을 잘 보여주는 것은 귀신에 대한 독특한 관념이라고 할 수 있다. 귀신은 죽음 혹은 죽음과 비슷한 근본적인 존재의 변성變性을 겪은 존재로서, 사후세계와 연결되어 있고 죽음을 환기시킨다는 점 때문에 사람들에게 불안과 공포를 불러일으키는 대상이다. 그러므로 귀신에 대한 인

---

10 이러한 조선 전기의 저승체험담은 인도나 중국에서 유입되어 토착화된 불교적 서사와, 무속을 통해 전승되어온 민간설화, 현실의 유교적 질서와 가치관 등이 결합되면서 형성된 것이라고 볼 수 있을 것이다(저승체험담의 불교적 전승에 대해서는 소인호, 「저승체험담의 서사문학적 전개」, 『우리문학연구』 27, 우리문학회, 2009을 참조하라).

식과 태도를 검토하는 것은 죽음이나 사후세계에 대한 관념을 파악하는 데도 중요한 단서가 되어줄 수 있다.

이 점에서 15세기 말 성현이 저술한 『용재총화』 속 「안생」 이야기는 조선 후기와는 다른, 조선 전기의 특유한 귀신관의 일면을 보여주는 이야기라는 점에서 주목할 만하다. 이 이야기는 서울 명문가 출신의 홀아비 안생이 하성부원군의 여비女婢를 사모하였고, 그녀와 혼인하였다가 주인의 늑혼 명령에 저항하여 자살한 여비의 원귀를 만난 후 시름시름 앓다가 죽었다는 줄거리를 지니고 있다. 이 이야기는 『금오신화』의 「이생규장전」과 유사한 명혼冥婚 모티프를 지니고 있어서 일찍부터 전기소설에 가까운 작품으로 평가되곤 했었다. 하지만 「이생규장전」과 비교해볼 때 이 이야기의 특이한 점은 귀신이 되어 돌아온 여비를 보고 안생이 두려움을 느끼고 그녀에게서 필사적으로 도망을 치려한다는 점이다. 이는 「이생규장전」에서 남주인공 이생이 절의를 지키다 죽은 그의 아내 최랑의 원귀를 만나 그녀가 귀신일지도 모른다고 의심을 하면서도 그 만남이 깨어질까봐 걱정하는 것과 전혀 다르다. 유교적 인륜관으로 보면 이러한 안생의 두려움과 도피는 잘 이해되지 않는 면이 있다.[11] 자신과의 신의를 지키기 위해 자살한 여비의 귀신을 보고 그는 왜 그토록 두려워하며 그것에서 계속 도망치려고 하는 것인가? 저자가 보기에 이러한 안생의 행위 이면에는 제대로 죽지 못

---

11 같은 사건을 기록하고 있는 『청파극담』에서는 안생(안륜)이 여비의 귀신을 보고 반갑게 맞아 안타까움을 표하자 귀신이 사라지는 것으로 결말이 바뀌어 있다. 『청파극담』의 저자 이륙은 여비의 자살을 유교적 절의로 해석했는데, 이 때문에 그는 여비가 원귀가 되어 나타나고 이로 인해 안생이 넋이 나가 죽고 말았다는 『용재총화』식의 결말을 받아들일 수 없었을 것이다. 즉 이륙은 절의를 지켜 자결한 여성의 원귀에게서 기괴함을 제거하고 있는 것이다.

한, 그래서 이승을 떠나지 못하는 귀신은 원한에 사로잡혀 있으며 접촉하는 사람에게 탈 혹은 빌미鬼祟를 줄 수 있다고 여기는 주술적이고 무속적인 귀신관이 자리 잡고 있는 것 같다.[12]

그런데 시야를 좀 더 넓혀 조선 전기의 필기뿐 아니라 실록이나 일기류 등을 살펴보면 유교적 인륜 관념으로는 받아들이기 어려운, 주로 무속이나 불교에 바탕을 둔 주술적이고 실체론적인 귀신관이 조선 전기에 널리 횡행하고 있었음을 빈번히 목도하게 된다. 귀신에 대한 이러한 관념의 차이는 곧 죽음을 받아들이고 사후세계를 인식하는 관념의 차이와도 연결될 터이다. 여기서는 조선 전기 사회에서 재래의 무속적 귀신 관념과 성리학적 인륜 관념이 충돌하는 하나의 사례로 위호衛護라는 풍습을 둘러싼 논란에 대해 살펴보기로 하자.

위호는 죽은 조상의 혼을 무당집에 맡겨 위무하게 하는 무속의례로, 그 속에는 조상귀신이 빌미가 되어 후손에게 병을 일으킬 수 있다는 관념이 깔려 있다.[13] 그런데 이러한 위호 풍습에 대해 조선 초기 성리학자이자 유교적 예교질서를 구축하는 데 큰 역할을 담당했던 사대부 관료 허조許稠, 1369~1439는 다음과 같은 논리로 비판하면서 세종에게 그것의 금지를 청한바 있다.

---

12 이와 유사한 귀신관은 16세기 초 채수가 창작한 「설공찬전」에서도 발견된다. 이 작품에서 설공찬과 그의 누나 귀신은 사촌 설공침에게 자주 빙의하는데, 그들의 숙부 설충수는 이를 내쫓고자 술사 김석산을 불러 축귀의식을 행한다. 이처럼 사촌에게 빙의하여 기괴한 장난을 벌이는 설공찬 남매 귀신이나 이를 내쫓기 위해 술사를 동원하는 숙부의 행위는 유교적 인륜 관념에서 꽤 벗어나 있다. 비록 현실을 비판하기 위해 허구를 가미한 창작물로 보더라도, 우리는 이 작품의 기저에서 귀신이란 살아 있었을 때와 다른 성격을 가지며 현세에 되돌아온 귀신은 빌미(鬼祟)를 초래할 수 있다고 믿는, 보다 오래되고 심층적인 귀신관을 감지할 수 있다.

13 이용범, 「역사에 나타난 무속의례」, 서영대 외 4인, 『무속, 신과 인간을 잇다』, 한국문화사, 2011, 121면.

(위호를 위해 무당에게 노비를 주지 않으면) 부모의 신(神)이 자손에게 병을 준다고 하오니, 유명(幽明)은 다르다 하더라도 이치는 한 가지인데 어찌 부모의 신이 자손을 병들게 하겠습니까. 이는 의리(義理)에 매우 어긋나는 일입니다.[14]

성리학적 윤리관과 귀신론으로 무장한 허조에게는 죽은 부모의 귀신이 후손에게 빌미를 주어 병을 일으킨다는, 위호라는 의례의 밑바탕에 깔려 있는 무속적 귀신관·사후관이 인륜도의상 받아들일 수 없는 관념으로 여겨졌던 것이다. 우리는 여기서 죽음과 그 이후의 존재 변화에 대한 상이한 두 가지 관념이 충돌하고 있음을 보게 된다.

위호 풍습 밑바탕에 깔려 있는, 조선 전기의 민중은 말할 것도 없고 일부 사대부들에게까지 폭넓게 받아들여지고 있었던 주술적이고 실체론적인 귀신관은 유교적 인륜 관념에 그리 종속되어 있지 않았다고 여겨진다. 주로 무속적 사유에 그 뿌리를 둔 이러한 귀신관에 따르면 사자死者의 귀신은 자신의 죽음을 받아들이고 사자들의 세계에 안착하기 전까지 성마르고 변덕스러운 존재로 남아 있으며 시신과 가족의 주위를 떠돈다. 무속의 위호는, 불교의 천도재와 마찬가지로, 미련이나 원한이 남아 떠도는 혼령들을 위무하여 '빌미 / 탈'이 산 자에게 미치지 않도록 하고 사자들의 세계에 편안히 안착하도록 비는 의례라고 할 수 있다.[15]

---

14 『조선왕조실록』 세종 13년(1431) 7월 13일. 그런데 『조선왕조실록』 성종 5년(1474) 4월 25일 예조가 올린 글에도 그와 같은 사례가 또 언급되어 있다. 이로 볼 때 그와 같은 주술적 행위가 사대부가에서조차 근절되지 않은 채 은밀히 실행되고 있었음을 짐작할 수 있다.
15 조선 전기 사대부들에게 비판과 금지의 대상으로 거론되었던 또 하나의 무속적 상장례

이처럼 유교적 윤리관이나 인륜 감각과는 거리가 있는, 조선 전기의 주술적이고 무속적인 귀신관을 보여주는 또 하나의 극단적인 사례로 실록에 기록되어 있는 '빌미를 이유로 죽은 사람의 시신을 불태운 사건'을 들 수 있다. 『조선왕조실록』에는 자신의 질병을 죽은 처남의 빌미라 믿고 시신을 파내어 불태운 사건[16]이 기록되어 있는데, 흥미롭게도 이는 뤼시앙 레비브륄이 보고한 죽음에 대한 몇몇 원시사회의 관념이나 태도와 매우 유사한 점이 있다. 뤼시앙 레비브륄에 따르면 많은 원시사회에서 사자는, 살아 있을 때의 성격과 관계없이, 성마르고 복수심을 지닌 존재로 여겨진다. 죽음이 주는 고통과 외로움이 그를 사로잡고 있기 때문이다. 대부분의 원시사회는 적절한 장례를 통해 사자의 영혼을 대접하여 달래지만, 몇몇 사회에서는 시체를 절단하거나 혹은 짓이겨버림으로써 혼령을 쫓아내거나 속여서 그것이 해로운 짓을 하지 못하게 한다는 것이다.[17]

물론 실록에 기록된 이 사건은 극단적이고 예외적인 사례로, 사자死者나 시신屍身 혹은 귀신에 대한 당대의 일반적인 습속이나 관념을 대변하는 자료라고 보기는 어려울 것이다. 하지만 이 사건의 기저에 깔려

로 야제(野祭)가 있는데, 이는 사자의 분노와 그로 인한 귀신의 빌미를 피하기 위해 사후 100일째 성대한 잔치를 베풀어 사자의 귀신을 위무하는 무속 의례였다(이에 대한 기록은 『세종실록』 세종 13년 8월 2일자 기사에 보인다. 16세기에 저술된 『묵재일기』에도 야제의 실행에 대한 구체적인 기록을 볼 수 있는데, 이에 대해서는 민정희, 「16세기 야제의 실태와 그 의미―『묵재일기』를 중심으로」, 『역사민속학』 36, 한국역사민속학회, 2011을 참조하라) 여기서 저자의 주목을 끄는 것은 떠들썩한 잔치로 귀신을 기쁘게 하는 의례적 행위 이면에 잠재되어 있는 귀신의 빌미에 대한 두려움이다. 떠들썩한 잔치로 귀신을 기쁘게 하겠다는 오신(娛神)의 행위와 귀신을 노엽게 하면 빌미를 탄다는 두려움이 공존하는 것이 무속적 상장례의 특징이라고 여겨지는 것이다.

16 『조선왕조실록』, 태종 8년(1408) 4월 1일 기사. 이와 유사한 사건이 이후에도 발생했다는 것은 『조선왕조실록』 성종 5년(1474) 4월 25일에 예조에서 올린 글에서 확인된다.

17 뤼시앙 레비브륄, 김종우 역, 『원시인의 정신세계』, 나남, 2011.

있는 관념, 즉 사자나 그 시신 혹은 귀신을 죽음이나 재앙을 전염할 수 있는 존재로 여겨 터부시하거나, 이승을 떠나지 못하는 사자의 귀신은 원귀가 되어서 산 자에게 빌미를 가져올 수 있다고 보는 관념 등은 당대 무속의 귀신관·사후관과 크게 다른 것은 아니었을 것이라고 여겨진다.

사실 무속적 제의 전반을 관류하고 있는, 사자나 귀신에 대한 원초적인 불안과 공포 이면에는 사자에 대해 평소 품고 있었던 무의식적 애증이나 죄책감, 그리고 장례나 시신의 부패 과정에서 경험하는 두려움과 혐오감 등이 복합적으로 얽혀 있다. 무속적 귀신관이나 죽음관 또한 이러한 관념에 기초해 있다고 할 수 있을 터인데, 이는 조선 전기뿐 아니라 성리학적 인륜 관념이 확산된 조선 후기에도, 심지어 과학기술문명이 발달했다고 하는 오늘날에도 여전히 남아 있는, 죽음에 대한 매우 심층적이고 원초적인 관념이라고 할 수 있다.

그런데 조선을 건국한 주도세력인 사대부들은 성리학을 지배이념으로 삼아 유교적 인륜도덕을 확산시키고 이를 기반으로 한 예교질서를 수립하고자 하였다. 이를 위해 특히 그들이 중요하게 여기고 적극 추진한 것은 『주자가례』의 준행이었다. 그런데 『주자가례』의 실천을 위해서는 무엇보다 앞서 기존의 주술적이고 실체론적인 귀신관을 극복해야할 필요가 있었다. 무속이나 불교에 기반한 재래의 귀신관·사후관이 강력한 힘을 발휘하는 상태에서는 유교적 인륜관과 그에 기반한 의례가 뿌리내리기 쉽지 않기 때문이다. 그러므로 이에 대한 다방면에서의 비판과 공격이 전개되었는데, 그것은 한편으로는 이론적인 방면에서 다른 한편으로는 실천적인 방면에서 이루어졌다. 특히 성리학적 귀신론을 수용하고 심화해나간 것이 전자의 대표적인 시도라면, 기존의 무속적·불교적 의례를 음사淫祀로 몰아 이를 철폐하고자 시도한 것은 후자의 대표적인 시도라고 볼 수 있을 것이다.

성리학적 귀신론은 장재와 정이의 귀신 해석을 이어받아 주희가 체계화한 이론으로, 여기서 귀신은 기氣의 생성·소멸 운동을 지칭하는 개념으로 비실체화된다. 즉 우주자연의 운행과 만물의 생멸 과정 그 자체를 귀신이라고 명명함으로써 주희는 인격적 실체로서의 귀신 — 그는 이러한 실체론적 귀신을 '일물一物로서의 귀신'이라고 부르고 이러한 귀신관을 적극 비판하였다. — 과 사후세계의 존재 가능성을 근원적으로 부정하고자 하였던 것이다.[18] 주희는 『주자어류』에서 자신이 살았던 신안지역이 귀신을 숭배해 마치 귀신 소굴 같다[19]고 개탄한 바 있는데, 그의 성리학적 귀신론은 불교와 도교, 민간신앙 등이 뒤섞여 형성된 당대 민간의 주술적이고 실체론적인 귀신관을 극복하기 위해 제출된 것이었다. 조선 전기의 사대부들 또한 그와 같은 맥락에서 성리학적 귀신론을 적극 수용하였으며 이를 통해 무속의 실체론적 귀신관이나 지옥설·전생설 같은 불교적 사후관을 이론적으로 논파해 나갔다.[20]

---

18 물론 주희의 성리학적 귀신론을 이처럼 이지적이고 합리주의적으로만 해석할 수 있는 것은 아니다. 반대로 그의 귀신론은 자연 자체를 귀신화하는, 일종의 범신론적 신비주의로 해석될 여지도 남기고 있다(주희의 귀신론에 대한 연구사적 쟁점은 박성규, 『주자철학의 귀신론』, 한국학술정보, 2005에 잘 정리되어 있다).

19 風俗尙鬼, 如新安等處, 朝夕如在鬼窟(『朱子語類』3 : 79, 박성규, 앞의 책, 98면 재인용).

20 대표적으로 김시습의 「신귀설(神鬼說)」이나 남효온의 「귀신론(鬼神論)」 등을 들 수 있을 것이다. 이들은 모두 주희의 성리학적 귀신론에 기반하여 당대의 주술적인 귀신관을 이론적으로 논파하는 데 초점을 맞추고 있다. 하지만 양자 사이에는 흥미로운 차이점 또한 있다. 김시습의 「신귀설」이 주로 민간의 주술적이고 실체론적인 귀신관을 논파하는 데 초점을 맞추고 있다면, 남효온의 「귀신론」은 이와 함께 '조상의 귀신은 없으며 제사

이러한 이론적 작업과 함께 또한 그들은 국가나 향촌, 가족 단위에서 행해지던 기존의 무속적·불교적 제의들을 음사로 몰아 철폐해나가면서 이를 유교식 제의로 대체하고자 하였다. 조선 전기의 필기나 실록은 지방에 파견된 관리나 향촌의 사대부들이 무속의 근거지 역할을 했던 성황당을 훼파하고 무당을 축출하거나, 전염병이나 전란 등으로 죽은 무주고혼들을 달래기 위해 고려 이래로 시행되어왔던 불교의 수륙재를 유교식 여제로 대행하게 한 일 등을 기록하고 있는데, 이는 사대부들이 재래의 무속이나 불교의 귀신관·사후관에 대해 벌였던 실천적 투쟁의 일환이라고 볼 수 있을 것이다.

그런데 역설적인 점은 조선 전기의 필기가 사대부들이 그토록 타파하고자 했던 신비주의적인 귀신신앙을 이야기 형식으로나마 보존하고 있을 뿐 아니라 나아가 그것을 증식·유포하고 있다는 점일 것이다. 물론 조선 전기의 필기 저자들 또한 사대부로서, 무속이나 불교의 귀신관·사후관에 대해 비판적 입장을 견지하였다. 즉 그들은 현실에 출몰하여 장난을 벌이고 빌미를 주는 귀신은 신령한 귀신이 아니라 사악한 기일 뿐이며 이를 제사로 받들어서는 안 되고 인륜세계 바깥으로 추방해야 한다고 주장하였다.

하지만 견문의 사실적 기술을 중시하는 필기 양식에 그러한 존재들을 기록하는 행위 자체는 그것의 실체성을 인정하는 효과를 낳으며, 나아가 이야기의 형태로 그것을 증식·유포하는 역할을 하는 것이다. 이 점에서 보면 조선 전기의 필기에 수록된 귀신 이야기의 다수는 귀

는 보본(報本)을 위한 상징적 의례일 뿐이다'는 급진적인 무귀론을 비판하는 데도 관심을 두고 있는 것이다.

신을 불온시하고 부정하는 축귀담逐鬼談이면서 동시에 그것의 실체성과 힘을 인정하는 영험담靈驗談이라고도 볼 수 있다. 즉 여기서 부정否定은 곧 존재의 인정과 거부를 동시에 함축하고 있다는 것이다.

물론 역으로 생각하면 이론적으로나 도덕적으로 부정적인 입장을 취했음에도 불구하고 필기 저자들이 귀신 이야기들을 대폭 수록하였던 것은 귀신의 존재가 그만큼 생생하게 여겨졌음을, 혹은 그것의 실체성과 위력에 대한 신비주의적인 신앙이 그만큼 널리 퍼져있었음을 의미한다고 볼 수 있다. 민간과 사대부가에 널리 퍼져 있는 이러한 귀신 체험과 신앙을 필기 저자들도 무시할 수 없었으며, 결국 귀신 이야기의 채록을 통해 그것에 관한 불안한 호기심을 드러내고 있는 것이다.

그런데 우리가 조선 전기의 필기나 실록 등의 기록에서 가장 주목해서 살펴보아야 할 점은 조선 전기 민간과 사대부가에서 널리 회자되던 이러한 귀신 이야기들 속에서 아직 철저한 유교화의 자취가 별로 발견되지 않는다는 사실일 것이다. 즉 성리학적 귀신사생론을 통한 이론적 비판이나 유교적 의례의 권장 같은 실천적 노력에도 불구하고 귀신이나 사후세계의 영역에는 이른바 '유교적 변환'이라고 부를 만한 것이 아직 뚜렷이 나타나지 않았다는 것인데, 조선 전기 필기의 귀신 이야기는 이러한 조선 전기의 전반적인 신앙 상황을 반영하고 있다. 17세기 이후 필기·야담에 대거 등장하는 조상귀신祖靈과 유교식 제사에 관한 이야기가 조선 전기의 필기에는 거의 나타나지 않는다는 것이 그 한 증좌이다. 이 점에 대해서는 3절에서 검토해 보기로 하자.

3. 조선 후기 필기·야담에 나타난 귀신관과 사후관

1) 조령祖靈의 귀환과 통속화된 유교적 사후관의 형성

한국사에서 유교식 상·제례가 사대부들 사이에서 실천되기 시작하고 국가적으로 권장되기 시작한 것은 고려 말부터라고 여겨진다.[21] 숭유억불을 내걸고 건국된 조선에서는 그러한 추세가 더 본격화된다. 『주자가례』의 실천을 적극 권장하면서 특히 사대부가에 가묘를 설치하지 않을 경우 처벌하기도 했는데, 그럼에도 불구하고 사대부가에서조차 무속적·불교적 상·제례가 쉽게 근절되지 않았음은 앞서 위호에 대한 논란을 통해서도 살펴볼 수 있었다. 물론 국가 차원의 강력한 압박과 사대부층 내부의 상호 감시와 자기 규율로 인해 『주자가례』는 점차 사대부층을 중심으로 널리 시행되기에 이른다.

그런데 이러한 유교식 상·제례의 확산이 곧 귀신관이나 사후관에서의 유교적 전환을 의미하는 것이라고 단정하기는 어렵다. 『묵재일기』를 통해 알 수 있듯이 『주자가례』의 실천이 상당히 강조되던 16세기에도 사대부가에서는 사찰이나 신당神堂에서 신상이나 초상을 모시는 불교식 기신제나 무속식 위호를 지내는 풍습이 여전히 남아 있었

---

21 『고려사』에 따르면 공양왕대(1390)에 이르러 국가적으로 사대부와 서인의 제사 대수를 규정하고 가묘 설치를 권장하였다. 그리고 불교식 상장례인 화장의 풍습을 반대하는 사대부들의 상소가 제출되기 시작한 것도 이 무렵이다. 물론 그 이전에도 죽은 부모나 남편을 위해 3년 상을 지내거나 사당을 조성하고 『주자가례』의 절차를 따라 제사를 지냈다는 기록이 간혹 보인다(이에 대해서는 다음 연구들을 참조했다. 이재운, 「삼국·고려시대의 죽음관」, 이재운 외, 앞의 책; 이상균, 「여말선초 상·제례 변동과 사회적 관계의 재편성」, 『한국민족문화』 44, 부산대 한국민족문화연구소, 2012).

다.[22] 특히 가묘家廟와 신혼神魂을 중시하는 것이 『주자가례』의 원리임에도 불구하고, 사자의 시신體魄이 묻히는 무덤을 귀신의 처소로 생각하는 전통적 관념은 여전히 강하게 남아 여묘살이 같은 속례俗禮를 더욱 강화하는 양상을 낳기도 했다. 그러므로 유교식 상·제례가 보급되면서도 여전히 속례가 존속했던 것이나 혹은 변례變禮에 대한 논의가 활발해졌던 것은 전통적인 귀신관·사후관과 유교적 관념이 활발하게 충돌·교섭·접합하고 있었음을 암시하는 것이라고 보는 편이 적절할 것 같다.

그렇다면 이처럼 상·제례를 중심으로 유교식 의례가 도입되고 그 실천이 확산되어가는 동안 필기나 야담의 귀신 이야기에는 어떠한 변화가 나타났을까? 이 절에서 살펴보고자 하는 것은 조선 후기의 필기·야담 속 귀신 이야기 속에 나타나는 귀신관과 사후관의 변화 양상들이라고 할 수 있다.

그런데, 앞서도 살펴보았듯이, 조선 전기의 필기에 등장하는 귀신은 유교적 이념에 사로잡히지 않은 기괴하고 공포스러운 귀신이었다. 이들은 자연의 오래된 힘에서 발생했거나 혹은 이승을 떠나지 못하고 인가에 붙어서 분노를 발하는 존재들이었다. 반면 조선 후기의 필기·야담에서는 빈번히 출현하는, 죽어서도 귀신이 되어 집안을 떠나지 않고 후손과 동거하는 조상귀신은 조선 전기 필기에는 거의 나타나지 않았다. 예컨대 오히려 죽어서도 이승을 떠나지 않은 채 본가에 남아 후손에게 출몰하는 이두의 고모姑母 귀신은 그의 조카 이두를 병들어 죽게

---

22 이에 대해서는 김탁, 앞의 글; 민정희, 앞의 글; 박종천, 『서울의 제사, 감사와 기원의 몸짓』, 서울시사편찬위원회, 2013 참조.

만드는 불길하고 공포스러운 존재로 묘사되고 있다.[23]

사자나 그의 시신, 귀신에 대한 숭배, 특히 죽은 조상에 대한 숭배는 무속이나 불교적 의례들을 통해서 오랫동안 이어져왔지만, 조상귀신이 죽어서도 살아 있을 때와 같은 인격적 개체성을 유지한다는 관념이나 후손과 동거하면서 후손을 보호·감찰한다는 관념은 아직 나타나지 않았던 것이다.[24] 이처럼 인간과 귀신의 인격적 동질성보다 귀신의 성마른 성격이나 공포스런 힘이 강조될 때, 이와 같은 귀신에 대해서는 두려움을 가지고 숭배하거나 제수祭需 등으로 회유하거나 혹은 위력으로 축출하는 태도 가운데 하나를 취할 수밖에 없을 것이다. 이는 오늘날까지도 이어지는 무속의 고유한 귀신 대응방식이라고 할 수 있는바, 조선 전기의 필기나 실록에 두드러지게 나타나는 것은 이와 유사한 귀신 관념이라고 할 수 있다.

이에 비해 17세기 이후 저술된 필기·야담의 귀신 이야기에 나타나는 가장 주목할 만한 변화는 살아 있을 때와 동일한 인격과 인륜감각을 지닌 실체로서의 귀신들이 대거 출몰하기 시작한다는 점이다. 예컨대 17세기 초반에 저술된 『어우야담』에는 대략 52편 내외의 귀신 이야

---

23 호조 정랑 이두의 집안에 나타난 고모의 귀신은 그 형상부터 기괴하다. "허리 위는 보이지 않으나 허리 아래는 종이로 치마를 삼았으며, 두 다리는 여위어 마치 칠(漆)과 같아 살은 없고 뼈뿐이었다." 이두는 여러 가지 방법으로 이를 물리치려 하였으나 실패하고 곧 병이 들어 죽었다(『용재총화』 권 4).

24 장철수는 사자의례와 조상숭배를 구별하면서 전자가 죽으면 사자가 '그 사회와 분리된다고 인식하는 관념'에 기반해 있다면 후자는 '그 사회의 구성원으로서 활동하고 있다는 관념'이라고 정의했다(장철수, 「제례」, 『한국민속대관 1』 고려대 민족문화연구소, 1980, 686면). 최길성도 유교적 조상숭배 이전에 무속이나 민간신앙에 기반을 둔 조상숭배를 '가족주의적 사자숭배'라고 잠정적으로 부르자고 제안하고 있다(최길성, 『한국인의 조상숭배와 효』, 민속원, 2010, 85면). 이들의 논의에 따르자면 조선 전기까지는 아직 유교적 조상숭배가 형성되지 못하였으며 사자의례 혹은 가족주의적 사자숭배에 가까운 것이 실행되고 있었다고 할 수 있겠다.

기들이 수록되어 있는데, 이 가운데 살아 있을 때와 같은 인격과 인륜 감각을 지닌 채 출현하여 후손을 돌보거나 생전의 지인과 소통하는 귀신에 관한 이야기들이 17편 내외에 이른다. 특히 그 가운데서도 가장 많은 비중을 차지하는 것은 죽은 조상의 귀신, 즉 조령祖靈이었다. 『어우야담』에서부터 두드러지게 출몰하기 시작하는 조령은 조선 후기로 갈수록 그 출현 빈도가 높아지는데, 18세기 이후에 저술된 필기・야담 집의 귀신 이야기 가운데 거의 절반 이상은 이와 같은 유형의 귀신들 로 채워진다.

그런데 성리학적인 귀신사생론을 체계화한 주희는 개체로서 인격을 유지한 채 물리적 공간을 점유하는 이런 '실체一物'로서의 귀신의 존재 가능성을 극력 부정한바 있다. 그리고 김시습, 남효온, 이황, 이이 같은 조선 전기의 성리학적 지식인들 또한 이를 이어받아 이러한 실체론적인 귀신관[25]을 부정하였다. 물론 실체론적 귀신관을 부정하면서도 제사를 통한 감격感格은 인정하다 보니 유귀론有鬼論과 무귀론無鬼論 사이에서 모호한 입장을 취하기는 했지만,[26] 조선 전기의 성리학적 지식인 가운데 실체론적 귀신관을 전면적으로 긍정한 이를 찾기는 어렵

---

25 이 글에서 실체론적 귀신관은 유귀론(有鬼論)과 동의어로 사용되지 않는다. 유귀론이 실체로서의 귀신부터 기의 운동으로서의 귀신까지를 포괄하여 귀신의 존재를 인정하는 모든 종류의 관념을 통칭하는 개념이라면, 실체론적 귀신관은 귀신이 개체로서의 인격성과 공간적 연장성을 지닌다는 관념을 말한다.

26 예컨대 이이는 「사생귀신책(死生鬼神策)」서 '사람이 죽어서 된 귀신에 대해서는 있다고도 말할 수 없고 없다고도 말할 수 없다(惟人死之鬼, 則不可謂之有, 不可謂之無)'면서 귀신이 있고 없음은 제사 지내는 사람의 정성에 달려 있다는 모호한 입장을 표명한바 있다 (『율곡전서습유(栗谷全書拾遺)』 권4, 『한국문집총간』 45, 민족문화추진회, 1988, 542면). 이러한 모호하고 주관주의적인 답변은 귀신의 불멸성과 실체성을 인정하지 않으면서도 조상 제사에 어떤 초월적 근거를 마련하지 않으면 안 되었던 성리학적 지식인들이 처한 이론적 궁지를 잘 드러내준다(졸고, 「성리학적 귀신론의 틈새와 귀신의 귀환」, 『고전과 해석』 9, 한국고전문학한문학연구학회, 2010, 209면).

다. 그것은 성리학적 귀신사생론을 견지하는 이상 죽음 이후에도 살아 있을 때와 동일한 인격을 지닌 개체로 존속할 수 있다는 관념을 인정하기는 어렵기 때문이다.

동기감응설同氣感應說이나 제사감격설祭祀感格說처럼 기氣를 통해 조상과 후손이 감응한다는 설명을 넘어 인격적 개체성을 지닌 귀신을 인정하는 수준이 되면 이는 불교나 무속의 귀신관과 위험할 만큼 흡사해질 것이다. 또한 사람이 죽어서 실체를 지닌 귀신이 되고 일정한 공간을 점유한다면 이는 주희가 「답요자회答寥子晦」에서 제기했던 질문, 즉 '지금까지 죽어서 생긴 그 무수한 귀신들은 도대체 어디에 거처하는가' 하는 질문27을 피하기 어렵다. 이는 무속이나 불교의 초현실적 사후세계를 인정하지 않았던 성리학적 지식인으로서는 답하기 곤란한 질문이었을 것이다. 그런 점에서 불교나 무속에 뿌리를 둔 재래의 귀신관·사후관과 투쟁하면서 이를 계몽해야 했던 조선 전기의 성리학적 지식인으로서는 실체론적 귀신관이나 사후관을 이론적으로 긍정하기 어려웠다.

그런데, 흥미롭게도 17세기 이후 저술된 필기·야담에서는 이와 같은 실체로서의 귀신과 그러한 귀신이 거처하는 사후세계에 대한 묘사가 크게 증가하고 있다. 특히 그 가운데서도 가장 일반적으로 나타나는 유형의 귀신이 조령祖靈임은 앞서 언급한 바와 같다. 이때 조령은 살아 있을 때와 동일한 인격과 인륜 감각을 지닌 채 현실에 출몰하는데, 이 때문에 이들의 출몰은 후손들에게 경외감을 불러일으키기는 해도 불안과 공포를 불러일으키지는 않는다. 이 점은 조선 전기의 필기

---

27 주희, 조남호·강신주 역, 「요자회에게 답하다(答寥子晦)」, 이불, 『주희의 후기철학』, 소명출판, 2009.

에 등장하는 귀신들이 기괴한 존재성을 드러내면서 자신과 접촉한 사람들에게 빌미에 대한 두려움을 불러일으키던 것과 대비된다.

그렇다면 조선 후기의 필기·야담에서 조령은 어떤 맥락에서 무슨 이유로 현실에 출몰하는 것일까? 조령이 출현하는 상황과 양상은 다양하지만, 그 출현 목적을 한마디로 요약한다면 종법적 가족주의를 지지하고 강화하기 위해서라고 말할 수 있을 것이다.[28] 특히 종법적 가족주의를 지지하고 재생산하는 데 중요한 역할을 수행했던 것이 상·제례라고 할 수 있을 터인데, 조령은 이러한 유교적 상·제례에 신앙적·실천적 근거를 제시해주기 위해 자주 출몰한다.

예컨대 조령에 관한 이야기가 본격적으로 수록되기 시작한『어우야담』을 살펴보면 그 속에는 상·제례가 귀신이 실제로 흠향하는 실효성 있고 실질적인 제의임을 강조하고 후손들에게 상·제례를 정성껏 지낼 것을 당부하는 이야기들이 여러 편 실려 있다. 「이씨의 꿈에 나타난 유사종」이나 「저승의 복식」 등의 이야기에서는 조령이 염습할 때 입었던 복색을 그대로 입고 후손이나 지인에게 나타나며, 「저승에 다녀온 고경명」이나 「되살아난 명원군의 당부」, 「민기문에게 나타난 친구의 혼령」 등의 이야기에서는 귀신이 무당의 굿이나 자손의 제사에 참여하여 제수를 직접 흠향하는 것을 목도한 사람들의 전언이 소개되고 있다.[29] 이 이야기들이 한결같이 강조하는 것은 상·제례가 다만

---

28 저자는 조선시대 필기·야담에 등장하는 다양한 종류의 귀신 가운데 이러한 유형의 귀신들을 1유형으로 묶고, 그것이 성리학적 상징질서를 수호하는 사회적 초자아의 역할을 수행하는 것이라고 해석해본 바 있다(졸고, 「조선시대 필기·야담류에 나타난 귀신의 세 유형과 그 역사적 변모」, 『우리어문연구』 38, 우리어문학회, 2010).

29 저자가 참조한『어우야담』의 텍스트는 다음과 같다(유몽인, 신익철·이형대·조융희·노영미 역, 『어우야담』, 돌베개, 2006).

보본報本의 도리를 잊지 않기 위해 주기적으로 실행하는 상징적 의례가 아니라 귀신이 실질적으로 흠향하는 실효적實效的인 의례라는 점이다.[30] 즉 상·제례를 정성껏 지내야 하는 이유를 제시하는 과정에서 그것을 흠향하는 귀신의 실체성 또한 강조되고 있는 것이다.

이처럼 귀신이 다만 기로서만 감응하는 것이 아니라 인격과 형상을 지닌 실체로서 존재하며 후손이 준비한 제수를 직접 흠향한다는 것을 강조하는 이야기는 조선 후기로 갈수록 더욱 많아지고 그 묘사 또한 구체적이 된다. 예컨대 『천예록』의 저자 임방은 자신의 생신날에 나타나 젯밥을 요구하는 박내현의 부친 귀신 이야기(「생신날 죽은 아버지가 나타나 젯밥을 요구하다」)와, 염습할 때 입은 헤진 옷 때문에 부끄러워하는 조상귀신을 위해 후손이 새로 옷을 지어 불태워 보내드렸다는 이야기(「제사에 참석한 친구가 옷이 낡았다고 부끄러워하다」)를 함께 소개하면서 다음과 같이 말한다.

제사의 예는 지극한 것이다. 성인이 예를 제정할 때 어찌 그냥 만들었겠느냐? 누구는 '사람이 죽어도 신은 없기에 제사 지낸들 흠향하지 않겠지만은, 다만 차마 그 부모의 뜻을 잊지 않으려 할 뿐이다'고 한다. 신리(神理)에 어두움이 어찌 이런 지경에 이르렀단 말인가? 생일날에 먹을 것을 찾는 것은 당연하지만 대낮에 찾아온 것은 조금 괴이하다. 그리고 기일에 흠향

---

[30] 특히 「되살아난 명원군의 당부」 같은 이야기에서 유몽인은 이 점을 명확히 강조하고 있다. 이 이야기에서 역질에 걸려 거의 죽다 살아난 명원군은 유혼(遊魂) 상태에서 무당의 굿에 참예하였다가 귀신들이 제물을 먹는 것을 보고 다시 살아난 후 후손들에게 제사를 폐지하지 말라고 당부한다. 이 이야기가 제시하고자 하는 메시지는 뚜렷하다. 곧 귀신은 실제로 존재하며, 유교의 제사건 무속의 굿이건 귀신을 위해 제수를 차리면 귀신이 실제로 와서 그것을 흠향한다는 것이다.

하는 것은 기필코 그래야 하는 일이지만, 벗들이 모두 참석한 일은 별난 일이다. 그리고 해진 의관을 입은 것이나 제사에 참석하면서 부끄러워함은 그 중 별나고도 별난 일이다. 죽은 이를 영송하는 예에는 산 자에게 서운함이 없고서야 죽은 자도 편안할 수 있는 법이다. 그러니 어찌 신중하지 않을 수 있겠는가? 당연히 삼갈 수밖에![31]

임방은 '귀신은 없으며 제사는 보본報本의 도리를 잊지 않기 위해 시행하는 상징적 의례일 뿐'이라는 혹자의 견해를 귀신의 이치神理에 어두운 주장이라고 통렬히 비판한다.[32] 임방이 '제사의 예는 지극한 것이다'라고 선언할 수 있었던 것은 인격적 실체를 지닌 조상귀신이 실제로 존재한다고 그가 믿었기 때문이다. 특히 죽은 조상의 생일날 젯밥을 차리는 생신제의 경우 『주자가례』에서도 언급되지 않은 조선 고유의 제사 풍습俗禮으로서,[33] 그 속에는 귀신이 살아 있을 때와 동일한

---

31 임방, 정환국 역, 『천예록』, 성균관대 출판부, 2005.

32 제사에 대한 이러한 현실주의적이고 인본주의적 해석의 전통은 멀리 순자(荀子)로까지 올라간다. 순자는 말한다. "제사란 (조상을) 추모하여 기리는 마음으로서 (…중략…) 군자는 제사를 인간의 도리로 여기고, 백성들은 귀신의 일로 여긴다."(『순자』, 「예론」, 박성규, 앞의 책, 15면 재인용) 주희의 귀신사생론도 급진적으로 해석하면 이와 같은 무귀론적 제사 상징설에 가까운 이론으로 받아들여질 수 있다. 남효온의 「귀신론」을 보면 실제로 조선 전기의 성리학자 이관의(李寬義) 또한 주희의 귀신론을 급진적으로 해석해서 이와 유사한 논리를 전개했던 것 같다. 앞서도 언급했듯이 이황이나 이이 같은 조선 전기의 성리학적 지식인들도 급진적인 무귀론과 제사감격설 사이에서 균형을 잡기 위해 고심해야만 했다. 위 글을 보면 임방의 시대에도 급진적인 무귀론과 제사 상징설을 펴는 사람들이 있었음을 짐작할 수 있다. 그런데 이에 대해 임방은, 유귀론과 무귀론 사이에서 모호한 입장을 취했던 이이와 달리, 확실히 실체론적 귀신관을 옹호하는 입장을 취하고 있다.

33 그런데 이황은 생신제가 예법상 타당한가를 묻는 제자에게 그것이 근래에 유행하기 시작한 풍습이며 자신은 가난해서 그것을 시행할 수 없다고 답한 바 있다(『퇴계선생문집』 32권 「답우경선(答禹景善)」).

욕구를 가지고 있으며 주기에 따라 한 번씩 현세에 출몰하여 후손들에게 젯밥을 요구한다고 믿는, 다분히 무속의 실체론적 귀신관에 가까운 귀신 관념이 깔려 있다. 그런데 임방 또한 이러한 생신제를, 효성의 발로라는 차원에서 유교식 제의로 포섭 가능한 속례俗禮로 인정하기보다, 실체로서의 귀신이 왕림하는 신비한 의례로 여기고 있으며, 귀신이 생신제에 출현하여 젯밥을 요구하는 것을 '당연한 일'이라고 평하고 있는 것이다. 앞서 연구사에서 살폈듯이 조선 후기의 서인-노론계 일부에서는 귀신을 실체에 가깝게 이해하는 입장(이기혼융적 귀신론)을 펴기도 했지만, 임방이 표명하는 귀신관이나 그가 소개하는 귀신 이야기는 이미 성리학적 귀신론으로 포섭할 수 있는 수준에서 상당히 벗어나 있다. 임방도 이 점을 의식했던지 이 귀신 이야기의 일부분에 대해서는 '조금 괴이하다'거나 '별난 일'이라고 덧붙이고 있는 것이다.

그런데 보기에 따라서는 이러한 실체론적 귀신관은 이미 무속에서 널리 받아들여졌던 귀신관으로서, 별로 새로울 것이 없는 귀신관이라고 평가할 수도 있다.[34] 하지만 우리는 무속적 귀신관에 매우 근접하는 이러한 실체론적 귀신관이 유교적 상·제례를 지지하기 위해, 더 나아가서는 유교의 종법적 가족질서를 지지하고 재생산하기 위해 활용되고 있다는 점에 주목할 필요가 있다. 『어우야담』에 수록된 「황대임 집안에 나타난 조상의 혼령」 같은 이야기는 무속적 색채가 강한 실

---

[34] 특히 『어우야담』의 「저승의 복식」이나 「되살아난 명원군의 당부」 같은 이야기에는 아직 종법적 가족주의나 유교적 인륜 관념에 완전히 포섭되지 않은 면이 있다. 「저승의 복식」에서는 아버지 귀신이 아니라 어머니 귀신이 나타나 이승의 아들에게 못다 베푼 사랑을 표하고 있으며, 「되살아난 명원군의 당부」에서는 무당이 지내는 굿의 영험함에 대해 증언하고 있기 때문이다.

체론적 귀신관과 유교적 인륜관이 결합하는 목적과 지점을 잘 드러내 주는 흥미로운 사례라고 할 수 있다.

이 이야기에서 황대임은 딸이 순회세자의 빈으로 간택되는 집안의 경사가 있자 이를 사당에 고하는데, 도성 안에 있던 외가의 사당에 먼저 알리고 도성 밖에 있던 종가는 나중에 아뢰었다. 그런데 갑자기 종가의 사당에서 조상의 혼령이 성난 목소리로 황대임을 잡아오라고 명한다. 이에 황대임이 사당 앞에 무릎을 꿇자 조상의 혼령은 왜 외가를 먼저하고 종가를 나중하느냐고 꾸짖는다. 황대임이 진수성찬을 차려 제사를 올리자 혼령은 다시 저승에서의 복색이 예에 맞지 않으니 옷을 지어 불태워 보내라고 명한다. 그리고 이 이야기의 말미에는 세자와 세자빈은 모두 요절하고 황대임도 유배되었다는 저자의 후기가 덧붙어 있는데, 이는 황대임 집안의 몰락이 종가의 신령에게 소홀하였기 때문이라는 해석을 암암리에 유도하는 것이다.

이 이야기에서 황대임의 조상귀신은 사당에 거처하면서 후손들의 행위를 일일이 감찰한다. 그런데 어떤 점에서 이 귀신은 후손의 소홀한 대접에 화를 내고 살아 있는 사람에게 공경을 요구한다는 점에서 무속에서 묘사하는 귀신의 본성과 무척 닮았다. 다만 차이가 있다면 후손을 향한 그의 진노나 요구가 종법적 가문의식을 강조하기 위한 것이었다는 점과, 그가 사당과 같은 유교적 의례 공간에 거주하고 있다는 점일 것이다. 그런 점에서 이 이야기는 조선 전기의 성리학적 지식인들이 배격하고자 했던 실체론적 귀신관이, 유교의 상·제례를 신성화神聖化하고 종법적 가족질서를 강화하는 새로운 맥락에서 되돌아와 재활성화되고 있음을 잘 보여주는 사례라 하겠다.

그런데『주자가례』가 제시한 여러 의례 가운데 종법적 가족질서를 유지·재생산하는 데 특히 중요한 역할을 수행하는 것은 제례라고 할 수 있다. 실제로『주자가례』도 관혼상제 가운데서 특히 제례에 더 많은 비중을 두고 강조하고 있는데,[35] 이는 평생의례 가운데 드물게 경험하는 관·혼·상례에 비해 주기적으로 반복되는 제례야말로 종법적 가족질서를 지탱하고 재생산하는 데 크게 유용하기 때문이다.

부계의 적통을 중시하는 조선의 종법적 가족질서에서는 부모와 자녀, 특히 아버지와 아들 사이의 관계가 무엇보다 중시된다. 그런데, 아버지에게 요구되는 엄격한 규율嚴父과 아들에게 요구되는 지극한 효성至孝의 비대칭적 덕목이 잘 보여주듯이, 부자간의 종적 관계는 그만큼 갈등의 소지가 큰 관계이기도 하다. 그런 점에서 제례는 죽은 아버지에 대해 살아 있는 아들이 품었을 법한 오이디푸스적 갈등을 해소하는 의례이자, 다시 새로운 아버지가 되어야 하는 아들이 그 후손에게 아버지의 이름을 주기적으로 확립하는 의례라고 할 수 있다. 즉 제례는 종법적 가족질서 속에 잠재된 갈등을 종교적 차원으로 승화시키고 주기적으로 아버지의 이름父性의 재확립하는 의례라는 점에서 종법적 가족질서를 재생산하는 데 매우 핵심적인 기능을 수행하는 의례라고 할 수 있다는 것이다.

바로 이 점에서 우리는 조선 후기의 필기·야담에 등장하는 조상귀신의 거의 대부분이 부성父性의 귀신, 즉 직계 남성의 조상귀신이라는 점을 주목할 필요가 있다. 이 부성의 귀신은 주로 종법적 가족질서를

---

35 이숙인,「『주자가례』와 조선중기의 제례문화」,『정신문화연구』29-2, 한국정신문화연구원, 2006.

수호하기 위해 현실에 출현한다. 『국당배어』에 등장하는 유석증의 혼령은 관노官奴에게 빙의하여 형제자매를 잘 돌보지 않는 아들을 꾸짖으며, 『천예록』에 등장하는 조상귀신은 자신의 묘소를 남의 묘소로 잘못 알려준 후손에게 나타나 볼기를 때리기도 한다(「무지한 후손을 때려 잘못을 깨우쳐주다」). 그렇기 때문에 이 부성의 귀신들은 어려움에 빠진 후손을 돕고 보살피는 자애로운 존재로 묘사되기도 하지만, 그보다는 주로 죽어서도 소멸되지 않은 채 후손을 엄하게 훈육하고 집안의 잘잘못을 깨우쳐주는 두려운 존재로 곧잘 묘사된다. 그러므로 성리학적 인륜질서나 종법적 가족질서를 수호하는 것이 바로 조선 후기의 필기·야담에 대거 등장하는 조령의 역할이라고 할 수 있다.

여기서 우리는 조선 후기의 필기·야담에서 왜 귀신의 실체성이 그토록 강조되는지, 이런 유형의 이야기들이 생성·유포·채록되는 과정에서 작동하는 이데올로기적 의도가 무엇인지를 짐작해볼 수 있다. 조선 건국 이래로 그 실천이 강조되어온 유교적 의례는 그것이 다만 성현聖賢이 제정한 규범이자 인륜도덕을 가르치는 상징적 의례로만 여겨져서는 그 실천의 동력을 확보하기 어렵다. 유교적 의례가 규범적이고 상징적인 의례 수준으로만 인식된다면, 아마도 의례가 감당해야 할 실존적이거나 형이상학적인 역할의 많은 부분은 무속이나 불교의 의례가 담당하게 될 터이다. ― 앞서 보았듯이 조선 전기의 신앙상황이 그러했다. ― 그러므로 유교적 의례의 효력과 가치를 높이기 위해서는, 그리고 그 실천을 확산시키기 위해서는 먼저 그것이 상징적 의례일 뿐아니라 실효적인 의례이기도 하다는 점을 강조할 필요가 있었다.

『어우야담』의 몇몇 귀신 이야기들이 강조하고 있는 것이 바로 이 점이었다. 특히 이를 통해 유교적 의례 가운데서도 가장 중요한 의례라고 할 수 있는 제사는 실체로서의 귀신과 교감하는 일종의 신비체험의 장場으로 고양되었고 종법적 가족질서를 주기적으로 재생산하는 핵심 역할을 떠맡았다. 물론 이를 위해서는 성리학적 귀신론이 배격했던 실체론적 귀신관과 사후관을 다시 수용해야 하는, 일종의 이론적 퇴행을 피할 수 없었다. 하지만 이렇게 되돌아온 실체론적 귀신은 유교적 이념을 흔들기보다 오히려 강화하는 맥락에 배치되고 활용된다. 조선 후기 필기·야담집의 저자 대부분이 집권층에 속한 사대부들이었으며 그 속에 수록된 조령에 관한 이야기들 대부분이 사대부가를 배경으로 하고 있다는 점도 조선 후기 필기·야담 속 귀신 이야기의 형성·기록·유포에 작동하는 이데올로기적 의도를 추정하는 데 반드시 고려해야 할 측면들일 것이다.

하지만 그렇다고 해서 이러한 귀신 이야기들이 반드시 어떤 의도적인 목적이나 계획을 가지고 지어냈거나 유포·채록된 것이었다고만 해석할 필요는 없을 것이다. 조선 후기의 조령신앙 혹은 조상숭배 의례는 (유자들이 음사라고 배격했던) 무속이나 불교의 제의들이 수행해왔던 기능의 많은 부분을 실질적으로 떠맡았던, 단지 기념과 교훈을 위한 상징적 의식과 의례가 아니라 귀신과 감통하는 신비한 의식과 의례로 여겨졌다고 보이기 때문이다. 죽음이나 질병, 정치적 부침이나 예기치 않은 불행 등 개인 차원에서 감당하기 힘든 불안에서 주체가 붕괴되지 않도록 지켜주는 것이 신앙의 주요한 기능 가운데 하나라면, 아마도 죽은 조상이 후손과 항상 함께 하며 또 자신도 죽어서 그와 같은 조상의 세계에 합류할 수 있다는 믿음은 조선 후기의 역사적 주체들에게 삶의 불가측不可測적이고 불가항력적인 재난을 견뎌낼 수 있게 하고 또 그로 인한 불안과 공포를 잘 대처할 수 있도록 해주었을 것이다.

흔히 한국 가족제도사에서 17세기는 종법적 가족주의, 가부장적 가문의식이 정착되기 시작한 시기로 평가된다. 조선 건국 이래 지속적으로 추진된 『주자가례』를 비롯한 유교적 의례의 보급과 실천은 이러한 가족제도의 변화에 중대한 영향을 미쳤다. 저자는 여기에 귀신관과 사후관에 나타난 변화를 덧붙이고 싶다. 가족질서의 변화는 사회경제적 조건이나 정치적 상황, 이념적 지향만으로 이루어지는 것이 아니라, 귀신과 사후세계에 대한 관념의 변화를 통해서도 강력히 영향을 받고 있었다는 것이 여기서 저자가 주장하고 싶은 바다.

2) 귀신의 처소와 사후세계의 공간론

앞 절에서는 조선 후기의 필기·야담에서부터 인격적 개체성을 지닌 실체로서의 귀신, 특히 종법적 가족주의를 수호하는 조령이 대거 등장하기 시작한다는 점을 지적하고 그 양상과 의미를 살펴보았다. 이 절에서는 그렇다면 그렇게 출몰하는 귀신들은 어디에 거처하는가 하는 질문, 곧 사후세계의 공간에 대한 문제를 검토해 보고자 한다.

앞서도 지적했듯이 귀신을 인격과 형상을 지닌 하나의 실체一物로 인정하게 되면 필연적으로 그것은 귀신이 존재하는 공간의 위상 문제를 촉발할 수밖에 없다. 주희가 성리학적 귀신사생론을 펴면서 극력 일물로서의 귀신관을 배격했던 것도, 현실세계와 다른 차원에 존재하는 사후세계를 인정하게 되면 결국 하나의 기氣로 우주자연의 모든 운동을 설명하고자 하는 성리학적 이기론이 성립되기 어려워진다는 점을 인식했기 때문이다.[36] 그런데 조선 후기 필기·야담의 실체론적 귀신관은 주희뿐 아니라 김시습, 남효온, 이황, 이이로 이어지는 조선 전기 성리학적 지식인들의 귀신론에서 상당히 벗어난다. 그러므로 그것은 어쩔 수 없이 그와 같은 귀신이 평소 어디에 거처하는지에 대해 말하지 않을 수 없게 되었다.

우선 성리학이 도래되기 이전의 고대 사회로부터 귀신의 처소라고 인식되어온 전통적인 장소는 무덤이었다. 신화를 비롯하여 민간에 전승되어온 설화나, 나말여초부터 조선시대 말까지 유행한 풍수지리설이 보여주듯 무덤(혹은 땅)은 사람이 죽어서 되돌아가는 장소로 오랫동안 인식되어왔다. 『삼국유사』 기이편에는 후손에 대한 억울한 처사에 분노하여 김유신의 혼백이 미추왕릉을 찾아가 호소했다는 이야기가 실려 있는데, 여기서도 무덤은 김유신이나 미추왕이 거처하는 거주지로 표상되고 있는 것이다.

그런데 죽음을 혼魂과 백魄의 분리로 설명하기도 했던 성리학적 귀신 사생론에 이르면 무덤은 백이 돌아가는 곳일 뿐, 인격적 실체로서의 귀신이 머무는 장소로는 상정되지 않았다.[37] 오히려 『주자가례』는 백魄

---

36 귀신이 거처할 또 다른 차원의 공간이 논리적으로 존재할 수 없다는 주희의 생각은 제자 요자회와 나눈 문답에 잘 드러나 있다(「답요자회」, 앞의 책).

37 『용재총화』에서 당대에 유행하던 귀신서사를 적극 수용했던 성현은 『부휴자담론』에서 귀신의 처소에 대해 성리학적 귀신론에 충실한 다음과 같은 생각을 피력한바 있다 : 산인이 물었다. "그런데 사람이 죽으면 어디로 가는 것입니까?" 부휴자가 대답하였다. "모든 사람은 태어날 때 허령불매한 지각을 가지고 태어난다. 그런데 사람이 죽음으로써 그 정기가 한 번 흩어지고 나면 육신은 빈껍데기가 되어 초목과 더불어 썩어갈 뿐이다"(성현, 이래종 역, 『부휴자담론』, 소명출판, 2004, 69면). 이를 보면 이미 15세기의 사대부들

이 묻히는 무덤보다 혼魂을 모시는 신주와 가묘를 더 중시하는데, 이는 시신이 묻힌 무덤을 중시하는 한국의 전통적이고 토착적인 귀신관·사후관과는 차이가 있다. 조선 건국 후 『주자가례』의 준행이 강조되면서도 『주자가례』에서 규정하지 않은 여묘살이가 그토록 열심히 지켜졌던 것은, 성리학적 의례를 적극 수용하면서도 무덤을 사자의 거처로 생각하는 재래의 귀신관·사후관 또한 쉽게 포기하지 않았던 조선시대 사대부들의 절충적인 인식 때문일 것이다.

이처럼 무덤을 귀신의 거처로 생각하는 관념은 조선 전기의 『용천담적기』나 『음애일기』, 조선 후기의 『어우야담』이나 『학산한언』 등 조선시대 전 시기의 필기·야담집에 두루 나타난다. 『용천담적기』나 『음애일기』에는 소릉昭陵을 이장하려다가 현덕왕후의 신령의 진노를 받았다는, 당대 민간에 널리 퍼져 있던 이야기들이 실려 있는데, 여기서 소릉은 현덕왕후의 원혼이 서려 있는 신성한 공간처럼 인식된다. 그리고 『어우야담』에 수록된 「영혼이 깃드는 무덤」에서는 무덤에서 불이 나자 '우리 집에 불이 났다'는 귀신들의 소리가 들렸다는 이야기를 전하고 있는데, 이에 대해 유몽인은 영혼이 무덤에 의탁하는 것은 의심할 바 없는 일이라고 단언하면서 무덤을 잘 보살피고 여묘살이를 더욱 근신하며 실천해야 한다는 충고를 덧붙이고 있다. 앞서도 보았듯이 성리학적 귀신사생론을 넘어 실체론적 귀신관에 긍정적으로 거의 접근했던 유몽인의 태도가 여기서도 잘 드러난다.

그런데 『학산한언』에 수록된 다음 이야기는 귀신의 처소와 관련하

도 성리학적 귀신사생론을 이론적 차원에서는 정확히 이해하고 수용하고 있었음을 알 수 있다.

여 조선 후기 유자들이 지니고 있었던 중층적인 인식을 잘 보여준다. 「선친을 만나고 온 신생」이라는 이야기에서 신생이라는 선비는 가사假死 상태에서 부모와 조부모의 혼령을 만나고 돌아오는데, 그 부모와 조부모의 혼백이 거처하는 공간은 무덤이었다. 그의 부친은 신생을 데리고 조부모까지 두루 방문한 후 귀신들은 이장移葬이나 화려한 석물石物 세우는 것을 싫어한다는 것, 사당의 신神은 3~4백 년이 지나면 사라지지만 무덤의 백魄은 천여 년을 넘게 남는다는 것 등 귀신에 관한 비밀스런 지식을 전해준다.[38]

이 이야기에서 사당과 무덤은 각각 신神과 백魄이 거처하는 공간으로 상정되는데, 이는 죽으면 혼백이 분리되고 혼은 신주에 모셔서 사당에, 백은 무덤에 묻혀 땅으로 되돌아간다고 보았던 유가의 일반적인 관념을 표명한 것이라고 할 수 있겠다. 그런데 백魄보다는 혼魂(혹은 신神)을 더 중시하고 신神과의 감격感格을 중시했던 『주자가례』식의 혼백 이해와 달리, 이 이야기에서는 백을 더 중시하고 그것이 더 실체적인 것으로 인식하고 있다. 사당보다 무덤이 귀신이 거주하는 실질적인 공간이며 더 영험 있는 공간이라는 인식이 이 이야기에 깔려 있는데, 이는 조선 후기의 사대부들조차 전적으로 『주자가례』식의 혼백 이해에 동의했던 것은 아니며 무덤을 중시하는 전통적인 관념은 조선 후기까지 오랫동안 저층에 남아 지속되고 있었음을 보여준다.

한편 무덤과 함께 귀신의 거처로 지목되었던 또 하나의 공간은 사당 혹은 가묘였다. 그런데 귀신의 거처로 사당 혹은 가묘가 지목되기 시

---

38 신돈복, 김동욱 역, 『국역 학산한언』1, 보고사, 2006, 175~178면.

작한 것은 17세기 초반 저술된 『어우야담』에서부터인 것 같다. 앞서 소개했던 「황대임 집안에 나타난 조상의 혼령」이 저자가 발견한 최초의 사례인데, 15~6세기 이래 지속적으로 보급되었던 유교적 사후관이 이 시기에 이르러서 사대부가에 일정하게 뿌리를 내리고 이야기의 형태로 전승되기에 이른 것이 아닐까 한다.

그런데 조선 후기의 필기·야담에는 가묘에 조상의 신령이 깃들어 있음을 강조하는 이야기가 여러 편 실려 있기는 하지만, 이를 귀신의 실질적인 처소로 실감나게 묘사하는 이야기는 적은 편이다. 이는, 『주자가례』를 통해 가묘의 의례적 중요성이 충분히 인식되기는 했지만, 조상 귀신이 인격적 실체성을 지닌 채 가묘에 거처한다는 상상은 그만큼 자연스럽게 여겨지지도 않았고 널리 확산되지도 않았음을 방증하는 것이 아닐까 추측된다. 예컨대 사당에 든 도둑의 정신을 잃게 해서 잡히게 하거나 정결하지 못한 제물을 준비한 여종들을 혼내는 신숙주의 혼령 이야기(『학산한언』)나 죽어서 혼령이 되어 사당으로 걸어 들어간 윤안국 이야기(『기문총화』) 등은 모두 사당이 신령이 거처하는 신성한 공간이라는 것을 강조하는 이야기들이다. 이처럼 사당의 신성성을 강조함으로써 가문의 위상을 높이고 후손의 자긍심을 고취하고자 하는 특정한 이야기 전승집단의 의도는 분명히 드러나지만, 이러한 의도가 자연스러운 서사를 통해 드러나는 것이 아니라 생경한 교훈적 목적성을 띠며 드러난다는 것은 결국 사당이 귀신의 거처라는 인식이 조선 후기 사회에서도 그리 자연스럽게 수용된 것이 아니었음을 말해주는 것 아닐까.

하지만, 아마도 조선 후기의 필기·야담에서 가장 빈번하게 귀신의 처소로 상상되고 인정되었던 공간은 역시 저승이라는 사후세계라고 할 수 있을 것이다. 이는 이미 유교화 이전부터 오랫동안 지속되어왔던 전통적인 사후관의 뿌리 깊은 잔존으로서, 앞서도 보았듯이 조선 전기 『용천담적기』의 「박생」이나 「설공찬전」에서도 사람이 죽으면 저승으로 간다는 관념이 표현되어 있다. 물론 이 이야기들이 묘사하는 사후세계가 전적으로 불교적이거나 무속적인 것만은 아니라는 점은 앞서도 지적한바 있다. 이미 유교적 관료제와 질서가 그 속에도 반영되어 있기 때문이다.

그런데 조선 후기의 필기·야담 속에 묘사되는 저승은 더욱 그러한 색채가 강화되어 거의 유교적 가치가 지배하는 세계라고까지 말할 수 있다. 예컨대 조선 후기의 필기·야담 가운데 불교의 저승 관념에 가장 가깝게 사후세계상을 묘사하고 있는 『천예록』의 「염라왕이 부탁하여 새 도포를 구하다」나 「보살불이 저승의 감옥을 구경시켜주다」 같은 이야기를 보자. 그런데 이 이야기들 속에 그려진 지옥에서도 가장 중요한 덕목이자 상벌의 기준은 결국 유교적 인륜도덕의 실천 여부라고 할 수 있다.

그밖에도 『천예록』을 비롯한 조선 후기 필기·야담에는 현세에서 스스로를 엄격히 잘 규율했던 유자들이 죽어서 저승에 가서도 관리를 맡아 천도天道를 잘 수행하고 있다는 이야기들이 여러 편 실려 있는데, 이러한 이야기들이 묘사하는 저승은 사실상 현세와 거의 다를 바 없는, 아니 어떤 면에서 현세에서라면 일어날 수 있을 법한 판단착오나 오류가 없다는 점에서 오히려 현세보다 더 유교적 이상이 충실하게 구현된 세계라고 할 수 있다. 이처럼 조선 후기의 필기·야담은 현세 이외에 다른 차원의 세계를 인정하지 않았던 성리학적 귀신사생론의 그것과는 꽤 거리가 있는 사후세계상을 보여주고 있다.

그런데, 「설공찬전」의 필화 사건이 보여주듯, 조선 전기라면 용납하기 어려웠을 이러한 실체론적이고 다층적인 사후관이 조선 후기 유자들에게 쉽게 수용될 수 있었던 것은 무엇 때문일까? 저자가 보건대, 이는 아마도 불교나 무속의 신비주의적이고 실체론적인 귀신관이나 사후관이 더 이상 유교적 지배를 위협할 만한 힘을 갖지 못했던 조선 후기의 신앙 상황과 관련이 있을 것이다. 불교나 무속과 이론적·실천적 투쟁을 전개해야 했던, 그래서 귀신관이나 사후관에서 이단적인 사유를 용납할 수 없었던 조선 전기에 비해, 조선 후기에 이르면 유교적 지배가 확고해지면서 유교적 가치관을 옹호하고 확산시키는 데 유용하다면 불교적·무속적 귀신관이나 사후관 또한 편하게 수용하고 적극 활용할 수 있는 상황에 이르렀다는 것이다. 그런 점에서 조선 후기의 필기·야담에 나타나는 귀신관과 사후관의 변화는 귀신이나 사후세계 같은 신이한 영역까지 유교적 지배가 침투했다는 것을 알리는 유교화의 승리의 표지이자, 동시에 성리학의 팽팽한 일원론적 세계상이 균열하면서 온갖 잡다한 신비주의적 사유가 그 속에 침투했음을 보여주는 유교의 통속화·신비주의적 관념으로의 퇴행이라고도 해석해볼 수 있겠다.

4. 남은 과제 – 사대부 남성 중심의 전승을 넘어서

이상으로 매우 거칠게 조선 후기의 필기·야담을 중심으로 조선 후기 사람들에게 귀신과 사후세계가 어떻게 인식되었는지를 살펴보았다. 그리고 이를 조선 전기의 그것과 비교해 봄으로써 그 변화의 방향을 개괄적으로 추론해보았다.

하지만 돌이켜 보건대 이상의 해석은 주로 사대부 중심의, 조령 신앙 중심의 분석에 머물러 있다는 한계를 안고 있다. 사실 『어우야담』이나 『국당배어』, 『학산한언』 같은 조선 후기의 필기·야담집에는 유교적 이념으로 충분히 설명될 수 없는, 혹은 사대부들의 유교적 인식과는 그 결을 달리하는 귀신이나 사후세계에 관한 이야기들이 군데군데 발견된다. 예컨대 『학산한언』에 실려 있는 「권익홍의 혼령과 사랑을 나눈 분영」 같은 이야기가 그 한 예이다.

이 이야기에서 죽은 권익홍은 염습 때 입었던 복식을 한 채 평소 총애했던 분영이라는 기녀에게 나타나는데, 그에게는 시신이 부패하는 역겨운 냄새가 난다. 그러다 닭이 울자 그는 학처럼 하늘을 날아간다. 다른 날 권익홍 집안에서 그를 위해 큰 굿판을 벌이는데, 분영은 무당에게 신내림한 권익홍과 정담을 나누고 한바탕 통곡을 한다. 그녀가 술과 제물을 사서 무당에게 바치자, 이튿날부터 화려하게 관복을 차려입은 권공이 나타나 매일 그녀와 동침을 하였다는 것이다.

이 이야기에는 부분적으로 유교적 요소도 나타나지만, 그보다는 무속적 요소가 훨씬 강하게 드러난다. 기녀인 자신을 가장 인격적으로 대우해주었던 권익홍을 향한 분영의 사랑은 무당의 신내림을 통해 그와 교통하게 했다. 이후 그녀가 매일 권익홍의 귀신과 동침하였다는 것은 아마도 그녀 스스로 영매가 되었음을, 즉 권익홍의 귀신이 그녀에게 지폈음을 의미하는 것일 터이다.

이러한 이야기는 조선 후기의 귀신관이나 사후관이 계층에 따라, 성에 따라 다양할 수 있음을 암시한다. 주로 사대부 남성들은 유교를 바탕으로 하되 가부장적·종법적 질서를 강화하는 데 도움이 된다면 불교와 무속의 일부 요소 또한 수용하였다. 주로 사대부 여성층이나 민중은 오히려 무속이나 불교를 가까이했지만, 그 속에 유교적 질서와 가치를 또한 수용하여 자기화했다. 이 글은 이러한 쌍방향의 충돌과 습합을 충실히 살펴보지 못하고, 사대부 남성의 입장에서 귀신관과 사후관이 어떻게 변모해갔는지를 거칠게 분석해본 것에 불과하다. 「권익홍의 귀신과 사랑을 나눈 분영」의 이야기는 하층 여성의 환상(혹은 증상) 속에 무속적 사후관과 유교적 가치가 접합되었음을 흥미롭게 보여주는 작품으로, 이러한 탈유가적 상상력을 보여주는 작품에 대한 분석은 추후의 과제로 남겨 놓기로 하겠다.

조선 전기 귀신 이야기에 잠복된 사회적 적대

1. 사회적 적대의 증상으로서의 귀신

전근대 사회에서 생성·유전되던 귀신을 둘러싼 이야기나 담론들은 여러 층위에서 그 의미가 해독될 수 있을 것이다. 그것은 환각이나 괴이현상, 재난, 질병, 죽음 등과 같이 오랫동안 인간에게 불안과 공포, 호기심과 경외감을 불러일으켰던 현상들을 나름의 원리로 설명하는 일종의 신비주의적 자연학으로도 해석될 수 있고, 인간의 행위와 그 결과, 도덕적 당위와 경험적 현실 사이에 존재하는 간극과 착종을 설명·보충하는 일종의 서사적 윤리학으로도 해석될 수 있다. 그리고 무엇보다 그것은 한 사회의 성과 계급, 신분, 집단 사이를 가로지르는 모순과 갈등들, 곧 사회적 적대를 기괴한 이미지와 초현실적인 서사를 통해 재현하는 상상적 정치학 혹은 사회학으로도 해독될 수 있을 것이다. 이 글은 귀신 이야기의 다양한 의미 층위 가운데 특히 이 마지막 국면, 즉 귀신 이야기에 잠복되어 있는 사회적 적대의 문제에 주목해 보고자 한다.

귀신은 모든 사물에 영적 속성과 능력이 있다고 믿었던 애니미즘적 사유에서부터 그 기원을 찾을 수 있는, 인류 문명에서 매우 오랜 연원과 보편성을 지닌 존재이다. 이러한 애니미즘적-신화적 사유에서 귀신은 결여의 존재라기보다 인간이나 사물에 내재된 본원적 속성 혹은 충만한 에센스 같은 것이었다고 할 수 있다. 선하든 악하든 무섭든 친근하든 그것은 그 자체로 고유한 역량과 역할을 지니고 있었다. 예컨대 전근대 동아시아인들에게 불안과 매혹을 불러일으키며 빈번히 회자되었던 여우나 뱀의 정령, 도깨비나 덴구 같은 존재들은, 비록 후대로 갈수록 통속화되어 유희의 대상으로 전락하기는 했지만, 여전히 생산·생식·성·죽음과 같은 원초적이고 불가항력적인 자연의 힘을 상징하고 있다는 점에서 애니미즘적-신화적 사유의 흔적을 지니고 있는 귀물鬼物이라고 볼 수 있을 것이다.

그런데 성·계급·신분·집단 등에 따라 적대적으로 분열된 사회에서 귀신은 대체로 결여된 존재로 그 스스로를 드러낸다. 그것의 출현은 그 사회에 단절과 갈등, 결여가 있음을, 그래서 중재나 화해, 보충이 필요함을 암시한다. 즉 이제 귀신은 자연만물에 내재한 본원적인 속성이나 에센스가 발현된 존재라기보다 온전한 신체와 사회적 위상을 지니지 못한 결여된 존재로 점차 여겨지게 된 것이다. 자연으로 회귀하지 못한 채 특정한 지점에 고착되어 강박적으로 되돌아오는 억울한 희생자의 원혼, 충족되지 못한 욕망을 산 자에 대한 분노로 표출하는 사령死靈, 후손에 대한 걱정으로 영면하지 못하는 죽은 조상 등 다양한 종류의 귀신은 도덕적 상징질서가 정상적으로 작동하는 사회에서라면 발생하거나 현현할 필요가 없는 존재로 여겨졌다. 때문에 많은 경우 귀신의 출현은 자연의 불가해하고 불가항력적인 힘에 대한 경외감을 불러일으키기보다는 사회에 잠복되어 있는 갈등과 모순을 환기시키며 그로 인한 불안과 공포를 불러일으킨다.

이 글은 귀신 이야기의 이와 같은 측면에 주목해보고자 한다. 즉 귀신을 사회적 적대의 증상적 표현이라는 측면에서, 그리고 귀신 이야기를 사회적 적대에 대한 공동체 구성원들의 무의식적인 불안과 공포의 산물이라는 측면에서 해독해보고자 하는 것이다.

이를 위해 특히 이 글에서 연구의 주된 대상으로 삼은 것은 조선 전기 필기류 저작들에 수록되어 있는 귀신 이야기들이다. 물론 동시대에 창작된 전기소설傳奇小說에서도 귀신 이야기는 빈번하게 등장한다. 하지만 아무래도 전기소설에 등장하는 귀신은 일종의 문학적 상징이나 알레고리에 가깝다고 할 수 있을 것이다. 이에 비해 필기에 등장하는 귀신은, 비록 그것을 기록한 저자가 그 진실성에 강한 의혹을 품고 있다 할지라도, 일단 누군가에 의해 경험적 사실로 여겨졌던 것이다.[1] 그

---

1 물론 전기(傳奇)와 필기(筆記)의 귀신 이야기가 항상 이처럼 명확히 구분될 수 있는 것은 아니다. 예컨대 『태평광기(太平廣記)』나 『태평통재(太平通載)』 같은 총서류 저작에서 귀신 이야기는 지괴나 전기, 필기 등의 양식적 구별 없이 모두 '귀(鬼)'부(部)에 실려 있다. 즉 허구적 서사와 경험적 서사 사이의 변별의식이 여기에는 없는 것이다. 경험적 서사라고 여겨졌던 것도 문학적 수식이 가해지면 허구적 서사에 가깝게 될 수 있고, 허구적 서사도 전승되면서 경험적 서사처럼 받아들여질 수 있다. 그리고 애초 경험적 사실에 근거한 것인지 허구적 상상에서 출발한 것인지, 혹은 경험적 사실로 인지되기를 바란 것인지 문학적 우의로 해석되기를 바란 것인지 명확히 판단하기 어려운 작품도 있다. 조선 전기의 귀신 이야기 가운데는 이처럼 필기와 전기, 경험적 서사와 허구적 서사 사이에 중간적 성격을 지니고 있는 작품들이 많이 존재하는데, 「설공찬전」이나 『용재총화』의 「안생」,

러므로 어떤 점에서 필기류 저작들에 수록된 귀신 이야기는 동시대인들의 일상적인 귀신 관념이나 유명세계에 대한 태도 등을 파악하는 데 더 유용한 텍스트라고 할 수 있다.

물론 그렇다고 조선 전기 필기류 저작들에 수록된 귀신 이야기가 동시대인들의 일반적인 귀신 관념을 있는 그대로 드러내주는 텍스트라고 말할 수는 없을 것이다. 우리는 이러한 필기류 저작들이 유가적 이념을 결코 완전히 벗어날 수 없었던 사대부 남성들에 의해 쓰여졌다는 점, 그 저자들은 정正과 상常에서 벗어난 변變과 괴怪에 대해 관심을 기울이되 이를 자신들의 성적·계급적 입장과 이념에 따라 선별하고 재해석하고 있다는 점을 미리 기억해둘 필요가 있다. 필기의 저자들은 귀신 이야기가 지닌 어떤 기괴함이나 '낯선 친숙함unheimlich'에 이끌리면서도, 그러한 호기심과 불안 이면에 잠복되어 있는 사회적 적대를 해독해내는 데는 인색했다. 그러므로 필기에 수록된 귀신 이야기에서 사회적 적대의 문제를 읽어내기 위해서는 보다 심층적이고 적극적인 해석이 요청된다 하겠다.

이 글에서 주로 검토되는 텍스트는 조선 전기의 필기류 저작들, 특히 그 가운데서도 『용재총화慵齋叢話』와 『용천담적기龍泉談寂記』에 수록된 귀신 이야기들이다. 이 두 저작은 각각 15세기 말과 16세기 전반에 저술된 필기류 저작들로, 동시대의 다른 필기류 저작들에 비해 비교적

『용천담적기』의 「채생」·「박생」 같은 작품들이 그 예이다. 그렇기는 하지만, 예컨대 『금오신화(金鰲新話)』의 「이생규장전」과 『용재총화(慵齋叢話)』의 「안생」을 대비시켜 놓고 보면 잘 드러나듯이, 전기의 귀신 이야기와 필기의 귀신 이야기 사이에는 일정한 지향의 차이가 있다. 전자에는 현실 비판의 우의성이나 현실 초월의 낭만성이 두드러진 반면 후자에는 견문의 사실적 기술의식이 두드러지는 것이다.

많은 귀신 이야기들을 수록하고 있다. 이 글은 이 두 필기류 저작에 수록된 귀신 이야기를 중심으로 삼되 그밖에 동시대의 다른 필기류 저작이나 『조선왕조실록』 등의 자료들을 이와 함께 검토하면서, 사대부와 민중 사이에서 유전되던 귀신 이야기가 어떠한 사회적 적대의 문제를 함축하고 있으며 그것을 어떤 방식으로 재현하고 있는지 분석해보도록 하겠다.

2. 조선 전기 필기에 수록된 귀신 이야기의 전반적 특징

현전하는 조선 전기의 필기류 저작 가운데 가장 많은 분량과 다양한 내용을 지닌 『용재총화』에는 총 326화의 이야기가 수록되어 있는데, 그 가운데 귀신 이야기로 분류될 수 있는 것은 대략 9화 내외이다. 그리고 『용천담적기』의 경우 총 35화 가운데 8화 내외가 귀신 이야기로 분류될 수 있다. 이처럼 화수話數로만 보면 조선 전기의 필기류 저작에는 귀신 이야기가 많이 수록되어 있다고 말하기 어렵다. 하지만, 매우 당연한 말이지만, 수록된 귀신 이야기의 수량이 곧 귀신에 대한 동시대인들의 관심이나 신앙의 정도를 반영하는 것은 아니다. 여기에는 저술의 동기나 목적, 양식 혹은 장르 인식의 변화 등에 대한 복합적인 고려가 필요하다.[2]

---

2 비율로만 따지면 『용천담적기』가 『용재총화』에 비해 훨씬 높은 비율로 귀신 이야기를 수록하고 있는 셈이다. 그런데 이러한 차이는 저술의 동기나 목적의 차이에서 연유하는 바 크다. 『용천담적기』는 저자 김안로(金安老)가 밝히고 있듯이, 유배라는 "불우하고 고생스런 상황"에서 "번민을 덜고 적적함을 위로하"기 위해 패설(稗說) 위주로 저술한 책

그런데 조선 중 · 후기의 필기 · 야담류 저작들의 귀신 이야기와 비교해볼 때 조선 전기 필기류 저작들에 수록된 귀신 이야기는 전반적으로 다음과 같은 몇 가지 특징들을 공유하고 있다는 점이 주목된다. 이러한 특징들은 조선 전기의 귀신 이야기에 잠복된 사회적 적대를 해석하는 데도 중요한 참조가 된다.

우선 조선 전기의 필기류 저작에 수록된 귀신 이야기에서 가장 먼저 주목되는 특징은 17세기 이후의 필기 · 야담류 저작에 가장 빈번하게 출현하는 귀신 유형이라고 할 수 있는 조상의 신령祖靈이 거의 등장하지 않는다는 점이다. 물론 조선 전기의 필기에도 제사의 대상이 될 만한 신령한 귀신이 일부 등장하기는 한다. 예컨대 『용천담적기』에 등장하는, 손순효의 꿈에 나타난 정몽주의 신령이나 묘 이장 감독관 꿈에 나타난 현덕왕후의 신령이 이에 해당될 것이다.[3] 하지만 조선 후기의 귀신 이야기에서 주역을 이루는 직계 조상이나 근친의 귀신은 이 시기 필기에 거의 등장하지 않는다.[4]

이다(金安老, 「龍泉談寂記 自序」, 『국역 대동야승』 3, 민족문화추진회, 1967, 460면). 이에 비해 『용재총화』는 훈구관료로 큰 성취를 이룬 성현(成俔)이 역대(歷代)의 문물제도(文物制度), 역사(歷史)에서부터 시화(詩話), 일화(逸話), 민간풍속(民間風俗)에 이르기까지 "국사(國史)에 갖추어지지 못한 것"을 두루 싣고자 하는 의도에서 저술한 책이다(황필, 「용재총화발」, 『국역 대동야승』 1, 민족문화추진회, 1967, 258면). 그러므로 시화, 일화, 사화 등 다양한 주제를 망라하고자 한 『용재총화』보다 흥미로운 패설 위주로 엮은 『용천담적기』에 귀신 이야기가 더 높은 비율로 수록된 것은 어쩌면 당연하다 하겠다.

3 이 가운데 후자 곧 현덕왕후의 신령은, 그 아들(단종)이 살해되고 그 자신도 사후 폐위되었다는 점에서, 제사의 합당한 대상이었던 신령한 귀신이 그 상징적 정당성이 훼손되자 원귀가 되어 후인(後人)의 꿈에 나타난 경우라고 볼 수 있다.

4 조선 전기 필기에는 거의 등장하지 않던 조상의 신령은 『어우야담』 이후부터 대거 출몰하기 시작한다. 『어우야담』에는 약 52화 내외의 귀신 이야기가 수록되어 있는데, 그 가운데 12화 정도가 조상이나 위인의 신령의 출몰과 관련된 이야기이다(23%). 그런데 이 비율은 조선 후기로 갈수록 더욱 높아진다. 『천예록』의 경우 34화의 귀신 이야기 가운데 16화가(47%), 『학산한언』의 경우 20화의 귀신 이야기 가운데 10화가(50%), 『기문총화』의

더욱이 흥미로운 점은 조선 중·후기의 필기·야담에서 조상이나 근친의 귀신은 살아있는 후손에게 환대를 받는 친숙한 존재로 묘사되는 데 반해, 조선 전기의 필기에서는 죽음을 환기시키는 불길하고 두려운 존재로 곧잘 묘사된다는 점이다. 『용재총화』에서 조카 이두의 집에 나타나 결국 그를 병들어 죽게 만드는 고모姑母의 귀신이나 외사촌 기유에게 나타나 소란을 피우고 그를 병들어 죽게 만든 유계량의 귀신, 「설공찬전」에서 사촌 설공침에게 지피어 숙부叔父 설충수를 괴롭히는 설공찬과 그 누이의 귀신 등을 그러한 사례로 들 수 있다. 이는 사후의 유명세계를 유교적 인륜질서 혹은 종법적 가족질서가 연장된 세계로 상상했던 17세기 이후와 달리, 조선 전기에는 인간의 세계와 귀신의 세계는 분리되어 있으며 귀신이 인간 세계에 되돌아와 출몰하는 것은 불길한 조짐이라고 여기는 관념이 강했음을 짐작케 한다.

다음으로 조선 전기 필기의 귀신 이야기에서 주목되는 또 하나의 특징은 인간의 형상과 성격을 지닌 귀신人鬼보다는 기괴한 사물로서의 성격을 지닌 — 그래서 곧잘 귀물鬼物이나 괴물怪物, 요물妖物 등으로 불리는 — 귀신이 더 많이 등장한다는 점이다. 『용재총화』에서 성현의 외삼촌 안공에 의해 퇴치된 도깨비 숲과 우물과 고목에 깃든 귀신들, 정구에 의해 추방된 계집종에 지핀 귀신, 안효례를 속인 태자귀太子鬼, 『용천담적기』에서 채수의 동생을 죽인 귀기鬼氣, 채생을 홀렸던 요귀妖鬼, 송원의 선비 집안을 몰살시킨 벌레의 정령精靈 등 조선 전기의 필기에

경우 40화의 귀신 이야기 가운데 24화(60%) 정도가 조상이나 위인의 신령이 출몰하는 이야기이다. 이러한 신령은 인륜질서의 수호자이자 제사의 합당한 대상으로 여겨진 귀신인데, 이 신령(神靈)의 대부분을 차지하는 것은 역시 조령(祖靈)이다.

등장하는 귀신의 다수는 인간과 소통하기를 원하고 결국 인륜질서 내로 포섭될 수 있는 인귀人鬼라기보다, 인륜질서 바깥에 존재하는 귀물鬼物에 가깝다고 볼 수 있다. 『용재총화』와 『용천담적기』의 저자 성현과 김안로에게 이러한 귀신들은 몽매하거나 기운이 허약한 사람에게 침투하는 사악한 기氣로 여겨졌다. 하지만 어떤 측면에서 이러한 귀신들은 여전히 불가해하고 불가항력적인 자연의 힘을 표상하고 있다는 점에서 애니미즘적-신화적 사유의 잔존물이라고 볼 수도 있다. 아직 유가적 이념에 포섭되지 않은 민중이나 사대부 부녀자들 사이에서 이것들이 두려움과 경외감을 불러일으키는 신격으로 숭배를 받았던 것은 이 때문이다.

마지막으로 이상의 특징들과 관련된 세 번째 특징으로서 조선 전기 필기에 출몰하는 귀신들은 민간신앙과 관련되어 있는 경우가 많으며, 필기의 저자들은 이를 퇴치하거나 회피해야 할 대상으로 여기고 있다는 점을 들 수 있다.[5] 앞서도 언급했듯이 조선 전기 필기에 등장하는 귀신들의 다수는 민중이나 사대부 부녀자들 사이에서 신앙의 대상으로 여겨졌던 것들이다. 그것들은 운명을 예지하는 능력, 혹은 질병이나 죽음을 초래할 수 있는 능력을 지닌 영험한 존재로 여겨졌다.[6] 그런

---

5 조현설은 조선 전기 필기류 저작들에 수록된 귀신 이야기의 대부분이 축귀담(逐鬼譚) 유형이며 이는 귀신과 신이(神異)에 대한 유가들의 부정적인 인식과 태도를 대변하고 있다고 지적한 바 있다(조현설, 「조선 전기 귀신 이야기에 나타난 신이 인식의 의미」, 『고전문학연구』 32, 한국고전문학회, 2002, 158면).

6 『용재총화』에서 성현의 외삼촌 안공은 임천군수로 부임하여 마을 사람들이 숭배하던 도깨비 숲의 음사(淫祠)를 태워 헐어버리고 마을 사람들이 복을 빌던 오래된 우물을 메워버린다. 민간신앙에서 오래된 고목이나 우물은 귀신이 깃드는 성소로 여겨졌는데, 이 곳에서 귀신을 숭배하는 제의나 관념은 고대에서부터 현재에 이르기까지 지속되어오고 있다(『용재총화』 권3, 81~82, 589면).

데 조선 전기의 필기 저자들은, 이러한 귀신의 존재 자체를 허구라고 부정하지는 않았지만, 그것을 인륜질서를 위태롭게 만드는 불온한 것으로 여겨 사회에서 축출하고자 했다. 『용재총화』에서 정구가 어린 계집종에게 지피어 그 집안사람들에게 경외와 공경을 받았던 귀신을 내쫓으며 던진 다음과 같은 명령은 조선 전기의 필기 향유층이 지닌 귀신과 민간신앙에 대한 관념과 태도를 집약적으로 잘 보여준다. "너는 숲으로 가라. 인가에 오래 머무는 것이 부당하다."[7]

이상과 같은 조선 전기 필기에 수록된 귀신 이야기들이 공유하고 있는 몇 가지 특징들은 사대부로서 저자들이 의식적이고 이념적인 차원에서 견지하고 있었던 유가적 귀신 관념뿐 아니라, 민중과 사대부 부녀자들 사이에서 전승되어왔던 더 오래되고 뿌리 깊은 무속적·주술적 귀신 관념 또한 중층적으로 반영하고 있다고 여겨진다.

우선 귀신을 제사로 받들어야 할 귀신과 배척해야할 귀신으로 나누고 후자에 대한 신앙이나 제의를 미신이나 음사淫祀로 규정하여 철폐하고자 한 것은 성리학적 귀신론과 통치이념에 입각한 것이라고 할 수 있을 것이다. 귀신을 자연원리화하는, 혹은 역으로 자연 자체를 귀신화하는 성리학적 귀신론[8]은 민간에서 오랫동안 신앙되어온 다양한 귀신의 실체를 논리적으로 인정하지 않았을 뿐더러, 설령 제한적으로 인

---

7 "可往汝藪, 不宜久在人家."『용재총화』권3, 84, 590면.
8 성리학은 현세주의적인 자연철학으로 해석될 수도 있고, 정반대로 범신론적인 신비철학으로도 해석될 수 있다. 이에 따라 성리학적 귀신론 또한 무귀론(無鬼論)으로도 유귀론(有鬼論)으로도 해석될 수 있다. 이에 대해서는 대표적으로 다음 논의들을 참조하라. 고야스 노부쿠니, 이승연 역,『귀신론』, 역사비평사, 2006; 박성규,『주자철학의 귀신론』, 한국학술정보, 2005; 최진덕,「다산학의 상제귀신론과 그 인간학적 의미 : 주자학의 음양 귀신론과의 한 비교」,『철학사상』33, 서울대 철학사상연구소, 2009.

정한다 하더라도 그것을 기氣의 생멸生滅 · 굴신屈伸 · 취산聚散 운동
에 종속시킴으로써 어떤 초자연적이고 초현실적인 능력도 그것에 부
여하지 않았다. 귀신에 대한 제사는 유교적 인륜질서의 유지와 재생산
이라는 목적에 합당한 경우에만 긍정되었으니, 종묘사직이나 문묘에
대한 제사, 조상에 대한 제사 같은 것이 이에 해당한다.

　이와 함께 조선 건국의 주도세력이 내세웠던 예치禮治라는 통치이념
과 이에 따라 활발하게 추진되었던 국가 사전祀典 정비사업도 귀신들
의 분류와 위계화, 음사의 철폐에 큰 영향을 미쳤다고 볼 수 있다. 조
선왕조는 유교적 예치의 구현을 통치이념으로 내세웠던바, 이를 위해
서는 국가와 지역, 가족, 개인 단위에서 시행되던 각종 제의들을 분류
하고 위계화할 필요가 있었다. 이에 따르면 다양한 종류의 귀신들은
우선 제사를 지내야 할 귀신과 제사를 지내지 말아야 할 귀신 두 부류
로 나눌 수 있다. 성현은『부휴자담론』에서 천신天神, 지신地神, 산천의
성황신城隍神, 가신家神, 조령祖靈 등을 전자에, 태자귀太子鬼, 여귀厲鬼,
산야山野의 요물妖物, 무신巫神, 불상佛像 등을 후자에 포함시키고 있다.[9]

　그런데 사실 이러한 성현의 분류는 성리학적 귀신론에 충실히 입각
한 것이라고 보기 어려운 면이 있다. 예컨대 성현이 제사 지내야 할 귀
신으로 꼽은 성황신城隍神이나 가신家神 같은 귀신들은 습속화된 민간
신앙의 대상으로서, 성리학적 귀신론은 그와 같은 귀신의 존재 가능성
을 논리적으로 인정하지 않기 때문이다. 그럼에도 성현 같은 조선 전
기 사대부들이 그와 같은 민간신앙을 부분적으로 허용했던 것은 그것

9　성현, 이래종 역, 「雅言」,『부휴자담론』권2 (소명출판, 2004), 65~72면.

이 유교적 예치라는 통치이념을 실현하는 데 해롭지 않을 뿐 아니라 나아가 지배체제를 안정화하는 데 오히려 어느 정도 유용하다는 사실을 인식했기 때문일 것이다. 이처럼 마을공동체 단위의 성황신 신앙이나 가족 단위의 가신 신앙 등 일부 민간신앙을 허용해주고 이를 국가적 사전체계 속에 하위 포섭하는 것, 그리고 이러한 사전체계 속에 잘 포섭되지 않는 민간신앙은 음사로 규정하여 철폐하는 것은 조선조 전반에 걸쳐 일관되게 추진된 유교화 기획의 일환이었다고 할 수 있다.[10]

그런데 이러한 지배층의 기획이 겨냥하고 있는 대상, 곧 다양한 귀신/귀물들의 실재와 권능에 대한 믿음 자체는 민중 사이에서 오랫동안 전승되어온 무속적·주술적 귀신 관념에 뿌리 두고 있는 것이라고 할 수 있다. 사실 『용재총화』나 『용천담적기』 같은 조선 전기 필기에는 강직한 사대부가 민중을 미혹시키던 요망한 귀신들을 내쫓는다는 축귀담이 많이 수록되어 있지만, 어떤 점에서 축귀담은 그와 같은 귀신의 실재를 인정한 바탕 위에서야 생성 가능한 이야기라고도 볼 수 있다. 즉 축귀담은 민중을 미혹하는 요망한 귀신들을 혹세무민을 위해

---

10 민간에서 횡행하던 다양한 귀신 신앙과 제의들을 국가의 사전체계 속에 편입시키고자 하는 시도는 특히 제민지배(齊民支配)와 예치(禮治)를 통치이념으로 내세웠던 명대(明代)에 이르러 두드러지게 강화되었다. 홍무제가 처음 시행한 여제(厲祭)는 그 대표적인 사례인데, 그것은 국가 권력 바깥에 존재했던 다양한 민간의 귀신들뿐 아니라 심지어 국가의 폭력에 의해 희생된 여귀들조차 국가의 사전체제 속에 포획하여 위계화하려는 시도라고 할 수 있다(명대에 시행된 여제와 조선에서 시행된 여제의 영향 관계나 차이에 대해서는 이욱, 「조선시대 국가 사전과 여제」, 『종교연구』 19, 한국종교학회, 2000를 참조하라). 이처럼 유교적 예치의 구현을 통치이념으로 내세우고 국가와 지역, 가족, 개인 단위에서 시행되던 각종 제의들을 분류·위계화하고자 했던 것은 조선도 마찬가지였으니, 명대 초기 이루어진 국가 사전체계의 정비는 조선 전기 지배층에게 중요한 전범으로 받아들여졌다.

날조된 조작이나 무지몽매에 의해 오인된 허상으로 보기보다, 강한 기와 올바른 도덕으로만 굴복시키고 퇴치할 수 있는 실재하는 대상으로 보고 있다는 것이다.

그리고 『용재총화』나 『용천담적기』를 보면 필기의 향유층인 사대부들도 귀신을 부정일변도로만 바라보지 않았다는 것을 알 수 있다. 조선 전기 필기에 수록된 귀신 이야기를 바라보는 저자 / 서술자의 기본적인 인식 태도는 계몽적인 목적의식이나 도덕적 비판의식보다는 오히려 불안한 호기심에 가까운 것이었다고 할 수 있다.[11]

이와 함께 비록 근친近親일지라도 이미 죽어서 귀신이 된 존재가 현세에 출몰하는 것은 불길한 조짐이며 그러한 귀신과 접촉하는 것은 죽음이나 질병, 재앙의 빌미鬼祟가 된다고 여기는 관념은, 유명세계조차 유교적 도덕과 인륜질서가 연장된 세계로 상상했던 조선 후기의 그것과는 매우 다른, 더 오래되고 원초적인 귀신 관념을 보여주는 것이라 판단된다.

---

11 조동일은 성현의 경우 귀신을 이기철학이 아니라 재래의 귀신관의 입장에서 이해했으며 민간신앙과 유교, 하층의 전승과 상층의 규범 양쪽을 다 인정하는 태도를 취하고 있었다고 평가한 바 있다(조동일, 「15세기 귀신론과 귀신 이야기의 변모」, 『문학사와 철학사의 관련 양상』, 한샘, 1992, 69~92면). 한편 조현설은 성현이 보인 신이神異에 대한 긍정적 태도를 성리학적 이념이 유가 지식인들을 강력하게 통어하지 못했던 15세기의 정치적 환경과 연관지어 설명하였다(조현설, 앞의 글, 169~171면). 그런데 성리학적 이념의 통어력이 보다 강력해진 16세기 전반에 저술된 『용천담적기』라고 해서 민간신앙에 대해 계몽적이고 부정적인 태도만을 보여주는 것은 아니다. 예컨대 『용천담적기』의 말미에는 뱀이 인간의 형상으로 변신하는 이야기가 실려 있는데 ─지하국대적퇴치설화를 연상케 하는 이 이야기는 정월 해일亥日에 짠 기름을 바르면 뱀에 물린 상처가 낫고 그 기름을 낫자루에 발라 울타리에 꽂아두면 뱀들이 죽고 만다는 민간전승의 유래를 설명하는 맥락에서 등장한다. ─ 신화적 사유의 흔적을 담고 있는 이러한 이야기를 소개하면서 김안로는 그것에 나름 충분한 근거가 있다고 받아들이고 있다. 이처럼 조선 전기 필기의 저자들은 대체로 민간에서 전승되던 귀신이나 이물에 관한 이야기들을 계몽적이고 부정적인 시선으로 바라보기보다 호기심어린 시선으로 바라보고 있었다고 여겨진다.

이상에서 간략히 살펴보았듯이 조선 전기 필기에 수록된 귀신 이야기의 전반적인 특징들은 조선 전기 사대부들이 의식적으로 견지했던 유교적-성리학적 귀신 관념뿐 아니라, 비록 '부정否定'의 형식을 통해서이긴 하지만, 민중층 사이에서 오랫동안 전승되어온 보다 전통적이고 무속적인 귀신 관념과 습속들을 중층적으로 반영하고 있다고 말할 수 있겠다.

3. 조선 전기 원귀 이야기에 잠복된 사회적 적대

그런데 조선 전기 필기에 수록된 귀신 이야기의 이와 같은 특징들은 귀신 이야기의 텍스트 문면에서 사회적 적대의 문제를 해독해내기 어렵게 만든다. 즉 인격성을 지니고 있고 소통을 원하며 결국 인륜질서 내로 포섭될 수 있는 귀신人鬼보다 어떤 상징화 / 의미화도 요구하지 않는 ― 그러므로 그런 존재와의 접촉은 우발적일 수밖에 없다. ― 기괴한 사물성을 지닌 귀신鬼物이 많이 등장하는데다가, 저자들이 이런 귀물들을 퇴치하거나 무시해야 할 귀신으로 바라보고 있기 때문에, 그 속에서 사회적으로 의미 있는 메시지를 해독해내기가 쉽지 않은 것이다.

그렇기는 하지만 주의 깊게 텍스트의 맥락과 이면을 살필 경우 그 속에서 사회적 적대의 문제를 해독해낼 수 있는 이야기들도 물론 있다. 이를 위해 무엇보다 우선 주목해보아야 할 것은 원귀冤鬼 혹은 여귀厲鬼로 분류될 수 있을 귀신들에 관한 이야기일 것이다. 원귀 혹은 여귀는 제대로 된 죽음을 맞지 못한, 그래서 제대로 된 상징적 죽음을 맞기까지 계속 강박적으로 같은 자리로 되돌아오는 '산 죽음undead' 같은 존재라고 할 수 있다. 그것은 개인이나 집단에 의해 살해당한 희생자의 원혼이자 그로 인한 원한과 분노를 살아 있는 사람들에게 미치는 귀신으로서, 애초 그 존재 자체가 이미 사회적 갈등과 모순의 산물이라고 할 수 있을 것이다.

조선 전기의 필기에도 원귀나 여귀로 분류될 수 있는 귀신들이 몇몇 등장한다. 『용재총화』에서 외사촌 기유에게 나타난 유계량의 귀신이나 안생에게 나타난 여비女婢의 귀신, 홍재상에게 나타난 여승女僧의 뱀 화신化身, 『용천담적기』에서 자신의 복위에 반대하던 유순정을 죽음에 이르게 한 현덕왕후의 신령 등이 이에 해당한다고 볼 수 있다. 이 가운데 조선 전기 사대부들과 민중 사이에서 널리 회자되고 있었던 유계량과 여비의 원귀, 현덕왕후의 신령에 관한 이야기들을 검토하면서 그 속에 잠복되어 있는 사회적 적대의 문제를 분석해보기로 하자.

유계량은 예종 1년(1468)에 일어난 남이의 옥사에 연루되어 참수된 인물로, 이 사건으로 인해 그의 부친은 극변極邊의 관노官奴로 귀속되었고 가산家産 또한 적몰당했다.[12] 그런데 『용재총화』는 이렇게 역모로 참수된 유계량의 귀신이 외사촌 기유의 집에 나타나 온갖 괴이한 장난을 벌였다는 이야기를 싣고 있다.[13] 성현은 자신의 어릴 적 친구이자 이웃이었던 기유의 집에서 일어난 여러 괴이한 일들과 잇따른 불행을

---

[12] 『조선왕조실록』 예종 즉위년 10월 26일, 28일, 11월 16일 기사 참조. 실록에는 더 자세한 후속 기록이 나오지 않지만, 역모의 주도자로 지목되어 능지처사된 남이의 사례로 보건대 아마도 그의 처첩이나 자손들은 정적(政敵)의 노비로 전락했을 것이다.

[13] 이야기의 줄거리는 대략 다음과 같다 : 기유의 집에 온갖 괴상한 일이 일어나 결국 그 집은 흉가처럼 버려진다. 그런데 몇 해 뒤 기유가 다시 집을 수리하고 들어가자 괴상한 일이 또 일어나고 결국 그도 병을 얻어 죽기에 이르렀다는 것이다.

서술한 후, 그 끝에 그러한 빌미를 일으킨 귀신의 정체가 다름 아닌 유계량의 원귀였다고 밝히고 있다. 즉 이 괴이한 이야기의 말미에서 성현은 "사람들이 모두 "기유의 표제 유계량이 난리를 음모하다가 사형당하더니 그 귀신이 집에 의지하여 빌미를 일으킨다"고 하였다"[14]며 귀신의 정체에 대한 시중의 소문을 전하고 있는 것이다.

그런데『용재총화』는 유계량의 귀신이 하필 기유의 집에 붙어 괴이한 장난을 벌였는지, 그리고 그 귀신이 어떤 메시지를 전하고자 했는지에 대해 거의 아무런 정보도 제공하지 않고 있다. 성현은 기유의 집에서 발생한 합리적으로 설명하기 어려운 괴이한 사건들에만 관심을 기울일 뿐, 귀신의 정체나 출현 동기·귀신 빌미鬼祟의 목적에 대해서는 별로 관심을 두지 않는다. 그리고 설령 그 귀신의 정체에 대한 시중의 소문을 인정했다 하더라도, 정치적 승자 편에 서있었던 훈구관료 성현의 입장에서는 대역죄로 참수된 유계량의 귀신에게 어떤 도덕적 명분을 인정하기도, 그것의 출몰에서 어떤 사회적 메시지를 해독하기도 어려웠을 것이다. 그런 점에서『용재총화』에 묘사된 유계량의 귀신은 원한의 명분과 메시지조차 박탈당한, 그래서 인귀人鬼보다는 차라리 귀물鬼物에 가까운 원귀라고 할 수 있다. 이 경우 그것에게 남는 것은 대상 없는 분노, 의미 없는 장난, 우발적인 빌미뿐이다.

하지만 우리는 이와 같은 성현의 서술에서 억압되어 있는 이 이야기의 다른 측면 혹은 다른 층위를 주목해볼 필요가 있다. 우선 주목해볼 것은 현실에서는 명분을 독점한 정치적 승자들에 의해 패자들의 억울함이나 분노가 철저히 부정당하지만, 귀신 이야기의 세계에서는 그것

---

14 "人皆云, 裕之表弟柳繼亮謀亂被誅, 而其神依家作祟也."『용재총화』권4, 113, 601면.

에 나름의 일정한 존재 근거가 부여된다는 점이다. 사실 어떤 의미에서 원귀나 여귀는 존재 그 자체로 이미 현실의 불공평함을, 혹은 희생자의 억울함과 분노를 전제하고 있는 것이라고 할 수 있다.

이와 함께 귀신 이야기의 세계에서는 승자가 모든 것을 독점하는 현실 세계의 일방성과는 다른 상보성 혹은 상응성의 원리 같은 것이 작동한다는 점 또한 주목할 만하다. 즉 귀신 이야기가 포착하고 있는 세계에서는 현실에서의 희생자가 공격하는 입장에 서고 현실에서의 승리자가 재앙의 대상자로 전도되는 것이다. 물론 정正·사邪, 충忠·역逆, 시是·비非를 엄격히 분별하는 비타협적 정의관正義觀에 입각했던 유가적 지식인들에게는 이와 같은 전도顚倒가 쉽게 받아들여지기 어려웠을 수 있다. 하지만 귀신 이야기의 가장 열렬한 생산자이자 수용자였던 민중에게는 이와 같은 상보성 혹은 상응성의 원리가 쉽게 받아들여질 수 있었을 것이다.

실제로 『용재총화』의 이 이야기의 경우에도 기유의 집을 소란케 한 귀신의 정체를 유계량의 원귀라고 추측한 것은 결국 민중의 상상력이라고 할 수 있다. 즉 기유 가家에서 일어난 불가해한 사건들과 뒤따른 불행의 원인을 권력투쟁에서 패배하여 원한을 품고 죽은 유계량의 원귀 탓으로 돌리는 것은 민중들의 상상력에서 생성되어 소문의 형식으로 유포된 일종의 사후적 해석이라고 볼 수 있다는 것이다.[15] 이는 정

---

15 『용재총화』의 기록만으로는 유계량과 기유 사이에 어떤 구체적인 원한 관계가 있었는지 알 수 없다. 원귀의 분노란 특정 대상에게만 표출되는 것이 아니기 때문에 유계량의 귀신이 반드시 기유에게 원한이 있어 그의 집에 출현했다고 볼 수는 없다. 그런데 흥미로운 것은 조선 전기 필기에 등장하는 원귀는 기괴한 장난을 벌이기만 할 뿐 신원(伸冤)의 요구를 명확히 드러내지 않고 있다는 점이다. 이는 조선 후기의 원귀와 두드러진 차이인데, 사실 조선 후기의 원귀가 요구하는 신원이란 대체로 유교적 명분의 사후적 인정

치적 승자들이 독점적으로 내세우는 명분과 달리 민중들은 역모사건을 정正·사邪, 충忠·역逆 간의 비타협적 투쟁으로 보지 않고 지배층 내부의 권력투쟁으로 인식하며 그 패자에게도 울분의 근거를 인정하였다는 것을 의미한다.

이와 함께 이 이야기에서 주목해보아야 할 또 하나의 측면은 잦은 정변政變 속에서 사대부가士大夫家의 흥망성쇠를 목도하면서 훈구관료로서 저자가 품었을 호기심 이면의 불안이다. 사실 조선 전기처럼 정변이 거듭된 시기에 정치권력투쟁의 일선에서 살아남은 사대부들은, 설령 의식적으로는 자신의 처신에 대해 도의적 정당성을 확신하고 있었을지라도, 무의식적으로는 스스로의 오류 가능성에 대한 불안이나 패자 / 희생자에 대한 죄책감에서 완전히 벗어나기 어려웠을 것이다. 그리고 질병이나 죽음, 정치적 몰락 같은 예측할 수 없는 불가항력적인 재앙과 불행이 자신 또한 집어삼킬지 모른다는 불안에서 자유롭기도 어려웠을 것이다.[16] 그런 점에서 원귀나 여귀는 지배층에게 그들이

이라고 할 수 있다. 이러한 신원은 지배권력이 베푸는 상징적 시혜의 성격을 띠며, 이를 통해 원귀는 유교적 인륜질서 속에 포섭된다. 그렇다면 조선 전기의 원귀에게 신원의 요구가 별로 없다는 것은 아직 귀신의 세계가 유가적 이념에 포섭되지 않았다는 것을 보여주는 증거일 수 있다.

16 『문소만록(聞詔漫錄)』의 저자 윤국형의 다음과 같은 회고는 예측할 수 없는 불행 앞에 노출된 사대부들의 심리를 잘 보여준다. 그는 창성했던 자신의 집안에 갑자기 닥친 앙화 ─ 넷째 아들이 일찍 병사하고 임란 중 다섯째 아들과 맏며느리를 잃은 일 ─ 를 슬퍼하면서 스스로에게 묻는다. "나는 두 아들을 잃은 뒤로 항상 스스로 생각하기를, "내가 조정에 벼슬한 지 거의 30년 동안 잘못한 일이 많지는 않은데 이러한 재앙을 만났으니, 하늘은 어찌 이처럼 심한 화를 내리시는가?" 하였는데, 이제 또 맏며느리를 잃어 집에 화가 그치지 않고 닥치니 그럴 만한 까닭이 있는 것이 아닌가? 내 몹시 두렵다. 상주(尙州)를 다스릴 때에 적을 잡아 문초하다가 죽은 자가 전후에 걸쳐 10여 명이 되고, 호남(湖南)을 다스릴 때 변고가 생긴 뒤에 처형된 자가 또 7~8명이나 된다. 하지만 내 생각으로는 모두 마땅히 죽여야 할 사람들이고, 하나도 원한이 있거나 미워서 고의로 죽인 것은 아니라고 여겼는데, 혹 죽음을 당하지 않을 사람이 원통하게 죽지나 않았는지 알 수 없다(余

알고든 모르고든 행한 잘못과 그로 인한 피해자의 원한, 그리고 언제 자기에게 닥칠지 모르는 예측할 수 없는 재앙이나 불행을 환기시키는 불안한 대상이라고 할 수 있다.[17]

그런데 성현은 『부휴자담론』에서 "비명에 횡사한 뒤 그 노여움을 풀 길이 없으므로 기괴하고 포악한 짓을 하여 사람들에게 재앙을 끼치려" 하는 귀신들, 곧 원귀나 여귀에 대해 언급하면서 이에 대해 "오직 덕이 있는 사람만이 그 재앙을 물리칠 수 있으며 조화로운 기운만이 그 재앙을 그치게 할 수 있다"[18]며 유자로서 모범적인 답변을 제시한 바 있다. 그렇다면 기유 가家에 닥친 재앙은 기유의 덕德이 부족해서 초래된 것이었다고 볼 수 있을까? 혹은 성현이 이러한 부류의 귀신의 예로 든 팽생彭生이나 양소良霄의 원귀처럼 유계량의 원귀도 풀 길 없는 억울함을 지닌 원귀 혹은 여귀로 볼 수 있을까?

그런데 『용재총화』의 이 이야기에서 성현은 어릴 적 친구였던 기유의 집안에서 벌어진 괴이한 일들과 연이은 불행을 기록하면서 어떤 도덕적 판단도 개입시키지 않고 있다. 아마도 기유에게 닥친 불행을 그

自失兩兒, 常自念曰, "立朝幾三十年, 未嘗有積不善事, 而逢殃至此, 何天之降禍太酷耶. 今又失嫡婦, 家禍沓至猶未已, 豈無所召. 余深懼焉. 治尙獲賊殞於刑訊者, 前後幾十數, 而按湖變後行刑者, 又至七八. 然於心皆以爲當殺, 不曾有因怨惡故殺者, 抑無乃或有不應死而枉死者乎. 未可知也"(윤국형, 「문소만록」, 『국역 대동야승』 9, 민족문화추진회, 1967, 12면)

17　바로 이와 같이 원망이 해소되지 않은 귀신들을 위무하기 위해 조선 전기부터 국가적으로 시행한 것이 여제(厲祭)였다. 명대의 예제를 본받아 불교의 수륙재를 대신하여 시행한 여제는 주로 전염병이나 재해, 전란 등으로 죽은 원혼을 위로하는 것을 목적으로 했지만, 여제에 배설된 15위(位)의 무사귀신(無祀鬼神) 가운데는 '남에게 재물을 빼앗기고 핍박당해 죽은 자(被人取財物逼死者)' '남에게 처첩을 강탈당하고 죽은 자(被人强奪妻妾死者)' '형화를 만나 억울하게 죽은 자(遭刑禍負屈死者)'처럼 정치투쟁 과정에서 패배한 자들의 원혼도 포함되어 있었다.

18　"是皆死於非命, 無所洩怒, 故作爲詭暴, 欲貽禍於人. 惟德可以禳之, 和氣可以弭之矣." 성현, 『부휴자담론』, 71면.

의 덕德이 부족했기 때문이라고 말하기에는 누구도 그와 같은 우발적인 재앙에서 완전히 면제되어 있지 않다는 것을, 그리고 대역죄인으로 정죄되었다고 해서 불평과 울분의 여지조차 남아 있지 않으리라고 단정할 수 없다는 것을 무의식적 차원에서는 감지하고 있었기 때문일 것이다.

이처럼 유계량의 귀신 이야기가 정치권력을 둔 지배집단 간의 갈등과 투쟁, 승자와 패자 간의 원한과 죄책감을 그 이면에 깔고 있다면, 안생에게 나타난 여비女婢의 원귀 이야기는 신분과 성gender 간의 갈등과 애증을 그 바탕에 깔고 있다. 「안생安生」이라는 제목으로 더 잘 알려진 이 이야기는 『용재총화』뿐 아니라 『청파극담』, 『태평한화골계전』 등에 조금씩 다른 줄거리로 수록되어 있는데, 그 공통적인 줄거리를 요약하면 대략 다음과 같다 : 경화사족 안생은 하성부원군 소유의 여비女婢가 재산이 많고 어여쁘다는 소문을 듣고 구혼하여 결국 승낙을 얻고 살림을 차려 나날이 정이 깊어간다. 그런데 자신의 허락 없이 혼인한 것을 안 주인 ─ 『청파극담』에 따르면 하성부원군 정현조 ─ 이 강제로 여비를 다른 노비와 혼인시키려 하자 여비는 자결하고 만다. 그런데 죽은 여비의 원혼이 안생에게 나타나고, 이후 안생 또한 망연자실하다가 결국 죽음에 이르렀다는 것이다.

일찍이 이 이야기는 동시대의 전기소설과 유사한 명혼 모티프를 지니고 있는 작품으로 평가되면서 조선 전기의 필기에 수록된 이야기들 가운데서도 비교적 많은 주목을 받아왔다.[19] 사실 앞서도 언급했듯이

---

19 조동일은 「안생」을 소설일 수도 있는 것을 설화처럼 서술하고 만, 설화가 소설로 이행하는 단계에서 산출된 작품으로 평가한 바 있다(조동일, 『한국문학통사』 2, 지식산업사,

조선 전기의 문인지식인들에게 전기와 필기 사이의 장르적 변별은 그리 확고한 것이 아니었다고 여겨진다. 그런 점에서 이 이야기를 전기소설사의 맥락 속에 배치하고 동시대 전기소설과의 관련양상에 주목할 수도 있다. 하지만『용재총화』나『청파극담』등에 실린 이 이야기는, 명혼 모티프를 취하고 있는 전기소설과 매우 흡사한 소재를 바탕으로 하고 있기는 하지만, 기본적으로 필기의 장르관습에 충실한 것이라고 할 수 있다. 즉 이 이야기를 채록한 필기의 저자들은 이를 실제로 발생한 경험적 사건으로 여기고 있으며, 서사의 인과적 재구성이나 인물의 내면 심리 묘사보다 사건 자체의 객관적·단편적 기술에 초점을 맞추고 있다는 것이다.[20]

그런데, 기존 연구에서도 지적된 바 있듯이, 동일한 사건에서 취재하고 있지만 성현과 이륙은 각기 조금씩 다른 관점에서 이 이야기를 기록하고 있다.[21] 즉 이륙이 천민 여성이 보인 절의에 강조점을 두면

1983, 457~8면). 한편 박일용은 이 작품을 '이생규장전 유형의 명혼담'으로 계열화하면서, 현실세계의 갈등양상을 보다 선명히 반영하고 있어 소설장르에 근접하고 있지만 그 갈등을 평면적으로 서술함으로써 서술시각이나 형상화 방법에 있어서는 전기적 일화 수준에 머무르고 있는 작품으로 해석하였다(박일용,「명혼소설의 낭만적 형식과 그 소설사적 의미」,『조선시대의 애정소설』, 집문당, 1993, 91~4면). 또한 권도경은 이 작품을 완전한 합일로서의 사랑을 추구하는 여비와 계층의식과 가치관의 차이로 인해 변심하는 사족 남성 간의 갈등을 포착하고 있는 — 그런 점에서 여성의 일방적인 희생을 통해 이루어지는 영원불멸한 사랑이라는 전기소설의 테마를 비판적으로 인식하고 있는 — 변심을 주지로 한 전기소설로 해석하기도 하였다(권도경,「안생전의 창작경위와 이본의 성격」,『고전문학연구』22, 한국고전문학회, 2002).

20 물론 그렇다고 필기에 수록된 이야기에 서사의 인과적 재구성이나 인물의 내면 심리 묘사가 없다는 뜻은 아니다. 어떤 점에서 그와 같은 요소는 모든 서사에 필수적이다. 하지만 필기의 저자는 일상견문의 객관적·단편적 기술이라는 양식적 전통에서 잘 벗어나지 않으려 하며, 이 때문에 전지적 시점에서 사건의 전개를 인과적으로 재구성하거나 인물의 주관적인 내면 심리를 풍부하게 묘사하는 것을 기피한다. 우리는 필기와 전기의 이러한 양식적 차이를 서사의 인식론적 발전단계로 파악해서는 안 된다. 즉 필기의 단편적 서사를 소설에 이르지 못한 단계의 미숙한 서사로 파악해서는 곤란하다는 것이다.

서 이야기 자체는 매우 압축적으로 서술하고 있다면, 성현은 사건 전반을 비교적 골고루 서술하면서 특히 원귀의 출현과 이에 대한 안생의 반응에 초점을 맞추고 있는 것이다.

물론 이러한 차이에도 불구하고 이 이야기를 기록하는 필기 저자들의 성적·계급적 입장에는 분명한 공통점이 있다. 즉 이들은 모두 여비가 원귀가 될 수밖에 없었던 핵심 요인이라고 할 수 있는 노비주奴婢主 하성부원군의 강포한 처사나 정인情人 안생의 우유부단한 처신에 대해서 별로 크게 문제 삼고 있지 않다는 점에서 유사한 성적·계급적 편향을 보이고 있다는 것이다. 그리고 여비의 원귀에게 분노를 표출하거나 원망과 저항의 목소리를 낼 기회를 주지 않고 있다는 점 또한 양자가 동일하다.²²

---

21 이 이야기를 기록하는 성현과 이륙, 서거정의 관점 차이에 대해서는 권도경의 앞선 연구에서 잘 지적된 바 있다. 그에 따르면 이륙과 서거정은 하층여성의 지조와 열행을 찬양하는 교화적인 관점에서 이 이야기를 기록하고 있는 반면, 성현은 여기에 사족 남성의 변심과 이로 인한 남녀 갈등이라는 새로운 갈등구도를 덧붙이고 있다(권도경, 앞의 글, 206~215면).

22 박일용은 『용재총화』의 서술자가 안생을 돈과 색을 탐한 부정적인 인물로, 노비주를 추상적인 존재로서 묘사하고 있으며 노비제도를 당연한 현실로 받아들이고 있기 때문에, 이 작품에서 안생과 여비의 애정을 가로막은 현실적인 질곡이 문제적인 것으로 부각되지 않고 여비의 기구한 운명만 부각되고 있다고 해석한 바 있다(박일용, 앞의 글, 93~94면). 반면 권도경은 성현과 이륙은 모두 하성부원군의 탐욕과 비리에 대한 풍자의식을 공유하고 있었으며, 특히 성현은 안생의 이해타산적인 면모를 통해 사족 남성의 물욕과 이기심을 비판적으로 서술하고 있다고 보았다(권도경, 앞의 글, 211면). 그런데 과연 성현이 이 작품에서 노비주 하성부원군을 강포한 인물로 묘사하고자 한 것인지, 그리고 여비의 자살을 안생의 변심이나 노비주의 폭압의 탓으로 돌리고 있는지는 모호하다. 이 작품에서 안생이 비록 경박하고 우유부단한 인물로 묘사되기는 하나 그것이 여비 자살의 결정적 동기로 서술되지는 않고 있는 듯하다. 또한 하성부원군의 처사는 자살의 직접적인 원인이라고 할 수 있지만, 박일용의 지적처럼 그는 이 작품에서 추상화된 힘으로서만 나타날 뿐이다. 이처럼 책임 소재에 대한 모호한 서술은 원귀의 출현 목적의 모호함으로, 안생의 최후에 대한 모호한 서술로 나타난다. 저자가 보기에 이러한 모호함은 어떤 도덕적 판단이나 알레고리적 해석을 유보한 채 사건 그 자체를 전해들은 대로 기록하려고 한 성현의 서술 태도—곧 필기적 태도—에서 나오는 것 같다. 물론 남성·사대부라는

하지만, 성현이나 이륙이 비록 도덕적 판단을 유보하거나 절행이라는 유교적 이념으로 그 의미를 분식하고 있을지라도, 이 이야기에서 원귀의 출현은 성적 차이와 신분적 차별 사이에 존재하는 적대적 갈등과 이로 인한 소통의 단절이라는 본질적인 문제를 불가피하게 건드릴 수밖에 없다고 할 수 있다.

우선 원귀 출현의 핵심 이유 중 하나인 노비제도의 비인간적인 속성과 이로 인한 신분갈등 문제는 텍스트의 표면에서 가장 철저하게 억압당하는 주제라고 할 수 있다. ─『태평한화골계전』이 극명하게 보여주듯이 조선 전기 필기 향유층은 노비주에 의한 여비의 성적 유린을 오히려 우스갯거리로 삼는 방식으로 이 문제가 지닌 비인간적 성격을 교묘히 회피하였다. ─ 설령 하성부원군의 탐욕과 비리에 대해 평소 비판적 인식을 공유하고 있었다손 치더라도, 서거정 · 성현 · 이륙 같은 훈구관료들 또한 많은 노비들을 소유한 노비주로서 노비제도의 비인간적인 성격과 이로 인한 신분갈등의 문제에 관한 한 침묵할 수밖에 없었다.

그런데 경화사족들 사이에서 회자되던 이 이야기에서 여비는 자살을 결행함으로써 노비 또한 자유의지와 자존감을 지닌 윤리적 주체임을 천명한다. 그녀의 자살은 노비를 처분 가능한 물건처럼 취급하는 노비제도의 폭압성과 비인간성을 자연스럽게 부각시킨다. 이 때문에 여비가 원귀로 귀환하는 것은, 설령 직접적인 분노의 표출이나 저항적 행위가 뒤따르지 않을지라도, 그 자체로 그러한 폭압적 현실에 대한

성적 · 계급적 입장은 무의식적인 것으로, 의식적인 서술 태도 이전에 이미 전제되어 있는 것이다.

분노와 저항의 메시지로 해독될 수밖에 없는 측면이 있다.

　이와 함께 『용재총화』의 텍스트는 안생과 여비 사이를 가로막고 있는 성적·신분적 차별과 이로 인한 소통의 장벽과 단절이라는 문제 또한 비록 모호한 형태로나마 드러내고 있다. 『용재총화』의 텍스트에서 여비의 진실하고 헌신적인 사랑의 태도는 잘 묘사되어 있는 편이지만, 안생의 태도는 미심쩍거나 어정쩡하게 서술되어 있다. 일찍 부인을 잃고 성균관에 적만 올려둔 채 한량처럼 지내던 안생은 정승집의 계집종이 재산과 미모를 지니고 있다는 소문을 듣고 그녀에게 구혼을 한다. 그리고 마침 든 병을 상사병이라고 속여 혼인 승낙을 얻어내고 그녀를 첩으로 삼는다.[23] 물론 『용재총화』에서는 이후 안생과 여비의 정이 더욱 깊어졌음을 서술하고 있고, 또 여비의 죽음에 안생이 큰 충격과 슬픔을 느낀 것으로 묘사되고 있기는 하다. 하지만 그는 때로 여비의 지조를 의심하고 떠보려했을 뿐 아니라, 노비주의 늑혼 과정에서도 우유부단하고 무기력한 처신으로 일관한다. 이러한 안생의 태도는 원귀로 되돌아온 여비와 만나는 대목에서도 되풀이된다. 『용재총화』의 텍스트에서 여비의 원귀를 만난 안생의 태도를 서술하는 대목에는 모호한 부분이 있는데, 이 대목을 주의 깊게 읽어보자.

　안생이 달빛을 받으며 본가로 향하여 홀로 발 가는 대로 걷다가 수강궁 동문에 이르렀다. 밤은 이미 이경인데, 화장을 하고 머리를 크게 쪽 지어

---

23 『용재총화』에는 안생과 여비가 살림을 차렸다고만 서술되어 있어 이들의 혼인관계가 정확히 어떤 것이었는지 알 수 없다. 반면 『청파극담』에는 안윤이 여비를 보고 반하여 첩으로 삼으려 하였다고 기술하고 있다. 동시대의 신분제도에 비춰 보건대 후자가 실상에 가까울 것이다.

올린 여인이 앞서거니 뒤서거니 따라왔다. 안생이 따라가 보니 기침하고 탄식하는 것이 전날 듣던 소리와 같았다. 안생이 크게 부르며 달려가서 한 도랑에 이르렀는데, 여인이 또 그 곁에 앉았다. 안생이 돌아보지 않고 그의 집에 이르렀는데, 여인이 또 문밖에 서있었다. 그가 큰 소리로 종을 부르니, 여인은 모탕에 몸을 감추고 아무것도 보이지 않았다.[24]

여기서 안생이 크게 부르고 달려간 것生大呼而走은 여비의 원혼을 붙잡기 위한 절실한 사랑의 표현이었을까? 그렇다면 왜 안생은 도랑가에서 곁에 앉은 여인을 돌아보지 않고 집으로 가며, 문밖에 서 있는 여인을 보고 노복을 소리쳐 부르는가? 오히려 이런 일련의 행위는 두려움 때문에 귀신에게서 달아나려하는 행위로 보는 것이 타당하지 않을까? 이 점은 「이생규장전」과 같이 명혼 모티프를 취하고 있는 동시대의 전기소설의 창작문법과 「안생」의 그것 사이의 가장 큰 차이점이라고 할 수 있다.

안생이 느낀 두려움은 아마도 유명세계에 있어야 할 귀신이 인간세계로 되돌아오는 것을 불길한 조짐으로 여기고 사자死者의 시신이나 귀신과 접촉하는 것을 두렵게 여기는 원초적이고 주술적인 귀신 관념에 그 직접적인 원천이 있을 것이다. 하지만 여비의 원귀를 보고 손을 잡으며 애절한 그리움을 표하는 『청파극담』에서의 안생의 태도와 비교해볼 때,[25] 『용재총화』에서의 안생의 태도를 다만 사자死者의 귀신

---

24 "生乘月向本家, 獨行信步, 至壽康宮東門. 夜已二鼓, 有女靚粉高髻, 或後或先. 生追而視之, 謦欬歎息, 一似前聞. 生大呼而走, 至一溝曲, 女又坐其傍. 生不顧而去至其家, 女又坐門外. 生大聲喚僕, 女沒身于砧甃, 寂無所見." 『용재총화』 권5, 125, 606~7면.

25 "그때 안륜이 죽은 여종을 그리워하며 슬프게 읊조리고 있었는데, 조그만 발자국 소리가

을 기피하는 원초적인 귀신 관념에서 비롯된 행위로만 해석하고 마는 것은 너무 소박하다. 안생의 두려움에는 보다 더 구체적이고 내재적인 요인이 작용하고 있다고 보아야 할 터인데, 그 요인으로 우리는 소통의 단절과 이로 인한 원귀의 욕망의 모호함에 대한 불안, 그리고 자신을 향한 무의식적인 죄책감을 들 수 있을 것이다.

유희와 사랑, 집착과 의심이 뒤섞인 안생과 여비의 관계는 성적 차이와 신분적 차별로 인한 소통의 장애를 극복하지 못했다. 이 때문에 안생은 원귀로 귀환한 여비가 진정으로 욕망하는 바가 무엇인지 알 수 없었다. 그녀의 원귀로의 귀환은 간절한 사랑의 표현인가, 아니면 불신과 무책임에 대한 원망의 표출인가, 혹은 저승으로의 동반을 유혹하는 죽음에의 초대인가?[26] 『용재총화』에서 안생은 원귀가 욕망하는 바가 무엇인지 알지 못하며 그 때문에 불안과 공포에 빠진다. 즉 그는 원귀가 자신에 대해 우호적인지 적대적인지 판단할 수 없었던 것이다. 이처럼 한때 사랑했던 대상이 모호하고 두려운 대상이 되는 것은 또한 스스로에 대한 무의식적인 죄책감과도 연결되어 있다. 여비의 죽음에 대해 안생의 무의식은 그 스스로에게 이미 유죄 평결을 내렸으며, 이

소나무 사이에서 들려서 자세히 보니 바로 죽은 여종이었다. 안륜이 그가 죽었음을 오래전에 알았으므로 분명히 귀신이라 여겨지만, 너무도 생각했던 탓에 더 의심치 않고 그의 손을 잡으며 말했다. "어찌 여기까지 왔소?" 그러자 갑자기 보이지 않으니 안륜이 목놓아 통곡했다."(楡方悼念某, 悲憤嘯詠, 微有履聲, 出於松間, 審視之則乃某也. 楡久知其死, 明是鬼假, 然以篤念之故, 不復致疑, 就執其手曰, 何以至此也. 因忽不見, 楡失聲痛哭. 이륙, 「청파극담」, 『국역 대동야승』 2, 109, 540면) 이륙은 여비의 죽음을 유교적 절의라는 맥락에서 해석했으며, 그녀의 원혼과 안생의 재회 또한 유교적 인륜질서에서 벗어나지 않는 것으로 묘사하고 있다.

26 이에 따라 안생의 죽음 또한 다르게 해석될 수 있다. 즉 그것은 연인을 따라 죽은 정사(情死)로 볼 수도 있고, 죄책감에 사로잡혀 스스로를 죽음으로 몰아넣은 자살로 볼 수도 있으며, 그도 아니면 원귀의 저주에 씌어 목숨을 빼앗긴 타살로도 볼 수 있다.

로 인해 그는 원귀의 실제 출현 이유와 관계없이 무의식적인 두려움에 빠지게 되었다는 것이다.

이처럼 『용재총화』의 「안생」은 당대 사대부들 사이에서 떠돌던 사족과 여비 간의 비극적 사랑과 원귀로의 귀환이라는 괴담怪談을 어떤 도덕적 판단이나 알레고리적 해석도 유보한 채 사실적으로 기술함으로써 동시대의 성적 · 신분적 관계 속에 내재되어 있던 사회적 적대를 비교적 미봉되지 않은 상태로 드러내고 있다. 이 점은 유교적 절의담 형식을 취하면서 성적 · 계급적 갈등을 미봉하고 있는 『청파극담』의 「안생」과 비교되는데, 이처럼 견문의 사실적 기록이라는 필기 양식의 창작관습에 충실한 것은 『용재총화』의 큰 미덕이라고 할 수 있다.

이에 비해 유배지에서 파적을 위해서 저술했다고 스스로 창작 동기를 밝히고 있는 김안로의 『용천담적기』는 흥미로운 패설류 일화들을 중심으로 필기를 저술하면서도 곳곳에서 유가적 이념을 표방하고 있다. 손순효의 꿈에 정몽주의 신령이 나타나 낡은 사당을 고쳐달라고 했다는 일화나, 저승에 갔다가 선대왕을 만나 지금 군주의 난정亂政을 걱정하는 것을 전해들었다는 박생의 일화, 이전손이 뱀을 쫓기 위해 불을 피웠으나 뱀들이 자신들의 군주를 위해 오히려 불속으로 모여들었다는 일화 등은 모두 기이한 견문이면서 동시에 충신을 높이고 군주의 폭정 · 난정을 비판하는 우의적 목적성 또한 두드러진 이야기들이다. 그리고 암탉이 수탉이 된 괴변이나 요괴에 홀린 채생에 대한 이야기에는 중종대 전반의 혼란한 정국에 대한 저자의 우려와 비판의식이 숨어 있다. 이처럼 『용천담적기』는 흥미롭고 기이한 이야기를 채록하면서도 그 속에 유가적 이념을 항상 일정 정도 개입시키고 있는데, 이 점에서 이는 15세기 후반『용재총화』와 구별되는 16세기 전반 사대부들의 귀신이나 신이神異에 대한 인식 변화를 잘 보여주고 있는 텍스트라고 할 수 있다.

그런데 이러한『용천담적기』의 유가적 이념 지향은 현덕왕후의 원혼에 관한 이야기를 기술하는 데에서도 잘 드러난다. 현덕왕후는 단종을 낳은 지 3일 만에 20대 초반의 나이로 단명한 비운의 여성이다. 하지만 문종 즉위 후 왕후로 추봉되었고 그 묘가 소릉으로 봉해졌으니 그녀의 신령이 애초부터 원귀였다고 보기는 어렵다. 하지만 주지하듯이 이후 그녀의 아들 단종은 폐위되어 죽임을 당했고 그 자신도 폐위되어 능조차 훼손되기에 이르렀다. 그러므로 당대인들이라면 아마도 그녀의 신령이 원한을 품은 원귀가 되었으리라고 상상했을 법한데, 실제로 세조대 이후 민중과 사대부들 사이에서 생성·회자되기 시작한 현덕왕후의 원혼을 둘러싼 여러 이야기들은 이러한 당대인들의 응보론적 상상력에 그 바탕을 두고 있다고 할 수 있을 것이다.

이처럼 무도하고 반인륜적인 권력투쟁의 대표적인 희생자로 여겨졌던 소릉을 복위하는 것은 왕도정치를 내세웠던 16세기 사림들이 가장 앞서 추진했던 정치적 목표였으며, 이는 중종반정 이후(1513년 중종 8년) 비로소 실현된다. 당시 아직 사림의 신망을 잃지 않았던 김안로도 소릉 복위를 적극 주창한 사람 가운데 하나이다. 그런데 그가 저술한『용천담적기』에는 소릉의 복위 과정에서 현덕왕후 신령이 나타나 영험을 보인 몇 가지 사례들이 기록되어 있다. 소릉의 복위를 끝내 반대하던 영의정 유순정이 갑작스레 조정에서 쓰러져 죽게 된 것이 현덕왕후의 외손 정미수의 신령의 원한 때문이라는 당시의 소문[27] 또한 그와 관련된 이야기 가운데 하나이다. 이와 비슷한 시기에 저술된『음애일기』에도 민간에서 떠돌던 현덕왕후의 원혼에 관한 몇몇 이야기들이 수록되어 있는데,[28] 이를 통해 우리는 당시 민중과 사대부들 사이에서

---

27 "예전에 기정 권숙달이 승정원에 숙직하던 날 밤 꿈에, 해평 정미수가 유영상과 서로 치며 싸우는 모습이 마치 큰 원한이 있는 것 같았으며, 영상이 대단히 곤욕을 당하는 것 같았다. 권기정이 놀라 남에게 이야기를 하였는데, 수일 만에 능을 복위하자는 의론이 나왔다. 그러자 유영상이 제일 먼저 난색을 표하였는데, 그 의론이 끝날 무렵 갑자기 병이 들어 조정에서 수레에 실려 나와 오래도록 앓다가 드디어 일어나지 못하고 죽었다. 그가 병들었을 때 자제에게 근일 조정에서의 정사를 묻기에, 소릉 일로 힘써 다툰다고 대답하니, 유공이 머리를 흔들면서 말하기를, "이 일은 끝내 할 수 없는 일이다"라고 하였으니, 그의 고집이 이처럼 대단하였다. 불러 모아 대답하게 할 때 만일 유공이 있었더라면 임금의 뜻을 끝내 돌리기 어려웠을 것이다. 해평은 곧 소릉의 외손이므로 사람들이, "신령이 있다면 어찌 이 일에 원한과 통분이 없겠는가." 하였다. 귀신이 갚는 것이나 남몰래 보답하는 것이 무리가 아님을 기정의 꿈에서 증험할 수 있는 것이다. 이런 것은 진실로 황당한 것이므로 꼭 그러하다고 할 수는 없으나 우연히 일의 기회가 서로 감응된 바가 있는 것 같으니 이 역시 이상한 일이다."(初權岐亭叔達直銀臺, 夜夢鄭海平眉壽與柳領相, 手搏相角, 似有大恚者, 領相窘甚, 岐亭驚怪語人. 居數日復陵之議出, 領相首難之, 議已, 忽病自朝堂輿出, 沈綿逾不起. 方其疾也, 訪子弟家近日事, 答以力爭昭陵, 公掉頭言, '此事終不可爲', 其牢執如此. 當其召對, 若使公在, 恐終不回. 海平卽昭陵外孫, 人以有其靈所知, 豈無憾痛於斯耶. 神報冥應, 未有無理, 岐亭之夢驗矣. 此固荒昧, 不可謂之必信, 但偶爾事會, 若有所相感焉者, 斯亦可怪也)(김안로,「용천담적기」, 464면)

28 이자의『음애일기』에는 동시대 민간에서 떠돌던 소릉의 원혼에 대한 이야기들 — 세조의 꿈에 나타난 몽마(夢魔), 소릉에서 울리는 귀신의 곡성, 이장한 묘에서 나타난 영이한 일 등 — 이 다음과 같이 압축적으로 서술되어 있다. "정축년 세조가 일찍이 금중(禁中)에서 대낮에 가위 눌리는 괴상한 일이 있다 하여 즉시 명하여 소릉을 폐하게 했다. 그때 사신이 먼저 석실을 뻐개고 관을 끌어내려 했으나 무거워서 움직일 수가 없었다. 군민이 해괴히 여겨 곧 글을 지어 제사지냈더니, 관이 비로소 나왔다. 3, 4일 동안 밖에 내버려 두었다가 명하여 백성의 예로 거두어 장사지내게 했다. 능을 파기 수일 전 밤중에 부인의 우는 소리가 능 안에서 나기를, "장차 내 집을 무너뜨리려 하니 내 어디 가서 의지한단 말이냐"하는 소리가 마을 백성들에게까지 들리더니 얼마 안 되어 변이 일어났다. 언덕에 옮겨 묻었는데 자못 영이한 것을 나타났으니, 마을 백성들이 그 옛 능 자리의 나무나 흙을 범하는 자가 있으면 문득 풍우가 일어 서로 가까이 가지 못하도록 경계시켰다. 부로들이 그 시말을 눈으로 보고 자세히 말하는 자가 있었다. 지금에 이르러 추복(追復)한 것은 하늘이 경유(驚諭)함을 보이고 조정의 의논과 임금의 결단이 합치되어서 50여 년의 귀신과 사람의 원통함을 풀게 된 것이니, 종사의 큰 다행이었다."(歲丁丑. 光廟嘗於禁中, 晝魘有怪, 卽命廢昭陵. 其時使臣先剖石室, 欲以曳出梓宮, 重不能勝. 軍民駭怪, 卽爲文以祭之, 梓宮乃出. 暴置三四日, 旋命以民禮收葬. 發陵前數日, 夜半有婦人哭聲, 自陵中出云, "將壞我室, 予將疇依." 聲動里民, 未幾變作. 雖遷瘞丘原, 頗著靈異, 村民有觸犯其舊陵木石者, 輒有風雨, 相戒不得近. 父老有目覩始末而詳說之者. 及今追復, 天示警諭, 朝論

현덕왕후의 원혼과 관련된 여러 형태의 이야기들이 상당히 폭넓게 회자되고 있었음을 짐작할 수 있다.

그런데 조선 전기 필기들에 수록된 현덕왕후 신령의 출몰에 관한 소문들은 귀신 이야기가 상상적 차원에서나마 피해자와 가해자를 전도시키고 부조리한 현실을 비판하며 실제 역사의 결여를 보충·교정하는 환상의 무대라는 것을 잘 보여주는 사례라고 할 수 있다. 아마도 현덕왕후의 원혼에 대한 이야기들은 단종의 폐위와 죽음, 소릉의 폐위 등을 지켜보면서 정치권력의 냉혹함과 부조리함을 비판적으로 인식하고 현실의 부조리와 불공평이 사후세계에서나마 보정補正되기를 염원했던 민중의 정치적 무의식 속에서 생성된 것이라고 할 수 있을 것이다. 물론 그것은 민중뿐 아니라 사대부들의 역사의식에도 쉽게 공감·공명할 수 있는 것이기도 했다. 김안로나 이자의 기록은 이러한 민중의 무의식적 환상에 대한 사대부들의 공감과 공명의 산물이라고 할 수 있을 것이다.

그런데 권력투쟁의 희생자라는 점에서 보면 유계량의 원귀도 현덕왕후의 신령과 유사한 면모를 지니고 있다고 할 수 있다. 하지만 유계량의 원귀는 그 의미와 목적을 알기 어려운 충동적이고 파괴적인 귀신 장난만 벌이는 것으로 묘사되는 데 반해, 현덕왕후의 원혼은 훨씬 신령스럽게 묘사되고 그 출현의 명분 또한 뚜렷하다. 이러한 차이는 무엇보다 유계량이 역모에 가담한 죄로 처형된 인물인데 반해 현덕왕후는 사후 억울한 연좌죄로 폐위된 인물이라는 점에서 연원할 것이다.

與聖斷克合, 得申五十餘年神人之冤, 宗社大幸. 이자, 「음애일기」, 『국역 대동야승』 2, 155~6, 559면)

하지만 이러한 차이의 보다 직접적인 기원은 이를 바라보는 필기 저자들의 시선이라고 할 수 있다. 비록 현덕왕후의 원혼처럼 폭넓은 동정심을 끌어내지는 못했을지라도, 남이의 역모에 연루된 사람들의 원혼에 대해서도 또한 무고에 의한 희생자라는 민중의 의혹과 동정의 시선이 없었던 것은 아니기 때문이다. 하지만 그들의 원망에 합리성과 명분을 인정하느냐 여부에 따라 그것의 출현은 종잡을 수 없는 귀신 장난처럼 묘사되기도 하고 부정의不正義를 바로잡으려는 신령의 영험처럼 파악되기도 하는 것이다.

소릉 복위를 적극 주장했고 스스로 사림의 정치 이념을 대변하는 유자로 자처했던 김안로는 현덕왕후의 원혼을 유가적 이념을 수호하는 신령한 귀신으로 인식했으며, 그 신령의 현현을 소릉 복위의 정당성을 확인시켜주는 증거라고 해석했다. 권력의 반인륜성과 폭력성에 대한 민중들의 비판과 원망이 투사되어 생성·유전되었을 현덕왕후의 원혼에 대한 이야기들이 『용천담적기』에 수록된 것은 이 때문이다. 그런 점에서 민중의 전복적 상상과 상보성의 논리에 기반하여 산생된 귀신 이야기가 사대부들의 유가적-도학적 역사의식과 공명하면서 포착된 것이 『용천담적기』의 현덕왕후 원혼 이야기라고 할 수 있을 것이다.

4. 조선 전기 귀신 이야기와 생성·유전流轉의 정치학

그런데 조선 전기 필기에 수록된 귀신 이야기 가운데 원귀 이야기에서만 사회적 적대의 문제를 해독해낼 수 있는 것은 아니다. 좀 더 시야를 넓혀 보면 (유교적 인륜질서를 수호하는 신령한 귀신을 제외하고) 어떤 초자연적 존재에 대한 신앙이나 제의도 미신이나 음사로 배척했던 조선 전기 사회에서 기괴한 형상과 초자연적 능력을 지닌 귀신에 관한 이야기들이 계속 생성·유전되고 있었다는 사실 자체가 이미 사회적 균열과 갈등의 현존을 드러내주는 증상이라고 볼 수 있을 것이다. 그런 점에서 이 절에서는 귀신 이야기의 텍스트 내부가 아니라 그러한 텍스트가 생성·향유·유통되는 과정 속에 잠복되어 있는 집단 간의 갈등과 균열에 대해 간략히 검토해보기로 하겠다.

조선 전기의 필기에 수록된 귀신 이야기에서 주목되는 흥미로운 특징 가운데 하나는 유독 귀신에 지핀 사람들이 많이 등장한다는 점이다. 『용재총화』에서 성현의 처가妻家에서 어린 계집종에게 지피어 주변 사람들의 길흉화복을 알아맞힌 귀신 이야기, 무당에게 지피어 안효례를 속인 태자귀 이야기, 나무를 자르려는 마을 소년에게 지펴 미쳐 날뛰게 만든 고목의 귀신 이야기, 『용천담적기』에서 여종과 접촉하여 임신鬼胎하게 만든 귀신 이야기 등을 그 예로 들 수 있겠는데, 이 이야기들에서 귀신은 직접적으로 형상을 드러내지 않고 누군가에게 지펴서 간접적으로 자신의 존재를 드러낸다.

물론 이러한 귀신 지핌 혹은 귀신 들림의 현상은 한국의 전통적인 무속신앙에서 보면 그리 특별할 것 없는 현상이라고 볼 수도 있다. 조선 전기뿐 아니라 그 이전이나 이후에도 민중과 사대부 부녀자들 사이에서 가장 일반적으로 받아들여졌던 것은 무속신앙이었고, 무속신앙에서는 접신을 통해 현세의 인간과 유명세계의 귀신이 상호 소통할 수 있다고 믿었기 때문이다.

그런데 일반적으로 무속신앙에서는 특별한 영적 능력을 지니고 훈습을 받은 무당이 접신의 주체가 되는 데 비해, 조선 전기 필기의 귀신 이야기에서는 귀신에 사로잡히는 주체가 주로 노비를 비롯한 하층, 특히 그 중에서도 여성이나 소년이라는 점이 주목된다. 앞서 열거한 『용재총화』와 『용천담적기』의 귀신 이야기에서도 귀신에 지핀 사람들은 대개 어린 나이의 하층 여성들이거나 소년이었다. 이들은 유가적 이념과 도덕에 덜 훈육된, 그만큼 덜 상징화된 신체를 지니고 있는 주체라는 점에 공통점이 있다. 물론 그만큼 그들은 지배체제의 성적·계급적 위계에서 하층에 위치한다. 반면 『용재총화』나 『용천담적기』에서 사대부 남성이나 부녀자 가운데 귀신에 지핀 사람은 등장하지 않는데, 이는 이러한 귀신 지핌 현상이 사회적 위계나 차별과 밀접히 연관된 사회-심리적 병리현상임을 방증하는 것이라고 할 수 있겠다.

그런데 이처럼 귀신에 쉽게 지피는, 그와 같은 초자연적 존재에 쉽게 감응되는 주체들의 사회-심리적 특이성에 주목하면, 귀신 이야기의 생성과 유전 과정에서 작동하는 정치적 역학이 어느 정도 드러난다. 사실 조선 전기 필기에 수록된 귀신 이야기를 살펴보면 그 대부분은 필기 향유층인 사대부들이 직접 체험한 사건이라기보다 간접적인 증언과 구전된 소문을 바탕으로 하고 있는 것들이라고 할 수 있다.[29] 귀신의 존재에 대한 일차적인 증언의 대부분은 사대부가의 노비나 일반 백성 같은 피지배층의 입에서 생성된 것이며, 구전을 통해 확산·유통

---

29 물론 『용재총화』에 기록된 성현의 외숙 안공이 서원 별장으로 가던 길에 도깨비불을 만난 사건이라든지 『용천담적기』에 기록된 채수가 어린 시절 鬼氣를 본 사건 등은 사대부들의 실제 경험을 바탕으로 한 이야기라고 할 수 있다. 하지만 다수의 이야기는 많은 사람들의 입을 거쳐 저자에게까지 전해진 시중의 소문이라고 할 수 있다.

된 것이다. 그 대표적인 사례로『용재총화』뿐 아니라『조선왕조실록』에까지 등장하는, 당시 널리 알려진 괴이 사건이었다고 할 수 있는 호조정랑 이두의 집에 나타난 고모姑母 귀신을 둘러싼 이야기의 생성·유전 과정을 살펴보기로 하자.

『용재총화』에 따르면 이두의 집에 갑자기 귀물이 나타났는데 그 말소리가 마치 죽은 고모의 소리와 같았다고 한다. 이 귀신은 집안의 가사를 일일이 지휘했는데, 허리 위는 보이지 않고 허리 아래는 종이 치마 속에 앙상한 뼈만 보일 뿐이었다. 이두가 여러 가지 방법으로 이를 물리치려 하였으나 실패하고 결국 얼마 뒤 그도 병을 얻어 죽었다는 것이 이 이야기의 골자이다.[30]

그런데 이두의 집에 귀신이 나타난 이 사건은 당시 워낙 유명했던지 『조선왕조실록』에도 등장한다. 성종이 직접 그 사건의 전말을 물어볼 정도였는데, 아마도 구전 과정에서 살이 덧붙은『용재총화』의 기록보다『조선왕조실록』의 기록이 사건의 실상에는 좀 더 가까운 진술일 것이다.

> 승정원에 전교하기를, "듣건대 호조좌랑 이두의 집에 요귀가 있다고 하는데, 지금도 있는가? 그것을 물어서 아뢰라." 하니 이두가 와서 아뢰기를, "신의 집에 9월부터 과연 요귀가 있어서, 혹은 나타나기도 하고 혹은 자취를 감추기도 하며 창문 종이를 찢기도 하고 불빛을 내기도 하며 기와나 돌을 던지기도 하는데, 사람이 부딪혀도 다치는 일은 없으나 다만 신의 아내

---

30 『용재총화』권 4, 113면.

가 살쩍에 부딪혀 잠시 다쳐서 피가 났습니다. 종들이 말하기를 '귀신이 사람과 말을 하기를 사람과 다름이 없고, 비록 그 전신은 보이지 아니하나 허리 밑은 여자의 복장과 방불한데 흰 치마가 남루하다'고 합니다. 그러나 신은 일찍이 보지 못하였고, 단지 밤에 두 번 사람을 부르는 소리를 들었을 뿐입니다.[31]

성종의 질문에 이두는 두렵고 놀라운 심정으로 요귀의 장난에 대해 답하고 있지만, 정작 이 기사만 보면 이두의 집에 출몰한 요귀는 마치 소문과 상상 속에서만 존재하는 듯 보일 정도다. 즉 이 기사에 따르면 요귀의 형상을 보았거나 그 말을 들었다는 사람 혹은 그와 같은 소문을 유전하는 사람들은 모두 '종들'로 통칭되는 사대부가의 익명의 노비들뿐이며, 귀신의 장난이라는 것도 충분히 다른 방식으로도 설명 가능한 사소한 현상들에 불과하기 때문이다.

그런데, 앞서도 논했듯이, 사실상 이 귀신 소동 혹은 소문의 주동자라고 할 수 있을 이들 사대부가의 노비들은 그와 같은 초자연적 존재에 쉽게 감응되거나 그것을 쉽게 받아들일 준비가 되어 있는, 무속적·주술적 신앙에 대해 매우 높은 수용성을 지닌 주체들이라고 할 수 있다. 그러므로 이 점에 주목할 때, 너무 근대적 합리성을 앞세운 해석일 수 있겠으나, 창문의 종이가 찢어지거나 불빛이 나타나는 것과 같은 사소한 사건들을 귀신의 장난으로 여겨지게 만들고 더 나아가 그 귀신에게 기괴한 형상과 목소리까지 부여한 것은 결국 이들의 무속적·주술적 신앙과 상상력이었다고 말할 수 있을 것이다. —『조선왕조실록』의 이

---

31 『조선왕조실록』 성종 17년 11월 25일 4번째 기사.

기사보다 후대에 기록된 『용재총화』의 기사를 대비해보면 이 소문은 갈수록 변형·증폭되어 나중에는 그 귀신의 목소리가 죽은 이두의 고모 목소리와 같았다거나 그 고모 귀신이 가사를 일일이 지휘했다는 식으로 발전했다고 짐작해 볼 수 있다. ─

이처럼 이두가의 귀신 소동은 하층 민중의 귀신 신앙과 상상력에서 생성된 하나의 상상적 시나리오가 사대부 부녀자뿐 아니라 사대부와 국왕에게까지 파급되어 사회적으로 큰 불안과 공포를 불러일으킨 흥미로운 문화사적 사건으로 해석될 수 있을 것이다. 그리고 이는 조선 전기 필기에 수록된 귀신 이야기의 다수에도 적용될 수 있는 해석이기도 한데, 조선 전기 필기의 귀신 이야기의 다수는 이와 같이 민중의 상상계에서 생성되어 소문이라는 형식으로 유전되다가 결국 사대부들의 주목을 관심을 받아 수록되기에 이른 것이라고 볼 수 있기 때문이다.

그런데 여기서 우리가 주목해보아야 할 점은 이러한 귀신 소동이나 소문이 생성·유전되는 과정에서 잠시나마 현실의 지배적인 질서나 권력이 제대로 작동하지 못하게 되며 담론의 주도권 또한 전도되기 쉽다는 점이다.

우선 귀신의 출몰과 같은 기괴한 사건이 발생하면 일상을 규율하는 유교적 도덕과 이념, 그것에 기반한 유교적 신분질서나 가부장적 권력 체계는 일시적으로 무력화되기 쉽다. 그것은 유교적 이념이나 도덕으로 충분히 설명될 수 없는 현상이거나, 혹은 최소한 그것이 제대로 작동하지 않았기에 발생하는 현상이기 때문이다. 예컨대 『용재총화』에서 성현의 처가妻家 어린 계집종에게 귀신이 지폈을 때 일상을 규율하는 이념과 도덕, 질서와 권력은 일시적으로나마 혼란에 빠진다. 비천한 어린 계집종의 몸에 깃들어 전혀 상이한 성과 신분의 언어로 발화하는[32] 귀신의 존재는, 사회-심리적 병리라는 해석틀이 부재했던 당시로서는 쉽게 믿기도 그렇고 간단하게 미신이나 허위라고 배격해버리기도 어려운, 합리적인 의심과 불안한 믿음을 동시에 유발하며 인식론적 혼란을 일으키는 불가해한 사건으로 여겨졌을 것이기 때문이다.

그런데 이와 같은 초자연적 사건 혹은 초자연적 해석을 가장 쉽게 받아들이고 그것에 가장 민감하게 반응했던 사람들은 역시 유교적 이념의 세례를 덜 받았던 하층 민중과 사대부 여성들이었다고 할 수 있다.[33] 귀신론과 같은 철학적 담론을 주도한 것은 사대부들이지만, 귀신 이야기라는 기괴한 서사의 담론적 주도권을 장악한 것은 이들이었다. 즉 그러한 기괴한 존재의 가능성을 가장 쉽게 받아들이고 신봉했던 이들이야말로 귀신 이야기의 가장 열렬한 생산자이자 수용자이고 유포자였다고 할 수 있다는 것이다. 귀신 이야기는 이들에게 유교적 이념이 제시하는 것과는 다른 세계상을 상상하게 하고 비타협적이고 명분론적인 유교적 도덕과는 다른 응보론적인 도덕체계를 구축할 수 있게 했다. 그런 점에서, 귀신 이야기에 관한 한, 사대부들은 한편으로 귀신 이야기에 동요하면서 다른 한편으로 그것을 유교적 이념에 따라 검열하기도 하였던 사후적 보고자의 역할에 머물러 있었다고 보아야 할 것이다.

---

32 『용재총화』에 따르면 성현 처가의 어린 계집종에게 지핀 이 귀신은 "자색 수염이 난 장부(紫髥丈夫)"의 형상을 지니고 있다고 여겨졌다(『용재총화』 권3, 83~4, 590면).

33 『조선왕조실록』에는 귀신에 지핀 사람들이 백성들을 현혹케 했다는 기사들이 곧잘 등장하는데, 이처럼 귀신에 쉽게 지피는 사람들의 신분을 살펴보면 주로 백정이나 반인(伴人), 양인 여성 같은 사회적으로 소외되고 억압된 하층민들임을 알 수 있다.

물론 『용재총화』나 『용천담적기』에 수록된 귀신 이야기들은 이러한 하층 민중이나 여성들의 세계인식이나 도덕관념을 그대로 반영한 것이라기보다 사대부들의 세계인식이나 도덕관념에 의해 걸러지고 재해석된 것들이라고 할 수 있다. 특히 이들 필기의 저자들은 귀신 이야기의 생성과 유전 과정에 잠복되어 있는 집단 간의 갈등에 주목하기보다 그러한 귀신을 퇴치하거나 그것에 대한 민간신앙을 유교적 이념에 따라 교정하는 데 더 관심을 두었다. 즉 조선 전기 필기의 저자들은 하층 민중이나 사대부 여성들이 귀신 이야기에 열렬히 반응하고 그것을 지속적으로 생성·유전시킬 수 있게 만든 사회-심리적 원인에 주목하기보다, 불안과 공포를 불러일으키는 불온한 귀신들을 퇴치하고 민간신앙에 대한 유교의 우위를 강조하는 데 더 주목하고 있었다는 것이다.

하지만 그 결과 조선 전기 필기에 많이 수록된 축귀담은 귀신 이야기의 생성·수용의 사회-심리적 근원을 해명하면서 그것을 원천적으로 탈신비화하기보다, 오히려 그와 같은 기괴한 귀신의 존재를 실체로 인정하면서 다만 그것의 우열관계를 뒤집고만 있을 뿐이다. 예컨대 『용재총화』에 수록된, 성현의 외숙 안공이 복숭아 나뭇가지로 장도長刀를 만들어 소년의 목을 베는 시늉으로 소년의 몸에 깃든 귀신을 내쫓거나 혹은 죽어서도 이승을 떠나지 못하는 중의 뱀 화신을 상자에 넣어 떠내려 보내는 이야기에서 보듯, 단지 더 큰 주술적 힘을 지닌 주체만 바뀌었을 뿐 그러한 주술이 횡행하는 세계 자체는 변한 게 없는 것이다. 그리하여, "너는 숲으로 가라. 인간에 오래 머무는 것이 부당하다"는 정구의 명령처럼 유교적 인륜질서가 지배하는 인가人家의 세계와 초자연적이고 기괴한 귀신·귀물들이 우글대는 숲의 세계가 분리될 수 있을지라도, 이는 다만 귀신 · 귀물들이 비가시적인 세계로 억압 · 추방된 것일 뿐 근본적으로 그 존재의 원천이 부정된 것은 아니라고 할 수 있다. 조선 전기와 그 이후의 필기 · 야담들은 그렇게 현실에서 추방된 귀신 · 귀물들이 민중의 상상계 속에서 기거하다가 때때로 부조리한 현실의 틈새를 뚫고 되돌아오는 것을 보여준다.

5. 귀신 · 요괴 · 이물의 비교문화론을 위하여

이상으로 거칠게나마 조선 전기 필기에 수록된 귀신 이야기를 대상으로 그 텍스트 내부와 그것의 생성 · 유전 과정에 잠복된 사회적 적대의 문제에 대해 논의해보았다. 사실 귀신 이야기는 다양한 방식으로 독해될 수 있는, 풍부한 문화사적 함의를 지니고 있는 텍스트라고 할 수 있다. 이 글에서 주목하고 있는 사회적 갈등과 모순의 증상적 표현이라는 측면은 조선 전기 필기의 귀신 이야기가 내포하고 있는 여러 면모 가운데 하나에 불과할 뿐이다. 저자로서는 이 글이 이 한 측면에만 너무 초점을 맞춤으로써 텍스트를 오히려 과도하게 쥐어짜거나 혹은 빈약하고 협소한 해석틀에 우겨넣고 있는 것은 아닌지 우려스러운 점이 있다.

이상의 거친 논의를 갈무리해야 할 이 지점에서 저자는 귀신 이야기라는 흥미로운 텍스트를 보다 풍부하게 해석해내기 위해서는 조선 전기의 필기뿐 아니라 동시대의 전기傳奇, 역사 자료 등을 보다 폭넓게 비교 고찰할 필요가 있음을 절감하게 된다. 그리고 성리학적 이념이 그리 강조되지 않던 조선 전기 이전 사회에 대한 민속학적 고찰이나 민간신앙에 대한 인류학적 고찰 또한 필요하다는 점을 절감하게 된다.

귀신 혹은 귀신 이야기는 문학 연구를 넘어 인류학과 사회학, 정신 분석학 등 다양한 분과학문들 간의 통섭이 요청되는 흥미로운 연구 주제라고 할 수 있다. 저자는 동아시아 비교문화론에 관심을 두고 있는데, 이는 학문적 통섭을 바탕으로 귀신·요괴·이물들을 문명사적 시각에서 비교 분석할 수 있게 될 때 진정 성취 가능한 목표라고 할 수 있을 것이다. 이를 차후의 목표로 제시하면서 성근 논의를 일단 마무리하기로 하겠다.

조선시대의 역병 인식과 신이적 상상세계

1. 인간사회와 역병

전통사회를 살아갔던 사람들에게 가장 두렵고 회피하고 싶은 경험은 무엇이었을까? 가뭄이나 홍수 등으로 인해 주기적으로 찾아오는 기근, 가끔 발생할 때마다 대규모의 무차별적 인명피해를 동반하는 전쟁이나 전염병, 상시적으로 민중의 삶을 따라다니는 수탈과 가난, 누구도 피해갈 수 없는 질병과 죽음. 아마도 동서양을 막론하고 전통사회를 살아갔던 대부분의 사람들의 삶은 이러한 위험들에 노출되어 있었을 것이다. 기술의 발전에 따른 생산력의 증대나 국내외 정치적 안정 등이 이루어졌을 때에는 인구의 증가나 문화적 여가의 확대 등이 나타났겠지만, 그럼에도 전통사회에서 대다수 민중의 삶이란 여전히 맬더스의 법칙 아래 강고히 속박되어 있었고 생존의 문턱을 오락가락하는 가혹한 것이었으리라 여겨진다.

개인의 생존을 위협하고 나아가 한 사회의 해체나 재구성을 촉발하는 이러한 여러 위험 요소들 가운데서도 특히 옛사람들이 두려워했던 것은 역병, 즉 전염병이 아니었을까 싶다. 역병epidemic disease이란 어떤 인구집단에서 예견되는 빈도 이상으로 일어나는 질병[1]을 말하는 것으로, 전염을 통해 집단적으로 발병하기에 '돌림병'이라고도 불렸고 환자를 모질게도 고통스럽게 하기에 '모진 병'이라고도 불렸다.[2] 근대에도 스페인독감, 싸스, 신종플루, 에볼라 출혈열, 메르스 등 치명적인 역병이 세계적으로 유행하여 많은 사람들에게 불안과 공포를 유발한 적이 있지만, 그것은 근대 이전 전통사회에서 역병의 발생과 창궐이 불러일으킨 공포에 비하면 약과에 불과했을 것이다. 근대를 살아가는 우리는 역병의 발생원인과 감염경로, 대응방식 등에 대해 어느 정도 지식을 갖고 있지만 — 물론 그럼에도 바이러스의 비가시성非可視性은 우리에게 실제 이상의 상상적 불안과 공포를 불러일으킨다. — 전통사회를 살아갔던 사람들은 역병의 정체나 원인 등에 대해 막연히 추정할 뿐 정확한 지식을 가지고 있지 않았기 때문이다.

전통사회에서 역병은 어느 날 갑자기 침입하여 많은 사람들을 모진 고통 속으로 몰아넣고 사회에 극심한 혼란과 분열을 초래했다가 일정 정도 시기가 지나면 진정되거나 소리 없이 사라졌다. 또한 역병의 종류에 따라서는 시차를 두고 변종을 거듭하며 극성기와 소강기를 반복하기도 했고,[3] 풍토에 정착하여 일정 정도의 사람들에게서만 때때로

---

1 권복규, 「조선 전기의 역병 유행에 관하여」, 『한국사론』 43, 서울대 국사학과, 2000.
2 1524년(중종 19년) 간행된 『간이벽온방(簡易辟瘟方)』이라는 의서에는 역려병(疫癘病)을 '모딘병'으로 풀이하고 있다(이현숙, 「전염병, 치료, 권력」, 『전염병의 문화사』, 혜안, 2010, 22면 각주5 참조).

발병하기도 했다.[4] 일반 백성들의 경우 이러한 역병의 위험 앞에 적나라하게 노출되어 있었던 것은 물론이지만, 지배층이라고 해서 그것을 완전히 피해갈 수 있는 것은 아니었다. 고려의 경종이나 예종, 인종 같은 군주도 두창이나 홍역 같은 역병에 걸려 사망한 것으로 보이며,[5] 조선시대 사대부들이 남긴 일기를 보아도 사대부가에서도 역병에 대한 불안과 공포가 매우 컸고 일상적이었음을 확인할 수 있다.[6]

물론 전통사회를 살아갔던 사람들도 역병이 환자를 매개로 그와 인접한 사람들에게 전파된다는 것쯤은 경험적으로 알고 있었다. 그래서 조선시대에는 역병이 돌면 환자를 격리하거나 혹은 발병지역을 피해 피접하는 것이 일반적이었다.[7] 하지만 이 때문에 역병이 창궐하면 유랑민이 급증하거나 감염을 두려워해 시체를 집단적으로 방치하는 등 비극적 상황이 연출되기도 했다. 이처럼 역병은 광범위한 사회적 불

---

3 예컨대 마진(痲疹)이라고도 불렸던 홍역은 17세기 중반에 대략 12년을 주기로 반복해서 유행했다. 무신년(戊申年), 경신년(庚申年), 임신년(壬申年)처럼 '신(申)'해에 주로 발생했기 때문에 당대인들은 이를 신해에만 있는 병이라 여겼다고 한다(이익, 『성호사설』 제 10권 人事門 痲疹).

4 전 인구를 대상으로 치명적인 위력을 발휘했던 역병 가운데 일부는 시간이 지나면 미시 기생적 균형을 이루어 면역력을 갖추지 못한 세대의 사람들에게 주로 감염되는 소아병으로 정착한다. 예컨대 유럽에서 천연두와 홍역은 16세기 이후 소아병으로 뿌리를 내린다(윌리엄 맥닐, 김우영 역, 『전염병의 세계사』, 이산, 2005, 139면). 조선의 경우에도 『천예록』을 보면 18세기 전반에는 천연두와 홍역이 주로 소아들에게 감염되는 역병으로 정착되었던 듯하다.

5 이현숙, 앞의 글, 39쪽.

6 예컨대 18세기 전반 향촌 사족 이준이 남긴 『도재일기』를 보면 사족 가문의 일상에서도 천연두, 홍역, 학질 같은 역병들에 대한 불안과 공포가 떠나가질 않음을 알 수 있다(김영미, 「18세기 전반 향촌 양반의 삶과 신앙」, 『사학연구』 82, 한국사학회, 2006).

7 사대부들은 역병이 돌면 다른 지역으로 일시적으로 거처를 옮기는 '피접(避接)'를 많이 행했다. 일반 백성들이나 노비들은 피접하기 어려웠다. 대신 그들은 역병을 피해 객지를 떠도는 유이민이 되거나 혹은 역병에 걸리면 초막이나 피병소, 질병가, 혹은 주인가에서 떨어져 있는 농장 등으로 '격리'되었다.

안과 공포를 야기하고 인간관계를 단절시키는 파괴적인 질병이었다. 하지만 동시에 그것은, 유럽에서 페스트가 그러했듯이, 기존의 사회적 관계와 이를 뒷받침하는 세계관을 해체시키고 새롭게 재구성하게 하는 촉매로도 작용했다. 역병을 통해 인간 사회는 해체와 재구성을 거듭하며 세균과 함께 공진화共進化하고 있었던 셈이다.

근래에 새롭게 부상하고 있는 역사서술은 인류의 역사란 생산기술의 발전이나 합리적 사유의 확산을 토대로 직선적으로 전진하는 것이 아니라, 역병과 같은 우발적인 요소들에 크게 영향을 받으며 횡류橫流하기도 하고 단속斷續하기도 하면서 전진한다는 인식을 그 바탕에 깔고 있다. 즉 자민족중심적인 일국사나 유럽중심적인 세계사, 인간의 활동만을 주목하는 휴머니즘적 인간사를 넘어서 역병이나 전쟁, 동식물의 교환, 기후의 변동 등을 역사 발전의 주요한 변수로 고려하는 지구사·생태사적인 관점이 크게 대두하고 있는 것이다. 그런 점에서 보면 역병의 역사야말로 인간과 환경이 상호작용하며 써가는 생태학적 역사의 대표적인 사례라고 할 수 있을 것이다. 그리고 역병의 전파는 전쟁이나 교역, 문화교류 등을 계기로 한 '질병권'이 다른 '질병권'과 접촉할 때 발생한다는 점에서 비가시적인 차원에서 벌어지는 문명충돌의 한 극단적인 형태라고도 말할 수 있겠다.

저자 또한 이러한 최근의 역사서술에서 큰 영감을 받았다. 하지만 이 글에서 저자가 관심을 두고 있는 것은 역병 그 자체보다 그것을 감내하며 살 수밖에 없었던 조선시대 사람들의 역병에 대한 인식, 특히 신이담神異談 속에 드러나는 역병 인식에 대해서이다. 조선시대 역병의 유행 양상, 역병의 병인론이나 대응책 등에 대해서는 기존 연구에서도 어느 정도 밝혀진 바 있다.[8] 그런데 역병에 대한 당대인들의 인식에는 임상경험에 기반한 합리적인 지식도 포함되어 있지만, 주술적 신앙에 기반한 상상적인 지식도 많이 포함되어 있다. 의학사적 관심에 이끌려온 기존의 연구는 주로 전자의 측면에 초점을 맞추었다. 이에 비해 본고는 후자의 측면, 즉 역병에 대한 조선시대 사람들의 신이적 상상세계를 살펴보는 데 그 목적을 두고 있다. 조선시대 사람들의 역병 인식을 총체적으로 이해하기 위해서는 경험적·합리적 측면뿐만 아니라 상상적·신비적 측면을 통합적으로 파악할 필요가 있는데, 이 글은 지금까지의 연구에서 상대적으로 소홀히 다뤄져왔다고 여겨지는 후자의 측면에 초점을 맞춰 보고자 하는 것이다.

이를 위해 저자가 주로 참조한 텍스트는 조선시대의 필기·야담이다. 필기·야담의 저자는 사대부들이었고 그 내용도 사대부가에서 회자되던 이야기들이 많다. 그러므로 당대 지배층의 이념인 유교이념에 의한 간섭과 굴절이 많을 것임을 감안하고 텍스트를 해석해야 한다. 하지만 그러한 이야기의 근원을 따라가다 보면 우리는 그 속에서 당대 민중의 상상세계를 만날 수 있다. 신변견문을 사실적으로 기록하겠다는 장르적 지향 때문에 필기·야담은 상하층을 포함한 조선시대 사람

---

8 다음과 같은 연구들을 그 대표적인 성과로 꼽을 수 있다. 변정환, 『조선시대의 역병에 관련된 역병관과 구료시책에 관한 연구』, 서울대 박사논문, 1984; 김호, 「16세기말 17세기 초 '역병' 발생의 추이와 대책」, 『한국학보』 71, 일지사, 1993; 김옥주, 「조선 말기 두창의 유행과 민간의 대응」, 『의사학』 2, 대한의사학회, 1993; 권복규, 「조선 전기 역병에 대한 민간의 대응」, 『의사학』 8, 대한의사학회, 1999; 권복규, 「조선 전기의 역병 유행에 관하여」, 『한국사론』 43, 서울대 국사학과, 2000; 김성수, 「16세기 중반 지방 사족의 향촌의료실태와 사족의 대응」, 『한국사연구』 113, 한국사연구회, 2001; 정다함, 「조선 전기의 정치적·종교적 질병관의·약의 개념·범주, 그리고 치유방식」, 『한국사연구』 146, 한국사연구회, 2009; 김성수, 「『묵재일기』가 말하는 조선인의 질병과 치료」, 『역사연구』 24, 역사학연구소, 2013.

들의 일반적인 인식을 폭넓게 담아내고 있기 때문이다. 이와 함께 본
고에서는『조선왕조실록』이나 일기 등을 당대인들의 일반적인 역병
체험과 그에 대한 인식을 보여주는 보조적인 텍스트로 참조할 것이다.
다음 절에서는 이러한 텍스트들 속에 역병 체험이 어떻게 신이담의 형
태로 수록되어 있는지 몇 편을 예로 들어 살펴보기로 하자.

2. 조선시대 필기 · 야담 속의 역병 체험

조선시대에도 고려시대와 마찬가지로 역병이 여러 차례 유행했다.
특히 17세기와 19세기는 '전염병의 시대'라고 불릴 만큼 역병의 피해
가 혹심했던 시기로 꼽히지만,[9] 다른 시기라고 해서 역병의 유행이 없
었던 것은 아니다. 예컨대 조선 전기만 하여도 15세기에는 황해도 지
역에 창궐했던 역병이 국정의 주요 현안으로 자주 논의된바 있으며,
16세기 초 중종대에는 평안도와 함경도 지역에서 역병이 크게 유행했
고 16세기 중반 명종대와 16세기 후반 선조대에는 전국적으로 역병이
대유행했다.[10] 그래서 16세기 후반 저술된『미암일기』나『송간일기』등
에는 역병이 돌아 주인들이 피접했다는 기록들이 여러 차례 실려 있다.

---

[9] 이 두 시기는 동아시아국가들 간에 대규모 국제전쟁이 벌어졌거나 서세동점이 벌어지
던 시기로, 몽골의 유라시아 정벌, 유럽인들의 신세계 침입과 함께 세계사적으로 인적 ·
물적 교류가 활발하게 전개되던 시기였다. 그래서 병원균의 이동 또한 활발했으니 17세
기에는 천연두나 홍역 등이, 19세기에는 콜레라가 세계적으로 전파되었으며 이로 인해
대규모의 인명피해가 나타났고 사회적 공포가 확산되었다.

[10] 권복규의 조사에 따르면『조선왕조실록』에 실린 역병 기록의 경우 15세기에 총 34회 기
록되어 있는 반면 16세기에는 총 90회 기록되어 있다(권복규, 앞의 글, 2000, 75면).

그런데 조선시대 필기·야담에서 역병에 관한 신이담이 본격적으로 수록되기 시작한 것은 유몽인(1559~1623)의 『어우야담』에서부터인 듯 하다. 앞서 말했듯이 15~6세기에도 역병이 유행했지만, 그것이 필 기·야담 속에 기록된 것은 17세기 전반(1622) 『어우야담』에 이르러서 였다는 것이다. 이는 임란이라는 대규모의 국제전쟁을 겪으며 전쟁과 기근, 역병이 서로 얽혀 막심한 인명피해를 초래했던 것과 밀접한 관련 이 있다.[11] 이 때문에 이것들을 소재로 한 신이한 이야기들이 민간에서 활발하게 생성生成·유전流轉되었을 터인데, 17세기 초반에 저술된 『어 우야담』에는 전쟁이나 역병을 소재로 한 이야기들이 여러 편 수록되어 있다. 역병 체험과 관련해서는 『어우야담』에 실려 있는 「종랑終娘의 시 신을 묻어준 무사武士」라는 이야기가 흥미로운데, 이 이야기는 역병이 휩쓸고 가서 공동체가 붕괴된 처참한 상황을 배경으로 삼고 있다.

한 무사가 훈련원에서 활쏘기 연습을 하고 날이 저물어 돌아오는 길에 한 예쁜 여자를 만났다. 여자의 얼굴에 수심이 가득한 것을 보고 무사가 마 음이 흘려 '왜 홀로 서 있느냐'고 물었다. 여자가 '집으로 돌아가는데 날이

---

11 『선조실록』에는 임진전쟁 중에 역병이 유행했음을 알려주는 기사들이 산재해있다. 예 컨대 선조 27년(1594) 6월 18일 기사에는 선조가 "금년에는 대·소인을 막론하고 모두 가 역질(疫疾)에 걸려 자리에 누워 신음하고 있고 내 눈 앞에 있는 사람까지도 계속하여 아프니 어찌하여 이런가?"라고 묻자 도승지 장운익이 "2년에 걸쳐 전쟁을 치른 뒤라서 살기(殺氣)가 이변을 일으켜 성안 사람이 이와 같이 죽는가 봅니다"라고 답한다. 뒤이어 선조와 유성룡이 염초로 염병을 구제할 것을 논의했는데, 이에 대해 사관은 "전쟁을 치 른 뒤에 기근과 역질이 계속 발생하여 경외(京外) 인민이 씨가 마를 정도인데 조정에서 는 지모를 짜내어 구제할 것은 생각하지 않고 약물 한 가지에만 구차하게 매달리니, 신 은 상의 애달파하는 하교가 참으로 굶어 죽은 시체에는 아무런 도움도 되지 않을까 염려 스럽다"고 비판적으로 논평하고 있다. 즉 약초로 역병을 구제하는 것보다 기근으로 굶 어죽는 백성을 구제하는 것이 더 긴급하다는 것이다. 아무튼 전쟁과 기근, 역병의 창궐 사이에는 뚜렷한 상관관계가 있다.

저물고 길은 멀어 근심하고 있다'고 하자, 무사는 자신이 데려다 주겠다고
했다. 무사는 자신의 이름을 종랑(終娘)이라고 밝힌 여자를 따라 남산 아
래 궁벽한 마을까지 갔다. 여자가 내어온 술과 안주를 먹고 서로 정을 나누
었는데, 여자의 몸이 차가웠다. 아침에 일어나 목이 말라 이웃집 아낙네에
게 물을 청하자, 그 아낙네가 놀라며 그 집은 역병에 돌아 온 집안이 몰살당
힌 집이라고 했다. 무사가 놀라 다시 들어가 살펴보니, 집안에 시체가 종횡
으로 널려 있는데 그 중 한 시체가 바로 종랑이었다. 무사가 관과 상여를
마련하고 염을 해서 교외에 묻어주고 제를 지냈다. 꿈에 종랑이 나타나 감
사하다고 말했는데, 이후 무사는 과거에 급제해 높은 관직에 올랐다.[12]

온 집안이 역병에 걸려 몰살당해 시신조차 수습할 사람이 없었는데,
여귀女鬼가 무사를 홀려 그 시신들을 수습하도록 했다는 내용이다.[13]
그런데 이 이야기의 배경이 되는 상황은 역병이 창궐했던 지역에서는
충분히 벌어질 수 있었던 것이었다. 역병은 병증 자체도 무섭지만, 내
부로 침투하여 지배층이 구축하고자 했던 유교적 인륜질서를 그 근간
에서부터 무너뜨린다는 점에서 더욱 무서웠다. 역병이 돌면 감염을 두
려워해 시신을 멀리하다보니 사대부가에서조차 상례喪禮를 제대로 시

---

12 유몽인, 신익철 외역 『어우야담』, 돌베개, 2006, 255~6면. 위 인용문은 이 이야기를 저
    자가 요약 정리한 것이다.
13 15~6세기의 전기소설 가운데는 이와 유사하게 갑자기 죽음을 당해 제대로 매장되지 못
    한 여자가 귀신으로 나타나 남성을 유혹하여 시신을 수습토록 하는 줄거리를 지닌 작품
    이 많다. 『금오신화』의 「만복사저포기」나 『기재기이』의 「하생기우록」 같은 작품이 그
    렇다. 이에 반해 죽은 여자의 원귀가 남성을 유혹하여 죽음으로 이끄는 이야기도 있는
    데, 『전등신화』의 「모란등기(牡丹燈記)」나 『용천담적기』의 「채생」 등이 그 예이다. 전
    자에서는 죽은 자와의 교감이 사회의 결함을 고발하고 치유하는 신의(信義) 있는 행위
    로 묘사되지만, 후자에서는 유혹에 빠져 치명적인 위험을 깨닫지 못하는 부주의한 행위
    로 묘사된다.

행하지 못하는 일이 발생했다. 예컨대 이정회가 쓴 『송간일기』를 보면 선조 11년(1578) 창궐한 역병 때문에 모친을 잃은 이정회의 일가는 상중에도 모두 피접을 가야 했고 이정회 혼자만 남아 빈소를 지켰다.[14] 심지어 연산군대에는 역병으로 죽은 부모와 누이의 시신을 3달 동안 방치하고 형제들이 모두 피접을 가서 문제가 되었는데, 조정에서 이를 특별히 문제 삼은 것은 그들이 일반 백성이 아니라 사족 신분이었기 때문이었다.[15]

유몽인이 전하는 이 이야기에서도 역병은 일가족을 몰살시키고 이웃조차 전염의 두려움 때문에 그 시신을 처리할 엄두를 내지 못하게 만들었다. 물론 이 이야기에는 한 용기 있는 무사가 의리義理를 실천하여 시신들을 매장해줌으로써 복을 받았다는 후일담이 덧붙어 있다. 그런 점에서 이 이야기는 인륜질서를 파괴하는 역병의 참혹한 양상을 묘사하면서도, 시신을 정당하게 매장해주어야 인륜질서가 회복될 수 있다는 인식을 은연중 드러내고 있다 하겠다.

『어우야담』에서 역병 체험이 처음 묘사된 이후 조선 후기에 저술된 필기·야담집에는 역병에 관한 이야기들이 적건 많건 거의 빠지지 않고 수록되어 있다. 그런데 그 가운데서도 역병에 관한 이야기들을 가장 많이 수록하고 있는 것은 18세기 초반에 저술된 임방의 『천예록』이다. 총 62편의 이야기 중 10편 내외가 역병과 관련이 있는 신이담이라고 할 수 있으니, 당대 민간에서 떠돌던 역병에 관한 신이한 이야기들을 꽤 많이 거두고 있다고 할 수 있다. 이 책에서 임방은 역병의 유행

---

14 『송간일기』, 1578년 5월 9일, 12일(권복규, 앞의 글, 25면 재인용).
15 『연산군일기』, 2년 1월 8일조.

이 귀신 탓이라는, 당대 민간에 널리 퍼져 있던 속설을 상당부분 긍정하고 있는데, 「제문을 지어 하늘에 고하여 마을을 구하다」 같은 이야기를 대표적인 예로 삼아 이를 살펴보자.

> 서울 선비 김생에게 절친한 벗이 있었는데 여러 해 전에 죽었다. 김생이 영남으로 가는 길에 죽은 친구를 만났다. 김생이 '자네는 이미 죽지 않았나? 어떻게 인간 세상에 다닌단 말인가?'라고 묻자, 그 친구는 자신이 마마귀신(痘神)이 되었으며 지금 경기지역을 돌고 영남으로 가는 길이라고 답하는데, 벌써 수백 명의 어린아이를 데리고 가고 있었다. 김생은 '자네는 어질고 바른 사람이었는데, 어찌 이들을 구제하지 않는가?'라고 호소하자, 그 친구는 '시운에 달린 것으로 운명을 마음대로 조정할 수는 없네'라고 했다. 김생이 '그래도 신령을 발휘해 사람들을 구제해 은혜를 베풀라'고 하자 그 친구는 명심하겠다며 사라진다. 김생이 안동의 촌가에 투숙하니 마을 아이가 반 넘게 죽었고 주인 아이도 위독했다. 김생이 제문을 지어 약속을 지키라고 하자 아이가 살아났다. 그날 밤 친구가 김생의 꿈에 나타나 '이 마을 사람들이 지은 죄가 많아 용서할 수 없었다네. 그러나 내 이미 자네와 약조를 했던 터라 저버릴 수 없어 억지로 따르네'라고 하였다. 이후 마을 아이들도 살아났다.[16]

두창(천연두)은 동서양을 막론하고 전근대 시기 널리 창궐했던 역병으로, 유럽과 신대륙에서도 창궐한 바 있으며 특히 어린이가 많이 걸

---

16 임방, 정환국 역, 『천예록』, 성균관대 출판부, 2005, 226~228면. 본문은 이 이야기의 줄거리를 저자가 요약 정리한 것이다.

리고 치사율도 높았다. 조선시대에도 두창이 여러 차례 유행했는데, 17세기 후반 현종대에는 기근과 두창 같은 역병이 유행해서 "팔도에 기아와 여역과 마마로 죽은 백성을 이루 다 기록할 수 없을 정도"이며 "참혹한 죽음이 임진년의 병화보다도 더하다"는 말이 나올 정도였다.[17] 그리고 18세기 초반 숙종대에는 구중궁궐 속 왕자들과 왕후까지 걸릴 만큼 두창은 피해가기 어려운 역병이었다.

임방이 기록한 이 이야기도 그러한 시대적 배경 속에서 생성되어 회자되던 신이담이라고 할 수 있을 것이다. 이 이야기에 따르면 두창이 창궐하자 시골마을의 어린아이들이 대거 사망했는데, 그것은 모두 하늘의 뜻을 집행하는 마마귀신의 소행이었다. 그런데 그 마마귀신은 선비 김생의 죽은 옛 친구로, 김생이 극진히 호소하고 제문을 지어 바치자 저승으로 데려갈 아이들의 생명을 살려주었다는 것이다. 이 이야기는 일단 두창이 주로 어린아이들에게 집중적으로 발병했으며 치사율도 높았다는 경험적 사실들을 기반으로 하고 있다. 그리고 두창이 마마귀신이라는 초자연적 존재에 의해 초래한다는 민간의 속설을 인정하면서도, 마마귀신이란 예측불가능하고 냉혹한 존재가 아니라 도덕적이고 온정적인 존재라는 것을 강조함으로써 그것에 대한 공포를 완화하고 있다는 특징이 있다.

그런데 『천예록』의 저자 임방은 송시열의 제자로 높은 관직을 지냈던 성리학적 지식인이었다. 그러므로 그는 자신이 소개하는 이러한 신이담이 성리학의 음양이기론과 그것에 입각한 역학적易學的 우주론에

---

17 『현종개수실록』 23권, 1671년 2월 29일.

그리 잘 부합되지 않는다는 것을 인식했다. 하지만 그럼에도 그는 역병에 대한 이와 같은 신이적 설명을 전면 부정하기보다는 오히려 그것을 조심스럽게 수용하는 태도를 취했다. 이런 그의 태도는 이 이야기 끝에 붙어 있는 저자의 논평에서 잘 드러난다.

> 마마는 그리 오래된 것이 아니다. 주나라 말기 진나라 초기에 발생했는데, 살벌한 전쟁터의 사나운 기운이 하늘을 뒤덮어 발생했다. 귀신이 퍼뜨렸다는 말은 여항의 무속(巫俗)에서 나온 이야기로, 마마에 걸린 집에서는 신위를 마련하여 기도하기도 한다. 정말 있는지 없는지 판단하지는 못하겠지만, 지금 두 선비가 맞닥뜨린 사건을 보면 마마를 퍼뜨리는 귀신이 있음을 확인할 수 있다. 이 두 가지 이야기는 모두 거짓이 아니고 믿을 만하기에 기록해둔다.[18]

전쟁터에 쌓인 사나운 기운沴氣이 역병을 일으킨다는 것은 인간의 잘못된 행위 때문에 자연의 음양 조화가 어그러져서 사나운 기운이 쌓여서 역병이 발생한다는, 유자들이 널리 받아들였던 역학적 병인론易學的 病因論에 기초한 설명이라고 할 수 있다. 이에 비해 마마귀신이 두창을 일으킨다는 설명은 임방의 말대로 "여항의 무속에서 나온" 주술적·신이적 병인론이라고 할 수 있다. 이 글에서 임방은 유자로서 역학적 병인론을 먼저 언급하고 있지만, 신이적 병인론 또한 부정하지 않고 있다. 사실 역병 발생의 풍토성이나 전염성 등을 고려하면 역학적 병인론이 신이적 병

---

18 임방, 앞의 책, 228면.

인론에 비해 좀 더 합리적인 설명이라고 볼 수 있다. 하지만 역병을 초자연적인 존재 — 예컨대 귀신 — 의 소행이라고 믿고 그 존재에게 인정人情과 자비를 빌 수 있다고 믿었던 신이적 병인론에 비하면 그것은 지나치게 고원高遠하거나 초탈한 설명처럼 여겨질 수도 있다.[19] 아마도 이런 점 때문에 두창 같은 역병이 크게 유행한 시대를 살았던 임방은 이념적으로 역학적 병인론을 지지하면서도 심정적으로는 신이적 병인론에

---

19 역병이 유행하면 특정한 지역의 사람들에게 무차별적으로 전파된다. 그러므로 재이(災異)와 인사(人事)가 상관되어 있다고 믿었던 유가적 지식인들도 역병을 환자 개인의 도덕적 책임 탓으로 설명하기는 어려웠다. 역병이나 전쟁처럼 무차별적으로 다수의 인명을 살상하는 재난은 개인 차원을 넘어 집단적 혹은 초개인적 차원에서 그 원인을 찾을 수밖에 없었다. 그래서 백성들을 대표하는 국왕의 과오나 사회적으로 축적된 원한 같은 것이 원인이 되어 자연의 조화가 어그러질 때 발생하는 것이 역병이나 전쟁 같은 재이(災異)라고 유자들은 일반적으로 설명했다. 이러한 역학적 병인론은 재이의 불가항력적인 측면과 인사의 도덕적 측면을 결합시킨, 근대 과학이 도래하기 이전의 사유 가운데서는 상당히 합리적인 것이라고 여겨진다.

하지만 그럼에도 그러한 설명은 다음과 같은 두 가지 국면에 대해서 만족스런 답을 제시하기 어려웠다. 우선 역병의 무차별적인 감염 양상은 천리(天理)에 대한 도덕적 믿음을 뒤흔들 수 있었다. 예컨대 『송와잡설(松窩雜說)』이라는 필기의 저자 이기(李墍)는 임진왜란 와중에 역병까지 창궐하여 무수한 사망자가 발생하자 하늘의 뜻이 어디 있는지 묻는다. "아! 인간을 사랑하여 살리고자 하는 것은 하늘이 본심인데, 어찌하여 진노하기를 그만두지 않는가? 왜노를 불러들여 폭행을 하게 하고 악귀가 흉한 짓을 하도록 맡겨두어 죽이고 또 죽여서, 지금 와서는 더욱 심하게 하니, 인(仁)으로 덮어주고 하민(下民)을 불쌍하게 여기는 지극한 덕이 과연 이와 같은가? 옛 사람이 말하는 죽을 운수가 끝나지 않아서 그런 것인가? 온 세상 사람을 다 죽여 버리고 별도로 마땅한 사람 하나를 낳게 하려고 그러는 것인가? 청구(靑丘) 수천 리 지역에 다시는 인간이 없고 원귀의 터로 변하게 하려고 그러는 것인가? 아니면 어지러움이 심하고 부운(否運)이 극도에 이르게 하여 인심이 허물을 후회하고 다스림을 생각하도록 한 다음에 다시 태평한 운수를 열어주려고 그러는 것인가? 하늘의 뜻을 진실로 알 수 없다."(이기, 이익성 역『송와잡설』,『대동야승』, 민족문화추진회, 1971, 144~5면) 재이를 사회공동체가 스스로를 성찰하는 계기로 받아들였던 유자마저도 전쟁과 역병의 참상 앞에서는 하늘의 뜻이 과연 존재하는지 의혹을 품지 않을 수 없었던 것이다.

다음으로 역학적 병인론은 병에 걸린 환자나 그 가족에게 실질적인 처방과 심리적 위안을 제공하기 어려웠다. 일반적으로 역병에 걸린 환자나 그 가족에게 필요한 것은 고원하고 초탈한 설명보다, 비합리적일지라도 즉각적이고 실질적인 설명과 대응방법이었을 것이다. 그래서 조선시대 사대부들은 역학적 병인론을 이론적으로 긍정하면서도, 실생활에서 가족이 병이 들면 무당을 불러 굿을 시행하거나 승려를 불러 재를 올리는 일을 마다하지 않았다.

더 끌렸을 것이다. 아무튼 우리는 임방이 기록한 역병에 관한 이러한 신이담을 통해 17세기 후반에서 18세기 전반까지 창궐했던 역병의 실제 양상과, 그것을 특정한 귀신의 소행이라고 여겼던 당대인들의 주술적인 역병 인식과, 그러한 신이적 병인론에 의혹을 품으면서도 심정적으로 이끌렸던 성리학적 지식인의 내면심리를 엿볼 수 있다.

그런데 이처럼 예전에 죽은 선비가 두창을 관장하는 마마귀신이 되었다는 이야기는 『천예록』뿐 아니라 조선 후기 필기·야담집에 두루 수록되어 있다.[20] 이 이야기는 현세에서 정직하고 곧은 선비가 죽어서 염라대왕이 되었다는 류의 이야기와 비슷한 구조를 지니고 있는데, ― 『금오신화』의 「남염부주지」에서부터 『기문총화』의 「죽어서 염라대왕이 된 김치」까지 이러한 이야기는 조선시대 내내 회자되었던 신이담의 한 유형이었던 듯하다. ― 그렇다면 이처럼 역병을 일으키는 귀신을 실체화하고 그것을 생전에 강직했던 선비가 죽어서 맡은 저승의 직책처럼 묘사하는 이야기들이 널리 회자되었던 이유는 무엇일까?

저자는 이와 같은 신이담이 노리는 진정한 효과란 다름 아닌 역병의 가시화可視化와 인간화人間化라고 생각한다. 역병은 눈에 보이지 않을 뿐더러 대상을 가리지도 않는다는 점에서 실제보다 더 큰 공포와 불안을 불러일으킨다. 그런데 역병에 대한 이러한 신이담은 미지의 영역이자 불가해한 영역이었던 역병을 가시화하고 인간화하는데, 이렇게 역병의 원인과 목적이 가시화되고 인간화되면 그것이 불러일으켰던 막연한 불안과 공포는 많이 진정될 것이다. 뒤에서 다시 살피겠지만 신

---

20 예컨대 18세기 후반에 저술된 『학산한언』이나 19세기 전·중반에 저술된 『청구야담』 등에도 이와 거의 같은 이야기들이 실려 있다.

이적 병인론이 조선시대 내내 강력하게 호소력을 발휘할 수 있었던 것은, 물론 마땅한 다른 실질적 대안이 없었기 때문이기도 하겠지만, 이러한 심리적 효과 때문이었다고 할 수 있을 것이다.

그런데 조선 후기 필기·야담집에 등장하는 역병에 관한 신이담이 모두 이와 같은 유형인 것은 아니다. 역병을 일으키는 귀신이 무섭고 기괴한 형상을 한 귀물처럼 묘사되는 경우가 있는가 하면, 가난한 노파나 고아처럼 소외된 주변인으로 묘사되는 경우도 있다. 그리고 역귀疫鬼에 들려 죽는 사람도 있지만, 이런 귀신들을 조종하거나 쫓아내는 능력을 지닌 이인異人들도 있다. 아마도 역병에 대한 이러한 신이담의 차이는 조선 후기 사람들의 역병에 대한 인식과 그에 따른 대응 방식의 차이를 보여주는 것일 터인데, 이를 분석하기에 앞서 우선 다음 절에서는 조선시대 사람들에게 널리 받아들여졌던 역병에 대한 병인론을 간략히 살펴보기로 하겠다.

3. 역병에 대한 세 가지 병인론
— 역학적·경험적·신이적 병인론

오늘날 우리는 역병의 발생 메커니즘을 어느 정도 과학적으로 파악할 수 있는 시대에 살고 있다. 물론 끊임없이 변형을 거듭하는 병원균을 완전히 제어하는 것은 아직 기약하기 어렵지만, 역병을 일으키는 병원균의 실체를 현미경으로 관찰할 수 있고 그 발생과 전파의 경로를 역추적할 수 있으며 그에 따라 방역체계를 작동시킬 수 있는 시대에 살고 있는 것이다. 그렇다면 조선시대 사람들은 역병의 발생 원인을 어떻게 파악했을까? 역병의 발생 원인을 어떻게 인식하느냐에 따라 그것에 대응하는 방식 또한 달라질 것이다. 이 절에서 논의해보고자 하는 것은 바로 조선시대 사람들이 지니고 있던 역병의 발생 원인론, 즉 역병의 병인론病因論과 그에 따른 대응방식이다.

그런데 역병의 발생 원인에 대해서는 조선시대 전 시기를 통하여 다양한 견해들이 제출되었다. 이에 대해 변정환은 조선시대의 각종 문헌들에 등장하는 역병의 병인론을 다음과 같은 여섯 가지로 정리한 바 있다 : ① 기상이변氣候失節說, ② 음양의 부조화五運六氣說, ③ 하천이나 하수도가 막혀 썩어 냄새가 나는 것環境不潔說, ④ 억울하게 죽은 사람의 원기怨氣鬱抑說, ⑤ 잡귀의 소행雜鬼所行說, ⑥ 사람이 많이 모이는 것群集原因說.[21] 이는 역병의 발생 원인에 대해 조선시대 사람들이 거론했던 견해들을 거의 망라한 것이라고 할 수 있는데, 저자는 이 글에서 이를 다시 다음과 같은 세 가지 병인론으로 재분류해보고자 한다. ㉠ 역학적 병인론易學的 病因論, ㉡ 경험적 병인론經驗的 病因論, ㉢ 신이적 병인론神異的 病因論. 물론 일반적으로는 이러한 병인론들이 서로 융합되거나 뒤섞여 있는 경우가 흔하지만, 그럼에도 큰 틀에서는 이와 같은 구분이 가능하고 또 유효하다는 생각이 든다.

우선 앞서 변정환이 분류한 병인론 가운데 ①과 ②를 묶어 '역학적易學的 병인론'이라고 부를 수 있을 것 같다.[22] 역학적 병인론이란 한대漢代 유교

---

21 변정환, 앞의 글.
22 이처럼 인간과 국가, 우주가 유비적인 원리와 질서를 가지고 있다는 관념을 통칭하여 헨더슨처럼 '상관적 사유(correlative thought)'라고 부를 수도 있겠다(존 헨더슨, 문중양 역, 『중국의 우주론과 청대의 과학혁명』, 소명출판, 2004).

의 재이론災異論이나 천인감응론天人感應論, 성리학의 음양이기론陰陽理氣論 등에 그 논리적 기초를 두고 있는 것으로, 음양오행 간의 상극相剋이나 인간 사회의 도덕적 결함 때문에 자연의 조화로운 질서가 교란되는 것에서 역병의 원인을 찾는 관점을 말한다. 이러한 관점은 역병의 발생을 자연론적이거나 초개인적인 요인으로 설명하기 때문에 일개인의 도덕성이나 특정한 귀신의 작위성이 거기에 개입할 여지가 적다.[23] 조선의 지배층인 사대부들은 건국 초기부터 이러한 병인론을 공인하였으며, 조선 왕조 내내 이념적으로 이를 지지하였다.

지금 경기 일대의 민간의 질병이 어떤 간사한 귀신이 준 빌미란 말씀입니까? 지난번에 황해도 백성들이 역질로 죽은 자가 많았습니다. 이는 수한(水旱)의 이변(異變)으로 음양이 조화를 이루지 못하여 어그러진 기운이 바야흐로 성한 탓인데, 다시 무슨 신(神)이 있어 기도로써 이를 능히 모면하겠습니까? 만약 제사 없는 귀신이 과연 있다면 봄·가을로 매양 여제를 설행하는데, 하필 수륙재를 설행하여야 하겠습니까?[24]

황해도 지역에 역병이 돌자 문종은 유교식의 여제뿐 아니라 (일반 백성들에게 더 친숙한) 불교식의 수륙재도 함께 지내자고 주장하였다. 이에 대해 사헌부의 관료들은 역병이란 음양의 부조화로 어그러진 기운 탓

---

23 최종성은 전통사회에서 질병을 담당하던 의료행위의 주체를 무의(巫醫)와 유의(儒醫)로 나누고, 무의는 인격적(종교적) 병인론 및 그에 따른 치유체계를, 유의는 자연적 병인론 및 그에 따른 치유체계를 지니고 있었다고 보았다(최종성, 「유의와 무의」, 『종교연구』 26, 한국종교학회, 2002). 저자의 구분에 따르자면 무의는 신이적 병인론을, 유의는 역학적 병인론을 지지했다고 말할 수 있다.
24 『문종실록』, 1451년 9월 19일.

에 발생하는 것이지 귀신 탓에 발생하는 것이 아니라면서, 미신이라 여겼던 불교적 수륙재를 지내지 말 것을 강력하게 주청하였다. 문종은 수륙재가 비록 음사淫祀이긴 하지만 민심의 안정에는 도움이 된다는 방어적인 논리로 이의 설행을 관철하지만, 이러한 방어적 자세는 달리 보면 사대부 관료들이 내세운 역학적 병인론이 이념적으로는 정당하다는 것을 인정하는 태도라고도 볼 수 있다.

물론 역학적 병인론이 역병 발생의 원인을 자연론적이고 초개인적인 요인에서 찾는다고 해서 도덕적이고 인격적인 요인을 전적으로 배제했다는 뜻은 아니다. 유자들이 널리 받아들였던 재이론에 따르면 천지자연의 운행과 인간사회의 일은 밀접히 상관되어 있는 것이므로, 어떤 면에서 이에 기초한 역학적 병인론은 그 어떠한 관점보다 더 철저한 도덕적 병인론이라고 말할 수도 있다. 1524년(중종 19년) 평안도 지역에 역병이 돌자 중종은 응교應教 황효헌에게 「평안도여역제문平安道癘疫祭文」을 대신 짓게 하는데, 이 글에서 우리는 역학적 병인론 저변에 깔려 있는 도덕적 우주론의 논리구조를 엿볼 수 있다.

천지는 생생(生生)을 덕으로 삼고 반드시 임금을 명하여 대리하여 돕게 하는데, 그 화복(禍福)이 증감(增減)하는 기틀은 사람에 달려 있고 천지에 달려 있지 않다. 귀신은 이기(二氣)에 근본하되 횡요(橫夭)하여 어그러지고 답답한 기가 혹 그 사이에 생겨서 원한이 되면 괴물(怪物)이 되고 이물(異物)이 되고 질려(疾癘)가 되어 사람에게 환난을 내리는데, 그 길흉이 나고 없어지는 근원도 사람으로 말미암고 귀신으로 말미암지 않는다. 그렇다면 귀신은 참으로 이기(二氣)이고 이기는 곧 천지이니, 생생하는 것이

귀신의 본덕(本德)이고 질려(疾癘)로 사람에게 환난을 주는 것은 귀신이 마지못하여 하는 것이다.[25]

여기서 화자(중종 혹은 황효헌)는 역병疾癘이 귀신의 소행임을 인정한다. 하지만 귀신이란 변덕스런 개별적 의지를 지닌 초자연적 존재가 아니라 천지자연 그 자체 혹은 그 덕을 실현하는 도구일 뿐이라고 말한다. 그리고 천지자연의 근본적 속성은 만물을 낳고 기르는 데 있지 역병으로 사람에게 환란을 주는 데 있지 않다고 천명하면서, 천지자연에 변괴를 만들고 인간사회에 역병을 초래하는 것은 바로 인간임을 역설한다. 즉 역병과 같은 재이가 발생한다면 인간사회는 이를 전적으로 자신의 책임으로 떠안아야 한다는 것이 이 글의 저자가 강조하는 바라고 할 수 있다. 물론 여기서 인간이란 개체로서의 인간이라기보다 공동체로서의 인간사회라고 보는 편이 더 합당할 것이다.

위의 두 인용문이 보여주듯 유자들이 받아들였던 역학적 병인론은 자연론적이면서도 유귀론적有鬼論的인 방식으로, 혹은 초개인적이면서도 도덕주의적인 방식으로 역병의 발생 원인을 설명하는 관점이라고 할 수 있다. 물론 양자 — 자연론적 설명과 유귀론적 설명, 초개인적 설명과 도덕주의적 설명 — 사이에 긴장이 없었던 것은 아니다. 역학적 병인론은 그것이 자연론적이고 초개인적인 설명에 치우치면 경험적 병인론에 가깝게 되고, 유귀론적이고 도덕적인 설명에 치우치면 신이적 병인론에 가깝게 된다.[26] 그래서 역학적 병인론은 자연론적 설명과

---

25 『중종실록』, 1524년 12월 11일.
26 전자의 예로 허준의 『언해두창집요(諺解痘瘡輯要)』 서문을 들 수 있다. 여기서 허준은

도덕적인 설명 사이의 긴장을 유지하면서 양면을 포괄할 수밖에 없는
데, 이는 역병이 지니는 불가항력적이고 초개인적인 측면을 인식하면
서도 모든 재이災異 속에서 인간사회에 대한 도덕적 의미를 읽어내려
했던 유교적 지식인들의 독특한 사유방식 때문이라고 말할 수 있다.

다음으로 ③과 ⑥은 역병 발생에 환경적 요인이 크게 작용한다는 것
을 지적하는 것으로, 본고에서는 이를 '경험적 병인론'이라고 부르기
로 하겠다. 사실 조선시대 사람들이 역병이 돌 때 피접을 가거나 환자
를 격리를 했던 것은 역병이 사람들이 군집할 때 전염되기 쉽다는 것

두창의 발병 원인을 다음과 같이 설명한다. "태중(胎中)에 있을 때 생긴 악독한 기(氣)가
명문(命門)에 누적되어 있다가 화운(火運)이 사천(司天)한, 즉 무(戊)·계(癸)의 해를 만
나서 안팎으로 감촉되면 포창(疱瘡)이 발생하는데, 모든 기혈이 있는 동물은 모두 다 감
염된다."(허준, 『언해두창집요』, 이규경, 『오주연문장전산고』 인사편 「두역유신변증설
(痘疫有神辨證說)」 재인용) 허준은 포창(두창)이 신체에 쌓인 나쁜 기와 천지운행의 기
가 만나서 감촉할 때 발생한다고 진단하는데, 이는 경험적 관찰에다 음양오행설을 결합
시킨, 조선시대 의학서에 흔히 등장하는 역병에 대한 설명방식이라고 할 수 있다. 여기
서 역학적 병인론은 도덕적 설명을 배제하고 있으며, 경험적 병인론과 결합하여 역병에
대한 자연론적인 설명을 제시하고 있다.
다음으로 후자의 예로는 위백규가 쓴 「격물설」을 들어보자. "천지 사이에 귀신이 없는
사물은 없다. 귀신이란 형색이나 영상이 있어서 저것이 귀신이라고 가리켜 알 수 있는
존재가 아니다. 천지 사이에 기가 없는 사물은 없다. 기가 바로 신(神)이다. 신이 되는 근
거가 바로 리(理)이다 (…중략…) 전에 '귀신이 굶는다(鬼餒)'라는 말이 있고, 불교의 서
적에도 아귀(餓鬼)라는 말이 있다. 허공을 가득 채우고 떠도는 귀신으로, 불러서 제사의
주인이 된 적이 없는 것이 모두 아귀이다. 불가에서는 이에 대해 본 것이 있었고, 허공에
가득 찬 것이 아귀라는 것을 분명히 알았다. 그러므로 재식(齋食)을 베풀고 아귀를 꾸짖
어 막는 법이 가장 엄밀했다. 상도(常道)는 아닌 듯하지만 그 이치는 옳다 (…중략…) 세
상 사람들이 "두진(痘疹)이나 온역(瘟疫)에도 모두 신(神)이 있다"라고 하는데도, 융통
성 없는 선비는 그것이 망령되다고 꾸짖으며, 유행하는 기운이 바로 신이라는 것을 전혀
모른다. 만일 상스럽고 속된 사람들이 푸닥거리를 받들면서 메아리처럼 곧장 감응이 있
을 것이라고 한다면 잘못이지만 거기에 신이 있다는 것은 당연한 실제 이치이다."(위백
규, 『존재집』 12권 잡저 「격물설」) 여기서 위백규는 기(氣)의 굴신(屈伸)·왕복(往復)·
취산(聚散) 운동을 귀신이라고 불렀던 주희의 성리학적 귀신론을 되풀이하는 듯하면서
도 이를 독특하게 비틀고 있다. 즉 주희-정도전-이황-이이로 이어지는 성리학적 귀신
론의 주류적 해석이 반실체론적·자연론적 범신론에 가까운 것이었다면, 위백규의 입
장은 실체론적 범신론에 가까운 것이다. 마찬가지로 역병에는 모두 신이 있다는 그의 견
해는 역학적 병인론보다 신이적 병인론에 가까운 것이라고 할 수 있다.

을 경험적으로 알았기에 가능한 것이었다. 그리고 불결한 환경이나 오염된 물, 기근이나 전쟁 등이 역병의 온상이 된다는 것도 조선시대 사람들은 경험적으로 알고 있었다. 더 나아가 호흡을 통한 전염[27]이나 인두접종법 같은 초보적인 면역요법도 어느 정도는 알고 있었다. 이러한 경험적 지식은 교류를 통해 동서양을 넘나들었으며, 각 시대에 편찬된 의서醫書 속에 집약·정리되었다.

그런데 역병에 대한 경험적 지식은 대체로 시대가 지날수록 축적되지만, 반드시 축적된 경험적 지식이 합리적인 것이라고 단정할 수는 없다. 만약 어떤 처방이 역병의 예방과 치료에 효과가 있다고 간주되면, 비록 그것이 우연히 나타난 효과에 불과할지라도 유용한 지식으로 여겨져 기록되고 경험적으로 반복될 것이기 때문이다. 물론 임상실험이 반복되어 효험이 없다고 밝혀지면 유용한 지식에서 탈락하겠지만, 전근대의 의료지식체계에는 이러한 반복을 통한 검증 절차가 아무래도 부족했다고 말할 수밖에 없다. 그래서 『간이벽온방』 같은, 왕명에 의해 편찬된 의서에조차 다양한 경험적 처방 이외에도 새벽닭이 울 때 사해신의 이름을 21번 부른다거나 붉은 색으로 쓴 글자를 부적처럼 차고 다니거나 태워 마시는 주술적 요법이 포함되어 있었던 것이다.[28]

---

27 『목민심서』 애민(愛民) 6조 「관질(寬疾)」에서 정약용은 호흡을 통한 온역(瘟疫)의 전염 가능성과 그에 따른 예방법을 다음과 같이 소개하고 있다. "무릇 온역(瘟疫)이 전염하는 것은 모두 콧구멍으로 그 병기운을 들이마셨기 때문이다. 온역을 피하는 방법은 마땅히 그 병기운을 들이마시지 않도록 환자와 일정한 거리를 지켜야 할 것이다. 무릇 환자를 문병할 때는 마땅히 바람을 등지고 서야 한다."(정약용, 이정섭 역, 『목민심서』 애민 「관질」, 민족문화추진회, 1986. 역자는 온역(瘟疫)을 염병(染病)이라고 번역하고 있으나, 온역이라 불리는 급성열병이 모두 염병인 것은 아니어서 이를 원전대로 온역으로 표기하였다) 정약용은 병원균의 실체에 대해서는 아직 인식하지는 못했지만, 호흡을 통한 전염 가능성에 대해서는 인식하고 있었던 것이다.
28 권복규, 앞의 글, 1999.

마지막으로 앞서 변정환이 분류한 병인론 중 ④와 ⑤를 묶어서 저자는 이를 역병에 대한 '신이적 병인론'이라고 부르고자 한다. 사실 역병이 어떤 초자연적인 힘이나 존재에 의해 발생한다는 관념은 '모든 현상에는 그만한 힘을 지닌 신비한 원인이 있다'는 원시적인 사유에 그 뿌리를 두고 있는 아주 오래되고 뿌리 깊은 관념이라고 할 수 있다.[29] 주로 무속을 통해 면면히 이어져온 신이적 병인론은 워낙 그 뿌리가 깊어 과학이 발달한 현대에서조차 여전히 위력을 발휘하곤 한다. 그러므로 역병에 거의 무방비로 노출되어 있었던 조선시대 사람들 — 일반 백성들은 말할 나위 없고 사대부들조차 — 이 역병의 공포 앞에서 쉽게 신이적 병인론에 빠져들었으리라는 것은 충분히 짐작이 되고도 남는 것이다.

그런데 역병을 일으키는 귀신이 존재한다는 관념은 앞서도 언급했듯이 역병을 가시화하고 인간화하는 효과가 있다. 역병은 무엇보다 비가시적이고 비인격적인 성격 때문에 사람들에게 공포감과 무력감을 주는데, 신이적 병인론은 역병의 원인을 실체화함으로써 그것에게 빌거나 혹은 위력으로 축출하는 등의 주술적 대응을 가능하게 한다. 물론 이러한 신이적 병인론과 주술적 요법이 심리적 치유효과만을 줄 뿐 어떤 실질적 치료효과를 줄 수는 없었을 것이라고 볼 수도 있다. 하

---

[29] 특히 동아시아의 고대문화에서 역병을 일으키는 힘을 지닌 존재로 여겨졌던 것은 용이나 뱀이었던 것 같다. 이경화에 따르면 일본에서 가장 먼저 역신(疫神)으로 등장하는 것은 『고지키』와 『니혼쇼키』에 등장하는 오모노누시노카미(大物主神)라는 뱀이라고 한다(이경화, 「일본 역신(疫神)설화의 일고찰」, 『일본학연구』 44, 단국대 일본연구소, 2015) 그러고 보면 『삼국유사』에 등장하는, 역병을 제어하는 신적 존재 처용도 동해용왕의 아들이다. 아마도 이경화의 해석처럼 용과 뱀은 물을 관장하는 신격인데, 역병 발생의 주요한 계기가 가뭄이나 홍수이고 이것은 모두 물과 관련되기 때문에 역신을 그와 같은 형상으로 상상했을 수 있겠다.

지만 분명한 것은 아무것도 하지 않는 것 혹은 아무것도 할 수 없는 것보다는 그래도 무언가를 하는 것이 낫다는 것이다! 그래서 역병에 대한 신이적 병인론과 그에 기반한 주술적 요법은, 비록 실제로 그 효과를 검증할 수 없고 심지어는 유교적 이념에 반하는 것이라 할지라도, 역병을 치료하는 데 도움이 된다는 작은 믿음만 있으면 왕가나 사대부가에서조차 암묵적으로 믿어지고 실행되었던 것이다.

이상으로 조선시대 사람들이 일반적으로 받아들였던 역병에 대한 병인론을 세 가지로 분류해 검토해 보았다. 그런데 생각해보면 역병 발생의 과학적 메커니즘을 정확히 알지 못했던 전통사회에서는 역병에 대해 이러한 여러 병인론들이 상호 충돌하면서도 공존할 수밖에 없었을 것이다. 역병의 원인이 되는 미생물은 17세기 후반 현미경의 발달과 함께 가시화되었지만, 역병의 과학적 병인론은 19세기 후반 파스퇴르에 이르러서야 비로소 발견되었다. 그 전까지는 역병의 원인이나 감염경로, 치료방식 등에 대해서 역학적·경험적·신이적 견해들이 공존했었다. 역병을 겪으면서 인간사회는 점점 그것에 효과적으로 대응하는 기술들을 발전시키고 축적해갔지만, 그럼에도 귀납적이고 경험적이며 누적적인 기술과 연역적이고 이론적이며 단절적인 과학 사이에는 근본적인 간극이 존재한다는 것을 기억할 필요가 있다.

이러한 여러 병인론과 치료법의 공존에 대해서는 두창(천연두)의 경우를 예로 들어 간략히 살펴볼 수 있다. 16세기에 저술된 어숙권의 『패관잡기』는 두창이 돌 때 피해야 할 금기로 제사, 초상집 출입, 잔치, 성교, 외인출입, 누린내 나는 고기, 기름과 꿀, 더러운 것 등을 제시하고 있다. 이 목록만 보면 역병의 확산을 막기 위해 사람들 간의 접촉을 최소화하려는 나름의 경험적 지혜가 담겨 있는 것 같다. 하지만 바로 이러한 금기를 열거한 뒤 어숙권은 "만약 목욕하고 빌면 거의 죽어가다가도 다시 살아난다. 그러므로 사람들을 더욱 그것痘神을 믿고 지성으로 높이고 받든다"라고 하면서 두창을 일으키는 마마귀신痘神에 대한 주술적 신앙이 당대인들에게 그와 같은 금기를 더욱 맹렬히 준수하게 만들고 나아가 금기의 목록을 계속 늘리게 했음을 비판적으로 지적하고 있다. 여기서 우리는 전근대사회에서 경험적 기술과 주술적 신앙은 거의 분리 불가능할 정도로 섞여 있었으며, 양자는 상호 배척하는 것이 아니라 오히려 상호 강화하는 관계에 있었음을 알 수 있다.[30]

4. 역병에 관한 신이담神異談의 세 가지 유형

이제 이 글이 애초 제기했던 주제, 즉 조선시대 사람들이 역병에 대해 지니고 있었던 신이적 상상세계를 분석하는 것으로 되돌아가 보기로 하자. 우선 기억해야 할 것은 조선시대 필기·야담집 속에 수록된 역병 체험은 거의 신이담의 형태이며, 그러한 신이담은 기본적으로 신이적 병인론을 기반으로 하고 있다는 점이다. 즉 역병을 일으키는 초자연적인 원인이 있으며 그것의 성격에 따라 역병에 대한 대처도 달라

---

30 천연두에 대한 근대의학적 예방법인 종두법은 18세기 말 영국의 의사 제너에 의해 개발되었다. 하지만 예방접종을 통한 면역요법은 일찍이 인도에서 시행되었던 인두법에 그 뿌리를 두고 있다. 제너의 종두법의 가치는 사람대신 소의 천연두 바이러스를 활용함으로써 부작용을 최소화했다는 데 있다. 제너의 종두법과 인도의 전통적인 인두법 사이에는 효과의 차이가 있긴 하지만 근본적인 단절은 없다. 반면 파스퇴르 이후의 과학적 병인론과 그 이전의 경험적 병인론 사이에는 근본적인 단절이 있다.

야한다는 관념이 그러한 신이담 속에 내장되어 있는 것이다.

물론 어쩌면 이는 일상적이지 않은 특별한 경험을 소재로 삼기 좋아하는 이야기문학의 본질적 특성 때문일 수 있다. ― 아마도 역병에 대한 철학적 저술에서라면 역학적 병인론이, 의학적 저술에서라면 경험적 병인론이 우세하게 나타날 수도 있었을 것이다. ― 하지만『조선왕조실록』이나 사대부의 일기,『성호사설』이나『오주연문장전산고』같은 백과사전적 저술 등을 보면 신이적 병인론은 조선사회에 널리 퍼져 있었던, 역병에 관한 가장 일반화된 관념이었던 것 같다. 아무튼 이러한 측면을 염두에 두면서 조선시대의 필기·야담 속에 역병 체험이 어떻게 인식되고 묘사되었는지 살펴보기로 하자.

그런데 조선시대 필기·야담 속의 역병에 관한 신이담을 분석해보면 그것은 대체로 다음과 같은 세 가지 성격의 이야기로 다시 분류될 수 있다. 이 세 가지 유형의 이야기는 크게 보면 역병에 관한 신이담으로 함께 묶일 수 있는 것이지만, 미세하게 보면 역병의 원인이나 성격에 대한 인식이 다르고 그에 따라 역병의 대처방식도 다르다.

우선 그 가운데 첫 번째 유형은 역병을 하늘의 뜻에 따라 주어지는 운수運數로, 하늘의 뜻을 대리하는 저승사자 같은 존재에 의해 수행되는 불가항력적인 것으로 받아들이는 이야기들이다. 앞서 소개한『천예록』의「제문을 지어 하늘에 고하여 마을을 구하다」같은 작품이 그러하거니와, 이와 함께 실려 있는「찬을 내오게 하여 먹고 어린아이를 살리다」같은 작품이나『청구야담』에 실려 있는「무변武弁인 이씨가 만난 서신차사西神差使」같은 작품 등도 이와 유사한 관념을 바탕에 깔고 있다. 이러한 이야기들에서 역병을 퍼뜨리는 존재는 하늘의 명에 따라서 직무를 묵묵히 수행하는 저승의 관리처럼 묘사되며, 어떤 원한이나 분노 혹은 악의惡意 때문에 역병을 옮기는 괴물 같은 존재로 묘사되지는 않는다. 아마도 이러한 유형의 신이담이 제시하듯이 역병을 하늘의 뜻에 따라 주어지는, 가혹하지만 불가피한 운명으로 받아들인다면, 물론 보기에 따라서는 무기력해 보이는 대응방식일 수는 있어도, 역병이 불러일으키는 죽음의 공포는 많이 완화될 것이다. 그것은 역병이란 하늘이 정해놓은 어찌할 수 없는 운명이라는 점에서도 그렇고, 죽음 이후에 삶이 소멸되는 것이 아니라 사후세계에서 계속 지속된다는 점에서도 그러하다.

그런데 이와 같은 방식으로 역병을 인식하는 신이적 병인론은 유자들이 공식적으로 받아들였던 역학적 병인론과 유사한 면이 있다. 사후세계의 유무나 역병을 일으키는 귀신의 실체 여부에 대해서는 관점의 차이가 있긴 하지만, 역병을 하늘이 정해준 불가피한 운명으로 받아들이는 내성적內省的인 태도는 양자가 유사하기 때문이다. 사실 진정한 유교적 지식인이라면 어떤 주술적 신앙에도 의지하지 않고 담담하게 죽음의 공포에 맞설 수 있어야 할 것이다. 유교적 지식인은 무엇보다 스스로를 천명에 순응하는 도덕적 주체로 정립해온 사람들이기 때문이다. 이 점에서는 이와 같은 신이적 역병 인식이나 역학적 병인론이 제시하는 역병 인식이 그리 다르지 않다.

다음으로 두 번째 유형의 신이담은 역병을 원한을 지닌 여귀厲鬼의 소행으로 보고, 이를 잘 대접하여야 역병을 물리칠 수 있다는 교훈을 담고 있는 이야기들이다. 그런데 사실 역병을 여귀의 소행으로 보는 관점은 그 유래가 깊고 오래되었다. 아마도 그 근원을 따져간다면 죽은 자의 원한이 질병이나 죽음을 가져올 수 있다고 믿었던 원시주술적 관념에까지 가닿을 수 있을 것이다. 『삼국사기』 「고구려본기」 유리명왕조에는 자신의 착오로 잘못 책임을 물어 죽인 탁리와 사비의 원혼 때문에 유리왕이 병들었다가 원혼에게 잘못을 빌고 나았다는 기사가 있고, 『고려사절요』에는 인종이 자신의 병을 죽은 이자겸의 귀신 때문에 걸렸다고 믿고 그 처자를 귀양지에서 풀어주었다는 기록이 있다. 이처럼 질병을 원귀의 소행으로 보는 관념은 오래되고 일반적인 것이었다.

역병을 여귀의 소행이라고 보는 관념은 이와 같이 원귀가 질병을 일으킨다는 관념에서부터 파생된 것일 터이다. 하지만 여귀와 원귀는 정의상 서로 겹치는 부분도 있지만 차이 나는 부분도 있다. 제 명대로 살지 못해 원한을 품고 죽은 무서운 귀신이라는 점에서는 서로 같지만, 일반적으로 원귀가 특정한 분노의 대상을 지니고 있는 데 비해 여귀는 그 분노의 대상이 무차별적이라는 점에서 차이가 있다. 역병 또한 특정한 사람에게만 전염되는 것이 아니라 집단적이고 무차별적으로 전염된다는 특징이 있다. 그래서 특히 역병은 주로 여귀의 소행으로 간주되어왔던 것이다. 조선시대 사람들은 전쟁이나 재난, 정변이나 사고 등으로 인해 죽어 제대로 제사를 받지 못한 사람들의 억울한 원한이 쌓여 여귀厲鬼가 되고 이것이 역병이나 재해의 원인이 된다고 생각했다. 그래서 조선왕조는 건국 초부터 여귀들을 위무하기 위해 명明나라의 예제禮制를 본받아 여제厲祭를 지냈고 19세기 말까지도 그것을 계속 시행하였다.[31]

이렇게 여귀가 역병을 일으킨다는 관념을 바탕으로 한 신이담은 필기·야담 속에 많이 등장한다. 그러한 신이담 속에 묘사된 여귀의 형상은 다양하다. 저승의 관리나 나졸의 형상으로 등장하기도 하고, 가난한 노파나 고아의 형상으로 등장하기도 하며, 심지어는 괴물과 같은 형상으로 등장하기도 한다. 이 가운데 저자가 두 번째 유형이라고 묶은 이야기들 속에 등장하는 여귀는, 잘 대접하면 피해를 끼치지 않지만 잘못 대접하면 분노하여 심술을 부리는 변덕스런 존재로 묘사된다. 이와 같은 여귀가 등장하는 신이담으로 『천예록』의 「선비의 집에서 늙은 할미가 요괴로 변하다」와 「집안 잔치에서 못된 아이가 염병의 퍼뜨리다」 두 작품을 예로 들어보자.

죽전방에 한 선비가 살았는데, 그의 아내만 집에 있었다. 늙은 할미가 구걸하러 왔는데, 길쌈을 하면 아침저녁 먹을 것 주겠다 하자 그러겠다 했다. 민첩하게 일을 잘했으나, 점점 대접이 소홀해졌다. 할미가 화를 내며 "나 혼자만 여기에 묵어서는 안 되겠으니, 아무래도 남편을 불러와야겠어." 하고는 늙은이를 데려왔는데, 거사 행색을 하고 있었다. 감실(신주 모시는 방)에 들어가더니 모습을 감추고는 욕을 해대며 상다리가 부러지도록 음식 준비하지 않으면 아이들을 병으로 죽이겠다고 윽박지르는 소리가 들렸다. 방안에 들어와 이를 살핀 친척들은 모두 병이 들어 죽었다. 불과 열흘도 지나지 않아 하인들도 모두 죽고 선비의 아내만 홀로 남았으나, 며칠 뒤 그녀도 죽었다. 하지만 이웃 누구도 두려워 들어가보지 못했다.

---

31 여제의 시행 목적과 기능에 대해서는 왈라번, 「조선시대 여제의 기능과 의의」, 『동양학』 21, 단국대 동양학연구소, 2001; 이욱, 「조선시대 국가 사전과 여제」, 『종교연구』 19, 한국종교학회, 2000 참조하라.

한 벼슬아치 집에 경사가 있어 잔치를 벌이는데, 머리를 흐트러뜨린 험상궂은 아이가 우두커니 서 있었다. 이를 내쫓으려 하였으나 꿈쩍도 않고 묵묵부답이었다. 밧줄로도 몽둥이로도 내쫓지 못하자 두려워하며 그제서야 기도하기 시작했다. 아이가 빙그레 웃으며 문을 나갔는데, 다음날부터 염병이 돌기 시작해 잔치에 참석한 사람들 모두가 염병에 걸려 죽었다. 세상 사람들이 이 아이를 '두억신'이라 하는데, 그 근거는 모르겠다.

이 이야기에서 역병을 일으키는 여귀의 형상은 각기 다르게 묘사되지만, 처음에 가난하고 유리걸식하는 초라한 행색으로 나타나 사람들에게 업신여김을 당하다가 나중에는 자신을 박대한 사람들에게 재앙을 주는 존재로 설정된다는 점에서는 공통된다. 아마도 이와 같은 이야기들이 제시하는 일차적인 교훈은 비천하고 소외된 주변인들일지라도 함부로 대하면 안 된다는 것일 터이다. 비천하고 궁핍한 이들을 박대하면 그들은 언제 적대적인 존재로 돌변할 줄 모른다. 또한 이 이야기들에 등장하는 여귀는 따뜻한 인정과 정당한 대가를 바라는 비천한 이웃의 형상과, 질병을 퍼뜨려 인접한 사람들을 몰살시키는 고집불통의 괴물의 속성을 함께 지니고 있다는 특징이 있다. 이 가운데 어떤 측면을 발현케 하는가는 인간의 대응방식에 달려 있다는 것이 이 이야기들이 함축하고 있는 또 다른 메시지라고 할 수 있다.

마지막으로 세 번째 유형의 이야기는 역병을 일으키는 존재를 기괴하고 비인간적인 속성을 지닌 괴물로 형상화하고 그것을 맞서기 위해서는 굳센 기운과 위력이 필요하다고 주장하는 경우이다. 예컨대 『학산한언』과 『청구야담』에 거의 동일한 형태로 실려 있는, 역병을 일으키는 괴물에 관한 다음 이야기가 이에 해당하는데, 여기에 등장하는 외다리 귀신은 기괴한 형상과 비인간적인 속성을 지니고 있다는 특징이 있다.

　　재상을 지낸 이유가 옥당에 있을 때, 이슬비가 내리는데 밀짚모자를 쓰고 도롱이를 걸친 사람을 만났다. 그 사람은 두 눈을 횃불처럼 번득이며 외다리로 펄떡펄떡 뛰어올랐다. 그 사람이 "오는 길에 가마 한 채를 만났소?"라고 묻고는 바람처럼 달려갔다. 이유가 그 사람의 뒤를 밟아 제생동의 한 집에 이르렀는데, 그 집은 이유의 집안 8촌 며느리가 피접하던 곳이었다. 이유가 들어가보니 괴물이 부인의 베갯머리에 주저앉아 있었다. 이유가 말없이 괴물을 노려보자 괴물이 뜰 앞으로 가 섰다. 이유가 따라가 노려보자 용마루로 올라갔다. 이유가 계속 노려보자 그것은 하늘로 사라졌다. 그러자 부인의 정신이 되돌아왔다.

이 이야기 속의 괴물은 외다리로 뛰고 횃불 같은 눈을 번뜩이며 피해자로 지목한 사람의 머리맡에 앉아 그가 죽기를 기다리는 기괴한 존재이다. 하지만 강직한 사대부 관료였던 이유가 그 괴물을 뚫어져라 쳐다보자 그것이 사라졌고 친척의 병도 나았다는 것이 이 이야기의 줄거리이다. 이 이야기 속에서 질병을 가져오는 괴물은 하늘의 뜻을 대리하는 존재도 아니고, 원한에 사무쳐 인접한 사람에게 그 분노를 쏟아 붙는 원귀도 아니다. 괴물이 지닌 기괴하고 비인간적인 형상과 속성은 그것이 인간이 죽어서 된 귀신이라고 보기 어렵게 만든다. 어떤 의미에서 그것은 인간이 통제할 수 없는, 인간화되지 않은 자연의 불가해한 피조물일 뿐이다.

그런데 생각해보면 괴물이 지니고 있는 이러한 기괴하고 비인간적인 속성은 역병이 지니고 있는 괴물적 속성과 흡사한 면이 있다. 역병의 무차별적이고 저돌적인 성격은 전근대인들에게 인간성과 다른 차원의 기괴한 사물성, 즉 괴물성을 느끼게 했을 것이다. 이 괴물성에 맞서기 위해서는 어떤 인간적인 호소나 도덕적인 내성內省만으로는 부족하다. 역병을 일으키는 괴물보다 더 강한 주술적 위력과 기운으로만 그것을 제압할 수 있다. 그런 점에서 그것은 의미와 도덕의 인륜세계보다 더 원초적인 층위에 자리잡고 있는, 힘과 힘이 맞부딪히는 사물성의 세계를 체현하고 있는 존재라고 할 수 있다.

그런데 이와 같은 병인론과 대응방식을 따라가다 보면 우리는 질병을 자연의 사악한 힘들이 인간을 침범하는 것으로 인식하고 이를 주술적 위력으로 퇴치하고자 했던 원초적인 무속적 관념에까지 이르게 될 것이다. 물론 오늘날 전승되는 무속의 치병굿을 보면 무속 또한 질병의 원인에 대해 복합적으로 인식하고 그에 따라 다양한 대응방식을 마련하고 있었음을 알 수 있다. 무속에서 역병을 일으킨다고 가정되는 존재로는 자연신도 있고 인신人神도 있으며 귀물鬼物도 있다. 그래서 병을 일으키는 귀신의 위상이나 성격에 따라 제물을 바쳐 기원하기도 하고 인간적으로 호소하기도 하며 위력으로 제압하기도 한다.

하지만 아무래도 유교적 질병관과는 구별되는, 무속의 근저에서 자리 잡고 있는 고유한 질병관을 찾는다면 '힘과 사물성의 사유'에서 찾아야 하지 않을까 생각된다. 무속에서 신격으로 모시는 존재는 어떤 인격적 자질 때문에 모셔지는 것이 아니라 그 위력의 크기 때문에 모셔지는 것이다. — 무속에서 신격의 위력은 종종 그 원한과 분노의 크기와 같은 것으로 상상된다. 즉 억울하게 죽어 원한과 분노가 클수록 신격의 위력 또한 커진다. — 그래서 무속에서 신격으로 모셔 위로한다는 것은 유교에서 사당을 세워 그 덕을 기리고 추모하는 것과 그 성격이 다르다. 또한 무속에서 천지자연은 초자연적인 존재들로 둘러싸인 역동적 세계이며, 그러한 초자연적 존재들은 때로 변덕스럽고 인간에게 위협적이다. 그것은 마치 인간을 둘러싼 자연이 복을 내리다가도 때로는 갑자기 돌변하여 재난이나 역병을 내리는 것과도 같다. 이에 비해 유교의 역학적 우주론에서는 자연이 지극히 선하고 도덕적이며 천리에 순응하는 것으로 상정된다. 이처럼 조화로운 자연의 질서를 어그러뜨려서 재난이나 역병을 초래하는 것은 인간일 뿐이다. 이 점에서 우리는 유교와 무속에서 자연을 바라보는 관점 또한 각기 다르다고 말할 수 있다.

아무튼 이 세 번째 유형의 이야기에서 역병은 하늘의 뜻이나 인간사회의 결함 때문에 발생하는 것이 아니라, 자연의 맹목적 폭력성 혹은 (그것을 구현하고 있는 사물인) 괴물의 장난 때문에 발생하는 것으로 인식된다. 그러므로 그것은 천리에 순응하거나 인정을 베푸는 것으로 극복될 수 없고, 괴물보다 더 강한 기운과 위력으로서만 제압될 수 있는 것이다.

그런데 조선시대 필기·야담집에는 이처럼 강한 기운과 주술적 능력으로 각종 귀물들을 제압하는, 일종의 퇴마사 역할을 사람들이 자주 등장한다. 『용재총화』에서 뭇 귀신들을 내쫓았던 안공, 악기惡氣를 잘 판별하고 내쫓았던 『어우야담』의 술사 황철, 그리고 『감이록感異錄』에서 귀신들도 굴복했다는 한준겸, 그리고 『천예록』에서 뭇 귀신들을 거느리고 단속했던 한준겸의 먼 친척 등은 무당 못지않은 신안神眼을 지니고 귀신을 잘 판별하여 내쫓을 수 있었던 특별한 사람들이었다. 그리고 귀신이 그 이름만 듣고도 피했던 『어우야담』 속의 권람이나 『학산한언』의 속의 신돈복 같은 사람도 귀신이 경외하는 인물로 묘사된다. 이런 이야기들은 한결같이 귀신이 출몰하는 괴력난신의 세계가 실재한다는 것을 인정하면서도, 강직한 유자들이 이를 제압할 수 있는 것처럼 묘사한다. 이를 통해 무속보다 유교가 이념뿐만 아니라 위력 면에서도 우위에 있다는 것을 은연중 드러낸다.

하지만 현세가 귀물들로 가득 찬 신이의 세계이고 역병이란 귀물들의 장난으로 발생하며 강한 기운과 위력을 지닌 자만이 이를 제압할 수 있다는 관념은, 현실을 도덕과 인륜의 세계보다 먼저 원초적인 힘과 사물성의 세계로 상상했던, 원시주술적 사유와 (그것을 이어받은) 무속적 사유에서 유래하는 관념이라고 할 수 있다. 아마도 역병을 이와 같은 괴물적인 힘의 발현이라고 상상했다면 그것에 대한 대응방식 또한 보다 신이하고 주술적인 힘에 의지하는 방식일 수밖에 없었을 것이다.

5. 역병의 병인론과 치유

이상으로 소략하기는 하지만, 조선시대 필기·야담집 속에 등장하는 역병에 관한 신이담들을 살펴보면서, 조선시대 사람들이 역병의 원인을 어떻게 인식하고 그것에 대해 어떻게 대응했는지 검토해 보았다.

아마도 전근대인들에게 역병은 근본적으로 회피하기도 부정하기도 어려운, 숙명처럼 삶에 동반하는 질곡이었을 것이다. 따지고 보면 오늘날에도 이 점은 마찬가지이다. 2015년 6월 전국을 강타했던 메르스(중동호흡기증후군) 공포는 역병의 비가시적이고 비인간적인 속성이 얼마나 인간사회에 괴멸적인 효과를 끼치는지 잘 보여준다. 역병은 더 도덕적이고 더 인간적이라고 해서 피해가는 것이 아니다. 오히려 가까운 가족일수록 더 직접적인 역병의 전파자가 되기 쉽다. 그래서 역병의 유행은 사회의 기본적인 관계와 질서를 뒤흔들고, 언제 재앙이 나에게 미칠지 모른다는 불안감을 널리 유포한다.

아마도 역병의 발생 메커니즘을 거의 이해할 수 없었던 전근대인들에게는 역병이 불러일으키는 불안과 공포가 훨씬 컸을 것이다. 이러한 불안과 공포에 맞서기 위해서는 역병의 발병 원인과 의미를 파악하고 그에 맞는 대응방식을 찾아야 했다. 즉 경험과 상상을 동원하여 역병의 원인을 파악하고 그것이 개인이나 사회에 지니는 의미를 해석하여 그들의 인식체계 속에 포섭하는 것이 필요했다. 사실 이러한 해석이야말로 개인과 사회를 괴멸시키는 역병에서 개인과 사회를 보호하기 위한 첫 치유의 시도이자 최후의 시도라고 할 수 있다. 역병과 그로 인한 참혹한 죽음을 어떻게 의미화하여 받아들이는가 하는 것은 전근대 사회에서 의약을 통해 역병을 치료하는 것 못지않게 중요했다. 즉 역병을 치료하여 죽음을 막는 것 못지않게, 어쩌면 그것보다 더 중요한 것은 역병으로 인한 죽음의 원인과 의미를 이해하고 그것과 더불어 살도록 하는 것이라고 할 수 있다.

이 글에서는 조선시대 사람들이 생각했던 역병의 병인론을 세 가지로 정리해 보았다. 우선 조선시대의 유교적 지식인들이 널리 받아들였던 역병에 대한 역학적 병인론은 전근대적 사유 중에서 대단히 합리적인 것이었다고 할 수 있다. 역병 앞에서 두려워하기보다 자신과 사회를 먼저 성찰하는 태도는 조선의 지배층이 스스로를 규율하며 500년간이나 지배체제를 장기 지속할 수 있게 했던 중요한 요인이었을 것이다. 하지만 역병을 지나치게 도덕적인 관점에서 해석하고 내성적인 방식으로 대응했던 것은 그것의 근본적 한계라고 할 수 있다.

이에 비해 경험적 병인론은 역병의 예방과 치료에 실제로 도움이 되는 유용한 지식을 축적했다는 점에 그 의의가 있다. 하지만 그것은 전근대적인 지식 일반의 한계 때문에 역병을 체계적으로 설명하는 데까지 나아가지는 못했다. 즉 역병에 관한 경험적 지식은 체계적이지 못하고 산발적이었으며, 우연적 효과와 실질적 효과를 분별할 수 있는 검증체계가 부족했다.

신이적 병인론은 조선시대 사람들이 비가시적이고 비인간적인 역병을 어떻게 가시화·인간화시키려 했는지 보여준다. 이렇게 역병이 가시화되고 인간화될 때 그것에 대응하는 여러 방법들 — 예컨대 운명에 순응하거나 역신疫神을 잘 대접하거나 혹은 위력으로 내쫓거나 — 이 가능하게 된다. 물론 그것은 다른 병인론과 잘 결합되어 공존하기도 했고 미신으로 몰려 부정되기도 했다.

이 글에서 저자가 분석한, 역병에 관한 조선시대 필기·야담집 속의 신이담은 모두 신이적 병인론을 기반으로 한 것이다. 신이담이 신이적 병인론을 기반으로 했다는 것은 어쩌면 당연하다. 특히 이 글에서 저자는 이를 다시 세 유형으로 나누어 살펴보았다. 이 세 유형의 신이담들은 역병에 대한 조선시대 사람들의 신이한 상상세계를 다층적으로 반영하고 있었다. 아마도 이러한 신이담은, 역병 자체를 극복하는 데는 실질적으로 도움을 줄 수 없었겠지만, 그것을 감당할 수 있도록 의미화하는 데는 도움을 주었을 것이다. 그런 점에서 그것은 주기적으로 찾아와 인간 공동체를 위협하는 역병의 공포에서 더불어 살아남기 위한 지혜로도 볼 수 있다.

한국 고전 서사문학 속의 괴물

1. 괴물이란 무엇인가

'괴물怪物'이란 무엇인가? 다양한 방식의 정의가 가능하겠지만, 이 글에서는 일단 '그 기원이나 정체를 알기 어려운 혹은 그 원래의 속성이나 목적을 넘어서버린 괴상한 형태의 사물' 정도의 뜻으로 규정하고 논의를 시작하도록 하겠다. 어디에서 왔는지, 정체가 무엇인지, 어떤 목적과 속성을 지녔는지 알지 못하는 괴상한 형태의 사물과 조우한다면 아마도 우리는 그런 사물에서 불안과 공포를 느낄 것이다. 그리고 설령 그 정체를 알더라도 그것이 우리가 감당할 수 없는 어떤 과잉을 체현하고 있다면 그런 사물 또한 우리에게 불안과 공포를 불러일으킬 것이다.

그래서 어떤 의미에서 괴물이란 '괴상한 형태'라는 외형적 특질보다, '불안이나 공포를 불러일으킨다'는 그 인지적·심리적 특질에서 더 잘

정의될 수 있을지도 모르겠다. 형태적 이질성을 가지고 있다고 해서, 즉 기형奇形이라고 해서 전통사회에서 모두 괴물로 취급된 것은 아니기 때문이다. 그것이 인간이나 동식물로서 본래의 속성을 가지고 있는 이상 괴물로 여겨지지는 않았다. 자연과 인간의 질서 속에 제 위치와 속성을 가지고 있는 존재는 괴물이 아니다. 괴물은 그 본성을 알 수 없거나 본성을 초과해버린 존재이다. 그래서 그것은 질서를 파괴하고 인간을 해칠 수 있는 위험한 사물로, 가급적 멀리해야 할 두려운 사물로 여겨졌던 것이다.

그런데 이렇게 괴물의 속성을 묘사하다보면 괴물의 속성, 즉 괴물성이란 곧 신성神性과도 연결되어 있다는 것을 감지할 수 있다. 신화 속에서 신들은 인간의 도덕을 뛰어넘어 변덕스럽고 자의적인 폭력을 행사한다. 물론 그것은 파괴를 위한 폭력이 아니라 문명과 사회를 창립하기 위한 신성한 폭력이란 점에서 다르긴 하지만 말이다. 신성 또한 괴물성처럼 인간이 함부로 접촉해서는 안 되는 금기의 대상이었다. 그것과의 접촉은 인간이 감당할 수 없는 어떤 과잉을 초래하기 때문이다. 그래서 우리는 고대의 서사, 특히 신화적 서사에 가까울수록 신성과 괴물성 사이의 명백히 나누어지지 않는 유동적 경계를 보게 되는 것이다.

아마도 인류 문명의 초기 단계에서부터 괴물은 신성한 것들과 대립하기도 하고 혼효되기도 하면서 공존해왔을 것이다. 예컨대 신과 괴물의 공통 기원이 되어왔을 '자연의 힘'에 대해 생각해보자. 자연은 인간을 둘러싸고 먹여 살리는, 때로는 엄하고 때로는 풍요로운 부모 같은 대상으로 받아들여졌을 것이다. 이런 자연을 옛사람들은 천신天神이나 지신地神, 산천신山川神 등으로 의인화하고 거기에다 부성父性이나 모성母性을 부여하여 지극히 숭배했다.

하지만 자연이라고 해서 반드시 인간에게 우호적인 것만은 아니다. 때로는 무차별적으로 재해를 가져오고 역병을 일으키는 등 잔혹하고 폭력적인 측면도 있다. 때로는 독충이나 뱀, 호랑이나 여우처럼 인간을 해롭게 하는 사물들을 생산해내기도 한다. 그렇다면 이런 측면조차 인간의 운명을 관장하고 인간의 오만을 경계하며 과오를 징계하는 신의 알 수 없는 뜻으로 받아들여야 할까, 아니면 자연의 순리에서 일탈해버린 괴물의 장난으로 받아들여야 할까?

물론 여기에 정해진 답이란 없다. 어떤 괴이 현상이 발생하면 그것에 대한 지배층의 해석이 다르고 민중의 해석이 다를 수 있다. 또한 개인의 처지나 이론적 입장에 따라 해석이 다를 수도 있다. 아무튼 이런 해석의 미결정성이 있긴 하지만, ─ 그에 따라 신이 괴물로, 괴물이 신으로 다르게 인식될 수도 있을 것이다. ─ 그럼에도 우리는 여기서 다음과 같은 사실은 확인해둘 수 있겠다. 즉 자연과 사회를 설명하기 위해서 신과 함께 괴물도 동시에 요청된다는 사실, 괴물과 신의 경계란 때로 유동적일 수 있다는 사실, 그리고 더 나아가 자연과 사회에 대한 인문주의적·합리주의적인 인식이 진보하면 할수록 신의 역능뿐만 아니라 괴물의 역능도 축소될 것이란 사실.

전통사회에서는 '괴물'을 '이물異物' 혹은 '물괴物怪'로도 불렀다. '귀물鬼物', '귀매鬼魅', '요괴妖怪', '요물妖物' 등도 비슷하게 혼용되었던 명칭이다. 이들 용어들은 약간씩 의미나 뉘앙스의 차이가 있긴 하지만, 결국 인간과 사회를 위태롭게 만드는 위험한 사물, 안정된 질서를 어지럽히는 이질적이거나 혼종적인 사물, 그래서 도덕적 규범을 벗어나기 쉬운 비정형적인 사물을 지시한다는 점에서는 대동소이하다.

이런 존재들은 설화 속에도, 소설 속에도, 필기나 야담 속에도 간간히, 그러나 꾸준히 등장한다. 그것은 옛사람들의 정신세계 혹은 심리적 현실 속에 괴물이 서식할 자리가 계속 있어왔다는 것을 의미한다. 뒤에서 다시 논의하겠지만, 괴물은 설명할 수 없는 세계를 설명할 수 있게 해주는 불가결한 보충물이자, 주체 속에 있지만 주체가 제어할 수 없는 외밀성外密性, extimité을 표상하는 존재이다.[1] 그래서 스스로 합리적이고 합목적적이라고 주장하는 사회나 주체는 괴물을 사회 외부, 주체 외부의 것으로 돌리고 싶어 하지만, 사회와 주체는 바로 그 괴물성을 합산해야 제대로 설명될 수 있는 것이다.

이 글은 한국 고전서사문학에서 괴물이 어떻게 출현하는지, 그것은 어디서 기원하고 무엇을 표상하는지, 그리고 서사 속에서, 그리고 서사를 향유하는 주체의 정신세계 속에서 어떤 기능을 하는지 거칠게나마 검토해보고자 작성되었다. 범위를 넓게 잡은 것은 역으로 한국 고전서사문학에서 괴물이 (꾸준하기는 하지만) 적게 출현하기 때문이다. 저자가 보기에 이는 전통사회에서 서사문학의 기록을 담당했던 계층인 사대부들이 성리학이라는, 전근대적 사유치고는 꽤 합리주의적이고 자연론적인 사유에 깊이 젖어 있었기 때문이다. 그래서 사대부들이 세

---

1 외밀성(extimité)이란 내밀한 외재성, 즉 내부 깊숙이 있는 이질적인 것을 가리키기 위해 라깡이 만든 신조어이다(맹정현, 『리비돌로지』, 문학과지성사, 2009, 19면). 그것은 우리 속에 있지만 우리가 특정한 문화적 정체성을 지닌 주체가 되기 위해 억압 혹은 배제해버린 것으로서, 주체는 이 같은 대상을 만나면 매혹과 반감의 양가감정을 느끼게 된다. 프로이트는 이러한 감정을 '두려운 낯설음(Unheimlich)'이라고 불렀고, 크리스테바는 이런 대상에 대한 경험을 '앱젝션(abjection)'이라고 불렀다.

운 조선왕조 500년을 경과하면서 괴물의 형상을 창조해내는 도상적 상상력은 극히 축소되었다.[2]

한국 고전서사문학 속에서 괴물이 어떻게 출현하는지를 살펴보기 위해 이 글에서는 괴물이 출현하는 고전서사문학을 다시 설화, 필기·야담, 고전소설 영역으로 나눠 살펴보기로 하겠다. 이 가운데 설화와 고전소설은 허구적 서사이고 필기·야담은 사실적 서사란 점에서 약간 차이가 있다. 허구적 상상의 산물인 설화나 고전소설 속의 괴물과, 신변견문身邊見聞을 기록한 필기·야담 속의 괴물을 동등하게 취급할 수는 없을 것이다. 전자는 서사적 흥미와 완결성을 중시하기에 이야기의 일관성·통일성·합목적성을 추구하겠지만, 후자는 사실 전달을 중시하기에 이야기의 구성이 돌발적이고 단편적이어도 괜찮다.

하지만, 허구적 서사로 분류하기는 했지만, 설화도 한때는 누군가에게 사실적 서사처럼 여겨져 전승되던 것이었다. 그런 점에서 보면 오히려 필기·야담이 설화와 닮았다. 실제로도 필기·야담 속에는 당대에 생성·유전되던 설화들이 많이 채록되어 있으니, 필기·야담 가운데 일부는 그 자체로 문헌설화로 취급되기도 한다.

그렇다고 고전소설의 허구성을 유독 강조할 필요도 없을 것이다. 고전소설의 괴물 이야기는 대체로 설화로부터 유래하는 경우가 많다. 비록 허구적 상상력의 산물이라고 해도, 그 기원을 따지면 설화적 상

---

2 이는 도상을 우상숭배와 연결시켜 극력 거부한 서구 중세 카톨릭이나 동방 기독교, 이슬람교의 성상 파괴주의를 연상시킨다. 그런데 동아시아의 유학, 특히 그 가운데도 성리학은 도상에 대한 과격한 거부를 표방한 비도상적인 사유체계였다. 그래서 종교적 사유를 곧잘 도상으로 표현했던 무속이나 불교를 혹세무민의 미신으로 부정하고 공격했다. 한국의 무속이나 불교 또한 여기에 강한 영향을 받을 수밖에 없었고, 그 도상적 상상력은 억압되어 무신도(巫神圖)나 탱화(幀畵) 등을 통해서만 겨우 명맥을 유지했을 뿐이다.

상력과 연결되어 있는 경우가 많다는 것이다. 그런 점에서 사실 괴물에 대한 서사에서 사실성과 허구성을 논하는 것은 별 의미가 없다. 괴물은 어차피 인간의 정신 심연에서 창조된 불가능한 사물일 테니까. 문제는 그런 존재를 왜 개인 주체는, 혹은 사회는 필요로 하는가, 그것은 서사 속에서 어떤 역할을 수행하는가, 그리고 주체는 그것에 몰입함으로써 어떤 심리적 효과를 얻는가 하는 점일 것이다.

이런 질문을 염두에 두면서 다음 절부터는 한국 고전서사문학에서 괴물이 어떤 맥락에서 어떻게 출현하는지, 그리고 그것은 무엇을 표상하며 어떤 서사적 · 심리적 의미를 갖는지 간략히 살펴보기로 하자.

2. 설화에서 괴물의 출현 양상과 그 의미

1) 신성한 괴물 — 한국 신화 속의 괴물

저자의 과문 탓일 수 있겠지만, 한국 신화에는 그리스 신화나 중국 신화 등에 비해 괴물이 그렇게 많이 등장하는 것 같지 않다. 저자는 다음과 같은 몇 가지 요인들을 그 이유로 생각한다. 무엇보다 우선은 신화를 기록한 문헌 자료가 극히 적게 남아 있다는 것이다. 근대 이전의 문헌자료는 말할 나위 없고 근대 이후에 채록된 지역의 토착신화나 무속신화도 적고, 그나마 채록된 것도 신화적 성격이 많이 탈색되어 통속화 · 민담화되어 있다.

다음으로는 괴력난신怪力亂神을 불온시하는 유교적 관념이 오랫동안 지식인들의 관념을 장악해옴으로써 신화적 영웅에게 흔한 괴물과의 투쟁 같은 화소가 별로 부각되지도, 전승되지도 않았다는 것이다. 유자들의 신화적 이상인 요순堯舜은 영웅에게 필수적인 덕목을 강력한 무력과 투쟁에서 도덕적 실천과 교화 능력으로 바꿔놓았다. 그러므로 유교적 지식인이 주로 문필을 잡은 곳에서는 호메로스나 헤시오도스 같은 지식인을 기대하기 어려운 것이다.

마지막으로 생각해볼 요인은 국가 중심의 건국신화가 너무 강고하게 의제화儀制化되어 다른 신화적 상상력을 억제했다는 것이다. 그나마 「동명왕신화」나 「작제건신화」 정도를 제외하고 나면, 한국 신화에서 영웅은 강림하여 추대 받고 통치할 뿐 적과 투쟁하지 않는다. 영웅의 투쟁이 약화된 대신 웅녀나 유화 같은 여성 — 즉 모성신母性神 — 의 수난은 강조된다. 메소포타미아신화나 그리스신화에서는 모성과의 단절이 문명의 출발에서 중요한데, 한국 신화에서는 모성의 희생과 보호가 국가의 건설과 문명의 존속에 중요하다.

저자가 보기에 이런 요인들이 복합적으로 작용해서 한국 신화에는 영웅의 투쟁이 현저히 약화되어 있다. 그만큼 영웅의 대적對敵으로서 영웅의 영웅성을 돋보이게 해주는 괴물이 출현할 기회도 드물었음은 물론이다.

하지만 영웅의 대적으로서의 괴물은 별로 출현하지 않지만, 신성神性을 묘사하는 가운데 신성과 공존하는, 괴물성이라고 부를 수 있을 법한 어떤 과잉이나 기괴함이 드러나는 경우는 있다. 예컨대 「선문대할망」이나 「마고할미」 같은 창조여신의 그로테스크한 형상과 괴팍한 성격이 그렇다. 그녀들의 거대한 신체는 세상을 창조한 지모신地母神으로서의 성격을 드러내지만, 동시에 부족한 길이의 치마나 쓸 데 없는 키 자랑 등은 그것의 기괴함을 부각시킨다. 물론 이런 기괴함을 괴물 성이라고 부를 수 있을지는 모르겠지만, 그렇게 부른다 하더라도 그것 은 문명화된 이후의 괴물이 보여주는 기괴함이나 반인륜적 폭력성과 는 분명히 다르다. 그것은 인간으로서 불가해不可解하고 불가측不可測 한 신의 창조 행위와 연결되어 있다는 점에서 굳이 이름 붙이자면 '신 성한 괴물성'이라고 부를 수 있는 것이다.[3]

이처럼 신성과 괴물성이 혼합된 '신성한 괴물성'은 토테미즘이나 애 니미즘 같은 원시사유에 그 뿌리를 두고 있으며 신화의 원형 속에 깊 이 잠재되어 있다고 볼 수 있다. 그리고 신성과 괴물성은 앞서도 언급 했듯이 인간으로서는 제어할 수도 예측할 수도 없는, 때로는 인자하고 때로는 흉포한 자연의 두 얼굴이기도 하다.

아마도 이러한 '신성한 괴물성'을 가장 극명하게 보여주는 대상을 꼽는다면 호랑이를 들 수 있을 것이다. 사람을 잡아먹는 식인 괴물이 자 영험을 지닌 산신이기도 한 호랑이를 옛사람들은 두려워하면서도 숭배하였다. 이규경의 『오주연문장전산고』 기록처럼 조선 후기까지 도 사람들은 호랑이를 산군山君으로 숭배하면서 돈을 모아 함께 제사 를 지냈다.[4] 그런 점에서 호랑이는 신성한 괴물의 원형에 가까운 대상

---

3 무속신앙에서 숭배되는 무신(巫神)들에게는 여전히 신성과 괴물성이 공존하는 것 같다. 최영장군이나 손각시 등 무속에서 숭배되는 신격들은 잘못 모시면 쉽게 분노하고 재앙 을 내리는 변덕스럽고 무서운 존재들로 묘사된다. 이 점은 후손에 대해 지속적이고 우호 적인 관심과 보호를 표하는, 유교식 제의에서 주로 모셔지는 조상신과 다르다.

4 이규경의 『오주연문장전산고(五洲衍文長箋散稿)』 가운데 「사호변증설(祠虎辨證說)」, 「박호변증설(搏虎辨證說)」 같은 논설들을 참조하라. 그리고 전통사회에서 호랑이가 지 닌 상징성에 대해서는 박은정, 「근대 이전 호랑이 상징성 고찰」, 『온지논총』 43, 온지학 회, 2015를 참조하라.

이라고 할 수 있다. 물론 유자인 이규경은 호랑이의 신성을 인정하지 않았기에 호랑이를 조종하는 것이 (호랑이에게 먼저 잡아먹혀 다른 희생자를 찾는) 창귀倀鬼라는 귀신이라고 해석하였다.[5] 유교적 사유체계 안에서 신성과 괴물성은 공존할 수 없었고, 그 신령스러운 듯이 보이는 면모는 잡귀의 소행으로 격하된 것이다.

그런데 국가에 의해 의례화되고 제도화된 건국신화에서 주인공은 환웅과 단군, 해모수와 주몽처럼 인간의 모습을 한, 신성한 부계 혈통을 지닌 남성 영웅이다. 하지만 이런 건국신화들에서도 괴물성의 흔적을 찾아볼 수 있으니, '곰 여자熊女' · '금빛 개구리金蛙 모양의 아이' · '잉어 · 수달 · 사슴 · 승냥이로 변신하는 해모수와 하백' · '세 자나 길어진 입술을 가지고 우발수에서 물고기를 먹고 사는—그런 점에서 수달이나 물새와도 비슷한[6]— 유화' · '무정형한 형태의 알에서 태어난 주몽' · '닭의 부리를 달고 태어난 알영' 등이 그 예다. 이런 형상에는 신성 안에 괴물성이, 혹은 (괴물성이 너무 과도한 표현이라면) 동물성이 혼합되어 있다.

그리고『삼국유사』「원광서학」조를 보면 원광법사를 구하고 그에게 거대한 신체를 드러낸 산신山神의 정체가 늙은 여우로 형상화되어 있다. 지리산 산신으로 여겨졌다는 마고할미와 같이 삼기산三岐山의 산신

---

5   이규경, 「祠虎辨證說」, 『五洲衍文長箋散稿』, 한국고전번역원 원문 참조..
     http://db.itkc.or.kr/
6   이규보가 전술한 「동명왕편」에 따르면 유화는 어부들이 쳐놓은 통발 속에서 물고기를 훔쳐 먹고 살아가는 미지의 동물 형상으로 나온다. 오세정은 이를 물새라고 해석하고 있으나, 저자에게는 수달 같은 동물이 연상된다. 아무튼 반인반수 혹은 신성한 동물이라고 할 수 있다(오세정, 「한국 신화의 여성 주인공에게 나타나는 반인반수의 성격」, 『기호학연구』 31, 한국기호학회, 2012, 231면).

으로 여겨졌을 이 늙은 여우는 지모신이 신성과 동물성, 신성과 괴물성을 결합한 '신성한 괴물' 혹은 '신성한 동물'이었음을 잘 보여준다.

물론 이 지모신이 '늙은' 여우였다는 것, 선문대할망이 큰 키를 자랑하다가 한라산 물장오리에 빠져죽었다는 것 등은 부계 중심의 국가 질서가 강화되면서 창조여신의 위상이 추락하는 것과 관련이 있을 것이다. 국가 질서의 강화와 함께, 그리고 그것을 뒷받침한 불교나 유교의 문명화 과정과 맞물리어 신성과 괴물성이 분리된다. 괴물성은 이제 신의 속성의 일부가 아니라, 신에 맞서는 반문명적 악덕의 집합체가 된다. 그래서 「거타지설화」나 「작제건신화」, 『삼국유사』의 「밀본최사密本摧邪」조에 등장하는 늙은 여우는 신성한 괴물이 아니라 사람을 해치는 반인륜적 괴물로 추락하며 퇴치당하는 것이다.

2) 내면의 이질성과 자연의 숨은 인과고리
─전설과 민담 속의 괴물

그런데 이러한 신화 속의 신성한 괴물과 달리 전설이나 민담 속의 괴물은 주로 인간 사회의 부정적 면모라고 할 수 있을 폭력과 탐욕, 금기와 위반, 성욕과 질투 등을 표상하고 있는 존재로 등장한다. 그 가운데 우선 『삼국유사』의 「수로부인」조에서 수로부인을 납치해가는 용이나 대적퇴치민담에서 공주나 젊은 여성을 납치해가는 아귀는 젊고 아리따운 여성들만을 노려 납치하고 독점적으로 지배하는 탐욕스런 남성형 괴물이다.[7] 그러므로 이런 괴물 형상은 즉각적으로 폭압적인 권력자 혹은 (프로이트가 말한) 원초적 아버지를 연상시키는데, 특히 젊은 여성을 독점적으로 지배하고 향유하려 한다는 점에서 그렇다.

특히 이런 해석은 대적퇴치민담에 더욱 잘 부합하는데, 그것은 이런 유형의 괴물이 주로 미혼의 젊은 남성 영웅에 의해 퇴치되고[8] 이 과정에서 납치된 여성의 조력을 받는다는 사실을 적절히 설명할 수 있게 해준다. 마치 「잭과 콩나무」에서 잭이 여자 거인의 도움을 받아 남자 거인을 물리치듯이,[9] 대적퇴치민담에서도 주인공은 괴물의 치명적인 약점을 알아낸 여성의 도움을 받아 괴물을 물리치고 납치되었던 여성과 결혼한다.[10] 그것은 성적 향유를 금지하는 아버지에 맞서 어머니의 도움을 받아 투쟁하는 아동기의 오이디푸스적 환상을 투사한 것일 수도 있고, 여기서 더 나아가 폭압적인 권력을 통해 독점적으로 성적 쾌락을 누리는 탐욕스런 지배자를 축출하고자 하는 민중의 도발적인 상상력의 발로일 수도 있다. 저자가 보기에 개인의 내밀한 성적 향유 문제와 사회적 권력의 문제는 인간의 무의식 안에서 밀접히 연결되어 있다. 권력자를 둘러싼 온갖 성적 추문들이 보여주는 것처럼 개인의 성

---

7   배도식에 따르면 대적퇴치민담에는 60여 개의 변이형들이 있는데, 이는 다음과 같은 세 개의 유형으로 분류될 수 있다. ①공주가 납치되는 이야기, ②재상의 딸이 납치된 이야기, ③색시가 납치된 이야기(배도식, 「지하국 대적제치 설화 연구」, 『동남어문논집』 14, 동남어문학회, 2006).

8   수로부인의 구출은 이와 다르다. 그것은 다수 백성들의 청원 혹은 협박으로 해결된다. 그것은 「수로부인」조의 용이 단순한 괴물이 아니라 신성한 괴물이라는 것과 관련된다. 신성한 괴물과 인간 여성의 접촉, 이를 통한 영웅의 출생이라는 신화소가 이 이야기의 배경에 아직 남아 있는 것이다.

9   「잭과 콩나무」의 정신분석학적 의미에 대해 베텔하임은 다음과 같이 설명한다. "이 이야기는 소년이 독립적인 인간이 되기 위해 겪어야만 하는 발달 단계를 묘사한다."(Bettelheim, *The Uses of Enchantment*, Alfred A. Knopf : New York, 1977, P.190)

10   대적퇴치민담에서 납치된 여성은 무사나 한량 같은 남성 영웅을 치마 속에 숨겨 침실로 불러들이고, 괴물에게 아양을 떨어 치명적인 비밀을 캐내고, 영웅이 자른 괴물의 머리가 다시 붙지 못하도록 재를 뿌린다.

적 향유 문제는 사회적 권력의 배분 문제와 분리불가능하게 연결되어 있기 때문이다.[11]

이처럼 여성을 납치하는 남성형 괴물은 이 이야기의 남성 청자들에게 폭압적 권력자에 의한 부당한 성적 향유의 독점 문제를 무의식적 차원에서 떠올리게 하였을 것이다. — 물론 그것은 즉각 성적 향유를 배분하는 사회적 권력의 독점 문제를 연상시키게도 했을 것이다. — 그런데 여성 청자들이라면 어떤가? 그녀들에게는 이 괴물이 남성의 성적 지배가 지닌 폭력과 착취 문제를 떠올리게 하지 않았을까? 남성형 괴물은 폭력으로 여성을 납치하고 성적 향유를 독점한다. 그것은 여성의 선택이나 동의와 아무런 관계가 없다. 오히려 여성은 폭력 / 권력의 노획물과도 같다. 그러므로 자신을 구하러 온 젊은 남성 영웅은 여성의 도움을 받아야만, 즉 그녀의 동의를 얻어야만 이 괴물을 처치할 수 있을 것이다.

이처럼 괴물은 성욕이나 성적 향유 문제와 내밀하게 연결되어 있는 경우가 많다. 사실 발기하는 남근이나 남근을 삼키는 여근은 신체기관의 일부임에도 불구하고 주체가 마음대로 통제할 수 없는 기괴한 사물성을 지니고 있다.[12] 마찬가지로 성욕이나 성적 향유도 주체에게는 (마치 원하지 않아도 신체를 장악하는 질병과도 같이) 타율적인 것으로 체험된다. 그러므로 주체 안에 있지만, 주체가 인정할 수도 통제할 수도 없는

---

11 삼천 궁녀를 거느렸다는 의자왕이나 성적 향락을 마음껏 즐겼다는 연산군처럼 전통사회에서 폭압적인 권력자에게는 원초적 아버지의 이미지가 덧씌워져 있다. — 그것이 사실이 아니라 승자의 역사 조작이라도 상관없다. 문제는 그런 상상력이니까 — 이런 상상력에는 '권력＝성적 향유'라는 등식이 노골적으로 드러난다.

12 그것은 곧잘 뱀이나 메두사와 같이 전체만이 아니라 부분 부분이 살아 움직이는 징그러운 괴물로 형상화된다.

충동은 마치 바깥에서 주체를 엄습하는 괴물처럼 외부로 투사된다.[13] 이런 괴물의 속성을 잘 보여주는 것이 도깨비라는 남성형 괴물이다.

도깨비는 아직도 그 어원이나 기원이 명확하지 않은, 오랜 민간신앙의 전통뿐 아니라 외래문화의 영향도 함께 받아 형성된 혼종적 존재이다. 그래서 도깨비를 하나의 형상이나 성격만으로 규정할 수는 없다. 그렇기는 하지만, 도깨비에 관련된 전설이나 민담 가운데 가장 흥미로운 것 중 하나는 도깨비를 여성의 성을 유혹하는 — 물론 그 결과는 치명적인 질병과 죽음이다. — 괴물로 묘사하는 것이다.[14] 앞서 대적퇴치민담에서 괴물은 여성의 성을 약탈해가지만, 도깨비는 여성을 유혹해 성적 만족을 제공하고 그 정신을 장악한다. 물론 도깨비는 남성에게는 씨름 내기를 걸어 힘을 겨룬다. 그러므로 이런 괴물 형상의 성적 의미는 명백해 보인다. 즉 남성에게 그것은 남성성을 거세하고 여성을 약탈하는 폭력적인 부성父性의 괴물로, 여성에게는 흉물스럽지만 성적 만족을 제공하여 온 몸을 장악해버리는 상상적 팔루스로 받아들여진 것 아닌가.

이에 반해 남성을 유혹해 목숨을 잃게 만들거나 질병에 걸리게 만드는 여우 같은 여성형 괴물도 있다. 여성형 괴물의 목표가 반드시 남성

---

13 현대 영화에서 흔히 반복되는 흥미로운 소재 가운데 하나인 '신체 강탈자' 화소는 이런 옛 서사의 전통을 잇고 있다.
14 우리는 17세기의 필기·야담인 『국당배어』에서 그런 도깨비의 형상을 발견할 수 있다. 「종송정 우물의 귀매」 같은 이야기에서 괴물은 지나가는 사람의 길을 막고 힘겨루기를 제안한다. 그리고 「호현방의 사족 처자와 교통한 귀매」 같은 이야기에서 도깨비(鬼魅)는 처자와 교통하다가 처자가 결혼하자 그의 신랑에게 "내 아내지 네 아내가 아니다"고 협박한다. 한편 김열규는 도깨비를 한국 남성들의 성적 욕망의 상징, 여성들에 의해 장악된 팔루스의 상징으로 본 바 있다(김열규, 「도깨비와 귀신 — 한국의 남과 여」, 『한국학논집』 30, 계명대 한국학연구원, 2003).

인 것은 아니지만, 성적 유혹에 취약한 것은 아무래도 남성이고 그래서 남성이 희생자가 되기 쉽다. 그런 점에서 여성형 괴물에는 여성의 성에 대한 남성들의 호기심과 두려움, 여성들의 질투와 경계심이 투사되어 있다고 말할 수 있을 것이다.

하지만 도깨비나 여우 같은 괴물 혹은 귀물이 반드시 성적 의미만을 갖는 것은 아니다. 그것은 또한 자연의 괴이 현상이나 질병 — 특히 그 가운데서 역병 — 등을 완결되게 설명하기 위해 요청되는 불가결한 보충물이자, 결여된 원인을 채워주는 숨은 인과因果의 고리이기도 했다.

먼저 질병이나 죽음에 대해서 생각해보자. 과학적 병인론病因論이 발전되지 않은 전근대 사유에서 질병이나 죽음은 외부에서 누군가의 작위作爲에 의해 오는 것으로 인식되었다. 물론 그것을 천명天命으로 받아들이는 유자儒者가 있었는가 하면, 원귀의 소행으로 보는 사람도 있었고, 귀물鬼物의 장난 탓으로 돌리는 사람도 있었다. 아무튼 전근대인의 사유에서는 뤼시앙 레비브륄의 말처럼 '우연이란 존재하지 않으며 언제나 신비한 원인이 있다'고 여겨졌다.[15] 그런 점에서 이런 인간에게 질병이나 죽음을 초래하는 이런 괴물들은 잃어버린 인과因果의 고리를 복원하여 신이적 병인론[16]을 완결 짓도록 도와주는 보충적 존재라고 할 수 있다.

이와 함께 도깨비나 여우 같은 괴물은 괴이 현상이나 재해 등 자연의 부조리하고 혼돈스러운 측면을 조리 있게(?) 설명해주는 존재이기

---

15 뤼시앙 레비브륄, 김종우 역, 『원시인의 정신세계』, 나남, 2011, 67~71면.
16 저자는 이렇게 질병의 원인을 초자연적 원인으로 설명하는 병인론(病因論)을 신이적 병인론이라 불렀다(졸고, 「조선시대의 역병 인식과 신이적 상상세계」, 『일본학연구』 46, 단국대 일본연구소, 2015).

도 했다. 조선을 지배한 유자들은 그런 자연현상 또한 천명으로 받아들이고자 했지만, 신성에서 괴물성을 소거해버리고 나면 그것은 충분치 않은 설명이었다.[17] 이 때 도깨비나 여우는 이렇게 예측할 수 없는 자연의 변괴를 보충적으로 설명할 수 있게 해주는 불가피한 원인 제공자였다.

물론 유교적 지배가 더욱 강화되면서 이런 변괴도 괴물의 탓이 아니라 재이災異, 즉 하늘이 내리는 경고의 의미로 해석되었다. 그렇지만 여전히 민간 차원에서는 생사화복을 좌우할 힘이 이들에게 있다고 믿었으며, 우물이나 숲, 고목 등에 거처하는 신성한 이물異物들에게 기원을 올렸다. 유자들은 이런 이물을 괴물이라 부르고 축출되어야 할 혹세무민의 대상으로 여겼지만, 조선시대 끝까지 민중의 삶 속에서 이같은 대상에 대한 두려움과 경외심은 소멸되지 않고 지속되었다.

마지막으로 신성과 괴물성이 혼합된 신성한 괴물이 민담화되어서도 여전히 존속하는 경우를 살펴보자. 「구렁덩덩 신선비」 같은 민담을 그 예로 들 수 있겠는데, 이 이야기는 한 할머니가 뱀을 낳는 데서 시작한다. 이웃집 세 딸이 아기를 보러왔다가 그 흉측한 모양에 질색을 하지만, 오직 셋째 딸만 칭찬을 했다. 그래서 셋째 딸과 결혼하게 되는데,

---

17 천지의 덕과 괴물의 장난은 어떤 관계를 맺는가. 괴물은 천명의 대리자인가, 혹은 천명을 거스르는 존재인가. 그것이 신의 대리자라면 왜 인간에게 해로움을 주는가, 혹은 그것이 신에 거스르는 존재라면 천명은 절대적이지 않은가. 이런 딜레마 앞에서 천명의 절대성과 덕성을 보존하면서도 재난의 발생을 설명하기 위해 유자들이 흔히 취한 방법은 그런 재난을 괴물 탓이 아니라 인간 개인이나 집단의 도덕적 잘못 탓으로 돌리는 방법이었다. 즉 괴물은 천명의 대리자도, 천명에 맞서는 존재도 아니며, 개인이나 집단의 도덕적 약점이나 의지적 연약함, 신체적 허약함, 인지적 어리석음 등을 틈타 인간을 침범하는 하나의 피조물일 뿐이라는 것이다. 이처럼 유교, 특히 성리학이 취하는 심인론(心因論)적 설명은 근대의 과학적 설명과 (그 도덕주의적 측면만 빼고 보면) 상당히 흡사한 면이 있다.

뱀이 허물을 벗자 멋진 신랑이 되었다는 것이 이 이야기의 전반부이다.

『그림형제 동화집』의 「개구리왕자」와 닮은 이 이야기 또한 그 성적 함의가 뚜렷해 보인다. 소녀가 숙녀로 성숙하는 과정에서 성에 대한 인식이 변화하고 그에 따라 부부 간의 성적 화합을 이룬다는, 곧 소녀의 성적 성숙과 결혼의 의미에 대한 이야기로 이를 해독할 수 있을 것이다.

하지만 여기서 저자는 뱀이라는 형상의 이질성에 주목하고 싶다. 그것은 비록 흉물스러운 괴물의 형상을 하고 있지만, 그 무정형해 보이는 신체는 다른 존재로 변성 가능한 신성을 지니고 있다. 주기적으로 허물을 벗어 마치 끊임없이 재생하는 듯이 여겨지는 뱀은 동아시아 농경문화에서 풍요와 다산의 상징으로 여겨져서 고대 사회부터 신성시되어왔다. 『삼국유사』에서 승천하였다가 다섯 토막으로 떨어진 박혁거세의 유체遺體를 옹위한 것도 신성한 뱀이었고, 제주도의 무속신화 「칠성본풀이」에서 칠성신 또한 뱀의 형상을 하고 있다.

하지만 조선시대 이후 사대부들이 기록한 문헌설화 혹은 구전설화에서 뱀은 주로 성적 쾌락을 향한 집요한 충동이나 응어리진 원한의 상징으로 자주 묘사되면서 혐오스런 괴물의 이미지를 지니게 되었다. 물론 그렇다고 뱀 형상이 오로지 괴물성만 지닌 것은 아니었다. 구렁이처럼 인간과 공존하고 복을 가져다주는, 그런 점에서 완전히 신성을 잃어버리지 않은 뱀 이미지도 한편에는 여전히 존재했었다. 이 민담은 바로 그와 같은 민중의 설화적 상상력이 근대까지도 살아남아 인구에 회자되다가 채록되기에 이르렀음을 잘 보여준다.

3. 필기 · 야담 속에서 괴물의 출현 양상과 그 의미

다음으로 조선시대 필기 · 야담 속에 등장하는 괴물의 형상과 그 의미 맥락에 대해서 간략히 살펴보기로 하자. 필기 · 야담 속의 괴물은 당대 민간에서 오랫동안 유전流轉되던 설화와 막 생성되던 괴담들에 그 바탕을 두고 있다. 그러므로 그 속에 등장하는 괴물은 앞서 살핀 설화 속 괴물과 별로 다르지 않다. 다만 기록자가 사대부 남성이라는 점 때문에 그들의 이념과 귀신관 혹은 신이관이 투영되어서 그에 따라 괴물의 성격 또한 일정하게 편향되게 묘사되거나 해석되고 있다는 특징이 있다.

1) 조선 전기 필기 속의 괴물

우선 조선 전기의 필기는 당대 민간신앙에서 숭배되던 신이한 존재들을 귀물, 괴물, 요물 등이라 부르고 정대한 기氣를 지닌 사대부들이 이것들을 축출하는 이야기逐鬼談들을 많이 수록하고 있다. 예컨대 『용재총화』에 등장하는 성현의 외삼촌 안공은 귀신을 잘 볼 수 있고 잘 퇴치할 수 있었던 사람인데, 그가 임천林川군수로 부임하였을 때 큰 나무에 의지한 채 자신을 노려보던 고관대면高冠大面의 괴물을 물리치기도 했고 비 오는 날 붉은 난삼襴衫을 입고 머리를 풀어헤친 귀물을 만나 대숲으로 쫓아내기도 했다. 그런데 유독 그에게 귀물이 자주 출현했던 것은 그가 신안神眼을 지닌 비범한 유자이기 때문이기도 하지만, 무엇보다 '그곳의 풍습이 귀신을 오랫동안 공경해왔기' 때문이다.[18] 즉 그가 만난 귀물이란 당시 민간에서 숭배되어오던 주술적 신앙의 대상이었던 것이다.

이렇게 민간에서 숭배되어왔던 존재는 민중이 보기에 화복禍福을 내릴 수 있는 신성한 괴물로 여겨졌던 것이지만, 성리학적 귀신론으로 무장한 유자의 눈에는 어리석은 민중을 홀리는 괴물에 불과했다. 그래서 이런 괴물들을 퇴치하기 위해 안공이 내놓은 처방이란 바로 마을 사람들이 오랫동안 숭배해왔던 도깨비 숲의 음사淫祠을 불태워 헐어버리고 마을 사람들이 복을 빌던 오래된 우물을 메워버리는 식의 대응이었다.[19]

이렇게 무속이나 불교에 기반을 둔 주술적 민간신앙을 극력 배척하는 것을 '유교적 계몽'이라고 부를 수 있다면, 조선 전기는 사대부들에 의한 유교적 계몽 운동이 전사회적으로 활발하게 일어났던 시기다. 조선의 왕실은 왕가의 안녕과 양재기복禳災祈福을 위해 불교나 도교, 무속 등을 일정하게 보호·활용하려 했지만, ― 이는 심지어 다수의 사대부가家조차 마찬가지였다. ― 성리학으로 무장한 유자들은 공공연하게 이런 신앙을 미신이라 배척하고 근절하고자 노력하였다. 물론 이런 노력이 운동이라고 부를 수 있을 만큼 집단적이고 열정적으로 전개되었다는 것은 역으로 그만큼 그러한 주술적이고 신비주의적인 신앙

---

18 성현, 『용재총화』 권3.

19 『용재총화』에는 이렇게 귀물을 잘 감식하고 축출하는 능력을 지닌 또 한 명의 인물이 등장하는데, 정구(鄭矩)가 그런 인물이다. 정구는 그의 집 어린 계집종에게 귀신이 지피자 이를 내쫓으며 다음과 같이 말한다. "너는 숲으로 가라. 인간에 오래 머무는 것이 부당하다."(『용재총화』 권3) 어린 계집종은 자신에게 지핀 귀신을 "자색 수염이 난 장부"로 묘사하는데, 이는 무속에서 숭배하는 신의 형상과 닮았다. 하지만 정구의 시선에서는 이 또한 숲의 도깨비와 같은 등속의 괴물로, 축출되어야 할 대상이었다.

의 위력이 뿌리 깊고 강했다는 것을 뜻할 수도 있다. 아무튼 조선 전기의 필기에 묘사된 괴물의 부정적 형상에는 이러한 사대부들의 유교적 계몽의식이 그 밑바탕에 깔려 있다.

그런데 앞서 유교나 불교의 문명화 과정에서 신성과 괴물성이 분리된다고 했는데, 성리학은 이를 더 극단적으로 밀어붙인 사유체계였다. 성리학적 지식인들이 받아들였던 천天이란 괴물성을 완전히 소거해버린 절대선이자, 자연의 조화로운 질서 속에 내재되어버린 신성을 의미했다. 반면 괴물은 자연의 조화로운 질서에서 어그러진 동물이나 식물, 사물이 변형된 것으로, 인간보다 더 높은 덕성을 지닌 것으로 여겨지지 않았다.[20] 그래서 아무리 뛰어난 역능을 갖고 있다 하더라도 자연과 도덕의 이치에 맞지 않으면 그것은 괴물로 여겨졌고, 괴물은 그것을 두려워하지 않고 그것에 미혹되지 않는 사람들에게 어떤 영향도 끼칠 수 없는 것으로 받아들여졌던 것이다.

아마도 이와 같은 사유로 일관할 수 있다면 괴물은 전혀 두려워할 필요도, 심지어는 의식조차 할 필요도 없는, 즉 도덕적이고 합리적인 인간과는 무관한 존재였을 것이다.[21] 하지만 괴물은 주체의 무의식에 호소하는 힘을 지닌 매혹적인 존재였다. 그것은 주체에게 어찌할 수 없는 실존적 호기심과 두려움을 불러일으킨다. 조선시대 사대부들도

---

20 『동몽선습』의 첫 구절은 다음과 같이 인간의 덕성에 대해 말한다. "하늘과 땅 사이 모든 무리 중에 오직 사람이 가장 귀하다. 사람이 귀하다고 하는 것은 바로 다섯 가지 인륜이 있기 때문이다(天地之間, 萬物之衆, 惟人最貴. 所貴乎人者, 以其有五倫也)"
21 물론 그런 식의 사유를 일관되게 유지하기란 쉬운 일이 아니다. 사대부들도 우발적 불행을 만나면 주술적 믿음에 쉽게 흔들렸다. 김시습이나 이황 같은 성리학적 지식인들만이 이런 사유에 일관할 수 있었다. 하지만 김시습의 방황을 보면 그러한 사유를 유지하기 위해 얼마나 큰 고통을 치렀는가 짐작할 수 있다.

무차별적인 자연재해를 겪거나, 인간과 사회의 부조리를 목도할 때 괴물을 떠올리지 않을 수 없었다. 그리고 그들의 정신세계 속에서 괴물은 앞서 검토했던 설화의 괴물과 다르지 않는 기능을 수행했다.

예컨대 『용재총화』에 기록된 「뱀이 된 여승」이나 「죽어서 뱀이 된 승려」, 『용천담적기』에 기록된 「채생을 홀린 여귀」나 「성번중의 집에서 여종을 임신시킨 귀물」 같은 이야기들을 보면 괴물은 인간 내면의 맹목적인 성적 충동, 애욕愛慾, 좌절에 따른 원한이나 죄의식 등을 투사하고 있는 것 같다. 여기서 괴물이 남성(형)이냐 여성(형)이냐에 따라 그 의미 또한 달라진다. 즉 같은 뱀일지라도 수동적으로 그 자리에 고착된 채 해소되지 않은 애욕과 좌절의 원한을 표상하고 상대 남성에게 죄의식을 부과하는 여성형 괴물로도 나타날 수 있고, 죽음조차 막지 못하는 반복강박적 충동을 표상하는 남성형 괴물로도 나타날 수 있는 것이다. 그리고 여성형 괴물과 남성형 괴물은 유혹과 겁탈이라는 성별화된 방식으로 그 괴물성을 드러내고 있다는 점도 눈에 띈다.

한편 『용재총화』에 기록된 「이두에 집에 나타난 고모 귀신」이나 『용천담적기』에 기록된 「송원의 선비 집안을 몰살시킨 벌레의 정령」 같은 이야기는 뜻하지 않게 역병이나 재해를 만나 한 집안이 겪게 되는 불행을 귀물의 탓으로 돌리고 있다. 조선 전기에도 자연재해나 역병, 정치적 사화 등에 연루되어 풍비박산하는 집안이 많았을 것이다. 그것을 피해자의 도덕적 과오나 삶의 근본적인 우연성, 사회의 부조리 탓으로 돌리기 어려울 때 괴물이나 귀신은 그런 사건을 나름 조리 있게 설명할 수 있게 해주는―그럼으로써 심리적 위안을 주는―그럴 듯한 보충물로써 기능할 수 있었을 것이다.

2) 조선 후기 야담 속의 괴물

조선 후기 야담에도 이런 종류의 괴물은 출현하고, 여전히 유사한 서사적·심리적 기능을 수행하기는 한다. 하지만 전반적으로 조선 후기 야담에는 신이담의 총량에 비해 괴물이 많이 출현하지 않는다는 점을 주목할 필요가 있다. 그것은 귀신이 거처하는 사후세계나 괴물이 생성되는 초자연적 세계에까지 유교적 인륜 관념이 침투하면서 괴물성이 존재할 공간이 협소해졌기 때문이다.[22] 조선 후기 신이담의 다수는 조상귀신에 관한 이야기로, 유교식 제사의 실효성과 신성성을 강조하는 목적을 지니고 있다. 우리가 죽어 귀신이 되어도 조상의 세계에 합류한다고 믿는다면, 유교의 인륜질서는 생사를 넘나드는 거대하고 촘촘한 그물망으로 우리를 압박할 것이다. 신이담이라고는 하지만, 오히려 교훈적 목적을 지닌 채 조장되는 이런 귀신 이야기에는 진정한 신성도, 괴물성도 별로 없다. 사실 괴물성을 완전히 소거한 신성이란 어떤 우발성도, 부작위성도 증발시켜버린 심심한 당위성에 불과할 테니까.

그렇지만 조선 후기 야담이라고 해서 괴물 혹은 괴물성이 전혀 등장하지 않는 것은 아니다. 그렇다면 그것은 어떤 맥락에서 출현하며 어떤 의미를 가지는가? 우선 괴물은 여전히 도덕적 인륜 관념으로 설명하기 어려운 참혹한 역병이나 무차별적인 재난, 도덕적 인간관으로는 잘 납득하기 어려운 주체 내부의 충동 등을 설명하는 데 주로 출몰한다.

그 가운데 우선 역병을 초래하는 여귀厲鬼라는 귀물 혹은 괴물에 관한

---

22 심지어 조선 후기의 저승 체험담이나 불교적 도상(감로탱화나 시왕도 등)에 이르면 지옥의 괴물들, 예컨대 귀졸이나 아귀들조차 기괴함을 잃고 인간의 모습과 별로 차이를 보이지 않는다(김정숙, 「조선시대 비일상적 상상력」, 『한문학논집』 35, 근역한문학회, 2012).

이야기부터 살펴보자. 조선 후기 야담에는 역병을 초래하는 귀물에 관한 이야기가 많이 수록되어 있는데, 이는 17세기를 휩쓸었던 천연두나 홍역 같은 역병의 유행과 밀접히 관련되어 있다. 17세기는 대기근이 자주 일어나[23] 대기근의 세기로도 불리지만, 동시에 역병도 크게 창궐했던 역병의 세기이기도 했다. 특히 마마로 불렸던 천연두는 17세기에 유행한 대표적인 역병이다. 두역痘疫이라고 불렸던 천연두는 18세기 이후에 이르면 토착화해서 소아병小兒病화된다. 그러므로 야담에는 역병에 관한 이야기가 많이 실려 있는데, 그 가운데 역병을 일으키는 원인을 귀물 혹은 괴물로 설정한 이야기들이 많다.

물론 유자들은 역병의 발생조차 천명으로 받아들이려 했기 때문에, 역병을 퍼트리는 초자연적 존재를 천명을 수행하는 관리처럼 곧잘 묘사했다.[24] 그리고 역병의 발생원인 속에서 인간의 도덕적 과오를 찾아 그것으로 운명과 화해하려 했다. 이것이 유교적 운명론에 입각한 신이적 병인론이라면, 불교나 무속에 기반한 신이적 병인론도 있다. 『삼국유사』에서 역신疫神을 노래와 춤으로 감동시켜 퇴치한 처용은 그 자신이 역병을 쫓는 역신이 되었으니, 역병을 쫓아내는 신성과 험상궂은 형상의 괴물성을 혼합하고 있었다. 마찬가지로 조선 후기 민중이 천연두를 일으키는 역신을 마마로 숭배했던 것도 인간의 힘으로는 어찌할

---

23 『조선왕조실록』에 따르면 1670~1671년 사이에 일어난 경신대기근에는 100만 명 이상이, 1695~1996년 사이에 일어난 을병대기근에는 140만 명 이상이 사망했다고 기록하고 있다. 조선시대 대기근에 대해서는 김덕진, 『대기근, 조선을 뒤덮다』, 푸른역사, 2008을 참조하라.

24 특히 『천예록』에 그와 같은 이야기들이 자세히 수록되어 있는데, 「찬을 내오게 하여 먹고 어린아이를 살리다」나 「제문을 지어 하늘에 고하여 마을을 구하다」와 같은 이야기가 그렇다.

수 없는 역병을 신성한 괴물의 권능으로 해석한 것이라고 할 수 있다.

하지만 역병을 일으키는 존재가 신이나 천명을 대행하는 관리로만 인식되었던 것은 아니다. 아마도 역병의 참상을 직접 겪고 그 무차별적이고 비정한 양상을 목도하고 나면 그런 관조적이고 관념적인 설명에 만족하기는 어려웠을 것이다. 그래서 역병을 일으키는 존재에 대해 『국당배어』에서는 '고양이 같은 생긴 괴물'이나 '고목이 변한 괴물'을 그 원흉으로 지목하기도 했고, 『천예록』에서는 '머리를 흐트러뜨린 험상궂은 사내아이'나 '똬리를 튼 뱀'을 지목하기도 했으며, 『학산한언』에서는 '밀짚모자를 쓰고 도롱이를 걸친 외다리 귀물'로 묘사하기도 했다. 이런 역귀들은 모두 비인간적인 형상과 속성을 지닌 괴물로서, 역병이라고 하면 떠오르는 혐오스러움과 비정함, 무차별성 등을 잘 설명해줄 수 있다는 점에서 역병에 대한 당대인들의 상상세계를 완결시키는 데 필요했던 존재라고 할 수 있다.

그리고 인간 주체의 통제할 수 없는 성적 충동이나 욕망 등을 표상하는 괴물들도 여전히 출현했다. 특히 도깨비나 여우 같은 괴물이 뚜렷한 성적 의미를 띄고 전형적으로 성별화性別化된 역할을 맡게 된 것도 조선 후기 야담에서부터라고 할 수 있다. 앞서 살핀 전설과 민담 속의 도깨비나 여우 대부분이 조선 후기 야담에서부터 매우 전형화된 성역할을 맡고 출현하는 것이다.

그리고 조선 후기 야담에는 당대 사회에 내재되어 있었던 여러 적대들, 예컨대 사회경제적·신분적 적대나 가족 내부의 적대 등이 괴물 이야기로 변형되어 표상된 것도 있다. 예컨대 『천예록』의 「선비의 집에서 늙은 할미가 요괴로 변하다」 같은 이야기는 조선 후기에 막 생성된 괴담으로서, 마치 오늘날의 도시괴담처럼 당대의 변화된 생산관계 속에 잠재되어 있던 적대를 독특하게 포착하고 있다. 이 이야기의 주인공인 괴물은 임노동 계약을 지키지 않는 선비 부인에게 화가 나서 사납게 돌변해버린 할미인데, 우리는 조선 후기 들어 확산되어간 고공雇工 관계에서 발생하는 갈등이 이러한 괴물 이야기 속에 반영되어 있다고 말할 수 있을 것이다.

한편『천예록』의「별해진에서 주먹으로 세 귀신을 쫓아내다」와 같은 이야기에서는 새로 부임한 지방관에게 나타나 배고픔을 하소연하는 세 괴물이 등장한다. 관아에 나타나 "배가 고파요"라고 말하는 이러한 괴물의 형상 속에 궁핍한 민중의 저항이 비유적으로 표상되어 있다고 보는 것은 저자만의 과도한 해석이 아닐 것이다.

또한『천예록』의「무사의 집에서 구렁이가 자식으로 태어나다」같은 이야기는 어찌 보면「헨젤과 그레텔」같은 이야기보다 훨씬 잔혹한 이야기일 수 있다. 이 이야기의 주인공 무사는 자신을 노려보고 해치려 하는 아들을 때려죽인다. 그 어미가 불쌍히 여겨 시체를 이불로 싸두었는데 시체가 구렁이로 변신하였다. 알고 보니 그 구렁이는 전일 무사가 잔혹하게 죽인 구렁이의 환생이었다는 것이 이 이야기의 줄거리이다. 아버지를 해치려 하는 아들, 아들을 몽둥이로 때려죽이는 아버지, 이 이야기는 조선 후기 사회에 내재되어 있었지만 겉으로는 드러나기 어려웠던 부자父子 간의 오이디푸스적 갈등이 매우 잔혹하지만 상징적 형태로 표현되어 있다고 볼 수 있을 것이다.

그런데 조선 후기 유교의 세속화와 통속화를 잘 반영하는 조상귀신 이야기라고 해서 완전히 괴물성이 사라진 것은 아니다. 조상귀신은 후손이 더욱 부계의 종법적 질서를 잘 유지하도록 하기 위해, 혹은 (종법질서를 재생산하는 데 중요한 역할을 하는) 제사를 더욱 정성껏 지내도록 하기 위해 현실에 출몰한다. 그런 점에서 이 부성의 조상귀신은 주체를 가혹하게 몰아붙이고 채찍질하는 초자아와 비슷하다. 그래서 우리는 자연의 질서 속에 조화롭게 내재된 성리학적 천天과 달리, 죽어서도 마치 살아있는 것처럼 현실에 출몰하여 자신의 의지를 관철하는 조상귀신에서 '괴물성'이라고 부를 수 있을 법한 어떤 과잉을 보게 되는 것이다.

4. 고전소설 속에서 괴물의 출현 양상과 그 의미

한국 고전서사문학 속에서 괴물이 어떻게 출현하고 무엇을 표상하는지를 검토하고 있는 이 글에서 마지막으로 짧게나마 살펴볼 것은 한국 고전소설에서 괴물의 출현 양상과 그 의미에 대해서이다. 먼저 밝혀둘 것은 한국 고전소설에는 괴물이 거의 등장하지 않는다는 점이다. 중국에 비해 지괴志怪의 서사 전통이 약하고 유교적 인문주의가 오랫동안 문필을 장악해왔기 때문에 괴물 혹은 괴물성이라고 할 만한 것이 고전소설에는 별로 등장하지 않았다. 『태평광기』나 『전등신화』, 『서유기』 등이 전래되어 조선에서도 널리 읽혔지만, 괴물을 소재로 한 작품을 창작하는 데까지 나아가지는 않았다. 혹은 『금오신화』에서 보듯 귀신 소재를 택하면서도 기괴함보다는 절의나 지우知遇 같은 윤리적 문제를 표현하는 알레고리로 사용하였다. 그래서 귀신이 등장하는 전기소설에도 괴물성이 별로 드러나지 않으니, 이는 귀신이 살아 있는

인간보다 오히려 더 인간적이고 윤리적이기 때문이다.[25]

하지만 그럼에도 한국 고전소설에 괴물이 전혀 등장하지 않는 것은 아니다. 특히 조선 후기의 대표적 통속소설 유형으로 알려진 영웅소설의 몇몇 작품에는 괴물이 등장하는데, 이는 주로 주인공의 영웅적 역량을 드러내는 데 활용된다. 괴물이 등장하는 영웅소설로는 초기 영웅소설로 추정되는 「최고운전」과 「홍길동전」, 그리고 시기적으로 초기작이라 볼 수 없지만 그 내용에 있어서는 소설 이전의 설화적 상상력을 많이 함유하고 있는 「금방울전」과 「김원전」 같은 작품들을 들 수 있다. 이 가운데 「최고운전」의 최치원과 「홍길동전」의 홍길동은 괴물의 자식이거나 괴물을 퇴치하는 영웅이라면, 「금방울전」의 금방울과 「김원전」의 김원은 무정형하고 그로테스크한 형상을 지닌 채 태어나 앞서 살핀 '신성한 괴물'의 계보를 잇고 있는 영웅이라고 할 수 있다.[26]

우선 「최고운전」의 최치원과 「홍길동전」의 홍길동은 모두 아버지의 인정을 받지 못한 사생아와 같은 영웅이라는 점에 공통점이 있다. 「최고운전」에서 괴물 금돼지는 최치원의 어머니를 납치하지만 최충에 의해 퇴치된다. 그 후 태어난 최치원을 아버지 최충은 금돼지의 자식이 아닌가 의심하여 섬에 버리지만, 버려진 최치원을 선녀가 내려와 보호

---

25 이는 나말여초의 전기에서부터 나타나는 한국 전기소설의 한 특징이라고 할 수 있다. 「김현감호」나 「지괴」에서 보듯 나말여초의 전기에서조차 괴물은 인간과 다름없는 정서와 인륜의식을 지니고 있다. 예컨대 「김현감호」의 여주인공 호녀는 '인간의 본성을 지닌 호랑이' 혹은 '호랑이의 탈을 쓴 인간'이다. 이는 「김현감호」와 유사한 소재를 취하고 있는 당전기 「신도징」의 여주인공이 '호랑이의 본성을 완전 지우지 못한 인간' 혹은 '인간의 탈을 쓴 호랑이'라는 것과 대비된다.

26 저자는 다음 교주본을 분석 대상으로 삼았다. 최삼룡 · 이월영 · 이상구 역, 『유충렬전 / 최고운전』, 고려대 민족문화연구소, 1996; 김일렬 역, 『홍길동전 / 전우치전 / 서화담전』, 고려대 민족문화연구소, 1996; 박용식 역, 『금방울전 / 김원전 / 남윤전 / 당태종전 / 이화전 / 최랑전』, 고려대 민족문화연구소, 1995.

한다. 이것은 금와왕이 유화가 낳은 알을 상서롭지 못하다하여 내다버리게 하였지만 조수와 가축들이 보호했다는 「동명왕신화」를 연상시킨다. 이는 최치원이 인간 최충과는 다른 신성한 계보에 속해 있음을 암시하는 것이다. 신화에서 영웅의 비정상적인 출생은 영웅의 탁월한 능력을 강조하기 위한 화소로 기능했다. 「최고운전」 또한 이 점은 마찬가지다. 하지만 신화에서는 영웅의 신성성을 강조하기 위해 그 혈통을 신성한 계보 위에 놓지만, 「최고운전」은 그 계보를 비천한 괴물 금돼지로 잇고 있다는 점이 다르다. 물론 작품에서는 명시적으로 최치원이 금돼지의 자식임을 인정하지 않는다. 최치원 같은 탁월한 인물이 금돼지의 자식일 리가 없지 않은가? 하지만 그렇지 않다면 범인凡人을 뛰어넘는 최치원의 초월적 능력은 어디에서 왔는가? 그리고 최치원의 출생 앞에 왜 이런 모티프를 굳이 삽입했는가? 「최고운전」의 서두가 신비로우면서도 기괴한 느낌을 주는 것은 이처럼 최치원의 출생 기원과 계보가 모호하게 서술되어 있기 때문이다.

그런데 아버지 최충은 최치원을 사생아로 취급했지만, 아들 최치원은 탁월한 능력으로 아버지의 인정을 받아내면서도 아버지의 질서에 순응하기를 거부한다. 신화적 영웅 또한 기존의 질서를 부정하고 이와 투쟁한다. 하지만 그는 자신을 하늘의 뜻을 대리 구현하는 자로 간주하였다. 반면 최치원은 어떤 질서에도 속하지 못하는 영웅, 그런 점에서 단독자로서 이인異人에 가까운 탈脫체제적 영웅이라고 할 수 있다. 그는 아버지 최충에게도, 신라왕에게도, 당 황제에게도 진정으로 속하지 않는 이방인인 것이다.

이러한 최치원의 독특한 영웅성과 괴물 금돼지 사이에는 내밀한 상관관계가 있다. 「최고운전」의 괴물 금돼지는 신성과 괴물성을 구비한 '신성한 괴물'이라기보다, 오히려 초월적인 능력은 지녔으되 혐오스러움을 불러일으키는 '비천한 괴물'이라고 할 수 있다. 그런데 「최고운전」의 최치원 또한 어느 누구보다 뛰어나지만 어느 누구에게도 받아들여지지 않은, 초인간적이면서도 비천한 괴물 아닌가? 마치 "허균은 천지간에 한 괴물입니다許筠, 天地間一怪物也"[27]라고 했을 때의 허균처럼 말이다.

이에 비해 「홍길동전」에서 괴물은 홍길동이 조선을 떠나 제도라는 섬에 이르러 장래의 아내가 되는 두 여인을 구출하는 대목에서 등장한다. 비슷한 내용이 『전등신화』의 「신양동기」에도 나오고 전 세계에 널리 유포된 설화에도 나오는 것으로 보아 특별한 의미가 없이 삽입된 에피소드일 수 있다. 더욱이 「홍길동전」의 사회적 의미를 강조하는 관점에서 보면 다소 불필요한 사족처럼 보이는 부분이기도 하다.

하지만 홍길동에게 퇴치되는 괴물의 우두머리 '울동'이 전형적인 원초적 아버지의 형상을 하고 있다는 점은 주목할 만하다. 울동은 젊은 여성을 약탈하여 독점적으로 향유하는 남성형 괴물로서, 앞서 저자는 이런 괴물이 남아의 오이디푸스적 환상 속에서의 거대한 아버지, 민중의 상상 속의 음란한 권력자를 암시할 수 있다고 했다. 그러므로 이 괴물을 처단하는 것은 욕망에 금지를 부과하고 쾌락을 독점하는 아버지 혹은 기성의 권력자를 부정하는 것으로도 읽을 수 있다.

유교사회에서 아버지와 국왕이란 감히 부정할 수 없는 금기의 대상

---

27 『광해군일기(중초본)』 127권, 광해 10년(1618) 윤4월 29일.

이었다. 그런데 아버지의 대리표상일 수 있는 괴물을 처치함으로써 홍길동은 아버지와의 오이디푸스적 갈등에서 승리했음을 보여준다. 물론 표면적으로 홍길동은 죽은 아버지의 묘를 이장하고 성대하게 제사지냄으로써 자신이 정당한 법적 상속자임을 선언한다. 아버지의 정당한 아들임을, 국가에서는 훌륭한 병조판서감인 것을 인정받고자 투쟁했던 홍길동에게 걸맞은 결말이다. 하지만 이런 화해의 결말 이면에는 아버지의 질서와의 강력한 투쟁이 있었다. 특재나 초란의 처단, 활빈당 활동 등이 그러하다. 그렇지만 아버지나 국왕은 여전히 불가침의 금기 대상으로 남아 있을 수밖에 없었다. 그런 점에서 울동이라는 괴물은 텍스트 표면으로 떠오를 수 없는 적대를 변형해서 투사할 수 있게 해주는, 괴물의 역할에 충실한 대상이지 않았을까 생각해볼 수 있는 것이다.

이제 끝으로 「금방울전」과 「김원전」에 대해 간략히 살펴보자. 이 작품들은 다소 시대착오적으로 보일 만큼 신화나 민담의 화소를 가공하지 않은 채 많이 활용하고 있다. 이 작품들에서 금방울이나 김원은 무정형의 비정상적인 형상으로 태어난다. 어떻게 보면 이는 신화적 영웅의 출생과 비슷하지만, 그들의 부모는 이런 자식을 흉물이라고 여기거나 근심걱정을 품게 된다는 점이 다르다. 이들은 고난을 겪고서야 허물을 벗게 된다. 신화적 영웅에게는 신성성의 표지로 기능하던 막膜이 이 작품들의 주인공에게는 일종의 형벌 혹은 시련의 표시처럼 기능한다. 이는 마치 유럽의 민담 「미녀와 야수」에서 야수의 흉물스런 외형이 요정의 저주 때문이었던 것과 흡사하다. 그래서 주인공 금방울과 김원의 비인간적인 외형은 일정한 고난의 값을 치른 이후에야 풀어진다. 즉 여기서 괴물성은 신성성보다는 기형성에 가까워지는 것이다.

그리고 이 작품들은 모두 지하국의 괴물을 퇴치하는 대적퇴치민담을 에피소드로 삽입하고 있다. 장차 금방울의 배필이 될 해룡과 김원이 공주를 납치해간 괴물을 퇴치하는데, 이 삽화는 해룡이나 김원이 공주와 결혼하여 부귀영화를 누리는 계기로서만 기능할 뿐 원래의 대적퇴치민담이 지니고 있었던 기성 권력과의 갈등이란 의미는 사라지고 없다. 신화나 민담의 화소가 통속적 대중소설의 삽화로 채용되면서 괴물의 심층적 의미는 증발되어버리고 표면적 기호로서의 의미만 남게 된 것이다.

5. 괴물은 무엇을 표상하는가

— 괴물 이야기의 의미와 효용

지금까지 한국 고전서사문학에서 출몰했던 괴물의 양상과 그 의미에 대해 살펴보았다. 그런데 이러한 고전서사문학에서의 괴물은 근대문학에서 어떻게 변형되어 나타날까? 이를 논하는 것은 저자의 역량 밖이거니와, 거의 전적으로 새로이 연구해야 할 주제이다. 다만 이 질문을 던져본 이유는 괴물이 무엇을 표상하는가라는 애초의 질문을 다시금 상기하기 위해서였다. 우리는 근대 이후 괴물 혹은 괴물성이 어떻게 변해가는지를 간략히 살펴봄으로써 괴물이 무엇을 표상했으며 또 괴물 이야기가 어떤 효용을 지녔는지 다시금 생각해볼 수 있다.

저자는 앞서 괴물이 신성의 다른 얼굴로 인식되다가 점차 사회나 주체 내부의 이질성을 표상하는 존재로 전락해간다고 했다. 이런 경향은 근대문화에 이르면 더욱 심화되는 것 같다. 즉 근대문화에서 괴물은 그 기괴한 외형보다 인간 내면의 통제 불가능한 측면을 지시하는 것으로 심화되어간다는 것이다. 오늘날의 대중문화는 우리가 사이코패스, 정신병자, 소시오패스, 분노조절장애자 등등 우리와 동일한 외양을 지닌, 어쩌면 우리조차 포함될지도 모르는 진짜 괴물들에 둘러싸여 산다는 것을 보여준다. 우리는 어쩌면 '괴물이나 귀신보다 사람이 더 두려운 시대'를 살고 있는 것이다.

시대에 따라 괴물의 형상 또한 변해갈 것이다. 하지만 근본적으로 괴물은 그 사회가 채 소화할 수 없는 이물異物적인 요소, 동화될 수 없는 타자에 대한 불안감을 표상할 것이다. 물론 그것은 신성일 수도 있고 광기일 수도 있고 적대일 수도 있다. 아무튼 오늘날까지 괴물이 그렇게 대중문화의 매혹적인 소재로 남아 있을 수 있는 것은 그것이 우리가 알고 있는 사회의 조화로운 외양을 파괴하지만, 동시에 그러한 외삽적인 보충 없이는 사회를 가로지르는 적대를 설명할 수 없기 때문일지도 모른다. 그 점에서는 한국 고전서사문학 속에서의 괴물이나 근대문화 속의 괴물이나 같은 의미효과 위에 서 있는 것 같다.

참고문헌

1. 자료

김시습, 「귀신」, 『매월당집』 권17, 『한국문집총간』 13, 민족문화추진회, 1988.

_____, 「신귀설」, 『매월당집』 권20, 『한국문집총간』 13, 민족문화추진회, 1988.

_____, 「미재」, 『매월당집』 권17, 『한국문집총간』 13, 민족문화추진회, 1988.

_____, 「제전등신화후(題剪燈新話後)」, 『매월당집』 권4, 『한국문집총간』 13, 민족문화추진회, 1988.

_____, 심경호 역, 「남염부주지」, 『매월당 김시습 금오신화』, 홍익출판사, 2000.

성현, 이래종 역, 『부휴자담론』, 소명출판, 2004.

____, 『허백당문집』, 한국문집편찬위원회, 경인문화사, 1993.

____, 『용재총화』, 『국역 대동야승』 1, 민족문화추진회, 1967.

김안로, 「용천담적기」, 『국역 대동야승』 3, 민족문화추진회, 1967.

이 륙, 「청파극담」, 『국역 대동야승』 2, 민족문화추진회, 1967.

이 자, 「음애일기」, 『국역 대동야승』 2, 민족문화추진회, 1967.

윤국형, 「문소만록」, 『국역 대동야승』 9, 민족문화추진회, 1967.

이기, 『송와잡설』, 『대동야승』, 민족문화추진회, 1971.

유몽인, 신익철 외역, 『어우야담』, 돌베개, 2006.

정태제, 『국당배어』, 국립중앙도서관 소장 필사본.

임방, 정환국 역 『천예록』, 성균관대 출판부, 2005.

신돈복, 김동욱 역, 『학산한언』 1-2, 보고사, 2006.

작자 미상, 김동욱 역, 『기문총화』, 아세아문화사, 1999.

정약용, 이정섭 역, 『목민심서』, 민족문화추진회, 1986.

작자 미상, 허웅 주해, 『청구야담』, 국학자료원, 1996.

작자 미상, 최삼룡・이월영・이상구 역, 『유충렬전 / 최고운전』, 고려대 민족문화연구소, 1996.

작자 미상, 김일렬 역, 『홍길동전 / 전우치전 / 서화담전』, 고려대 민족문화연구소, 1996.

작자 미상, 박용식 역, 『금방울전 / 김원전 / 남윤전 / 당태종전 / 이화전 / 최랑전』, 고려대 민족문화연구소, 1995.

朱熹,『朱子語類』, 中華書局, 1993, 3：41

2. 논문 및 단행본

강상순, 「조선시대 필기 야담류에 나타난 귀신의 세 유형과 그 역사적 변모」, 『우리어문
연구』 38, 우리어문학회, 2010.

_____, 「성리학적 귀신론의 틈새와 귀신의 귀환」, 『고전과 해석』 9, 고전문학한문학연
구학회, 2010.

_____, 「조선 전기 귀신 이야기에 잠복된 사회적 적대」, 『민족문화연구』 56, 고려대 민
족문화연구원, 2012.

_____, 「필기·야담을 통해 본 조선 후기의 귀신관과 사후관」, 『종교문화연구』 22, 한
신대 종교와문화연구소, 2014.

_____, 「김시습과 성현의 귀신 담론과 원귀 인식」, 『우리문학연구』 44, 우리문학회,
2014.

_____, 「귀신」, 한림대 생사학연구소 편, 『죽음의 풍경을 그리다』, 모시는사람들, 2015.

_____, 「조선시대의 역병 인식과 신이적 상상세계」, 『일본학연구』 46, 단국대 일본연구
소, 2015.

_____, 「조선사회의 유교적 변환과 그 이면 — 귀신과 제사공동체」, 『역사민속학』 50,
한국역사민속학회, 2016.

_____, 「괴물은 무엇을 표상하는가 — 한국 고전서사문학 속의 괴물」, 『우리어문연구』
55, 우리어문학회, 2016.

강영경, 「고대 한국 무속의 역사적 전개」, 『한국무속학』 10, 한국무속학회, 2005.

강은해, 「두두리 재고」, 『한국학논집』 16, 계명대 한국학연구원, 1989.

고영진, 『조선중기 예학사상사』, 한길사, 1995.

권도경, 「안생전의 창작경위와 이본의 성격」, 『고전문학연구』 22, 한국고전문학회, 2002.

권복규, 「조선 전기 역병에 대한 민간의 대응」, 『의사학』 8, 대한의사학회, 1999.

_____, 「조선 전기의 역병 유행에 관하여」, 『한국사론』 43, 서울대 국사학과, 2000.

권오봉, 「변례에 관한 퇴계선생의 예강」, 『퇴계학보』 61, 퇴계학연구원, 1989.

금장태, 『귀신과 제사』, 제이앤씨, 2009.

김덕진, 『대기근, 조선을 뒤덮다』, 푸른역사, 2008.

김성수, 「16세기 중반 지방 사족의 향촌의료실태와 사족의 대응」, 『한국사연구』 113, 한
국사연구회, 2001.

_____, 「『묵재일기』가 말하는 조선인의 질병과 치료」, 『역사연구』 24, 역사학연구소, 2013.

김열규, 「도깨비와 귀신 – 한국의 남과 여」, 『한국학논집』 30, 계명대 한국학연구원, 2003.

김영미, 「18세기 전반 향촌 양반의 삶과 신앙」, 『사학연구』 82, 한국사학회, 2006.

김옥주, 「조선 말기 두창의 유행과 민간의 대응」, 『의사학』 2, 대한의사학회, 1993.

김우형, 「조선 후기 귀신론의 양상」, 『양명학』 19, 한국양명학회, 2007.

김자현, 「『부모은중경(父母恩重經)』의 변천과 도상(圖像)의 형성과정 연구」, 『불교미술사학』 18, 불교미술사학회, 2014.

김정숙, 「조선시대 필기·야담집 속 귀신·요귀담의 변화양상」, 『한자한문교육』 21, 한국한자한문교육학회, 2008.

_____, 「조선시대 비일상적 상상력」, 『한문학논집』 35, 근역한문학회, 2012.

김종주, 「귀신의 정신분석 – 라깡 정신분석학적 입장」, 『한국학논집』 30, 계명대 한국학연구원, 2003.

김현, 「조선 유학에서의 귀신 개념」, 한국사상사연구회 편, 『조선유학의 자연철학』, 예문서원, 1998.

김호, 「16세기말 17세기 초 '역병' 발생의 추이와 대책」, 『한국학보』 71, 일지사, 1993.

나정숙, 「고려시대 기신재의 설행과 의미」, 『한국사상사학』 47, 한국사상사학회, 2014.

맹정현, 『리비돌로지』, 문학과지성사, 2009.

민정희, 「16세기 야제의 실태와 그 의미」, 『역사민속학』 36, 역사민속학회, 2011.

박성규, 『주자철학의 귀신론』, 한국학술정보, 2005.

박성지, 「조선 전·중기 조상신담론을 통해 본 사대부 주체 형성」, 『구비문학연구』 35, 한국구비문학회, 2012.

박종천, 「상·제례의 한국적 전개와 유교의례의 문화적 영향」, 『국학연구』 17, 한국국학진흥원, 2010.

_____, 「유교적 귀신사생론과 의례의 실천」, 『한국유학사상사대계』 10, 한국국학진흥원, 2010.

_____, 「조선시대 유교적 귀신론의 전개」, 신이와 이단의 문화사팀 편, 『귀신·요괴·이물의 비교문화론』, 소명출판, 2014.

박일용, 「명혼소설의 낭만적 형식과 그 소설사적 의미」, 『조선시대 애정소설』, 집문당, 1993.

_____, 「남염부주지의 이념과 역설」, 『고소설연구』 22, 한국고소설학회, 2006.

배도식, 「지하국 대적제치 설화 연구」, 『동남어문논집』 14, 동남어문학회, 2006.

변정환, 『조선시대의 역병에 관련된 역병관과 구료시책에 관한 연구』, 서울대 박사논문, 1984.

소인호, 「저승체험담의 서사문학적 전개」, 『우리문학연구』 27, 우리문학회, 2009.

오세정, 「한국 신화의 여성 주인공에게 나타나는 반인반수의 성격」, 『기호학연구』 31, 한국기호학회, 2012.

윤혜신, 「어우야담 소재 귀신담의 귀신과 인간의 교류방식과 특징」, 『민족문학사연구』 34, 민족문학사학회, 2007.

이경화, 「일본 역신(疫神)설화의 일고찰」, 『일본학연구』 44, 단국대 일본연구소, 2015.

이복규, 「묵재일기 소재 민속 관련기사」, 『묵재일기에 나타난 조선 전기의 민속』, 민속원, 1999.

이상균, 「여말선초 상·제례 변동과 사회적 관계의 재편성」, 『한국민족문화』 44, 부산대 한국민족문화연구소, 2012.

이숙인, 「주자가례와 조선 중기의 제례 문화」, 『정신문화연구』 29-2, 한국학중앙연구원, 2006.

이용범, 「한국 무속의 죽음이해 시론」, 『한국학연구』 38, 고려대 한국학연구소, 2011.

_____, 「역사에 나타난 무속의례」, 서영대 외, 『무속, 신과 인간을 잇다』, 경인문화사, 2011.

이욱, 「조선시대 국가 사전과 여제」, 『종교연구』 19, 한국종교학회, 2000.

_____, 「제사의 종교적 의미에 관한 고찰」, 『유교사상연구』 16, 한국유교학회, 2002.

이재운, 「삼국·고려시대의 죽음관」, 이재운 외, 『한국인의 사후세계관』, 전주대 출판부, 2001.

이창일, 「기의 불멸과 귀신 – 화담 서경덕의 귀신 해석」, 『정신문화연구』 31-1, 한국학중앙연구원, 2008.

이현숙, 「전염병, 치료, 권력」, 『전염병의 문화사』, 혜안, 2010.

장철수, 「제례」, 『한국민속대관』 I, 고려대 민족문화연구소, 1980.

_____, 「한국의 평생의례에 나타난 생사관」, 한림대 인문학연구소 편, 『동아시아 기층문화에 나타난 죽음과 삶』, 민속원, 2001.

정다함, 「조선 전기의 정치적·종교적 질병관, 의·약의 개념·범주, 그리고 치유방식」, 『한국사연구』 146, 한국사연구회, 2009.

정출헌, 「15세기 귀신담론과 유명서사의 관련양상」, 『동양한문학연구』 26, 동양한문학회, 2008.

정환국, 「17세기 이후 귀신 이야기의 변모와 '저승'의 이미지」, 『고전문학연구』 31, 한국
고전문학회, 2007.

조동일, 『한국문학통사』 2, 지식산업사, 1983.

_____, 「15세기 귀신론과 귀신 이야기의 변모」, 『문학사와 철학사의 관련 양상』, 한샘,
1992.

조재현, 「고전소설에 나타나는 저승계 연구」, 『어문연구』 134, 한국어문교육회, 2007.

조현설, 「조선 전기 귀신 이야기에 나타난 신이 인식의 의미」, 『고전문학연구』 32, 한국
고전문학회, 2002.

_____, 「원귀의 해원 형식과 구조의 안팎」, 『한국고전여성문학연구』 7, 한국고전여성
문학회, 2003.

_____, 「16세기 일기문학에 나타난 사대부들의 신이담론과 소설사의 관계」, 『한국어
문학연구』 51, 동악어문학회, 2008.

주명준, 「조선시대의 죽음관」, 『한국사상사학』 14-1, 한국사상사학회, 2000.

차남희, 「16 · 7세기 주자학적 귀신관과 『천예록』의 귀신관」, 『한국정치학회보』 40-2,
한국정치학회, 2006.

최길성, 『한국인의 조상숭배와 효』, 민속원, 2010.

최기숙, 「'여성 원귀'의 환상적 서사화 방식을 통해 본 하위 주체의 타자화 과정과 문화적
위치」, 『고소설연구』 22, 한국고소설학회, 2006.

최종성, 「유의와 무의」, 『종교연구』 26, 한국종교학회, 2002.

_____, 「조선 전기의 종교문화와 무속」, 『한국무속학』 11, 한국무속학회, 2006.

최진덕, 「다산학의 상제귀신론과 그 인간학적 의미 — 주자학의 음양귀신론과의 한 비
교」, 『철학사상』 33, 서울대 철학사상연구소, 2009.

고야스 노부쿠니, 이승연 역, 『귀신론』, 역사비평사, 2006.

Bettelheim, *The Uses of Enchantment*, Alfred A. Knopf : New York, 1977.

B. 왈라번, 「조선시대 여제의 기능과 의의」, 『동양학』 31, 단국대 동양학연구소, 2001.

뤼시앙 레비브륄, 김종우 역, 『원시인의 정신세계』, 나남, 2011.

Martina Deuchler, 이훈상 역, 『한국 사회의 유교적 변환』, 아카넷, 2003.

三浦國雄, 『朱子と氣と身體』, 平凡社, 1997.

존 B. 던컨, 김범 역, 『조선 왕조의 기원』, 너머북스, 2013.

Kendall, "Wood imps, ghosts, and other noxious influences : the ideology of affliction in a Korean village", *The Journal of Korean Studies* Vol 3, 1981.

슬라보예 지젝, 이성민 역, 『까다로운 주체』, 도서출판b, 2005.

푸코, 이규현 역, 『말과 사물』, 민음사, 2012.

프로이트, 정장진 역, 「두려운 낯설음」, 『창조적인 작가와 몽상』, 열린책들, 1996.

윌리엄 맥닐, 김우영 역, 『전염병의 세계사』, 이산, 2005.

3. DB 자료

남효온, 「귀신론」, 『추강집』 제5권 (http://www.itkc.or.kr)

이익, 『성호사설』 제10권, 인사문 「마진」, 한국고전번역원 (http://www.itkc.or.kr)

위백규, 『존재집』 12권, 잡저 「격물설」, 한국고전번역원 (http://www.itkc.or.kr)

이규경, 『오주연문장전산고』, 한국고전번역원 (http://www.itkc.or.kr)

『조선왕조실록』 (http://sillok.history.go.kr)